新编21世纪社会工作系列教材

社会福利

高和荣　主　编
彭华民　副主编

Social Welfare

中国人民大学出版社
·北京·

本教材是教育部哲学社会科学研究重大课题攻关项目
“新时代提高保障和改善民生水平研究”（18JZD043）成果之一。

内容简介

福利是全人类共有的社会事项。本教材在贯通古今、融通中西的基础上剖析社会福利的涵蕴、社会福利理论、社会福利政策及制度、社会福利主体及客体、社会福利项目及治理，以及社会福利的挑战等，揭示社会福利所蕴含的国家治理智慧与意蕴。本教材倡导学习、借鉴发达国家的社会福利建设经验，同时深挖中国古已有之的社会福利建设经验及规律，特别是新时代中国社会福利建设的成就，积极回应时代提出的新课题、未来提出的新挑战，以便更好地推进中华民族伟大复兴的中国梦的实现。

本教材每章设有本章重点、基本概念、复习思考题、推荐阅读书目。为便于读者阅读，每章的正文部分适时嵌入案例。本教材可作为公共管理、社会保障、社会学、社会工作等学科教材，也可作为非专业人士了解社会福利的读物。

主编简介

高和荣 厦门大学公共事务学院教授，南强重点岗位教授，博士生导师。现任校党委宣传部部长、党委教师工作部部长、社科处处长。主要研究领域为社会保障、社会政策、台湾社会福利等。主持教育部哲学社会科学研究重大课题攻关项目“新时代提高保障和改善民生水平研究”（18JZD043），在中国社会科学出版社、社会科学文献出版社出版著作多部，在CSSCI核心期刊上发表论文100多篇，其中10多篇被《新华文摘》（含网络版）全文转载，近20篇论文被《中国人民大学复印报刊资料》《高等学校文科学报文摘》全文转载。

前言

福利与人类相伴而生，具有与生俱来的品格和特性。福利是人结成群、满足自身生存与发展所需的社会事项，因而具有历史长存性。福利也是各国解决社会问题、增进人类福祉的民生议题，具有可资借鉴性。福利还是探索社会运行规律、促进社会发展的科学问题，因而必然具有客观性。福利作为国家及社会治理的重要手段，体现出国家的价值观念及政治意识形态。福利的这些禀赋与特性推动人们结合自己的文化及社会特性开展社会福利研究，切实增进民生福祉。

与人类自发的福利活动相比，思想家们关注人类的这一实践方式并形成理论概括与理论抽象，提出建设幸福美好生活的主张，同样早已开展。中国先秦时期的《山海经》《尚书》《礼记》《诗经》等的诸多篇章都提到了民众的生活场景与生产建设场景，秦汉以降，福利问题始终为朝廷乃至郡县的政策议题与制度安排。而稍晚一些，在遥远的欧洲，古希腊哲学家柏拉图的《理想国》也描绘了理想国家的福利项目设置。近代以来，随着民族国家的兴起，欧洲各国为适应工业社会转型的需要不断开辟新的福利项目，开展福利实践探索与理论建设，走上了现代福利的建设之路，形成了独特的福利模式。

然而，在欧洲社会转型、走向现代化的进程中，中国仍然按照传统农业社会的节奏重复自己的日常生活及福利设置，由此拉开了中西方社会特别是社会福利事业的发展差距，西方列强拥有了依靠枪炮敲开中国大门的实力。为此，一大批仁人志士睁眼看世界，开始了强国富民的艰难探索，他们模仿西方、借鉴西方乃至移植西方的福利制度。改革开放以来，“拿来主义”遍地开花，社会福利项目、社会福利制度乃至社会福利著作和教材大都依据西方、采纳西方之说，甚至把社会福利视为一种“舶来品”，以为中国没有自己的社会福利制度及福利政策，更罔顾社会福利建设的社会、文化及哲学基础差异。

所以，我们看到，曾几何时，一提起社会福利思想源流，人们就情不自禁地列举西方的人道主义、空想社会主义、自然权利观念、社会责任观念以及宗教慈善思想，提到社会福利理论流派就联想到国家干预主义、自由主义以及中间道路学派，认为国家干预主义就是施穆勒、布伦坦诺的德国新历史学派，就是庇古、希托夫斯基、伯杰森等的福利经济学派，就是大卫·达维逊、伊里克·林达尔等的瑞典学派，凯恩斯主义以及《贝弗里奇报告》，以为经济自由主义学派就只有亚当·斯密的古典自由主义以及弗里德曼、保罗·罗伯茨、阿瑟·拉弗等的新自由主义，似乎认为只有安东尼·吉登斯的中间道路理论，甚至以为社会福利理论就是多伊、高夫的需要理论、马歇尔的社会权利理论、新马克思主义理论、安德森的福利体制理论、谢若登的资产建设理论等，把社会福利模式只界定为威伦斯基、平克、凯特纳、安德森等的划分类型，而忽视了千百年来我们业已形成并一直发挥功能的大同社会理论、社会互助理论、仓储后备理论以及社会救济理论在解决民生、实现治国安邦目标中的积极功能，忽视了共同富裕理论、人类命运共同体理论等在福利建设中的核心功能，忽视了非西方国家的福利模式及其形成的福利道路的独特性、适合性与适应性。

殊不知，在人类的福利建设长河中，“一枝独秀不是春，百花齐放春满园”，这是一条普遍真理。每个国家的福利建设都是多姿多彩的，各种理论流派竞相绽放。这就需要我们去思考，在坚持走中国自己的社会发展道路、实现中华民族伟大复兴的进程中我们应该选择何种福利模式，建设什么样的福利政策及制度体系，社会需要呈现出何种形式的福利状态，福利建设如何扎实推进共同富裕。这同样需要我们在福利领域坚持道路自信、理论自信、制度自信及文化自信的基础上，在中西社会福利思想与理论、政策及制度对话的基础上，在中国历朝历代福利实践的基础上发掘尘封已久的传统话语，构建具有时代特质的社会福利学术体系、学科体系及话语体系。正是在这种想法下，我们希望站在“中国古已有之的福利”立场上，从社会福利的中国渊源、中国实践与中国观点出发，充分吸收西方社会福利的优长，努力编写一部与众不同的社会福利教材，使人们重新认识社会福利的文化样态。

寻其根，方能正其干。社会福利必须在历史长河中追索我们共同的根源。这既是一个重新发现历史的过程，也是一种树立文化自信的过程，更是本教材用中国话语讲述社会福利的一种尝试。每个国家的社会福利都有其独特的文化基因、社会根据与哲学基础，忽视各个国家的哲学、社会及文化基础，就难以准确地把握这些国家的社会福利特质，难以理解各国的社会福利道路为何千差万别，所谓的先进福利制度引入就不仅是一句空话，而且容易引向历史的虚空。从历史上看，中国的福利思想在先秦时期就已经出现，秦汉予以制度化实践。经历数千年的绵延，它们已经成为“制度化”知识、“内在化”经验以及“日常化”生活。通过对传统福利典章制度的发掘和整理，把它们作为我们建设现代社会福利的历史资源，我们更加坚信中国社会福利事业有着广袤而深厚的沃土，中国的社会福利并非无根之木、无源之水。

繁其枝，才能成其高。人类已经进入名副其实的地球村，一国出现的问题会很快波及其他国家，不仅国际劳工、移民特别是难民冲击各国的福利体系，新冠肺炎（COVID-19）的全球大流行更直接考验着各国就业、公共卫生、护理、救助等福利项目的承受能力，任何国家都难以“独善其身”。社会福利应当既见树木又见森林，既立足国内又放眼国际，既着力改善本国民生福祉又积极关注全球挑战，在相互借鉴、互通有无、相互支持中共融共生。在全球化日益影响下的当代中国，社会福利应该兼收并蓄，会通中西福利思想、碰撞中西福利文化、比较中外福利制度，“老吾老以及人之老，幼吾幼以及人之幼”，站在人类命运共同体的高度回应人类普遍面临的重大民生关切，推进中国社会福利的创造性转型，如此才能增强中国社会福利发展的内生动力，更好地推进中国社会福利制度的实践。

守其正，才能创其新。坚守理论自信与文化自信，遵循古今贯通与中西会通，践行学术涵养与学术对话，我们就可以找到一条适合中国人福利制度的道路，中国的社会福利事业就能够枝繁叶茂、开花结果，“黎民于变时雍”的社会荣景就可以呈现，共同富裕的社会终将出现。

围绕这一主线，本教材的编写团队确定了全书谋篇布局的主导思想、立足基点及写作原则：第一章概述社会福利的定义、维度、内容与框架，对中国社会福利观念进行了解读，强调任何一个国家的社会福利都应该有自己的哲学根据、社会基础以及文化特质，只有涵养哲学、社会及文化，这个国家的社会福利事业才能“山高水长”。第二章探讨社会福利与社会经济、政治、社会以及文化之间的相互关系，主要从福利功能理论、福利冲突理论、福利文化理论以及福利转型理论等视角揭示社会福利的理论观点，旨在呈现社会福利背后蕴含的理论逻辑与理论支撑。第三章起从“理一”走向“分殊”。其中，第三章分别从福利政策问题识别、福利政策动议、政策的合法化、福利政策执行和福利政策评估，剖析中西方在福利政策制定与执行模式中的异同。第四章阐述了社会福利制度，展现了社会福利制度的构成及中国渊源，阐释社会福利制度运行的原理、机制、模式与功能，概述社会福利制度的发展。第五章说明了不同社会福利主体的福利内容与供给方式，指出政府、企业、家庭及非政府组织作为社会福利供给主体的历史根据、现代议题及涉及领域。第六章对社会福利面对的不同对象进行划分，提出他们的福利需求，指出社会福利建设最终要解决“为了谁”的问题。第七章从教育、就业、健康、养老、住房等维度对福利项目的具体内容加以呈现。第八章阐释了社会福利治理的产生和演进、结构与内容、手段及目标，揭示出中国传统社会的福利治理智慧具有历久弥新的品格，因此应持续深耕，使之成为当今社会福利治理的借鉴。第九、第十章着重选取最具代表性的两个发达国家的社会福利政策进行剖析，梳理英、美两国社会福利建设的历程与转折，并提出反思性评价，揭示同为发达国家的英、美却形成两种截然不同的福利模式与福利道路的历史及逻辑必然。最后一章则对未来技术与社会颠覆性变革中福利事项面临哪些新议题进行了思考，对未来要面对的深度全球化、人工智能以及家庭变革的挑战做了展望。

与学界流行的社会福利著作或教材不同的是，本教材突出中国基础、中国根据及中国特色，贯穿全书的理念是社会福利中国古已有之，并非西方专有专享，在编写过程中，立足于中国特色社会福利体系建设成就，试图提炼出社会福利的中国话语体系及学术体系。当然，本教材在写作过程中并没有故步自封，而是海纳百川，吸收欧美发达国家最新的社会福利学术成果及实践创造，以更加平等、开放、包容的心态对待他们的社会福利思想及实践，这使得我们所撰写的这部《社会福利》教材在具有鲜明的时代特性的同时也具有客观性。为了迎接中华民族的伟大复兴，直面后现代社会愈发变幻莫测的风险挑战，我们只有贯通古今、融通中西、经纬四方，才能使中国的社会福利执中而立，为建设更加幸福美好的社会提供学术滋养。

高和荣　彭华民

2021 年 12 月 23 日

目录

第一章

绪　论

本章重点

理解“福利”一词的由来及其发展，明晰福利与民生、保障等词汇的异同，明确社会福利的特点。

福利有其生存土壤。从文化、社会、哲学三个维度对社会福利及其背后运行机理加以分析，深刻把握附着于社会福利的文化涵蕴、社会基础及哲学根源。

社会福利的发展始终与人类社会发展水平相适应，以推动人类幸福与社会发展为目标导向。

基本概念

社会福利涵蕴；社会福利维度；社会福利目标

福利是人类最为久远的社会活动，具有与生俱来的特性。千百年来，世界各国都在探索本国的社会福利道路，实施不同的福利政策，产生不同的福利制度与福利模式，形成不同的福利文化，福利成为衡量一个国家或地区文明与进步的标志之一。进入现代社会，各国政府日益重视福利建设，有的把它当作治国安邦的手段与抓手，有的把它当成选举的策略和工具，还有的把它当成权利的彰显与象征。鉴于此，我们需要准确地理解社会福利的涵蕴，明晰社会福利的维度和目标。

第一节　福利的涵蕴

道德、法律、经济等制度是变化无穷的，但无论它们怎么变化，也不会具有使人无法对它们进行任何科学思考的性质。①

——埃米尔·涂尔干

① 涂尔干．社会学方法的准则．狄玉明，译．北京：商务印书馆，1995：94.

“社会福利”和许多其他社会科学术语一样，是一个被广泛使用但又缺乏公认定义的概念。西方有“福利国家”之言，我们有“为人民谋福利”之说。第二次世界大战以后，欧美发达国家把那些能够提高民众生活水平的项目、待遇及活动等统称为“福利”或“社会福利”，而我们则把福利当成民生事业的一部分，强调民生是最大的政治，认为要在发展中改善民生。那么，到底什么是福利？什么是社会福利？什么是民生？福利与民生的关系又是如何呢？

一、福利的词源考察[①]

“福利”在英文里主要有 welfare、well-being、benefit、interest 等四个单词对应，现在最常用的是 welfare。从词源上看，英文 welfare 来源于拉丁文，由 well 和 fare 组合而成。well 表示“好”，fare 的意思是“生活”，合起来就是“美好的生活”。早在古希腊罗马时期，这个单词就为人们所熟知。柏拉图在《理想国》中勾画了达到理想国家的途径，指出“福利”是一种总体性的概念，表示“生活在理想国家的人们都应当过着衣食无忧的生活，这是人们进行社会政治生活的前提”。如今，《牛津高阶英汉双解词典》把“福利”解释为“个人或群体的健康、幸福与安全”，以及“政府给予个人必要的经济援助”。《韦伯斯特新世界词典》把福利当成一种“健康、幸福和舒适的良好状态”。由此可以看出，英文里的“福利”是人们美好、幸福、舒适生活的代名词。

需要指出的是，“福利”并非西方国家所特有、独有的专利，古代中国早就存在福利活动并形成福利概念。汉语“福利”概念是由“福”和“利”两个字构成的。《说文解字》里把“福”解释为“福，佑也”[②]。在中国语境里，“祈福”总和“避祸”相连，古人用酒器祭祀神灵就是为了避“祸”而得到“福”，因此“福”有平安、祥瑞、幸福的意蕴。《荀子·天论》说：“顺其类者谓之福。”[③]《礼记·祭统》解释为“福者，备也。备者，百顺之名也”[④]。汉代贾谊把“安利”称为“福”，因为“安利”者“常乐易”。《韩非子·解老》中说“全寿富贵之谓福”[⑤]，其中“寿”指生命，“富”指富裕，“贵”则指尊贵。随着社会的发展，“福”的内涵越来越丰富。《尚书·洪范》中提到与“六极”相对应的“五福”：“一曰寿，二曰富，三曰康宁，四曰攸好德，五曰考终命”，即努力达到长寿富贵、健康安宁、遵行美德、高寿善终。从以上的分析可以看出，中国的“福”字包含了长寿、富贵、安宁和幸福等内涵。

“利”字在《说文解字》的解释为“利：铦也。从刀，和然后利，从和省”。这

---

① 本部分主要内容来源于：景天魁，等．福利社会学．北京：北京师范大学出版社，2010：2-4。该书的这部分内容由高和荣撰写。

② 许慎．说文解字．上海：上海古籍出版社，2007：3.

③ 王先谦．荀子集解．沈啸寰，王星贤，点校．北京：中华书局，1988：309.

④ 王文锦．礼记译解．北京：中华书局，2001：705.

⑤ 王先慎．韩非子集解．钟哲，点校．北京：中华书局，2003：135-136.

里的“利”本义指刀剑锋利，刀口快，表示以刀断禾、收获谷物的意思，可引申为收获谷物、得到好处，指一种顺利、吉祥的人生愿望。[①]《论语》中讲“君子喻于义，小人喻于利”[②]，这里的“利”就是与道义相对的财货、利益。

福利存在于特定时空结构中，因而就其一般意义上而言就是指社会福利，社会福利是福利在空间领域内的表述，它将福利的供给与输送、需求与保障等扩展到个体关系之外，进而从熟人关系扩展到生人社会中。因此，所谓的社会福利就是福利的社会化或者说社会层面上的福利。按照美国学者的看法，社会福利的含义比较宽泛，包括社会工作、公共福利以及其他相关的行动或计划，它着重强调人们获得良好的状态，包括身体的、教育的、精神的、情感的、心理的以及经济的等诸方面的良好需求。[③]

二、福利与民生

随着社会的发展、矛盾的转化，政府提出“提高保障和改善民生水平，加强和创新社会治理”，将优先发展教育事业、提高就业质量和人民收入水平、加强社会保障体系建设、坚决打赢脱贫攻坚战、实施健康中国战略、打造共建共治共享的社会治理格局、有效维护国家安全[④]等诸多福利事项作为保障和改善民生的事业。这就需要我们讨论民生与福利及保障的关系。

从内容上讲，“民生”是中国特有的概念，而“福利”和“保障”更为西方学者经常使用。“福利”一词中国较早出现于《后汉书·仲长统列传》，东汉末年的仲长统批评时政时痛斥当时的社会“使奸人擅无穷之福利，而善士挂不赦之罪辜”[⑤]，这里的“福利”指生活上的物质利益，成为今天意义上福利含义的重要组成部分。

除此之外，福利还指向精神层面，强调人们的幸福感与满足感。韩愈曾提到“福利”一词，即“何有去圣人之道，舍先王之法，而从夷狄之教以求福利也”[⑥]，此时的“福利”已含有精神层面的满足感与幸福感之义。毛泽东在《论联合政府》中提到“福利人民”，其含义为生活上的保障，这与当时中国社会的艰难处境有关。中华人民共和国成立后的一段时期内，政府民政部门从狭义层面上理解福利，把福利当成与社会救助、社会优抚并列的事项，此时的福利成为民众社会保险、社会救助之外的其他项目及待遇，与“社会慈善”概念接近，实务界的这一做法影响到学术界对这个概念的认识，人们更多地从“小福利”角度探讨中国的福利事业的建设与发展。

改革开放以来，随着对外交流程度的加深，国外的福利思潮、福利学说及福利

---

① 秦永超．福祉、福利与社会福利的概念内涵及关系辨析．河南社会科学，2015（9）：112-116.

② 杨伯峻．论语译注．北京：中华书局，1982：39.

③ FARLE O W. Introduction to social work，5th ed. New York：Prentice-Hall，Inc.，2000：3.

④ 习近平．决胜全面建成小康社会 夺取新时代中国特色社会主义伟大胜利．北京：人民出版社，2017：57-63.

⑤ 王先谦．后汉书集解：上、下．北京：中华书局，2006：579.

⑥ 韩愈．韩昌黎文集校注．马其昶校注，马茂元整理．上海：上海古籍出版社，1986：212.

活动传播到中国，影响到国内学界。一些学者从 welfare 和 well-being 这两个单词的本源含义出发，认为英文单词的福利解释为“（个体或群体）幸福、安全与健康”和“（政府给予的）福利”更能体现福利概念的本来面貌与本真含义，普遍倾向于福利应该包含物质和精神两个方面，涉及改善生活的项目、载体、服务乃至社会工作。[①] 现今的《汉语大词典》和《辞海》对“福利”的定义大致相同，都承认福利指向人们的幸福和利益，它既有物质方面的内容，如收入、住房、医疗等，又有精神方面的含义，如安全、友谊、公正、自由等方面。这意味着福利与民主具有不同的属性与内容。

一方面，“福利”通常包括“获得基本的物质生活材料”“提高全体社会成员的生活质量”“在物质生活得到保障、全体社会成员生活质量得到保障的基础上的‘幸福’与‘满足’”[②]。因此，福利既可以体现社会的整体生活水平，更可以直接用来描述个体的生活状态。而“民生”一般用于群体特别是某个社会群体的整体性情况，它更多地从治国理政角度去把握这个社会的民众生活状态，它通过微观层面的福利项目及福利待遇、中观层面的福利政策与福利制度去审视国家的民生理念与民生方略，实现国家的治理蓝图。因此，与福利相比，民生更多的是个整体性、宏观层面的概念。

另一方面，第二次世界大战之后，“福利”逐渐被西方理性主义认同为“资格”和“权利”，把福利当成社会成员获得公民身份的一项基本权利，也是国家应该承诺给予的社会权利，因而变成了国家的预设。尽管福利国家危机后西方国家加大福利领域内的改革，但福利的社会权利观点已经深入人心。不仅如此，一些学者从方法论个体主义出发，把社会福利当成个人福利的总和，个人福利的增加自然会推动社会整体福利的改进。但是，我国的民生范畴浸润着方法论整体主义的思想，强调民生不是各福利事项的总和，也不是个人福利的总和，个人福利的加总永远不等于整个民生，尽管民生涉及各福利事项，但民生自然要关乎个人的生活。这是因为任何民生实践最终都要落脚到个人身上，甚至落脚到民众一日三餐这样一些具体的生活事项里。

三、社会福利的特点

作为一项重要的社会政策设计和社会制度安排，社会福利具有一般社会政策的特点，但与社会救助和社会保险相比，它又显示出自身独特之处。

一是参与主体的多元化。政府和社会是社会福利的责任主体。政府颁布相关法律、法规对各项社会福利事业进行规范，通过有关职能部门对社会福利事业进行监督与管理。社会福利是政府主导的一项社会性的公共事业，它不仅需要立法规范和

① 尚晓援．“社会福利”与“社会保障”再认识．中国社会科学，2001，22（3）：113－121．
② 景天魁．福利社会学．北京：北京师范大学出版社，2010：6－7．

政策引导，而且需要公共财政支撑并由政府承担监督管理责任。除政府外，企业、非营利组织、慈善组织以及家庭等都参与到社会福利的供给中。以养老金为例，很多国家和地区都建立了“三支柱”以上的养老金体系。“三支柱”分别为政府提供的基本养老保险、企业提供的企业年金和职业年金，以及个人储蓄性养老保险和商业养老保险。就我国而言，古代社会里不仅朝廷、官府参与福利供给，而且家族、宗族、行会等组织也参与福利建设。中华人民共和国成立后，特别是进入新时代，我国社会福利基本形成了“党委领导、政府负责、社会协同、公众参与”的多元主体合作共同参与社会福利供给的局面。

二是享受对象的普遍性。社会福利表现为全民的普遍性福利，覆盖范围不像社会保险仅限于劳动者，也不像社会救助只限于特殊的弱势社会群体。凡是符合社会福利享受条件的人，不分性别、年龄、职业、信仰等，都可以享受社会福利的保障待遇，享受对象无须预先缴纳费用和履行义务。社会福利的项目广泛，既包括面向全社会成员的公共福利事业，如教育、科学、文化、体育、卫生、环境保护设施和福利服务，也包括面向特殊人群的福利事业，如为孤寡老人、孤儿、残疾人开办的福利院、教养院、疗养院等。以新冠疫苗接种政策为例，中国实施 3 周岁以上居民免费接种政策，在中国大陆工作的外国人和台港澳同胞，无相关基础病和接种禁忌证的，本着自愿原则均可预约申请免费接种新冠疫苗，这就体现了这一福利政策的普惠性。

三是提供服务的广泛性和多样性。社会福利事业涉及教育、住宅、职业福利，还涉及老年人福利、儿童福利、妇女福利、残疾人福利等项目。社会福利提供的方式具有多样性，可以采用货币、津贴、抚恤金的方式，也可以采用发放实物的方式，还可以采用提供服务的方式。以妇女福利为例，包含妇女就业福利、妇女生育福利、妇女健康福利等。社会福利提供服务的广泛性和多样性构成社会福利的又一显著特点。

四是权利义务的非对等性。社会福利不同于社会保险，被保险人履行义务越多，得到的回报也越多；社会福利也不同于社会救助，救助对象越贫穷，能申请到的救助越多。社会福利与享受者的经济地位、身份、职业背景以及贡献关联不大，而是遵循相同的待遇标准。社会福利作为一种国民收入再分配的方式，通过为全体社会成员或部分社会群体提供福利设施和服务，使其共同分享社会发展的成果，满足社会成员对美好幸福生活的需要。例如，儿童免费接种疫苗、义务教育、特殊教育等福利，残疾人就业培训和补助，老年人高龄福利津贴等，都体现了权利与义务的非对等性。

案例 1-1

浙江省多部门联合推动共同富裕“七大行动”助力社会救助转型

由浙江省教育厅、医保局、人社厅等部门结合社会、市场等各类救助资源，由政府进行统筹，在确保困难群众兜底保障的基础上，进一步满足其多样化救助需求。截至2021年6月底，浙江省低保对象60.6万人，人均月低保标准901元，位居全国省区首位。

为推动高质量发展建设共同富裕示范区，浙江省社会救助事业由物质类救助转向“物质+服务”类，并结合共同富裕“七大行动”，就业救助实施“贴心帮扶”，提升就业覆盖面与针对性，医疗救助开展“暖心关爱”行动，提高困难群体大病医疗费用综合报销水平，教育救助推动“助学添翼”行动，实行精准、科学资助，住房救助推行“暖巢更新”行动，着重解决最低生活保障家庭住房条件改善。此外还包含灾害救助、社会力量救助等，从多方面、联合多主体，为困难群体提供广泛的福利供给。

资料来源：浙江省人民政府．浙江省多部门联合开展助力共同富裕“七大行动”让社会救助更精准更贴心．(2021-07-20)［2021-01-04］. http：//www.zj.gov.cn/art/2021/7/20/art_1229413434_59122889.html.

第二节　社会福利的维度

社会学的人文性，决定了社会学应该投放一定的精力，研究一些关于“人”“群体”“社会”“文化”“历史”等的基本问题，为社会学的学科建设奠定一个更为坚实的认识基础。[①]

——费孝通

不同国家的社会福利道路选择存在差异，各国社会福利事业发展过程中所凝聚而成的福利模式、福利制度乃至福利政策同样不尽相同，不同学者对社会福利内涵的理解不同，这反映出社会福利的社会基础、文化观念以及哲学根据的差异性，成为人们分析社会福利的重要维度。忽视一个国家社会福利事业的历史、文化及哲学，简单地比较各国社会福利事业的具体做法，如国家间项目种类、待遇标准、获得资格等，难以扎实地推进各国社会福利事业的发展。

从历史上看，绵延数千年的社会福利事业在发展过程中形成了丰富多彩的理论派别、理论体系及理论观点，为人类社会福利事业的发展提供了理论指导。这些理论从宏观方面来看，主要有小康理论、大同思想、现代化理论、新发展观、经济社会结构转型理论等。从中观方面看，在学界广为流传并迄今仍然发挥影响的理论包括自由主义、保守主义、社会民主主义以及普遍主义理论等。当然，社会福利总要面向社会群体特别是具体的个体，解决其生活需要，因而它从来也不缺微观层面的理论，诸如需要理论、公民资格理论、公民权利理论、福利三角理论、分配理论、

① 费孝通．试谈扩展社会学的传统界限．北京大学学报（哲学社会科学版），2003，49（3）：5-16.

市场理论、补偿理论、慈善理论、第三部门理论、社会工作福利、社区福利理论、博弈理论以及协同治理理论等。事实上，这些丰富的理论在具体运用过程中还会演化出许多理论形态或理论形式，这就需要我们分析这些理论背后的深层根基，它构成开展社会福利事业的维度。

一、文化是社会福利的表征

文化是生活的凝聚，人们在长期的生产与生活中所形成的相对稳定的方式或样态并传承下来、影响后人的交往行为、交往方式或其他实践活动，这就成为文化，有什么样的生活形态及生活方式就会形成什么样的文化形态。相应地，福利依附于人们的生活，也支撑人们的生活，特别是这种生活方式以类似的形式不断反复并规律性地呈现，进而成为这个国家或地区带有普遍性及常态性的事项，这样的福利活动就成为一种文化，展示这个社会的人们的生活习惯、生活态度以及行为模式。一个国家的福利模式与这个国家的文化模式相适应，有什么样的文化就会有什么样的福利模式与类型，而福利也会强化其文化模式。

从文化视角看，世界各国的福利建设、制度设计及政策安排无不彰显该国的文化特质，打上文化符号与印记。一种行之有效的福利制度必定适应这个国家的福利文化，而一种福利文化自然影响这个国家的福利制度及政策的制定与实施。与部分发达国家不同，我国在制定福利制度时自觉或不自觉地受到祖先崇拜文化、自力更生文化以及尊重历史文化的影响，进而形成具有自身特色的福利形态。

（一）祖先崇拜的福利文化

祖先崇拜是中国的文化现象之一，这是由于中国历史上是一个自然灾害较为频繁、靠天吃饭的农业社会，那些生活经验丰富特别是通晓自然地理知识的年长者能够为年轻人的生产提供指导，帮助他们获得基本生活资料，因而拥有较高的经济社会地位，成为形成尊老敬老文化的物质根基。随着社会的转型，靠天吃饭的农业社会逐渐转型为技术主导的农业社会，经验所创造的物质财富在福利供给中的地位日益下降，此时人们强调祖先是人类延续的根本，因而要敬重祖先、尊敬长者。

在这种文化观念作用下，老年人在社会福利获得中处于核心地位，整个社会福利体现最初是围绕老年人的福利而设置的，更多地解决老年人的基本生活问题。例如，先秦时期人们就崇尚敬老，强调对老人要“孝”“敬”。两汉流传的“举孝廉”“高年王杖”等福利政策一直以某种方式存续下来，当时还设置“三老五更制度”以调解民间纠纷。隋唐时期给予老年人“侍丁”，授予其“虚衔”，由此使得老年人拥有较高的社会地位。宋朝设立“安老坊”“安怀坊”“安济院”以收养老人。明朝则推举 50 岁以上、品行正直、受人尊敬的老者处理部分民间诉讼任务。到了清代，康熙、乾隆皇帝举办千叟宴以倡导尊老孝老。

改革开放以来，为适应社会主义市场经济的转型，需要重建中国社会保障特别是社会福利体系。在这种情形下，民政部在做好农村“五保供养”工作的基础上于1986年在江苏沙洲县（现为张家港市）召开座谈会，并逐步选择江苏沙洲、上海嘉定、山东牟平、湖北沙市等地进行农村养老保险的试点。尽管该政策由于筹资及福利待遇相对较低而于1998年停止执行，但其优先关注老年人的理念得以传承下来。另外，就医疗保险而言，它似乎普遍性地关注所有年龄人口，但是，全国各地试办的农村合作医疗制度以及2003年以来的新型农村合作医疗制度最初都自觉采取门诊补偿而非住院补充。这固然与筹资水平较低的因素有关，但更与老年人容易患病特别是多患常见病与多发病因而更多地需要门诊治疗有关。所以，实行门诊补偿政策就是在有限的筹资水平下将医保资金适度向老年人倾斜，这同样体现了中国人的尊老敬老文化基因。还有的地方每年给予每位参保者额外500元的费用供患者到社区医院看病，这些费用支出大部分为老年人所享有。至于长期护理保险更是如此，长期护理保险是直接面向老年人、为他们提供帮助的福利制度，这一制度从倡导、提出及试点虽然经历的时间较短，却得到全国各地相关部门的支持，很重要的一点就在于这项政策体现了爱老情怀与文化特质。因此，我们的祖先崇拜福利文化是与时俱进的，体现了时代性及继承性特征。

（二）自我保障的福利文化

福利总是依附于经济并与特定生产力水平相适应的，一个社会处于何种经济发展水平，就能进行何种程度的福利投入，进而形成相应的福利制度安排。历史上中国一直是农业国家，社会生产力水平不高，可以提供福利的经济基础较为薄弱，由此塑造出中国人长久的自我保障观念，注重生存能力的自我获取以及生老病死的自我防范。

首先，注重预防保障。预防是应对未来种种不确定性的最好手段，面对频繁发生的自然灾害，我国历朝历代尽管实施了“荒政”，但它只是一种极为有限的临时救济，无法普遍性地解决百姓最基本的生活需要，百姓只有依靠自身力量做好防范才能应对可能遭到的各种灾害，由此促使人们养成自我保障的观念、习惯与行为。于是，民众在丰收年份大量存储粮食以备荒年使用，生养儿女以反哺自己，尽可能地购买地产、黄金等以备不时之需。很多地方的老人哪怕身体健康也提前添置好棺材、寿衣，强调“手中有粮，心中不慌”，认同“养儿防老，积谷防饥”，要求“安而不忘危，存而不忘亡”，做到“生于忧患，死于安乐”，反复告诫“人无远虑，必有近忧”，哪怕粮食丰收也要节约粮食、省吃俭用，并发明出仓窖、密封、干燥以及腌制等多种储粮方法，就是为了防范未来可能出现的各种生活风险问题。所有这些，其实都是古人注重防范生活风险、注重预防保障的种种举措。

其次，注重家庭保障。家庭是个人的延续，个人是家庭的基本成员。在与自然做斗争的历史进程中，古人十分清楚依靠个体的力量难以应对自然灾害的侵袭，只有依靠集体的力量才可能保护自身的生存，由此形成了家庭财产诸子均分继承制以及子女赡养老人反哺制相结合的保障体系。家庭不仅成为成员情感交流与情感维系的载体，还是解决家庭成员生活困难、增进家庭成员幸福的场所，成为走向外部社会、应对外部事务的出发点，成为集体保障及单位保障的最初形式，并通过敬老的农耕文化得以强化与传承，因而逐渐形成能够开展子女教育、养老、医疗、就业、照护等方面的经济支持，形成满足家庭成员起居的生活条件，开展家庭成员间的亲密关系互动。作为最基本的社会单位，家庭保障为社会的持续发展提供了基础。即便人类迈进工业社会，广泛出现了独居、单身、单亲、丁克以及空巢等家庭形式，家庭生活方式及生活观念发生了改变，家庭保障的某些功能在转型甚至弱化，但家庭保障的内容与形式、目的及功能以及所形成的理念、文化与准则依然是社会保障的经验支持和有益补充，家庭保障作为社会保障的基点并纳入整个社会保障体系中。

最后，注重邻里互助。广义的邻里互助涉及宗族内部互助以及同乡同业救助，它是自我保障以及家庭保障向外的延伸，也是传统敬宗收族文化在生活保障领域内的反映。《礼记·大传》讲“人道亲亲也。亲亲故尊祖，尊祖故敬宗，敬宗故收族，收族故宗庙严”①，敬宗收族成为古人开展各种睦族行为特别是进行灾害及弱者救助的依据，正如陈氏家族所强调的那样：“宗族邻里贫富不同，富之济贫，古道也。贫者窘迫称贷，我当即与之，以济贫急，勿责之以相偿之期，听其自来……至于有疾病也，扶之；有死丧也，济之；有横逆祸患代之驱逐之；有冤抑莫伸者代为辩白之。”② 邻里之间开展施米、施粥、施衣、施药、施诊、施棺甚至代葬等互助行动，并借助于家训族规等形式予以强化，形成对邻里特别是宗族成员的救助与保障。明清以来，这种邻里互助行为拓展到行会、公所对同乡同业者的救助，一些行会、会馆成立之初就明确其目的是为了“互助”，开展“施棺助瘗、恤孤赈穷、延医给药、发给回乡川资、购置义所、兴办义学”③ 等活动，使之成为家族组织在陌生人领域内的复制，形成了对传统邻里互助形式的创新与超越。

（三）注重历史的福利文化

文化是在历史长河中塑造而成的，如果说福利与文化密切相关，福利是文化的产物，那么，绵延数千年的政治经济及社会发展积淀而成的文化使得我们应该从“国之大者”的角度去谈论福利，福利因而具有了历史的属性。

首先，注重采摘福利史料。悠久的历史、辽阔的疆域、统一的国家形成了丰富多彩的社会生活，留下了各具特色的福利仪式、生活习惯与生活方式、社会风俗及生活规范，为我们这个民族打上了特有的文化印记，赋予了独特的福利文化厚度。如何从浩如烟海的各地福利活动中抽丝剥茧提炼出具有普遍性与共享性的福利文化，如何将优秀传统福利文化同当下的社会实践相结合，使优秀传统福利文化传承下来并迸发精神力量，为当下及未来的福利事业提供指引，就成为我们这个民族特

① 王文锦．礼记译解．北京：中华书局，2001：487.

② 义门陈氏家乘：卷3：礼俗志·推广家法十五条．民国二十七年本.

③ 周荣．中国传统社会晚期的社会保障体系初探．人文论丛，2003（6）：164－180.

有的福利活动。正因为如此，我国历朝历代都十分重视包括福利事项在内的史料采摘，人们积极开展实地调研考察，查阅文献资料，进行口述访谈，整理档案记录，考古复原史实，进而整理、编纂与修缮族谱族规、村志和地方志乃至官府文档等，不断总结散布在各地的福利活动及福利文化，努力从前人的生活中寻找可资借鉴的做法和经验，拓展社会福利史料的内容与形式、范围与界限，以便更好地指导当下生活。总之，重视包括福利在内的史料的搜集与整理、重视历史的借鉴与传承成为我们这个民族特有的文化特性与文化特质。

其次，注重传承福利经验。在福利领域，注重福利建设经验的总结，就是善于向历史学习、注重从历史维度看待当下福利建设，就是比较重视历史上的福利建设经验乃至教训的汲取，做到古为今用。注重福利建设经验史的整理与总结是中华民族的文化特质。对于任何福利事项特别是福利政策的提出，人们总是追问过去的做法，愿意从过去的做法特别是经验中获取智慧，形成具有历史涵容性的政策设计与制度安排，体现出福利建设是一个整体性的连贯过程。例如，为了减轻社会转型给传统家庭保障带来的冲击，化解工业社会所带来的老年、疾病、工伤、失业等各种生活风险，中国借鉴工业国家的经验建立了较为完善的社会统筹与个人账户相结合的社会保险制度。但是，我们并没有抛弃先秦两汉的做法、隋唐两宋的经验、明清时期的实践、民国时期的试验，相反，我们善于从历史中传承好的福利建设经验，汲取优秀传统福利文化并予以现代转型升级，甚至当今社会某个地区好的做法也被推广到全国其他地区进行实践，由个别上升到一般、由试点扩展到全国，成为我国社会福利建设的一条基本经验。而各种不敬老、不孝老或不养老等行为就会遭到抨击和唾弃。

最后，注重凝炼福利历史。福利是历史的产物，一国在长期历史过程中所选择的福利道路是经过历史检验、被历史证明行之有效的制度安排，历代福利政策所凝炼而成的福利文化是历史上福利事项及福利活动的抽象、概括与总结，它成为当下社会福利事业的指引，可以使当下的福利制度、福利政策及其他福利事项既具有时代性又富有历史的惯性，以便减少福利政策执行阻力，提高福利政策执行效率。因此，福利建设史就成为福利事业存续的最可靠基础。福利史的凝炼贯穿于福利建设的全过程，每一个时代总要重新阐释以往的福利建设史，为当下福利事业的发展提供历史根据，因而注重从治乱兴替中找到福利事业的发展规律就成为我国福利建设特有的文化现象。基于此，我们要通过整理并凝炼福利历史，将各地独特的生活习俗与福利事项汇总起来，将历朝历代的福利政策实践汇总起来，使我们的福利事业具有历史的积淀，形成历史的厚度，最终让历史成为理解社会福利事业的一把钥匙。

二、社会是福利建设的根据

福利嵌入社会，因而自然会受到社会的影响。同时，扎根在社会中的福利一定会对社会施加影响、发挥功能。福利与社会的相互作用关系表明，福利为社会增添了鲜活元素，使得社会变得更加多姿多彩；社会成为福利事业发展的深厚土壤，为福利建设提供载体，社会构成理解福利事业发展的另一个维度。

（一）福利是社会的一部分

世界各国对福利的理解与界定、福利制度的内容及福利项目、待遇及标准、责任与权力等划分存在诸多差异。这些差异并不表明经济与政治在一个国家社会的福利制度安排与实施过程中起唯一作用，而恰恰表明福利的供给与需求、福利制度的安排与运行、福利实施的对象与目标等方面，更多地受到各个国家特定的社会生活、社会结构及社会关系的影响。这就要求把福利置于社会中，从社会关系与社会结构、社会组织与社会阶层、社会运行与社会发展中分析社会福利。

从福利与社会的关系看待福利，可以把福利当成社会的一部分，作为社会组成部分的一个环节，分析福利体系、福利功能及福利的实现形式与实现方式，分析与特定的社会结构以及社会生活相适应的社会福利的项目和内容，探讨社会福利制度、社会福利项目的实施对整个社会组织、社会群体及社会阶层的影响，思考福利制度及项目的实施对于规制社会运动、减少社会冲突、促进社会稳定、强化社会安全等方面的功能，提出经济增长、社会福利以及社会和谐之间的良性互动关系。

从社会与福利的关系看待福利，可以把社会理解为包括福利事项在内的各要素总和，有何种社会形态、何种社会运行方式及生活习惯就容易形成何种福利事项并产生相应的福利活动。这是因为社会是一个有机整体，涉及政治、经济、文化及狭义社会等领域，其中的每一个领域又包括若干个组成部分，它们共同发挥作用，形成社会的存在状态与呈现样式。比如，狭义的社会领域涉及社会生活、社会文化、社会习俗及社会组织等，它们共同塑造出独具特色的日常生活习惯及福利项目、福利需求类型和福利供给方式与实现途径，不仅不同地区的福利需求有所侧重，就是不同民族的福利类型亦有差异，反映出社会对福利的制约性。

（二）中国社会结构的特点

社会结构是一个国家或地区社会成员的组成方式，它涉及这个社会的人口与家庭、社会组织、职业类型及就业、收入与消费、城乡区域与阶层等结构，体现了社会成员间的相互关系。社会结构制约了社会阶层乃至全部社会主体的行动，规定了各类社会主体的活动界限与范围。与世界其他国家相比，历经数千年洗礼的中国社会形成了注重群体而明分群己、注重整体而弱化个体、注重关系且强调人伦等特点，形成特色鲜明的社会福利体系。

一是注重群体，明分群己。重视“群”是先秦以来儒家的基本主张。荀子认为动物与人的重要区别是人以群体的方式存在，荀子重视群我关系，注重群体、群众及集体在社会中的地位，认为作为“己”的个人或自我并非完全独立的个体，而是群的一部分，“我”或“己”善于借助群体的力量为个体服务，以实现个体的目标。注重群体就是强调个人首先是作为家庭的成员、家族的一员、门派的代表而存在，从而把个体纳入家、家族乃至整个民族国家中，而秦汉之后的土地、户籍、宗庙祭祀、婚丧嫁娶、救灾救济以及举孝廉、高年王杖等制度进一步强化了这一观念。明分群已就是明确个体在家庭、宗族乃至国家中的责任与担当，在家强调“父母在，不远游，游必有方”，在宗族认同“认祖归宗”“光宗耀祖”，而于国而言则恪守“天下兴亡，匹夫有责”的信念，这种群己关系形塑出特有的福利态度、福利制度及福利供求方式。

二是注重整体，弱化个体。与肇始于古希腊的“人是万物的尺度”以及后来的“我思故我在”“人的理性为自然立法”不同，中国的儒家和道家尽管侧重点有所差异，但其核心思想均是强调社会整体而非个体，强调整体对于个体的制约性，只不过儒家注重社会的整体而道家则强调自然的整体而已，由此形成了中国人特有的整体主义方法论立场。体现在福利领域就是十分注重福利项目、福利待遇及福利政策的整合，整合的意愿比起欧美发达国家要强烈得多，因为我们的社会普遍认同“不患寡而患不均，不患贫而患不安”。例如，只有6 700万人口的法国，其养老保险制度多达数十种，而14亿人口的中国最初只设定了机关事业单位、城镇职工、灵活就业、农民工、居民及农民等险种，且在20多年的实践中逐步整合为职工、城乡居民以及灵活就业人员等三种养老模式类型。还有一些福利项目如低保、灾害救济以及应急项目等往往以家庭为单位进行设计与提供。也就是说，我们的很多福利项目及政策如养老、医疗等制度考虑到幅员辽阔、阶层差异及经济发展程度等因素，最初允许采取分层分类制度设计，一些福利项目实行试点运行，但这些多样化的福利制度很快走向整合、合并乃至统一。

三是注重关系，强调人伦。与欧洲原子化个体所形成的社会关系不同，以整体主义为方法论特征的中国社会注重人伦关系，强调人不是离群索居的个体，而是处于特定社会关系并开展社会互动的个体，将个体置于社会整体中，认为个体修身入群后自然遇到上下、长幼、夫妇、兄友等社会关系的制约，个体的社会交往与社会互动首先需要处理好这些关系，否则与禽兽无异。正如管子所言，“背人伦而禽兽行，十年而灭”[①]。这样的社会倡导整体利益为重而局部利益为轻，集体利益为先而家庭利益为后，家庭利益为主而个人利益为次，体现在福利领域则比较注重社会整体的福利供求关系，然后才兼顾到局部乃至个别群体的福利需求。比较重视福利的供给有助于社会的稳定与安宁，然后再考虑具体的福利得失。例如，中华人民共和国成立后的30多年时间内，我国实行的先城市后农村、先国有企业后民营企业的社会保险政策比较容易得到社会的支持。同样，21世纪以来，随着劳动关系呈现出许多新问题新矛盾，各地法院在审理和判决劳动合同纠纷案件时都实行了庭前调解，这正是人伦关系中社会福利事项的变动性实施，体现出社会福利刚柔相济的特

---

① 黎翔凤．管子校注：上册．梁运华，整理．北京：中华书局，2004：271.

性与原则。

案例 1–2

农民工人身损害赔偿纠纷庭前调解案

2021 年 3 月 22 日，农民工黄某某在贡山县茨开镇谭某某的雇用下搬运水泥，工资是按车计算，结果在搬运水泥的过程中被水泥压伤左下肢。之后到贡山县人民医院和泸水市人民医院进行治疗，伤情稳定后到怒江州人民医院司法鉴定所做了伤残鉴定，鉴定结果为后续治疗费 2 500 元，营养期 60 日、休息期 30 日、护理期 30 日。

黄某某属于农民工，又是建档立卡户，属于法律援助范围，随后工作人员为其办理了法律援助手续。庭审前，法官通过电话与当事人和律师进行沟通，双方经过协商未达成调解协议，本案拟安排 2021 年 9 月 2 日开庭。下午开庭前再次进行庭前调解，最终双方达成了调解协议，被告谭某某一次性赔偿原告 6 000 元，诉讼费由被告承担。

本案充分反映了刚性司法体系中扶弱济困的援助机制与关怀，体现了劳工关系纠纷中的柔性调解机制。

资料来源：中国法律服务网．贡山县法律援助中心对农民工黄某某人身损害赔偿纠纷提供法律援助案．(2021－09－22)［2022－01－05］. http：//alk. 12348. gov. cn/Detail? dbID＝46&dbName＝FYGL&sysID＝27554.

(三)中国社会的福利特性

发达国家称有关社会保险、社会救助、社会福利等事项为福利，而中国古人最初称之为“民生”，东汉时期仲长统才较早地将“福”“利”合并为“福利”，并用它来描述人们的生活水平。经过数千年的发展，扎根于中国社会、浸润着中国文化的福利事业形成了自身鲜明的特色。

一是强调自食其力。福利不是一个单向度的供给，不是现代西方国家一些学者所倡导的公民资格或公民社会权力问题，在中国文化与社会领域，它首先是个自食其力的问题。从汉朝开始，每年春耕时分朝廷都举行皇帝扶犁亲耕、皇后亲桑养蚕仪式，规定“天子三推，三公五推，卿诸侯九推”，三公大臣、诸侯、县令等各级官员由此效仿与践行，引导百姓耕作农田，避免出现大规模的抛荒、弃耕、废耕，即便在社会动荡、战争频发的魏晋南北朝时期这一亲耕礼制也没有停滞。亲耕亲桑这一独特社会仪式起到了劝课农桑的功效，引导百姓自力更生解决基本生活需求问题，体现出中国社会恪守重农尊祖、固本反哺的社会与文化特质，促进了自我保障福利文化的形成与实践。

二是注重生产性。福利不仅是纯粹的消费与支出，还具有生产和积累功能，这在西方经济与社会学领域引起过讨论。20 世纪 50 年代，马歇尔等人提出社会政策的生产性功能后，迈克尔·谢若登（Micheal Sherraden）等相继发展出“资产建设”的概念并得到广泛传播。实际上，早在先秦时期，中国人就特别强调福利建设的生产性功能与特性。例如，早在西汉时期朝廷就采取措施让民众获得解决自身福利问题的一些手段。那个时代，贵族、诸侯与豪强热衷兼并，占有大量土地，百姓无地可耕。朝廷收缴部分土地租给百姓，或者将国有荒地租给百姓耕种，收成绝大部分归百姓自己所有。这不仅体现了中国人的福利具有生产性观念，而且形成了与其不断救济倒不如拿出一块地让穷困之人耕种，从而确保国家长治久安、社会稳定安宁的观念。不仅如此，通过土地耕作可以将家庭、邻里乃至宗族的力量整合起来，结成一个互助的生产及生活组织，为福利的生产提供动力之源。

三是坚持托底性。中国的社会福利始于安定百姓生活，这在《山海经》里面就有记载，其中禹“随山刊木，奠高山大川”、益与伯翳“主驱禽兽”“类草木，别水土”以解决“民人失据”问题，由此使得早期的福利供给具有保基本的底线性质。而在汉朝，遇到灾荒朝廷及官府会租给百姓一些土地并免租免息。历朝历代的灾荒救济内容十分广泛，涉及粮食、药品及衣物等，并通过监督确保救济项目的顺利实施。至于兴修水利、平整荒地更是大力施行。正是由于建立了托底性福利体系，解决了民众最基本的生存需求，中国社会才能虽历经沧桑但仍生生不已。

三、哲学是福利事业的抽象

哲学是社会福利事业最深厚的折光，福利模式与福利道路的选择受到一个国家占主导地位的哲学思维方式的影响和制约，不同的哲学基础形塑出不同的福利模式、福利道路，进而影响这些国家的福利政策与福利制度。总体上看，中国的福利事业受中庸哲学思想影响较深，欧洲的福利制度得益于理性主义思潮，而美国的福利制度受到实用主义哲学左右。

（一）实用主义哲学与美国福利制度

当欧洲已经进入工业革命阶段，美洲大陆还处于原始的农牧业社会。新教徒在北美建国之初多数坚守自由主义的实用主义，十分崇尚自由贸易，广泛吸取西欧国家发展经济的经验，把福利作为经济发展的补充，凡是有利于促进经济发展的福利政策、福利制度他们都加以吸收。同时，他们从欧洲移民到北美，注重个人至上，坚持个人主义乃至极端的个人自由，因此，追求原子主义以及方法论个体主义成为美国占绝对主导地位的哲学社会科学方法论。萨姆纳的民俗论，库利的“镜中我”理论，米德、布鲁默及戈夫曼的符号互动理论，霍曼斯的交换理论成为这一哲学思维方式的集中反映，托马斯、诺斯、科斯、纳什、哈丁、奥尔森则将这种个体主义方法论运用到经济学及管理学领域，而赖特、詹姆斯、杜威、胡克及刘易斯等则发展了实用主义哲学，甚至还产生了诺齐克这样的崇尚彻底个人主义的无政府主义哲学家。当然，美国也出现了主张整体主义、宏观调控理论的学者，如凯恩斯、帕森斯、默顿等，但这些思潮与美国的建国历史相比显然不占主导地位。在这股思潮影响下，哪怕美国成为世界上最富庶的国家，哪怕欧洲国家在第二次世界大战后着手建立福利国家，美国仍然坚持按市场原则建设福利制度。

按照自由主义的实用主义哲学观点，福利是国家干预、党派钳制的一个手段，政府的福利投入必然挑战市场规则、束缚个人自由，政府的福利建设必然与效率主义相冲突，因此，福利供给应该越少越好，政府介入应该越少越好，应该交给市场去开展福利建设。福利建设要减少国家控制并增进个人自由，福利供给要以不增加政府投入为宜，何时进行福利改革以及如何改革要服从市场和效率、自由和选择。概而言之，福利为个人自由服务是贯穿美国福利建设的一条主线，如果说美国政府对福利建设的最大介入是什么，那就是努力让政府不介入福利事务。政府的福利投入只需要保证维持民众最低标准的就业、教育、住房、健康、营养和收入等机会，福利投入应该激发整个社会的活力、追求帕累托最优、突出生产效应。一旦突破这样的最低标准，必然遭到社会的反对。包括奥巴马的“新医改”在内的各项福利政策，均未能幸免。

（二）理性主义哲学与欧洲国家福利

欧洲有高扬人的主体性、追求理性的哲学传统和渊源，柏拉图、亚里士多德，特别是普罗泰戈拉的“人是万物的尺度”成为理性主义哲学的先河。笛卡儿的“我思故我在”使之成为近代理性主义的创始人，康德的“人的理性为自然立法”直接把理性主义哲学推向顶点。在理性主义哲学影响下，包括社会福利在内的各项事业强调现实性、逻辑性及可计算性，能够比较务实地看到工业化所带来的社会问题，分析福利供求关系，精算福利投入的成本、各责任主体的缴费及其收益、福利供给可能产生的效益等，进而据此划分各主体的福利责任及权益，务实地建立统账结合的社会保险制度。在理性主义哲学作用下，西方学者日益从公民权益角度来研究社会福利，无论是剩余型、工业成就型还是制度型，放任主义、自由主义还是社会主义，费边社会主义还是马克思主义，新右派、合作主义还是社会民主以及马克思主义，社会改造主义还是保守主义、社会民主主义等，他们都在强调公民权利如何在福利领域中得到体现与彰显。

一个国家的福利制度的建立、形成和发展与这个国家的哲学基础息息相关。在理性主义哲学影响下，欧洲国家始终重视公民权利在福利政策、福利制度及福利项目中的体现，福利逐渐成为公民的一项基本权利，强调福利就是政府对全体民众在收入、就业、医疗、教育、住房以及社会工作服务等方面提供的制度性安排，减少民众的不幸福感和不满足感，福利应该从选择性走向普惠性、从剩余性转变为全面性，它是经济社会发展赋予公民的最直接的权利。正因为如此，他们认为，社会福利完全依赖政府固然不行，但完全依赖个人、极端的个人主义同样也行不通。为此，他们从普遍的人权出发建立社会福利意识形态，变革社会福利的价值取向与价值导向，以此来扩大社会福利的项目、内容和服务体系，社会福利不仅着重解决特殊群体的特殊需求，而且越来越扩展到"泛化的他人"。普遍主义福利思想逐渐得到社会的认同并转化为福利政策行动与福利制度设置，无论是英国的国家医疗服务体系（National Health Service，NHS）、德国的社会保险体系还是北欧国家的高福利都受到这种哲学方法论的影响。

案例 1–3

欧洲社会福利模式的差异性

理性主义的表现之一即福利模式所呈现的对于国家、政府与市场的选择。

北欧国家绝大多数福利服务由地方政府供给，而北欧各国的福利财政支出又有区分，如丹麦以税收占据较大份额，其他国家主要依赖社会保险缴费。荣·科维斯特（Jon Kvist）指出，"各个国家在何种程度上吻合北欧福利国家模式的理想类型，因不同领域和不同时间而有所不同"①。

欧洲三大福利模式，最大的区别在于福利体系所覆盖的群体范围。盎格鲁-撒克逊模式仅对"值得救济的穷人"施以援手，欧洲大陆模式强调福利基于体制的权利与义务的对等性，北欧将社会全体人民都纳入保障范围。这一差异源于福利理念中所蕴含的理性主义哲学，致使不同范围内的国家会思考社会福利究竟施惠于谁，又由谁买单。

资料来源：库恩勒，陈寅章，彼德森，等．北欧福利国家．上海：复旦大学出版社，2010：334－337.

（三）中庸哲学与社会福利

福利受到文化的影响，而最深层的文化则是哲学。与自由主义及理性主义哲学传统不同，以中道主义为核心、强调不偏不倚的中庸哲学成为中国影响广泛的社会思潮。中庸强调要"允执阙中"，防止"过"与"不及"，当然，实现中庸则需要人们"慎独"。在这种哲学思潮影响下中国人塑造了特有的福利观念与行动。

一是善于学习古今中外福利制度。历史是最好的老师，通过学习历史特别是中国历朝历代的福利建设经验可以让我们找到当下福利建设可资借鉴的经验，避免重走历史上曾经走过的弯路。所以，我们的很多福利政策特别是救灾救济政策在历史上都可以找到影子。不仅如此，人们还善于向国外学习，从世界各国特别是发达国家的福利建设经验中寻求好的福利制度。比如德国、阿根廷、智利等国的统账结合社会保险制度为我们所用；欧美国家的老年津贴政策很快传入；英国、澳大利亚、加拿大的分级诊疗制度被我们采纳；德国的家庭医生签约制度移植到我国来；日本、韩国的长期护理保险很快传到中国并落地生根；为了解决住房问题，新加坡的中央公积金制度很快就被我们所借鉴。尽管国外的这些福利政策并不一定完全适用

① 库恩勒，陈寅章，彼德森，等．北欧福利国家．上海：复旦大学出版社，2010：335.

于中国，但善于向国外学习的哲学基因在发挥功能。

二是将福利纳入国家治理体系。中庸哲学必然将君、臣、民三者统一起来，强调君主要利民为本、关心民生，民众要自食其力、各安其分，从而做到上下同欲、万众一心，实现长治久安。因此，福利不是单一的个人选择或个人权利，它总要涉及各个方面，以整体性视角呈现在我们的面前。从方法论整体主义出发去理解福利，需要我们基于“国之大者”从顶层设计福利体系，统筹推进福利项目及待遇、福利政策及福利制度建设。因此，我们的福利建设较少地考虑个人福利权益或个人权利，更多地考虑财力负担，优先解决鳏寡、孤独、废疾者的最基本物质供养和疾病治疗，以便于国家治理。不仅如此，我们的福利是描述整个社会的生活状态，揭示民众的生活水平，浸润着治理理念、治理方略与治理成效的范畴。随着经济发展与社会进步，我们在做好托底保障的同时，着力开展基本型、改善型乃至富裕型民生福利的建设，就是最大限度整合力量，促进社会共同富裕。因此，根植于独特的文化土壤与哲学根基，福利有自身的使命和价值观，生长在自己的土地上、符合中国社会的福利必须具有独立性。我们的福利建设不能简单地按照“洋观念”、照搬“洋理论”、采用“洋标准”、使用“洋教材”。

第三节　社会福利的目标

治国有常，而利民为本。[①]

——《淮南子·氾论训》

任何福利制度或政策都离不开价值目标和原则的指引。现代社会福利制度通过重新分配社会资源让民众远离饥饿、疾病、失业、贫困、社会震荡等问题，是各国工业化和现代化进程中的“保护伞”和“稳定器”，是人类社会发展中最伟大的制度发明之一。社会福利的目标可以从微观（个体）、中观（社会和国家）和宏观（全人类）三个维度来分析。

一、微观层面

从微观上看，社会福利的目标是满足个体需要，提升社会成员的幸福感，实现个体对美好幸福生活的向往。社会福利作为一种社会政策，其目的之一即满足人们日益增长的物质文化需要，通过福利供给来提高社会成员的生活水平和生活质量，从而提升个体的幸福感和人们对幸福生活的向往。随着社会观念的发展，人们逐渐认识到社会福利的目标不仅仅包括解决社会弊病、维持社会稳定，还包括提升人们

① 淮南子．张燕婴，等译注．北京：中华书局，2012：205.

的主观感受，提高民众的生活质量。[①] 因为从本质上来讲，作为一种再分配方式，社会福利有利于维护社会公平和稳定，有利于提高社会抗风险能力[②]，社会福利作为向全体人民提供公民权利的媒介物[③]，应把维护全体社会成员的利益、满足民众的基本生活需求、提高民众的福利水平作为其根本目标[④]。不仅如此，不同的国家在其发展进程中形成了自己的政策目标。比如当代中国还是世界上最大的发展中国家，因此，中国的社会福利政策应该以“底线公平”“基础普惠”为原则[⑤]，通过财政再分配和社会福利供给，重新整合社会福利体系，形成更加公正的社会政策框架与政策实施，“使人民共享改革开放的红利”[⑥]。

二、中观层面

从中观上看，社会福利试图解决社会问题，促进社会和谐，提升社会质量。同时，作为一种社会政策，社会福利也是国家治理的重要工具。中国历朝历代的皇帝诏令、官府安民告示就涉及福利政策，西方学者瓦格纳也认为“社会政策是运用立法和行政的手段，以争取公平为目的，清除分配过程中的各种弊害的国家政策”[⑦]，贝弗里奇在《贝弗里奇报告》中指出社会福利旨在解决社会生活中的“五大严重社会问题”[⑧]，蒂特马斯认为社会政策就是一种以社会问题为取向、以问题解决为导向的政策[⑨]，米德格累则将社会政策的重要结果（社会福利）具体操作化为社会问题的控制、社会需要的满足及社会机会的保障[⑩]。人们普遍认为，正是社会福利政策的制定和实施，才有效平息了日益高涨的工人运动，调和了阶级矛盾。

而在中国，福利自古以来就被当作国家治理的重要工具而呈现出来并发挥功能。中华人民共和国成立后，政府出台了一系列福利政策，助推福利事业的发展。进入新时代，为适应社会矛盾的转变，政府加强福利政策的完善，强调中国的社会福利是一种普遍的“人民福利”，而不是排他的少数人的特权，是一种基于“共同富裕”和“全面建成小康社会”的国家目标，而不是为赢得选举而安抚选民的功利

① 岳经纶，颜学勇．走向新社会政策：社会变迁、新社会风险与社会政策转型．社会科学研究，2014，36（2）：92－100.

② 王耀东．中国迈向社会政策时代．政治与法律，2011，30（2）：29－36.

③ 黄晨熹．社会政策概念辨析．社会学研究，2008，23（4）：163－181，244－245.

④ 王耀东．中国迈向社会政策时代．政治与法律，2011，30（2）：29－36；程玲．中国社会政策的演变与发展．河北学刊，2010，30（4）：123－125.

⑤ 景天魁．大力推进与国情相适应的社会保障制度建设：构建底线公平的福利模式．理论前沿，2007，21（18）：5－9；王思斌．我国适度普惠型社会福利制度的建构．北京大学学报（哲学社会科学版），2009，55（3）：58－65.

⑥ 江立华，张必春．社会政策的取向：多视角、文化与实践：从社会政策研究角度的考察．社会主义研究，2011，34（3）：137－140.

⑦ 陈华．社会管理视野中的社会政策：体系、过程和功能的解读．学术论坛，2012，35（4）：53－55.

⑧ 贝弗里奇．贝弗里奇报告：社会保险和相关服务．北京：中国劳动社会保障出版社，2008：193.

⑨ 蒂特马斯．社会政策十讲．长春：吉林出版集团有限责任公司，2011：10.

⑩ MIDGLEY J. Social welfare in global context. London：Sage，1997：4－5.

手段[①]，社会福利政策着力解决经济社会发展中不平衡、不充分问题，努力促进社会再分配和社会融合[②]，以实现国家富强和民族振兴。

三、宏观层面

社会福利的宏观目标是实现人民幸福，实现人的自由与解放。人是社会福利政策的最终落脚点与归属[③]，社会福利政策制定与实施的根本出发点就是为了人的需要、尊严与发展，为民众提供社会保护，使其免遭来自市场波动或其他社会风险因素的侵扰，促进人的全面发展和社会进步[④]。

具体到我国，我国的社会主义国家本质决定了人民幸福是社会福利的根本出发点和落脚点，国家的富强、民族的振兴都要以人民生活得到保障、利益得到实现、幸福得到提升为条件。改革开放后，随着现代化和市场化进程的加快，个人依附于单位的福利供求关系逐渐被取代，社会福利政策既要维护社会成员的基本生活，又要维护其基本的权利，以确保各社会群体在生存和发展机会上的平等。[⑤] 因此，社会福利政策要更多地关注人的价值和主观幸福感，包容个人生活方式和生活观念的多元化[⑥]，实现人民幸福和全人类的自由解放。

复习思考题

1. 试辨析“福利”“社会福利”“民生”“社会保障”的关系。
2. 社会福利的特点有哪些？
3. 如何理解“文化是社会福利的表征”？
4. 福利建设的根基是什么？为什么？
5. 可以从哪些角度对福利哲学进行划分？

推荐阅读书目

1. 景天魁，等．福利社会学．北京：北京师范大学出版社，2010.
2. 景天魁，等．普遍整合的福利体系．北京：中国社会科学出版社，2014.
3. MIDGLEY J. Social welfare in global context. London：Sage，1997.

---

① 谢岳．中国贫困治理的政治逻辑：兼论对西方福利国家理论的超越．中国社会科学，2020，41（10）：4-25.

② 刘军强．社会政策发展的动力：20世纪60年代以来的理论发展述评．社会学研究，2010，25（4）：199-221.

③ 程玲．中国社会政策的演变与发展．河北学刊，2010，30（4）：123-125.

④ 关信平．新时期我国社会政策建构和发展的若干理论分析．江苏社会科学，2010，31（2）：38-45.

⑤ 潘泽泉．国外社会政策研究的最新动态及对我国的启示．理论探讨，2007，24（4）：152-154.

⑥ 林卡．社会政策、社会质量和中国大陆社会发展导向．社会科学，2013，35（12）：63-71.

第二章
社会福利理论

本章重点

福利是个体融入群体走向社会的重要工具，是群体凝聚和社会秩序建立的必要条件。社会福利功能表现在它与家庭、亲属、邻里、国家等关系上。

社会福利能增进民生福祉，促进社会凝聚与社会团结。但福利政策与福利价值理念、福利分配与福利目标等不一致会引发新的矛盾与冲突。

福利文化产生于特定的社会文化，被社会价值观和意识形态形塑。相应地，福利文化促进了社会文化的再生产。

社会福利是解决社会问题的一种手段。同时，社会福利自身也随社会问题的变化而发生着变化。

基本概念

福利功能；福利冲突；福利文化；福利转型

社会福利理论是在比较和总结古今中外福利建设实践中形成的思想、观点和看法，它着重讨论福利与经济、福利与政治、福利与社会以及福利与文化的相互关系，探讨福利项目的来源与构成、福利事项具有的结构与功能等，是人们对福利建设实践的反思与重构，也是对福利建设规律的认识与把握，因而有助于指导整个社会福利建设的实践。从理论形态上看，它主要包括福利功能理论、福利冲突理论、福利文化理论以及福利转型理论等。

第一节　福利功能理论

群道当则万物皆得其宜，六畜皆得其长，群生皆得其命。[①]

——《荀子·王制》

---

① 王先谦．荀子集解．北京：中华书局，2013：195.

功能是福利存在的重要依据，任何一个福利事项都是为了满足社会中个体和群体需要、解决某种社会问题而产生的，因而它对于社会来说都是有功能的。福利制度的安排、福利活动的开展能够促进群体的凝聚及社会的团结。从福利提供主体来看，家庭是社会福利的基点，为亲情关系成员提供了基本保障。亲属作为福利关系的延伸，满足了族内成员的生活需求。邻里福利系统促进乡里社会的风俗美化、秩序维护和基层治理。魏晋之后的宗教组织突破了血缘关系，将不同的个体聚集起来，为其提供一定的生活保障。秦汉以来历朝历代都提供了一定的救济性福利或恩赐性福利，以解决社会成员的生活困难，使得福利在中国更多地成为治国安邦的手段而不仅仅是权利的诉求和表征。

一、社会福利与社会结构

福利是个体融入群体、走进社会的工具。社会福利有助于促进个体融入社会，它作为社会结构的一部分天然地与社会有一种契合性。

福利供给是由不同的主体构成的，家庭、宗族、社区、教会、企业、慈善机构、政府乃至国际组织等都可以向特定对象提供福利，满足特定社会成员的基本生活需要，这些主体的不同组合扩大了社会福利的供给领域与供给范围。反过来，单一主体所提供的福利项目相对较为单一，供给能力比较有限，难以实现复杂的社会功能。正如涂尔干所言，社会越高级，国家职能就会越多并集合之前各个职能，使得“监督青年教育、保护公共健康、主持公共救济事业以及交通运输都逐渐划归到中央机构的管辖范围中”①。

福利是个体凝结成群体、组成社会并促进社会发展的必要条件，它有助于阶层的整合、群体的凝聚以及秩序的建立。根据帕森斯的分析模型，福利作为一种制度属于社会系统，它将个体整合到具有归属感的“社区系统”中，使社会更有凝聚力，有着系统整合和社会整合的双重作用。从源头上看，福利最初来源于家庭，家庭将具有血缘关系的个体紧密联系在一起，并为其提供基本的福利事项，这反过来促进了家庭结构的稳定。后来，随着社会分工的发展，出现了诸如宗教、商会、慈善组织、志愿者协会等专门机构为社会特别是群体内有需要的成员提供帮助，进而将分散的个体通过利益、兴趣和信仰等方式凝聚起来，使群体凝聚力得以提升，群体结构更加稳定。

当然，社会福利对社会的功能并非完全是正向的。社会福利的发展会固化社会阶层，通过社会福利的分配强化社会的不平等。就个体而言，福利可能造成人们的懒惰，当国家提供了更多的救济时，社会发生道德公害和欺诈的可能性就会增多，会诱发个人以健康问题等为理由而不去工作。② 另外，职业福利、住房福利等在某

---

① 涂尔干．社会分工论．渠东，译．北京：三联书店，2000：179.

② LINDBECK A. The end of the middle way? . American economic review，1995（85）.

种程度上冲击了亲属制度，让家庭成员之间的结构关系变得更为松散。

福利与特定的社会结构相关。社会结构蕴含着文化及生活特性，有什么样的社会结构就会形成什么样的福利。讨论福利与社会结构的关系，就是讨论福利与社会结构的组成形式即家庭、亲属、邻里、国家乃至域外国家的关系，形成福利与社会结构的组成形式，福利与社会运行、福利与社会互动之间的基本观点。不同的社会结构组成形式、运行方式、运行过程形成不同的福利供求关系，影响着社会的结构组成及社会的运行。

与西方社会的“团体结构”不同，基于家国同构的“差序结构”是中国特有的社会关系与社会结构。个人与家庭息息相关，家庭与社会高度整合，社会是家庭扩大的产物，绝大多数的社会关系都可以从家庭关系中找到源头，国家与社会高度一体、紧密相连、不可分离。“家”是缩小的“国”，而“国”是扩大的“家”。在这样的社会结构下，国家福利制度与家庭福利规范具有目标的一致性，家庭福利通过为家庭成员满足相应的需求，承载着生老病死葬、衣食住行教等福利事项，在维护家庭结构稳定、推进家庭延续的同时客观上起到维护社会稳定、增进社会认同、促进国家治理等作用。一方面，家庭是福利供给的中心，日常生活、互帮互助、困难救助等都通过亲属结构联系起来，家庭具有关怀和保护家庭成员的责任。另一方面，国家赋予保民、安民、利民、教民及富民等义务，“衣食者，民之本也；民者，国之本也。民恃衣食，犹鱼之须水；国之恃民，如人之倚足”①。

二、家庭：福利的基点

家庭是社会福利供给的主体，也是社会福利系统中最基本的单元，古今中外概莫能外，只是程度有所不同而已。通过家庭的福利供给，为有血缘关系的福利系统提供了必要支撑。费孝通认为生育制度的功能性不仅表现在对基本生理需求的满足，也体现在“完成社会新陈代谢作用的继替”，它具体包括婚姻、性、繁殖、抚育和赡养等福利内容。当父母生育了子女后，会对其进行生理抚育与社会抚育，而当父母年老后子女对其有赡养的义务和责任。这些使得人类种族的延续有了可能，并使社会得以维持。② 广泛的生育制度包括生殖养育、婚丧嫁娶和敬老养老三个部分的福利内容。

家是中国人共同生活的最基本的社会团体，家庭成员生养孩子后为孩子提供基本的生活照料及教育，帮助其社会化。《礼记·内则》里有“子能食食，教以右手；能言，男唯女俞。男鞶革，女鞶丝。六年，教之数与方名。七年，男女不同席，不共食。八年，出入门户及即席饮食，必后长者，始教之让。九年，教之数日。十年，出就外傅，居宿于外，学书计”③。改革开放以后，我国的家庭结构及其功能发

---

① 刘昼．刘子校注．杨明照，校注．成都：巴蜀书社，1988：48.

② 费孝通．乡土中国·生育制度·乡土重建．北京：商务印书馆，2011：241.

③ 孙希旦．礼记集解．北京：中华书局，1989：768－769.

生了变化，但其在亲情福利系统中仍起着重要作用。虽然机关事业单位及国有企业都设立了幼儿园和托儿所等抚育机构，但它们难以满足社会成员的其他需要。此时，家庭作为社会福利供给者的角色凸显，“年老的婆婆就成了年轻媳妇欢迎的助手了”①，家庭与其他社会福利主体一同提供服务。

家庭以礼和人伦为规范要求子女尊敬父母、老人及其他长辈，“敬顺所安为孝”②“父母在，不远游，游必有方”③“唯其疾之忧”④ 知晓“父母之年”⑤“今之孝者，是谓能养”⑥ 等，体现了传统社会里中国人以家庭为载体的福利观念与准则。在那个时代，子女为老人提供基本生活照料，“纯其艺黍稷，奔走事厥考厥长”，以“孝养厥父母。厥父母庆”⑦，做到“生，事之以礼；死，葬之以礼，祭之以礼”⑧。《弟子规》甚至从细节上做了规定：“父母呼，应勿缓；父母命，行勿懒。父母教，须敬听；父母责，须顺承。冬则温，夏则凊。晨则省，昏则定。出必告，反必面，居有常，业无变。”⑨ 又如，“亲有疾，药先尝，昼夜侍，不离床”⑩。从总体上看，中国的家庭福利有着互惠利他主义（Reciprocal Altruism）特点。

当然，中西方文化与社会结构的差异使得家庭的福利角色与地位有所不同。在中国，家庭成为福利供给的对象以及福利需求的基本单元。而在欧美发达国家，核心家庭对其成员的福利需求提供必要的支持，而延伸家庭、扩大家庭以及联合家庭等的福利提供功能较为弱化，这也是西方社会福利系统构成不同的地方。

三、亲属：福利的延伸

除了朝廷、官府之外，传统社会中众多的社会救济或社会互助都是通过亲属这层社会关系得以开展的。在亲属关系中宗族关系是最主要的形式。早在秦汉时期，宗族内部有经济或社会地位的族人就通过自筹或募集等方式分配给族内成员一定的福利项目，如宋弘“所得租奉分赡九族，家无资产”⑪，张奋“常分损租奉，赡恤宗亲，虽至倾匮，而施与不怠”⑫，等等。这样的福利供给本身具有临时性，难以形成稳定的资源。北宋范仲淹提出并实施“义庄”后，宗族福利逐渐被体系化与常态化。范仲淹的义庄以族田为共同的族内资产，用以资助族内有需要的人群，以保障

① 麻国庆．美好社会与美美与共：费孝通对现时代的思考．北京：生活书店出版有限公司，2019：54.
② 国语．陈桐生，译注．北京：中华书局，2013：286.
③ 杨伯峻．论语译注（典藏版）．北京：中华书局，2015：57.
④ 同③20.
⑤ 同③57.
⑥ 同③20.
⑦ 尚书．慕平，译注．北京：中华书局，2009：182.
⑧ 同③19.
⑨ 三字经・百家姓・千字文・弟子规・千家诗．李逸安，张立敏，译注．北京：中华书局，2011：176.
⑩ 同⑨179.
⑪ 范晔．后汉书．北京：中华书局，2012：707.
⑫ 同⑪947.

他们的生存与最基本生活需要。它作为一种福利有以下特点：一是义田所产供族内成员和外姻亲戚解决其最基本的生存问题。如“冬衣每口一匹，十岁以下、五岁以上各半匹”“乡里、外姻亲戚，如贫窘中非次急难，或遇年饥不能度日，诸房同共相度诣实，即于义田米内量行济助”①。二是义田所产用于婚丧嫁娶和职业发展。如“嫁女支钱三十贯”“娶妇支钱二十贯”“子弟出官人，每还家待阙、守选……给米绢并吉凶钱数”“逐房丧葬：尊长有丧，先支一十贯，至葬事，又支一十五贯”②。三是有人员确认及发放规则。如“男女五岁以上入数”“女使有儿女在家，及十五年，年五十岁以上，听给米”“逐房计口给米，每口一升，并支白米”③。四是义田有专门经营管理人员。范仲淹于苏州吴、长两县“置田十余顷。其所得租米，……供给衣食，及婚嫁丧葬之用”“每月末于掌管人处批请”④。附着在义田上的还有义学、义宅和义仓等组织。其中，义学以族田的收入为支撑，规定教师待遇和学子的奖励，为族内学子免费提供受教育的机会。《范文正公文集》载“又设义学以教，教养咸备……为其宗族者宅于斯，学于斯”⑤。义宅为无房户提供住宿。范仲淹的后人继续完善《义庄规矩》，表明族内的义田、义学、义宅和义仓等不能被随意侵占和租用。

宗族福利坚守了传统福利中的“孝”“仁”“信”“义”等思想，规定了宗族内部成员的社会福利义务和责任，指明族内成员获得社会福利的权利。通过福利供给，有助于形成宗族成员的归属感，促进宗族组织的团结，达到敬宗收族的目的。即便到了当代，宗族的福利供给仍然存在并发挥作用。

与基于血缘关系的宗族福利供给不同，西方社会福利基于宗教文化的供给，服务对象是宗教组织成员及其他符合救济的社会成员，比如犹太社会福利组织和体系。⑥ 宗教精神将西方社会若干个相互孤立的个体整合起来，形成了福利聚集群体。宗教强调互助博爱，具有日常生活保障、教育、医疗、精神慰藉等福利功能。进入民族国家后，国家逐渐承担了宗教组织的一些社会福利职能。尽管如此，宗教仍是国家福利供给体系的一部分，深入参与到国家的社会福利供给中。例如，英国1601年《伊丽莎白济贫法》（简称《济贫法》）落地实施所依托的仍然是教会和教区⑦，20世纪90年代初，约翰·梅杰的保守党政府支持宗教组织优先参与社会福利服务⑧。

---

① 楼含松．中国历代家训集成．杭州：浙江古籍出版社，2017：146.

② 同①145-146.

③ 同①145-146.

④ 同①145-147.

⑤ 范仲淹．范文正公文集．北京：商务印书馆，1937：111-112.

⑥ GÖÇMEN İ. The role of faith-based organizations in social welfare systems：a comparison of France，Germany，Sweden，and the United Kingdom. Nonprofit and voluntary sector quarterly，2013，42（3）：495-516.

⑦ VAN KERSBERGEN K. Social capitalism：a study of Christian democracy and the welfare state. New York：Routledge，1995.

⑧ ZEHAVI A. Religious supply，welfare state restructuring and faith-based social activities. Political Studies，2013，61（3）：561-579.

案例 2-1

希腊：教会的福利及其功能

1821 年希腊独立战争和希腊王国成立后的最初几年里，希腊教会被国有化，它也直接受国家的控制。同时，教会也逐渐依赖于国家，建立了集中的、等级分明的组织结构。独立战争虽然胜利，但也留下了荒芜的土地和大量的残疾战士、寡妇和孤儿。由地方政府掌控的社会保障，实际上却是完全由教会和海外捐助者管理。

20 世纪初时，教会通过其地方设施和大主教管区的机构开展福利活动，它们关注的是儿童和贫穷老人的保护。在德国占领期间，希腊各地的教会大都会积极分发食物、药品和衣服。在现代，教会则是国家的官方合作伙伴，其提供的福利服务分为地方性、地区性等四个层次，如地方教区提供地区慈善基金和福利机构，它们通过大型教堂提供地方慈善基金和免费膳食。教会的慈善和福利大部分是补偿性的，而不是补充性的。教会提供社会福利的作用不能被忽视。

据统计，2015 年，希腊教会在慈善事业上投入了超过 1.2 亿欧元，直接服务人数为 120 万人，占希腊总人口的 10%。这些资金一部分给了各地的施粥所，服务了处于危机中的 50 万人，也有一部分给了 73 个教会养老院，还有一些通过基金会帮助了 25 万人。在整个福利提供过程中，教会的目的不是取代国家，而是想要发挥补偿的功能和作用。教会教区覆盖了整个希腊，是历史悠久、规模最大和最活跃的社会福利志愿者网络。

资料来源：MANUEL P，GLATZER M. Faith-based organizations and social welfare associational life and religion in contemporary western Europe. Basingstoke：Palgrave Macmillan，2019：135 - 157.

四、邻里：福利的延伸

建立在血缘关系基础上的社会福利向家庭、宗族外扩展，就会形成地缘与业缘相结合的福利供给体系，邻里就是这一福利体系的载体。费孝通曾经说过，传统社会结构中每一家以自己的地位为中心，周围划出一个圈子，这个圈子是“街坊”，“有喜事要请酒，生了孩子要送红蛋，有丧事要出来助殓、抬棺材，是生活上的互助机构”[①]。街坊、邻里成为发挥社会功能的重要方面。

乡约通常规定家庭和乡族成员的福利供求责任。《增损吕氏乡约》中有“……能治其身，能治其家，能事父兄，能教子弟，能御童仆，能肃政教，能事长上，能睦亲故……”[②]，它包含了乡里成员患难相恤的类型及其相应的救济措施。《增损吕氏乡约》规定的患难之事有水火、盗贼、疾病、死丧、孤弱、诬枉和贫乏等七件。

① 费孝通．乡土中国．北京：三联书店，1985：24.

② 牛铭实．中国历代乡规民约．北京：中国社会出版社，2014：114.

当有水火灾难时，乡里成员需要“小则遣人救之，大则亲往，多率人救，且吊之”[①]。也有对待乡族内生活困难成员的救济原则：“孤遗无所依者，若能自赡，则为之区处，稽其出内。或闻于官司，或择人教之，及为求婚姻。贫者，协力济之，无令失所。若有侵欺之者，众人力为之办理。若稍长而放逸不检，亦防察约束之，无令陷于不义。”[②] 同时，该乡约还规定了专门的管理流程，要求财务、物品等可以互相借用，并鼓励乡里居民自发互助救济。如果自发互助不佳时则要告知约正，右患难相恤之事，凡有当救恤者，其家告于约正。急则同约之近者为之告约正，命直月遍告之，且为之纠集而程督之。凡同约者，财物器用车马人仆，皆有无相假。若不急之用，及有所妨者，则不必借。可借而不借，及逾期不还，及损坏借物者，论如犯约之过，书于籍。邻里或有缓急，虽非同约，而先闻知者，亦当救助。或不能救助，则为之告于同约而谋之。有能如此，则亦书其善于籍，以告乡人”[③]。

乡约到明代受到官府的重视，王阳明的《南赣乡约》已经具有官办色彩。它以制度化形式从个人发展、治家及维持社会秩序等方面，鼓励民众开展社会互助，形成乡里社会的保障网络，使“守望相助而弱民得以有立”[④]。乡约对于乡里社会的风俗美化、秩序维护和基层治理起着积极作用。在当代中国，乡村治理同样离不开体现时代特征的乡规民约，乡村理事会所规定的议事规则对乡村建设仍然发挥作用。

西方社会的个体之间福利界限较为明晰，个体所在的家庭和社区都是界限分明的次级团体，社区努力提供其成员所需要的“服务、产品和其他援助”[⑤]，社区的社会福利服务依靠社区精神借由社会运动、组织会社和社区契约等形式呈现出来。如1884 年汤恩比馆的建立旨在号召志愿者利用社区内资源为贫民服务，而这种与贫民一起生活的活动被称为睦邻运动。随后，社区睦邻活动在美国等国家和地区普及，到 1937 年美国的社区睦邻服务所超过了 500 个[⑥]。另外，以地缘为主的社区福利将孤立的个体整合起来，培育形成团体意识，这有助于社会整合与凝聚，进而有助于改善居民的生活环境和提高他们的福祉水平。

五、国家：福利的制度化

中国国家的社会福利理论及其体系架构产生于先秦时期。先秦时期的福利思想肯定了国家特别是君王的福利供给者角色，如《孔子家语・贤君》中记载“政之急者，莫大乎使民富且寿也”[⑦]。此外，福利思想和政策措施结合起来，形成较为完善的福利体系，典型的例子是管子的“九惠之教”。

---

① 牛铭实．中国历代乡规民约．北京：中国社会出版社，2014：118.
② 同①118.
③ 同①118.
④ 四库全书存目丛书编纂委员会．四库全书存目丛书集部：第 40 册．济南：齐鲁书社，1997：339.
⑤ 克拉特．社区福利与公共福利．麦哲伦国际公司，译．长春：东北师范大学出版社，2008：19.
⑥ 徐富海．从汤恩比馆到赫尔大厦：社区睦邻运动发展过程及启示．中国民政，2016（14）：2.
⑦ 孔子家语．王国轩，王秀梅，译注．北京：中华书局，2011：164.

管子在出任宰相时推行了“九惠之教”的福利政策，即“入国四旬五行九惠之教。一曰老老，二曰慈幼，三曰恤孤，四曰养疾，五曰合独，六曰问疾，七曰通穷，八曰振困，九曰接绝”[①]。这些政策将管子的“爱之，利之，益之，安之”的福利原则融入其中，要求国家和为政之人关怀社会弱势群体，关注普通大众基本的生存问题。“九惠之教”规定了国家要设置相关的管理人员，对社会福利对象进行筛查并为其提供物品。针对老老、慈幼、恤孤、养疾、合独、问疾、通穷、振困、接绝等九种情况，有掌老、掌幼、掌孤、掌养疾、掌媒、掌病、通穷、掌困和掌绝等职位来负责相关事务。在运作流程上，君主要亲自慰问，官员要巡行，乡里要上报。如“疾甚者以告，上身问之。掌病行于国中，以问病为事”[②]。又如“所谓通穷者，……穷宾客绝粮食，居其乡党，以闻者有赏，不以闻者有罚”[③]。同时，还“招募”“保姆”为专门人员提供服务。“凡士民子女中有幼弱不能供养成为拖累的，要加以照顾，对养三个幼儿的，免除向妇女征收布帛；养四个幼儿的，全家免征；养五个幼儿的还配给保姆，领取国家发给的两份口粮。”[④]《管子·问》中有：“问死事之孤，其未有田宅者有乎？……问死事之寡，其饩廪何如？……问独夫、寡妇、孤寡、疾病者几何人也？问国之弃人，何族之子弟也？问乡之良家，其所牧养者几何人矣？问邑之贫人，债而食者几何家？问理园圃而食者几何家？人之开田而耕者几何家？士之身耕者几何家？问乡之贫人，何族之别也？问宗子之牧昆弟者，以贫从昆弟者几何家？余子仕而有田邑，今入者几何人？子弟以孝闻于乡里者几何人？余子父母存，不养而出离者几何人？……问人之贷粟米有别券者几何家？”[⑤] 不仅如此，管子还强调社会福利要以物质服务和精神服务为主，如“不耐自生者，上收而养之，疾，官而衣食之，殊身而后止”；福利服务具有层次性，需要为不同类型的服务对象提供不同类型的服务，如“年七十以上，一子无征，三月有馈肉。八十以上，二子无征，月有馈肉。九十以上，尽家无征，日有酒肉”[⑥]。

以管子的“九惠之教”为代表的官方福利体系的建构和运作具有浓郁的制度化色彩，它将福利制度与国家其他制度结合起来，实现了制度整合，构成了国家治理的制度体系。例如，代养一个孤儿的，一子免除征役，这是福利制度与人口及税收征役制度的联系。通过这些联系，政治系统、文化系统、社会化系统等子系统的联系得以加强，这有助于整个社会系统的整合，丰富了整个国家的治理系统。同时，管子的“九惠之教”提供了关乎人从生到死的相关福利，涉及的人群较为广泛和普遍，有老人、孩子、鳏寡者、病人、穷人等。这说明国家的福利系统具有普遍主义特点。不仅如此，管子的这套做法将“家”与“国”联系起来，满足民众基本的生存需要，增强了社会的凝聚力，形成较强的国家归属感，国家力量也被激发、动员

---

① 黎翔凤．管子校注．梁运华，整理．北京：中华书局，2004：1033.

② 同①1033－1035.

③ 同①1033－1035.

④ 管子．李山，译注．北京：中华书局，2009：307.

⑤ 同①486－487.

⑥ 同①1033－1035.

和凝聚起来，促进了家国的整合与同构。今天，国家已经全面建立起面向所有人特别是孤残儿童、孤寡老人的供养制度，有力提升民生福祉水平。

从总体上看，中国的福利建设始终具有治国安邦的意蕴与功能，通过福利供给及民生建设，促进长治久安。而西方社会的福利最初依附于宗教和教区（社区），脱离了宗教和教区（社区），社会成员难以形成归属感与认同感，社会成员难以被整合起来形成具有共同信仰与价值的社会有机体。例如，英国都铎王朝末期，圈地运动带来了失业大军，王朝试图制定法律来解决这一社会问题，但收效甚微。原因在于宗教改革和君主制的兴起，让原来由教会承担的各种救济等福利事业和职能向政府转移。为此，王朝不得不颁布各种社会福利法律法规来缓和社会矛盾，福利成为王朝存续的一种必要的中介，福利与王朝间的关系变为一种纯粹的交换关系：王朝想要管辖国民，就必须为其提供社会福利。这一思想影响到第二次世界大战后的现代福利国家，英美等国家的福利政策突出体现了福利逐渐被权力裹挟的特征，福利逐渐被政治化和作为政党夺权的利器，国家及这一机器的管理者想要存在、拿到选票，必然要付出些东西，而这个东西就是福利。

六、天下：福利的抱负

在民族国家视野下，政治、经济以及其他众多社会活动都有疆域属性，表现为民族性与地域性特征。不同的民族国家之间其疆域有明显的界限范围，形成不同的治理主体与政治实体，展示了民族国家的自主性与独立性。

而福利则不同，福利是最有可能把不同民族国家的民众整合起来成为世界大家庭的有效手段。通过福利供给，可以实现不同国家、地区和民族的人员流动和交融，甚至跨边界流动及疆域间交融，践行“仁爱”“利天下”“亲仁善邻”“和而不同”等互惠利他原则，践行“四海一家”“天下大同”的福利行动。从历史上看，跨疆域的福利体现为朝廷或官府增加物质财富以“长养万民”，所谓的“一天下，财万物，长养人民，兼利天下，通达之属，莫不从服”① 就是这个意思。即便在那个年代，朝廷为边疆地区乃至匈奴等提供教育，“北匈奴复遣使诣阙，贡马及裘，更乞和亲，并请音乐，又求率西域诸国胡客与俱献见”②，教授他们礼仪文化和种植生产技术，设立校舍为来境学生提供基本的条件，特别是秦汉时期，朝廷还为这类人员提供“蛮夷邸”“四姓小侯学”“宫邸学”等场所。到了唐朝，长安留学更加完善，甚至有了专门的住宿、生活规范、学习补给等政策。不仅如此，朝廷还为四海之内“天民之穷而无告者”提供帮助，为“孤”“独”“矜”“寡”人群提供经常性的“饩”，对“瘖、聋、跛躃、断者、侏儒、百工”则“各以其器食之”③，以解决其基本的生存问题。因此，我们的福利所蕴含的“天下观”追求并践行和谐共生，

---

① 王先谦．荀子集解．北京：中华书局，2013：114.
② 范晔．后汉书．北京：中华书局，2012：2369.
③ 孙希旦．礼记集解．北京：中华书局，1989：388.

注重整体性与包容性。

另外我们看到，中国文化中的天下与古希腊哲学或早期基督教传教士所倡导的世界主义中的天下有所区别。西方人的天下强调“全世界都是我的故乡”，人们应该离开自己的城邦去服务其他人。当然他们也试图将“异乡人”“纳入”他们的“天下”中。因此，西方人、西方社会福利的“天下”是那种“属于我”“为我”的天下，他们的福利是西方一体的福利，是一种将其他民族人口纳入西方所设定的“天下”秩序中的福利。移民进入到这些国家后，谁能获得福利、获得什么样的福利都是由这些国家根据种族、阶层和贡献度等划定的，凸显了他们天下福利观的差异性与选择性特点。

第二节　福利冲突理论

不患寡而患不均，不患贫而患不安。①

——《论语·季氏》

社会福利是一把双刃剑。社会福利能够缩小不同群体的收入差距，增进民生福祉，促进社会凝聚与社会团结。但是，福利政策与价值理念、福利分配与福利目标有可能出现不一致，这使得福利支出形成新的阶层分化，引发新的社会矛盾与冲突。

一、社会福利与社会冲突

福利是弥合不同个体或群体间生活水平差异的工具。但是，福利本身可能成为社会区隔特别是社会分层的媒介，个体或群体之间可能因为福利观念的多元、福利资源的配置及其背后所蕴含的福利权益的差异，使得福利资源的配置带来社会矛盾、福利供给产生冲突。因此，福利同样会诱发社会冲突。

福利被认为是用来解决社会问题、降低社会矛盾、减少社会冲突的。西方国家为了应对社会贫困、社会不平等问题，颁布了《济贫法》《济贫法修正法案》《疾病社会保险法》《社会保障法》等，提出了“福利国家”的概念，出台了相关福利政策。但是，按照米什拉的看法，源于垄断与竞争，资本主义国家的福利价值难以体现，资本主义社会福利的实施必将引发新的冲突。② 齐美尔认为，社会冲突是社会中无处不在的现象，冲突可以被当作一种释放劳资关系紧张的手段。③ 韦伯将不平

---

① 杨伯峻．论语译注（典藏版）．北京：中华书局，2015：250.

② MISHRA R. Society and Social Policy：Theories and Practice of Welfare. London & Basingstoke：The Macmillan Press Ltd.，1981：70－73.

③ 特纳．社会学理论的结构．邱泽奇，张茂元，等译．北京：华夏出版社，2006：130－131.

等与权力、声望、财富和资源掌握程度等因素联系起来。[①] 达伦多夫指出，社会冲突总是由差别分配所引起的。[②]

在全球化、工业化和城市化等因素的推动下，福利引发的社会冲突仍然时有发生。这些冲突包括社会资源分配不均带来的贫富差距问题、个体的生存与聚合问题等。特别是福利政策和资源分配、福利支出等方面的问题导致新的问题产生和群体事件的发生。

二、福利国家：社会控制的手段

社会控制是指通过一定的规制对一些行为进行限制，目的在于获得“承认”。当然，社会控制在某种程度上维持了社会结构稳定。福利国家就是政府以公权力为基础而采取的社会控制手段，旨在使个体的行为能够符合国家发展要求。

按照哈耶克的看法，福利国家通过福利供给侵蚀个体的自由和能力，实现对个体的控制。一方面，福利国家强调政府来主导甚至包揽对个体的“福利”保障，国家提供“从摇篮到坟墓”的福利项目，容易引致国家向父权制或家长制国家类型转变。一些福利政策不是鼓励个体去工作来增加个体和社会财富，而是引导人们去等着分配和等着被给予。人们的工作能力被削弱，自力更生的能力亦有可能被扼杀掉，逐渐成为可以被国家和政府控制的、缺乏能动性的主体。另一方面，一些社会福利被政府强制提供给个体，破坏了个体选择的自由，挤压了个体福利选择的空间，这是“纯粹的服务性活动，但它们事实上构成了对政府强制权力的实施，并且是以政府宣传其在某些领域具有排他性权利为基础的”[③]。

在福利国家，政府通过谈判行为、调整福利政策、制定福利法律等方式来规范群体的行为和意识，达到控制各类群体的目的，这种控制为他们的政治选举提供了更多的可能性，这集中体现在对工人及其运动的控制上。一方面，政府通过对与工人相关的生产、工资收入、福利保障、政治权利、组织管理及其运动等领域的立法来控制工人的生产行为、生产效率以及可能出现的罢工等冲突。如英国和日本早在19世纪末20世纪初就已经制定了工厂法，它确定了工人的劳动标准及工资待遇等。德国俾斯麦在颁布了跟工人相关的社会保险计划时又宣布了“工人政治组织”是违法组织，所有这些社会福利政策和法规都是将劳动纪律和社会纪律等强加给工人，加强了对工人的社会控制。[④] 另一方面，福利国家建立了这样一种假象，即这些福利资源已经脱离工人阶级，看似与工人的劳动生产没有多大关系，而是资产阶级对于国家和工人的一种赐予。工人和福利之间的关联逐渐被模糊。[⑤] 在阶层和福利国

① 特纳．社会学理论的结构．邱泽奇，张茂元，等译．北京：华夏出版社，2006：126－129.

② 瑞泽尔．当代社会学理论及其古典根源．杨淑娇，译．北京：北京大学出版社，2005：97－98.

③ 哈耶克．自由秩序原理：下．邓正来，译．北京：三联书店，1997：10.

④ 金斯伯格．福利分化：比较社会政策批判导论．姚俊，张丽，译．杭州：浙江大学出版社，2010：16.

⑤ 同③3.

家的关系上，吉伦斯（Gilens）认为，国家决策者在对下层的政策和选举的势力进行“政治计算”时，会将下层阶级与其他群体进行比较。[①] 艾弗里（J. M. Avery）等的研究表明，20世纪90年代，美国的一些州在福利领取资格方面获得了相对广泛的自由，他们利用了这个自由度，虽然这种下层选民动员能影响弱势阶层获得其利益的政策能力，但是《州选民登记法》对他们的动员形成了较大阻碍。[②]

中国一直把福利当作国家治理的手段与工具，强调通过福利建设实现对社会成员的规范以及整个社会的规制，以达到社会善治。国家通过救济民众和教化民众，让民众在解决温饱问题后其行为遵守一定的社会规范和秩序，最终成为“社会人”。如孟子所言：“后稷教民稼穑，树艺五谷；五谷熟而民人育。人之有道也，饱食暖衣，逸居而无教，则近于禽兽。圣人有忧之，使契为司徒，教以人伦：父子有亲，君臣有义，夫妇有别，长幼有叙，朋友有信。”[③] 大意是圣人设立专职人员，提供教化活动，让人们懂得人伦道义。汉代，朝廷通过高年王杖等福利政策引导社会孝老敬老，这些诏令教会人们尊老的礼仪规范，同时明确违反这一礼仪规范会受到何种惩罚。当然，也有一些民生法律法规试图限制民众的行为，如地方上的一些救荒措施阻碍了民众的自主性流动，《通纪会纂》中就有“明永乐三年，山西民饥，流徙至南阳诸郡，不下十余万口，有司军卫各遣人捕逐，民死亡者多”[④] 的记载。在家庭及其他群体中，家庭群体相关政策使群体行为得到管理、秩序得到控制。如古代的社会救济和福利资源的发放主要以家庭为主，一些民生法规对家庭行为加以规范，在《救荒活民书》中有宋代的捕蝗法，其中一条内容为“五家为里，姑且警众，使知不可不捕”[⑤]。还有一些朝代出台了与宗族和家庭相关的福利政策，规定了家庭成员要遵守族规和人伦，突出了宗族的福利功能。及至现代，家庭育儿政策、家庭养老政策和生育政策等与家庭相关的民生政策正在逐步完善，试图进一步稳定家庭这一组织的秩序。在社会这一层面，民生建设逐渐覆盖至不同群体，以保障其基本的福利权益。当然，不同群体也受到这些民生政策的规范和控制。如汉代的平准均输政策旨在抑制物价，保障民众的基本生产和生活。这一政策试图规范官员群体和商贾阶层等不同群体的行为，调和不同阶层群体的利益矛盾，减少群体利益纠纷，稳定社会秩序，即“往者，郡国诸侯各以其方物贡输，往来烦杂，物多苦恶，或不偿其费。……开委府于京师，以笼货物。贱即买，贵则卖。是以县官不失实，商贾无所贸利，故曰平准。平准则民不失职，均输则民齐劳逸。故平准、均输，所以平万物而便百姓也”[⑥]。

---

① GILENS M. Why Americans hate welfare：race，media，and the politics of antipoverty policy. New Haven，CT：Yale University Press，1999.

② AVERY J M，PEFFLEY M. Voter registration requirements，voter turnout，and welfare eligibility policy：class bias matters. State politics & policy quarterly，2005，5（1）：47－67.

③ 杨伯峻．孟子译注．北京：中华书局，2018：135.

④ 邓云特．中国救荒史．北京：商务印书馆，2011：258.

⑤ 李华瑞．宋代救荒史稿：下．天津：天津古籍出版社，2014：552.

⑥ 盐铁论．陈桐生，译注．北京：中华书局，2015：14.

三、福利政策：价值冲突

社会福利政策是福利价值的外在表现。社会福利政策在制定和推行过程中总会自觉或不自觉地践行福利价值原则。秦汉以来直到当代中国，为了保障边境安全或受灾民众得到救治，实行如“移民就粟”“移民实边”“库区移民”等政策。这些政策鼓励了部分人员流动，给予其基本的生存和社会身份保障，体现了中国福利的“民生”价值原则。然而，社会福利政策的制定和推行会与其福利价值原则相冲突，如科尔认为在一些移民福利政策中，自由主义民族国家为提供福利设定了边界，这就与公平正义等原则要求人人享有福利存在着明显的冲突，与民主国家所主张的公民权存在着冲突[①]，这种将移民排除在外的福利政策就违背了“平等的基本原则”[②]。

社会福利政策蕴含的价值以及福利政策实施后所产生的价值具有丰富性特征，不同的个体看法不尽相同，这意味着福利政策会挑战大众所持有的价值观念，从而引发价值冲突。特别是一些社会福利政策的制定背后所体现的政策价值与社会大众的期待相反，双方各执己见。当大众期待过于强烈时，就会引发实体性的冲突。如当政府提出社会救助、失业保险和养老保险计划时，一些人会认为这种“保障”功能较低，而另一些人则会认为水平过高了。又如在堕胎问题上，一些政府提出全面禁止堕胎政策，特别是一些右翼政府会限制堕胎。提出这样的政策与天主教等宗教教义和力量相关，而社会成员则认为这侵犯了他们的权益。以保护生命权利为借口的反对堕胎观念和女性应该拥有决定自己身体的权利的“事先选择”观点使在堕胎这一问题上形成相互冲突的意见。[③] 应该看到，不同的社会群体会根据自己的利益来判定福利的“好”与“坏”。一项研究表明“当失业人员较多时，单亲父母会反对政府对失业者的高福利支持计划。同样，当托儿服务资金较为充足时，这些失业者不太可能支持所谓的公共托儿服务”[④]。人们对于福利政策及其认识和判断多是从个体和所属群体的利益出发的，这些普遍性的或选择性的福利政策都会引来不同群体的差异化认识和判断。

社会福利政策的政治与社会价值往往难以被同等兼顾。一些国家尝试将社会福利政策的政治价值和社会价值联系起来以减少社会矛盾的发生。例如，宋朝君主就将国家治理与疫病救治联系起来，认为如果国家不及时实施疾病救治政策和措施，那么百姓就会发生暴动。宋神宗在《赈恤沂州淮阳军御批》一文中就提到“百姓不

---

① 塞尔斯．解析国际迁移和难民政策：冲突和延续．上海：格致出版社，2011：13.

② KONING E A. Selective solidarity：the politics of immigrants’ social rights in western welfare states. PhD Thesis. Queen’s University，Kingston，Canada，2013.

③ 迪尼托．社会福利：政治与公共政策．杨伟民，译．7版．北京：中国人民大学出版社，2016：504.

④ BUSEMEYER M R，NEIMANNS E. Conflictive preferences towards social investments and transfers in mature welfare states：the cases of unemployment benefits and childcare provision. Journal of European Social Policy，2017，27（3）：229－246.

惟阙食，农乏谷种，田事殆废，粮食绝望，纠集为盗，实可矜悯。若不优加赈恤，恐转致连结群党，难于擒捕，陷溺良民，投之死地。可速指挥”[①]。这里，朝廷将疫病救治政策上升到国家存亡高度，试图将政治价值、民生福祉价值和社会价值结合起来，将民生问题看作政治问题，形成了疫病应对方式。宋神宗“遂诏京东东路转运、提举司发常平钱、省仓米等第散给，及贷以和买绢钱；孤贫户听差待阙得替官就乡村依乞人赈济；道殣无主，官为收瘗之”[②]。

现代社会，泰勒认为，社会福利政策按照常理来讲应该从“需求满足”出发，而不是从行使政治权力和政治价值角度来定义[③]，但是现实的福利政策制定者将目光聚焦在政治价值上，特别是在一些有选举政治的福利国家中更是如此，因为这些福利政策能够瓦解一些社会阶层的政治团结。埃斯平-安德森（Gosta Esping-Andersen）认为，社会工资在历史上具有多样性目的，社会民主主义者把它看作在更高目标的斗争中创造政治团结的先决条件以及提供工人物质福利的一种方式，例如在丹麦，社会福利政策削减了工人阶级的政治团结。[④] 另外，社会福利政策不一定是社会及政治价值的精确而全面的反映，它可能是某个群体的政治与社会价值的体现。皮尔逊就认为，在美国，人人都将赌注压在社会保障上，民众希望他们的退休金能够和公共福利“同出一源”，而养老金政策附带有“政治报酬”，一些强大的包括美国退休人员协会在内的养老金游说团队被动员起来，营造对他们有利的政治环境，争取这些具有政治意义的养老金政策以及相关的其他政策就成为政治选举者关注的焦点。[⑤]

四、福利来源：筹资冲突

福利投入、福利分配一定离不开资金投入。不同的国家福利来源各异，主要有税收、捐赠和收费等三种。[⑥] 这些福利资金提供者的意愿通常与筹资政策之间存在着不一致，一些筹资政策虽然要求社会成员的付出相等，但从长久来看可能对一些群体有利，这极易造成不同群体间的利益与期望冲突。下面具体以税收为例来进行说明。

从税收与成本分摊来看，国家采取对个人收入以及对消费征税方式实现福利资

---

① 李华瑞．宋代救荒史稿：下．天津：天津古籍出版社，2014：810.

② 同①810.

③ TAYLOR-GOOBY P. Citizenship，dependency，and the welfare mix：problems of inclusion and exclusion. International Journal of Health Services，1993，23（3）：455－474.

④ ESPING-ANDERSEN G. Comparative social policy and political conflict in advanced welfare states：Denmark and Sweden. International Journal of Health Services，1979，9（2）：269－293.

⑤ 皮尔逊．拆散福利国家：里根、撒切尔和紧缩政治学．舒绍福，译．长春：吉林出版集团有限责任公司，2007：63－64.

⑥ GILBERT N，TERRELL P. 社会福利政策导论．黄晨熹，周烨，刘红，译．上海：华东理工大学出版社，2003：270.

源的积累[①]，这就是说福利被集中给到可识别的群体而成本却被分摊到了众人身上，受益者获得了更多好处的激励而被“掠夺”者缺乏动力去捍卫自己的利益。[②] 所以对于究竟谁应为福利买单，以及他们“买单”的程度如何，不同的人会形成差异化的看法。同时，这两种税应该向哪些群体征收、征收多少也是个难题。同样的道理存在于大企业和小企业的税收政策中，通过税收调整和分摊成本，小企业缴纳的税收流向了大企业的福利资源。这背后体现了“藏富于民”和“与民争利”两种税收价值取向。在传统社会，当朝廷要增加赋税比重或扩大税收条目时，就会探讨赋税增减是否影响到民众的生存、生产和生活。董仲舒认为：“古者税民不过什一，其求易共；使民不过三日，其力易足。民财内足以养老尽孝，外足以事上共税，下足以畜妻子极爱，故民说从上。”[③]

实际上，由于一些国家税收等经济政策向特定阶级和群体倾斜，因此拉大了不同阶级和群体的收入差距，导致社会不公平，引发社会不稳定。已有的研究表明，20 世纪 80 年代末，美国最穷组和最富组市民缴纳的收入税比 10 年前分别增加了 20%以及减少了 20%左右，而这一时期里根经济政策倾向富裕阶层。[④] 泰勒-顾柏（Peter Taylor-Gooby）认为，公众对除了“遥远的富人”以外的任何人都需要提高税收产生了根深蒂固的怀疑[⑤]，中下阶层留下的可支配收入更少。英国从 20 世纪 80 年代起，税收制度转向累退制度，税收负担落在了低收入群体身上，因为收入更多的群体能够通过低税区进行避税，从而避免缴纳更多的税款。对低收入者而言，他们面临着筹资的不公平。[⑥]

同样的福利政策带来的社会不公平还出现在捐赠领域。宋朝曾发起过“劝分”政策，劝分政策指官府通过劝诱商贾富民捐粮以平抑物价、救济贫困民众，劝诱方式为给予其官职、免除徭役和优待商贾等政策，这些政策起初起到了示范作用。南宋时期“劝分”对象逐渐扩大，“中下等民户也被硬性科勒摊派”[⑦]，袁燮的《絜斋集》中记载“救荒无出劝分，米价翔踊，谁不爱惜？中产力薄，何暇及人，所以皆不乐从，名劝而实强之”[⑧]。社会捐赠由自愿性质走向了强制性，筹资压力逐渐转向了中下层民众。

---

① 迪安．社会政策十讲．岳经纶，温卓毅，庄文嘉，译．上海：格致出版社，2009：76.

② 帕默尔．福利国家之后．熊越，等译．海口：海南出版社，2017：6.

③ 班固．汉书．北京：中华书局，2012：1042.

④ GILBERT N，TERRELL P. 社会福利政策导论．黄晨熹，周烨，刘红，译．上海：华东理工大学出版社，2003.

⑤ TAYLOR-GOOBY P. Public policy futures：a left trilemma？. Critical Social Policy，2012，33（3）：403－426.

⑥ 布莱克莫尔，沃里克-布思．社会政策导论．岳经纶，等译．4 版．上海：格致出版社，2019：137.

⑦ 李华瑞．宋代救荒史稿：下．天津：天津古籍出版社，2014：534－543.

⑧ 中华文库．袁燮．絜斋集．[2021－09－16]. https：//www.zhonghuashu.com/wiki/%E7%B5%9C%E9%BD%8B%E9%9B%86/%E5%8D%B713.

案例 2-2

传统社会的劝分方式

在传统社会，劝分是除税收之外重要的福利资源来源，劝分方式有很多种。强制劝分会带来社会冲突，而温和的劝分方式，能够使更多的人参与到捐助行动中来。《荒政考》中就记录了这样的劝人捐助的例子。

向经治理河阳时，由于天气干燥，“大旱蝗，民乏食，经度官廪岁支无余，乃先以己圭田所入租赈救之”。他自己带头捐助后“富人皆争效慕出粟，所全活甚众”。[①] 扈称做梓州路转运使时，遇到饥荒年份，其“先出禄米赈民，故富家大族，皆愿以米输之于官，而全活者数万人”[②]。这是官员劝人捐助的重要方式之一，即由政策执行者进行亲身示范，做好表率，社会中的其他人便会争相模仿。

劝分还强调“县赏格以劝民，颁科条以鼓众，或量其所捐而优以礼貌，风以折节，奖以旌扁，荣以冠带。……但惟宜行劝诱，听其自愿，不宜妄行科派，强其不堪”[③]。官府劝人捐助时要给予捐助者精神鼓励，提高其社会声望，同时不强求不摊派，也就是要有“赏格”。另外，人们进行捐助是因其迷信“阴德”说。如“汉州李长者遇岁不登，辄为食以食饥者。……乾道戊子民饥，就食李家者日至三四万人。始自绍兴之丙辰，三十余年，岁以为常”，后来其后孙官“至礼部侍郎、敷文阁直学士”。[④]

五、福利分配：目标冲突

福利分配理当促进社会融合，但如果把福利作为一种稀缺资源、权力和机会，其分配就会受到个体和群体的争夺，包括收入和福利等在内的分配性（distributional goods）商品会引发社会冲突[⑤]，表现在福利分配的两种取向冲突、福利分配目标与群体信任冲突以及福利分配目标与福利效应冲突等方面。

从福利分配目标上看，福利分配的终极议题是福利分配利于谁。对此选择主义和普遍主义形成了不同取向。选择主义倡导不同人群面临的生活境遇不同，需求有所差异，福利应该给那些更需要的人，尤其要通过资格筛选方式为部分人员分配福利资源和提供福利服务。但是这就会造成一部分没有得到福利的人感受到福利分配的不公平。同时，选择主义容易导致社会冲突，特别是当一些社会成员被错误地纳入某一福利分配之中时，他们可能不符合分配社会福利的资格和条件，这样会造成

① 李文海，夏明方．中国荒政全书：第一辑．北京：北京古籍出版社，2002：182.

② 同①182－183.

③ 同①183.

④ 同①182.

⑤ HARDIN R. One for all：the logic of group conflict. Princeton，NJ：Princeton University Press，1995.

应得福利储备资金的减少；或是一些社会成员虽然符合社会福利申领资格，但却被排除在分配目标之外，这造成他们的不满，进而演化出其他社会问题。[①] 普遍主义则强调福利应该面向全体社会成员。然而这种目标取向造成较高的公共开支压力，在实际执行中易造成福利资源浪费。特别是在公共开支压力较大和经济发展不景气时，普遍式的福利资源和项目被削减，让原本享有“高”福利资源的人去接受“低”福利资源甚或“无此”福利资源时，他们自然会产生巨大的落差。所有这些都会激发他们的反社会行为和越轨行为，危及公共安全。

从福利分配目标与群体信任关系上看，群体凝聚是因为共同的利益，福利资源分配也是要争取“共同利益”。当不同群体知晓其获得的福利资源较少时就会对福利分配目标产生怀疑，甚至出现示威等抗议活动。例如，平粜政策在不同朝代皆有，其目的在于稳定粮食价格，但这一政策确实与民众的期待有较大差距。《通纪会纂》记有明万历十五年“惟是邻近协助，市籴通行，乃可延旦夕之命。近访河南等处，往往闭籴，彼固各爱其民；……灾民既缺食于本土，又绝望于他方，是激之为变也[②]。”政策与期望存在差距让饥民对官府不再信任，不得不流向其他地方或“为饥所迫，已有夺粮之意”[③]。这种情况类似2005年印度尼西亚发放BLT（Bantuan Langsung Tunai）优惠券，那些没有得到优惠券的人认为是社区领导的推荐所致，于是他们对社区领导产生了不满，到社区进行抗议，还发生了暴力冲突。[④]

福利分配目标与分配效应存在着不一致，分配目标和分配效应常常难以被量化。蒂特马斯认为“所有的社会保障制度都会带有某种再分配效应”，但是，我们却不能假定“再分配”就是“改善”或“减少不平等”[⑤]。一些社会福利的设定旨在改善某类群体的福利状态，但常常事与愿违。就是说，即使人们符合福利申请条件和资格，也不一定受益。20世纪90年代，英国政府通过立法方式鼓励福利领取者就业。一项研究表明，这种“从福利到工作”运动不太可能改善单身母亲的健康状况。[⑥] 又如，儿童保育政策等非现金服务似乎最终流向了高收入阶层，一些阶层并没有从这些政策举措中受益。[⑦] 同样，扶贫计划的最终受益者不是儿童及亲子女家庭，无子女家庭普遍成为扶贫目标的潜在受益者，扶贫转移在很大程度上分配给了无子女家庭。[⑧]

---

① SUMARTO M. Welfare and conflict：policy failure in the indonesian cash transfer. Journal of Social Policy，2020：1－19.

② 邓云特．中国救荒史．北京：商务印书馆，2011：259.

③ 同②259.

④ 同①1－19.

⑤ 蒂特马斯．蒂特马斯社会政策十讲．江绍康，译．长春：吉林出版集团有限责任公司，2011：62.

⑥ BAKER D，NORTH K. Does employment improve the health of lone mothers？. Social Science & Medicine，1999，49（1）：121－131.

⑦ WIM V L，JORIS G. Who benefits？the social distribution of subsidized childcare in Sweden and Flanders. Acta Sociologica，2012，55（2）：125－140.

⑧ BÁRCENA-MARTÍN E，BLANCO-ARANA M C，PÉREZ-MORENO S. Social transfers and child poverty in European countries：pro-poor targeting or pro-child targeting？. Journal of social policy，2018（4）：1－20.

我国传统社会也有类似情形。以施粥、居养和赎子为主的养恤政策，其目的在于将福利资源转移给受灾受苦的民众。但是，对这些群体来说并不一定有利益。因为实施对象多限于一部分人，加之实施人员的舞弊，导致结果不佳。[①]《后汉书》记有京师及郡国十雨水。诏曰：“今年秋稼茂好，垂可收获，而连雨未霁，惧必淹伤。……又《月令》‘仲秋养衰老，授几杖，行糜粥’。方今案比之时，郡县多不奉行。虽有糜粥，糠秕相半，长吏怠事，莫有躬亲，甚违诏书养老之意。”[②] 这意味着，接受“粥济”的人并不是真正饥饿的人，真饿的人往往得不到救济。《筹济篇》中有“良以行粥之举，壮者得歌，而不能及幼孤老病之人。”[③]《康济录》中载“赈饥之法，往往吏缘为奸……贫者未必报；报者未必给；其报而给者又未必贫。”[④] 而赈粜通过控制粮价来救助灾民，服务对象为家无储粮的下层民众，但由于这一政策需要在一定规模的市场上实施，那些地处偏远山村的贫困民众就很难享受到这一措施的好处。[⑤]《救荒活民书》载“常平赈粜，其弊在于不能遍及乡村。今委隅官里正监视，类多文具，无实惠及民。”[⑥] 再如，平准均输政策旨在通过物价调控保障民众生活，但是一些豪强富商囤积居奇，导致了贫富差距加大。[⑦]

案例 2–3

美国的儿童保育支出安排

与欧洲的一些富裕国家不同，美国缺乏一个连续和一致的公共儿童保育体系。第二次世界大战期间，美国国会为了鼓励妇女去参加工作，建立了很多“联邦托育中心”。但这些托育中心后来被陆续拆除。1971 年，国会通过了“全面保育计划”，但当时的总统尼克松否认了这一方案，声称“好的公共政策是要让我们加强而不是减弱父母在子女教育中的威信以及减少其在抚育子女中的参与”。

2021 年 9 月民主党人再次希望建立这一体系，将其纳入社会福利支出计划。这一体系的服务对象主要是三至四岁儿童。儿童保育政策和全民托育计划等在一些研究中被证明对不同的群体具有一定影响：在妇女层面，能让妇女从家庭事务中解放出来，促进性别平等；当妇女进入劳动力市场，参与工作，这些计划提升了她们的就业率等。在儿童层面，这些计划能够帮助一些贫困家庭的儿童获得正式的保育服务，但参与保育计划的儿童的认知和健康可能受到挑战。在家庭和不同阶层方面，美国较贫困的家庭可能表达其更喜欢非正式的家庭儿童保育。另一项研究也说明，中产阶级以上儿童得到补贴的益处不可能超过其家庭付出的成本。可见，其对于妇

① 邓云特．中国救荒史．北京：商务印书馆，2011：275.
② 范晔．后汉书．北京：中华书局，2012：180－181.
③ 同②278.
④ 同②278.
⑤ 李华瑞．宋代救荒史稿：下．天津：天津古籍出版社，2014：508.
⑥ 李文海，夏明方．中国荒政全书：第一辑．北京：北京古籍出版社，2002：89.
⑦ 盐铁论．陈桐生，译注．北京：中华书局，2015：前言 3.

女、孩子和不同的阶层的影响有差异。美国儿童保育支出方案调整需要关注的是，哪些人拥有接受服务的资格，而政府应该提供什么样的服务才能使福利资源得到更好的分配。

资料来源：How America should spend on child care. (2021-09-18) [2021-10-18]. https://www.economist.com/finance-and-economics/2021/09/18/how-america-should-spend-on-child-care。

六、福利支出：阶层冲突

福利支出是国家对社会的承诺，是国家能力的体现，它有助于提高个体生活水平，拉近各个阶层之间的关系。[①] 但福利支出会引发阶层冲突。

福利支出的调整导致社会冲突。当经济发展较好时，一些国家的福利支出快速提高，较高的福利支出意味着较高的税收以及民众的税收负担增加。相较于收入较高的上层阶级而言，中下阶级成为税收转嫁的目标。同样，社会福利支出的下调可能降低某些群体的生活水平，拉大群体间和阶层间的差距，引起社会的不平等。英国 20 世纪 80 年代削减了社会福利支出，同时在高失业率和个税改革影响下，高收入和低收入人群的不平等更大了。[②]

在中国传统社会里，汉武帝分别于元狩四年（前 119）、元鼎三年（前 114）和天汉三年（前 98）推行了“盐铁官营和算缗”“告缗”“酒榷令”等政策，朝廷通过对商人征税特别是对偷漏税商人进行处罚，确定朝廷拥有酒类和盐铁专卖权等来增加福利资源，以便“内兴功利，外伐四夷”。这一系列福利政策的推行导致盐铁会议的召开、争论以及随后一些工商业者的破产，而长期的战争支出又影响到民众的基本生活。[③] 就是说，战争支出压力转嫁给了民众，特别是当时的工商业者。另外，福利支出调整跟社会大众的信任相关，频繁的福利支出调整消磨大众的信任感，使大众对福利支出及其政策的制定机构变得“不忠诚”。

福利资源具有稀缺性，人们通过福利支出获得有利于自己的资源，以改善自己的生活，但是一些福利支出并未将他们想要的项目纳入“福利支出列表”中，这时福利支出与社会大众存在着利益不相容，他们对福利支出就会产生负面想法和态度。阿扎姆（Jean-Paul Azam）认为，非洲国内冲突的发生与政府未能提供人们想要的公共支出密切相关。[④] 同样，一些民众认为移民是福利的负担，其缴纳的税收最终被外来者分享，于是对一些移民福利支出颇有微词。

---

① TAYDAS Z, PEKSEN D. Can states buy peace? social welfare spending and civil conflicts. Journal of peace research, 2012, 49 (2), 273-287.

② 金斯伯格. 福利分化：比较社会政策批判导论. 姚俊，张丽，译. 杭州：浙江大学出版社，2010：153.

③ 盐铁论. 陈桐生，译注. 北京：中华书局，2015：前言.

④ JEAN-PAUL A. The redistributive state and conflicts in Africa. Journal of peace research, 2001, 38 (4)：429-444.

福利支出往往被政治和利益集团操作，福利支出的差异化和地域化加速阶级分化，削弱部分群体和阶级的选举能力和力量，使其不能在福利政策制定、福利资源分配中发声，进而弱化了阶级力量。另外，福利支出不仅针对国内群体，社会福利支出多少、支出项目和支出策略还会影响国家的全球地位和话语。

第三节 福利文化理论

否认文化和福利政策之间存在重大关系的人是孤独的。[①]

——《文化与福利国家：比较视角下的价值观与社会政策》

福利蕴含着社会风俗、话语及文化，是人们在长期生活中所形成的生活方式及生活经验的总结。从孝老慈幼文化，至社会互助文化，再到积储备荒文化，最后至大同与小康的福利期望与追求，福利文化产生于不同的场域，内容各有不同，凸显了福利文化的丰富性与多样性。

一、社会福利与社会文化

文化被理解成群体成员的共享价值、规范、信仰和态度，它构成了社会互动依赖的基础和期待，体现为社会的信仰、规范、制度和做事方式。[②] 从文化角度研究社会福利主要关注社会福利的文化变迁及其价值，涉及社会福利文化与权力、社会结构以及社会福利文化自身再生产等面向。一方面，社会福利及其文化的复杂性体现在文化的差异上，它是扎根于社会文化的福利，具有传承和绵延的基因。另一方面，社会文化亦是福利的表征，通过文化能够反映出一个国家和地区社会福利的边界与样态。

一是特定文化形塑福利规范。一些国家和地区所形成的习俗、经验影响福利规范的形成。因此，作为规范的福利制度和福利政策被置于一个特定的“社会、文化和历史时间”中进行考察[③]，才能看出其中的差异，进而明晰特定的情境文化与福利文化之间的关系。例如，德国社会福利待遇根据雇佣经历而变化，这种福利取向是传统的阶层主义文化起作用的结果。德国的社会福利建立在传统家庭观和天主教思想的基础上，其“保守的福利机制运作依靠国家和家庭，如老人退休收入的85%

① VAN OORSCHOT W，OPIELKA M，PFAU-EFFINGER B. Culture and welfare state：values and social policy in comparative perspective. Northampton：Edward Elgar Pub，2008：1.

② STAFFAN Z. Introduction：cultural diversity and common policies//STAFFAN Z（ed.）. National cultures and European integration：exploratory essays on cultural diversity and common policies. Oxford：Berg，1994：2.

③ 蒂特马斯．蒂特马斯社会政策十讲．江绍康，译．长春：吉林出版集团有限责任公司，2011：3.

是来自国家养老金”，家庭功能和就业形式的变化正在挑战这一模式。① 瑞典的平等主义文化形塑了平等取向的社会福利制度，1928 年汉森在议会演讲中提出了“人民之家”的福利理念，将国家和家庭联系了起来，强调国家应该为人民提供社会福利。美国的个人主义与社会工作的个别化原则也有同工之妙。② 中国、日本和韩国处于儒家文化圈中，福利制度的建立受到儒家思想的影响。③ 当然，作为文化的福利规范也促进或制约着情境文化的发展。④ 一方面，福利制度试图用较为模糊的道德话语为其合法性辩解。另一方面，通过福利话语来对人和事务的“意义和价值”进行判断，区分身心障碍者、流浪汉等有无价值，对其进行标签化，生产新的社会排斥文化，如女性主义就在这个过程中发现福利制度既支持又贬损了女性。⑤

二是社会价值观影响福利制度与文化的发展。社会福利制度和文化通常建立在人们对一些问题的共同认知上，是不同群体对“福利是什么”问题的共同性答案。⑥ 同时，社会福利模式选择受到不同国家和地区的社会信仰和价值观念的影响，是社会价值观的集中反映。相应地，福利文化及其所产生的福利制度与福利政策可能对社会成员的价值观产生影响，一些福利文化会破坏人们的工作道德和家庭价值观⑦，让一些人产生懒惰的社会心态和行动。

三是在不同的福利规范和文化后都有一套独特的意识形态。在一定程度上，意识形态可以决定福利模式的选择以及福利规范的形成。如放任主义、社会主义、自由主义的社会福利政策大致与右、左和中间派的意识形态相对应，秉持资本主义或社会主义的意识形态在开展福利服务时就会形成资本主义福利模式或社会主义福利模式。特别是在社会福利政策和制度选择冲突中，人们常把它的政治价值当作博弈的筹码，而意识形态问题则会影响人们对其做出判断。⑧ 另外，由于一些国家和国际组织的工作方向相矛盾，社会福利政策和制度的改进与完善的过程可能成为意识形态斗争的场所。⑨

---

① 泰勒-顾柏．新风险新福利：欧洲福利国家的转变．马继森，译．北京：中国劳动社会保障出版社，2010：27－32.

② 朴炳铉．社会福利与文化：用文化解析社会福利的发展．高春兰，金炳彻，译．北京：商务印书馆，2012：166，197.

③ 武川正吾．福利国家的社会学：全球化、个体化与社会政策．李莲花，李永晶，朱珉，译．北京：商务印书馆，2011：188.

④ VAN OORSCHOT W，OPIELKA M，PFAU-EFFINGER B. Culture and welfare state：values and social policy in comparative perspective. Northampton：Edward Elgar Pub，2008：11.

⑤ 雅各布斯，汉拉恩．文化社会学指南．南京：南京大学出版社，2012：297.

⑥ JO N K. Between the cultural foundations of welfare and welfare attitudes：the possibility of an in-between level conception of culture for the cultural analysis of welfare. Journal of European Social Policy，2011，21（1）：5－19.

⑦ MURRAY C. Losing ground：American social policy 1950—1980. New York：Basic Books，1984.

⑧ 希尔．理解社会政策．刘升华，译．北京：商务印书馆，2003：109.

⑨ 迪肯，赫尔斯，斯塔布斯．全球社会政策：国际组织与未来福利．苗正民，译．北京：商务印书馆，2013：23.

二、家庭福利：孝老慈幼文化

社会福利扎根于文化，是文化基因的表征。中国传统的孝老论形成与祖先崇拜及道德至上等文化密切相关。在祖先崇拜上，幼者的生活常识和生产经验依靠老者来传授，幼者的生活和生产资料几乎全是由老者提供，后代子孙根据老人留下的经验和生产资料使自己的生产与生活正常运转。同时，老人在当时具有一定的社会权威和地位，具有维系社会秩序的重要功能，明太祖曾肯定了老人的社会价值："古之老者，虽不任以政，至于咨询谋谟，则老者阅历多而见闻广，达于人情，周于物理，有可资者。"[①] 为了表达对老人的尊崇，于是形成了孝老敬老的文化传统。在道德层面来看，人们将尊重老人作为一种内心自我约束的准则，而社会将其当作社会运行的道德原则。孝老敬老成为社会伦理关系的体现，构成政治权威合法性的依据，由此便延伸出了"孝老论"福利文化模式。

孝老论体现了中国传统社会注重孝道的价值观，是养老福利亚场域中的一种惯例。《礼记》有大量的"孝老"福利思想。它强调不仅要注重日常生活照料，还要关注老人的心情和意志。《礼记·内则》中有"孝子之养老也，乐其心不违其志，乐其耳目，安其寝处，以其饮食忠养之。孝子之身终，终身也者，非终父母之身，终其身也。是故父母之所爱亦爱之，父母之所敬亦敬之。至于犬马尽然，而况于人乎"[②] 的说法。另外，它以年龄作为孝老养老福利的标准，同时还将养老和教育结合起来，形成独特的养老模式，如"有虞氏养国老于上庠，养庶老于下庠；夏后氏养国老于东序，养庶老于西序；殷人养国老于右学，养庶老于左学；周人养国老于东胶，养庶老于虞庠，虞庠在国之西郊"[③]。《孝经》则根据人们的社会身份和地位的差异拟定了不同的孝老的方式和内容，如庶人这一群体，他们"用天之道，分地之利，谨身节用，以养父母"[④]。士人阶层，则是"资于事父以事母，而爱同；资于事父以事君，而敬同。……故以孝事君则忠，以敬事长则顺。忠顺不失，以事其上，然后能保其禄位，而守其祭祀。盖士之孝也"[⑤]。对天子来说，他要敬民孝亲，"爱敬尽于事亲，而德教加于百姓，刑于四海。盖天子之孝也"[⑥]。天子诸侯在这一文化倡导中孝敬天下老人，出台了一系列孝老福利政策。到了现代社会，老人被认为是人类延续的基础，是对人的未来的价值肯定。社会中出现的老人优先的社会福利保障政策实践，正是这种文化的体现与践行。

慈爱幼儿，既是一种生物性的行动和生物性情感的表达，也是一种文化自觉现象。慈爱幼儿在某一种程度上是为了保存人类自身文化以促进文化绵延，这里的

① "中央研究院"历史语言研究所．明实录附录15明太祖宝训．1967：349.

② 孙希旦．礼记集解．北京：中华书局，1989：755.

③ 同②754.

④ 礼记·孝经．胡平生，陈美兰，译注．北京：中华书局，2007：237.

⑤ 同④234.

⑥ 同④225.

"慈爱"是传统社会中"仁爱""慈悲"思想的具体体现。

具体而言，慈幼论常与孝老论联系。《孟子·告子章句下》中有"敬老慈幼，无忘宾旅"[①]，意思是先有敬老后有慈幼。慈幼是作为儿童社会福利场域中的一种价值倾向系统，指导着相关的儿童社会福利行动。慈幼是一种治理天下的手段和方法，《礼记·祭义》中言："先王之所以治天下者五：贵有德，贵贵，贵老，敬长，慈幼。……贵老，为其近于亲也。敬长，为其近于兄也。慈幼，为其近于子也。"[②]如何达到慈幼的目的呢？春秋战国时期的孟子认为"老吾老，以及人之老；幼吾幼，以及人之幼"[③]；管子在九惠之教中提到了"恤孤"和"慈幼"："所谓慈幼者，凡国都皆有掌幼。士民有子，子有幼弱不胜养为累者，有三幼者无妇征，四幼者尽家无征，五幼又予之葆，受二人之食，能事而后止。此之谓慈幼"[④]。这些思想影响着后来的慈幼福利实践建设。

秦汉时期虽没有较为明确的幼儿福利政策，但是朝廷颁布了许多恤幼政策。汉至唐宋时期，朝廷的慈幼行动主要体现为对孤儿发放粮食、提供教育等，还设立了专门机构救助幼儿。其中，南北朝的萧梁创立了孤独园、唐朝设立了福田院以及悲田养病坊等。[⑤] 慈幼思想与实践在宋代发展得较好，针对较为严重的弃婴问题，宋朝颁布了禁止弃婴诏令，兴办了慈幼机构，如慈幼局，专门来管理慈幼事业。明清时期，一些民间力量加入幼儿福利实践中来，如扬州的育婴社。民国时期，民间人士将西方儿童社会福利的小家庭模式引入，开办了香山慈幼院等慈幼机构。

案例 2-4

宗族文化下闽南人的社会福利行动

闽南地区特有的宗族文化影响着人们的福利行为，被世世代代的闽南人形塑。宗族社会实施以血缘关系为基础的社会互助，以及以礼法为标准的社会互济。宗祠、族田制度、族谱规范和宗族祭祖仪式等都是宗族文化的外显形式。在宗族文化的影响下，闽南人守望相助，彼此提供福利。一些宗族设立族田，进行义捐，其中泉州陈氏家族明代就开始设立义田，族谱中有"义田何以兴乎？为赡族人而设也……宗之乏者有嫁娶丧葬则咸于是取给焉"[⑥]。一些闽南人聘请教师对族人进行教化，以满足族人受教育的福利需求，同时还设置学田，补贴学子学杂费，或开办私塾。[⑦] 中华人民共和国成立后，闽南地区的宗族文化有了新的发展，在闽南地区的社会福利体系中起到了重要作用。

---

① 杨伯峻．孟子译注．北京：中华书局，2018：318.
② 孙希旦．礼记集解．北京：中华书局，1989：1214.
③ 同①17.
④ 黎翔凤．管子校注．梁运华，整理．北京：中华书局，2004：1033－1034.
⑤ 廖军和，曹丽．中外学前教育简史．合肥：安徽大学出版社，2013：27.
⑥ 郭志超，林瑶琪．闽南宗族社会．福州：福建人民出版社，2008：89.
⑦ 同⑥90.

据2015年的统计数据，福建的厦、漳、泉三地的宗祠为5 127座，占福建总数的38.97%。[①] 一些地方利用这些宗祠作为活动场所，成立了老人协会和宗亲会等，继续为当地的家族成员提供福利供给。同时，以家族为主体的企业在这一地方形成，为当地的福利事业贡献力量。另外，受宗族文化的影响，一些海外闽南人回乡捐资助学，为家乡的福利事业提供资金。特别是新冠肺炎疫情期间，“泉州籍闽商捐款或超5亿元”[②]，这些闽商中有不少是华侨企业和家族企业。

三、个体与他者福利：社会互助文化

传统社会生产资料短缺，个体难以单独抵抗风险和灾害，家、宗族成为社会福利的供给来源，家庭及邻里互助成为社会福利的重要因素，社会互助成为人们的交往准则。例如，孟子结合当时的井田制提出了“守望相助”思想，亦即“余夫二十五亩。死徙无出乡，乡田同井，出入相友，守望相助，疾病相扶持，则百姓亲睦”[③]。意思是指处于同一井田的各个家庭，平日出入，相互友爱；防护盗贼，相互帮助；井田各户人员有疾病发生时，就需要相互照顾。如果做到这样，百姓就会相亲相爱了。[④] 这一思想揭示了中国社会福利运行的规制，强调了“守望相助”是整合福利资源的手段，它有助于社会团结。

社会互助还体现在中国“施与报”和“利与义”之间的关系上。这样的关系依靠“仁”做支撑。人们互助互救的纽带是依靠这样的关系来维持的，不过中国的社会互助论较多地强调“施”和“义”。阎云翔认为关系网络在帮助家庭成员度过饥荒方面有重要的作用，礼物赠送和关系网络是社会援助体系中的一种，它能够帮助个体居民度过生活危机，特别是“当个体遇到非常情况时，提供诸如食品和避难处等基本需要和在生命周期的危急时刻提供社会援助”[⑤]。在互惠互助中，回报不应被视为还债，恩情应被铭记于心。当然人们采取福利互助行为时会“预期”得到某种回报。

文化不同，互助有所差异。西方的互助有“施与报”讨论，同时还加入“受”这一环。莫斯也认为，礼物中的“豪（hau）”这一神秘的观念会强迫收礼者做出回报。[⑥] 这里的收礼者可以理解为受助者。这表明，国外的互助论强调互惠原则。以美国为例，在经济大萧条前，美国人成立了多个互助组织网络。这些互助组织成为主要的社会福利供给者，其提供的福利是以捐者和受者之间的互惠为基础的。后

---

① 甘满堂．福建宗祠文化的当代社会价值与提升路径．东南学术，2019（4）．

② 泉州籍闽商捐款或超5亿元，“抗击肺炎”融责任于血脉．（2020-02-05）[2021-09-25]. https://baijiahao.baidu.com/s?id=1657674924156511450&wfr=spider&for=pc.

③ 杨伯峻．孟子译注．北京：中华书局，2018：128-129.

④ 同③131.

⑤ 阎云翔．礼物的流动．李放春，刘瑜，译．上海：上海人民出版社，2000：87.

⑥ 莫斯．礼物：古式社会交换的形式与理由．汲喆，译．上海：上海人民出版社，2002.

来，随着私立保险公司的加入，社会福利场域发生了主体性的变化，20 世纪 20 年代，这些互助组织陷入了发展的困境。[①]

四、国家福利：积储备荒文化

积储备荒是救灾领域重要的思想，它来自古人的实践和智慧，指导着他们应对自然灾害的行动。后来，积储备荒逐渐完善和制度化，成为以国家为主救灾的重要指导。积储备荒起源于物资相对匮乏的农耕社会，春秋战国时期就已存在。墨子认为，自然变化和为官不佳是灾荒产生的原因。《墨子·七患》中有“一谷不收谓之馑，二谷不收谓之旱，三谷不收谓之凶，四谷不收谓之馈，五谷不收谓之饥”[②] 的说法。在这样的情况下，他认为“仓无备粟，不可以待凶饥”；“‘国无三年之食者，国非其国也；家无三年之食者，子非其子也.’此之谓国备”[③]。

汉代，人们对灾害有了进一步认识，丰富了积储备荒文化。贾谊在《汉书·食货志》中讲到积储粮食是治理天下的关键：“夫积贮者，天下之大命也。苟粟多而财有馀，何为而不成?”[④] 他指出储蓄粮食的做法和程度，如“王者之法，民三年耕而余一年之食，九年而余三年之食，三十岁而民有十年之蓄。故禹水九年，汤旱七年，甚也，野无青草，而民无饥色，道无乞人，岁复之后，犹禁陈耕。古之为天下，诚有具也。王者之法，国无九年之蓄，谓之不足；无六年之蓄，谓之急；无三年之蓄，曰国非其国也”[⑤]。同时代的晁错也有类似提法。当时耿寿昌提出漕事改革，“令边郡皆筑仓，以谷贱时增其贾而籴，以利农，谷贵时减贾而粜，名曰常平仓。民便之”[⑥]。他强调建立常平仓，不与民争利。后来这样的粮食仓储制度被运用到救济受灾人群上。可见积储备荒文化成为当时基本的社会福利思想，储蓄粮食，建立义仓、常平仓等被看成一种基本的社会福利措施。

当然，不同的朝代，人们针对不同类型的自然灾害实施了不同的福利措施，以寻求更多的解决方式。如面对蝗灾之时，除了给予食物、医疗、住房等救助外，朝廷还鼓励人们捕捉蝗虫，管理机构给予奖励的措施。“郡国大旱，蝗，青州尤甚，民流亡。安汉公、四辅、三公、卿大夫、吏民为百姓困乏献其田宅者二百三十人，以口赋贫民。遣使者捕蝗，民捕蝗诣吏，以斛受钱。”[⑦] 在宋代这一积极的福利思想被整合进社会福利制度中去，甚至流传下来，形成福利规范。

到了现代社会，积储备荒文化为主线的救灾文化仍旧起着重要作用，且在实践中被不断丰富和发展。储备项目从粮食扩大到药品和生活用品，从资金扩展到救灾

---

① 帕尔默．福利国家之后．熊越，等译．海口：海南出版社，2017：17.

② 墨子．方勇，译注．北京：中华书局．2011：28.

③ 同②31－34.

④ 班固．汉书．北京：中华书局，2012：1036.

⑤ 新书．方向东，译注．北京：中华书局，2012：107.

⑥ 同④1045.

⑦ 同④300.

人才等。另外，储备领域不断扩大以应对21世纪的变革社会、全球化、工业化和信息化带来的社会风险和突发的自然灾害。

五、天下福利的追求：小康与大同社会

大同和小康文化产生于人们渴望建立一种天下一家的社会情境中，人们不仅追求美美与共的"天下大同"，更向往"天地万物一体"的和谐发展，这成为指导人们福利行动的价值理念。小康和大同思想至今影响着中国社会的福利目标和模式的建构。

小康是人们追求的一种社会福利模式和福利期望。孔子在《礼记·礼运》中提出："今大道既隐，天下为家，各亲其亲，各子其子，货力为己，大人世及以为礼，城郭沟池以为固，礼义以为纪。以正君臣，以笃父子，以睦兄弟，以和夫妇，以设制度，以立田里，以贤勇知，以功为己。故谋用是作，而兵由此起。禹、汤、文、武、成王、周公，由此其选也。此六君子者，未有不谨于礼者也。以著其义，以考其信，著有过，刑仁，讲让，示民有常。如有不由此者，在势者去，众以为殃。是谓小康。"① 小康强调"天下为家"，在这个家庭中人各亲其亲。同时，小康社会中"货力为己"，通过礼义和制度来实现人际关系的处理，促进社会福利的提供。

改革开放之初，小康被形象化为小康社会和小康之家。1979年，邓小平提出："我们要实现的四个现代化，是中国式的四个现代化……不是像你们那样的现代化的概念，而是'小康之家'。到本世纪末，中国的四个现代化即使达到了某种目标，我们的国民生产总值人均水平也还是很低的。要达到第三世界中比较富裕一点的国家的水平，比如国民生产总值人均一千美元，也还得付出很大的努力。"② "小康社会"就是要"吃得好，穿得好，用得好"③，"虽不富裕，但日子好过"④，"国民收入分配要使所有的人都得益，没有太富的人，也没有太穷的人"⑤。他从收入、经济分配、基本生存需要满足和文化精神等角度阐述了他的小康社会的构想。

大同是对中国传统社会福利思想及目标总的概括，它最初出现在《礼记·礼运》中："大道之行也，天下为公。选贤与能，讲信修睦。故人不独亲其亲，不独子其子，使老有所终，壮有所用，幼有所长，矜、寡、孤、独、废、疾者皆有所养。男有分，女有归。货恶其弃于地也，不必藏于己；力恶其不出于身也，不必为己。是故谋闭而不兴，盗窃乱贼而不作，故外户而不闭，是谓大同。"⑥ 这里的意思是说，天下是大家共有而并非某些人独有，天下是提供社会福利的重要主体。这里的人们讲究诚信和睦，广泛爱护他人，而不仅仅限于家庭和宗族之内，这样人们才

---

① 孙希旦．礼记集解．北京：中华书局，1989：583.
② 邓小平．邓小平文选：第二卷．北京：人民出版社，1994：237.
③ 邓小平年谱（1975—1997）：上．北京：中央文献出版社，2004：540.
④ 同②161.
⑤ 同②162.
⑥ 同①582.

能为社会的贡献，老幼鳏寡孤独废疾者都能够被供养。后来，康有为在《大同书》中阐述了他心目中的大同社会，指出要实行公养、公教和公恤的社会福利政策，建立社会保障制度来实现大同社会。孙中山的大同思想则强调了博爱的人道主义思想。

案例 2–5

天下文化与中国人的福利行动

中国有着特有的天下观，影响国家和个体的福利行动。天下观包括以下内容：

一是无论是传统社会时期还是现代社会，中国人皆追求“四海之内，皆兄弟也”[①] 和“四海之内若一家”[②]，试图去建立天下一家的社会格局。

二是坚持以“和为贵”[③] 的群与群相处原则，和《礼记·中庸》所讲的“万物并育而不相害，道并行而不相悖”[④] 的群体间包容性原则。

三是坚持“己所不欲，勿施于人”[⑤] 理念，在与其他国家的相处上践行相互尊重、和平共处的价值观。

四是人们有重义轻利的价值取向，人民追求天下之利。

在这样的特有的天下观下，中国积极构建人类命运共同体，试图促进其他国家与中国共同发展，并将发展的成果惠及其他国家，为有需要的国家提供一些福利救助和援助。如新冠肺炎疫情发生后，截至 2020 年 3 月中国累计向全球 100 多个国家或地区分享防控经验，向意大利、伊朗等受疫情影响严重的国家提供了抗疫物资[⑥]，截至 2021 年 10 月底中国已经向 106 个国家和 4 个国际组织捐助了共 15 亿剂疫苗。[⑦]

第四节　福利转型理论

我们依然有理由这么说：无论在何处，只要权利得到保护，福利负担得到再分配，有机会参与决策，公民变得活跃，那么政治也就会一点点破除边界而变得普遍化。[⑧]

——乌尔里希·贝克《风险社会》

① 杨伯峻．论语译注（典藏版）．北京：中华书局，2015：180.

② 王先谦．荀子集解．北京：中华书局，2013：143.

③ 同①10.

④ 大学·中庸．王国轩，译注．北京：中华书局，2007（重印）：129.

⑤ 同①178.

⑥ 全球战“疫” 有一种温暖叫“中国援助”．(2020－03－11)［2021－09－25］. http：//cppcc. china. com. cn/2020－03/11/content_75800994. htm.

⑦ 今年中国将努力向全球提供 20 亿剂疫苗 向发展中国家再无偿捐赠 1 亿剂疫苗．(2021－10－26)［2021－12－10］. https：//news. cctv. com/2021/10/26/ARTIoiIqOVxLKuDLWw5S4MhM211026. shtml.

⑧ 贝克．风险社会．南京：译林出版社，2018：244.

社会福利处于社会转型背景下，它是解决社会转型中遇到的社会问题的一种重要手段，具有调和社会阶层差距、促进社会流动、提升个体和群体社会声望与地位以及促进经济发展等重要作用。与此同时，社会福利自身也随之发生着变化。

一、社会福利与社会转型

20 世纪七八十年代，一些西方国家对福利进行了调整，他们或提倡福利多元化，或强调福利要去机构化和去官僚化，进而推进社会福利向市场化方向转型，由此形成了社会福利转型理论。

一是社会转型形成多元福利供给体系。社会生活和组织模式从传统走向现代的变迁过程就是社会转型。传统社会向现代社会转型表现为农业社会向工业社会的转型、生产方式发生改变、职业类型出现分化、传统的熟人关系逐渐解体、家庭的福利功能特别是生活保障功能有所弱化，社会福利供给、输送、运行、接受等关系遇到了新的问题，一些社会福利的类型和内容、供给及输送、运行与接受的方式方法开始失效，由最初的家庭、宗族和熟人关系互助为主的福利供给模式走向依托于国家、市场和社会的供给方式。

二是社会转型影响社会福利政策制定。福利需求随着社会变迁呈现出多样化趋势，一成不变的社会福利政策难以应对这些新需求和新问题。社会福利政策需要区分社会成员需求的性质，判断其需求是阶段性需求还是策略性需求、是基本生存性需要还是发展性需要，进而调整福利政策的目标、结构、功能和供给的秩序。同时，社会福利政策的制定实施反映了社会转型趋势及其所涉及的核心议题。社会福利政策运作不当，可能引发政府的改组、家庭解体及其他新的冲突。

三是社会转型对社会福利价值和资源提出新要求。一个国家从农业社会向工业社会的转变使农民转变为市民、农业从业人员转变为城市产业工人，他们是推进工业化、城市化以及现代化的主力军。他们的福利水平相对较低，当这些农民工“退休”后，一般会回到农村养老。这就涉及不同阶层的社会福利资源如何更加公正地调整分配等问题，以便使社会福利的配置能够促进社会阶层的融合，帮助较低社会阶层获得新的社会地位与社会声望，实现积极的向上流动，社会福利因而被作为一种调节阶层差距的手段与工具。当然，社会福利价值和资源的转变也影响阶层的价值观和利益分配，使得一些阶层产生不公平感，促使有工作的穷人的聚集。

四是经济社会转型与福利体制双向嵌入。梅志里（Midgley）认为，社会发展应该是“一种有计划的社会变革过程，它的目的是在促进经济增长的同时促进整合人口的福利”①。社会福利应该包括社会问题控制程度、需求满足程度和上升机会提供程度。② 因此，经济社会的发展提倡社会干预，经济的发展要体现全体社会成

---

① MIDGLEY. Social developmen：the development perspective in social welfare. London：Sage Pulications，1995：25.

② 何雪松．社会工作理论．上海：上海人民出版社，2007：101.

员的利益，经济发展和社会发展之间要进行整合，反对因经济发展而压缩社会福利项目。社会福利的转轨需要大量的社会资源，特别是经济不断增长和大量税收，这些是否给市场经济的发展带来负面影响，两者嵌入的“度”是必须解决的问题。

二、社会形态转变：福利理念的调适

农业社会向工业社会的转变引发社会福利观念的变革，社会福利不只是解决“吃饱”问题，而必须应对各种社会风险因素，以缓解人们对现代社会种种不确定性的恐惧。贝克就曾经说过，如果传统社会的主题是“我饥饿”，那么现代社会则是“我害怕”，丹尼尔·贝尔也提到，农业社会的社会福利是“在必要的时候喂饱更多人的肚子”，进入到工业社会后，人们逐渐被“物化”，此时的福利观是边沁的“最大多数人的最大幸福”，将个人的幸福总和看作社会的最大福利，社会福利和个人自由最终会是“市场记录的种种需求汇总起来”①。

按照他的看法，后工业社会是以服务业为主的知识经济社会，社会福利的许诺更多地出现在“保健和教育”两个领域，人们追求疾病的消除、富裕的生活以及寿命的延长，这时的福利是社会学而不是经济学，边际效用的幸福计算标准逐渐从属于社会的福利。当然，后工业社会的科技治国仅能满足人们短暂的物质福利，不能满足人们道德上的需求，进而产生新的匮乏。② 按照波兰尼的看法，工业革命后乡村社会组织和农村自我保护体系被破坏，乡村变得更为凄凉，人们的心理和生活发生了较大变化。基于互惠的熟人关系变成了商品化的交易关系，以自我调节的市场来解决福利问题必然导致“贫困化”，社会保护和规制的强化意味着自由的重生。③ 在吉登斯看来，后工业社会中人们所面临的风险是现代性后果，随着风险性质的转变，传统的福利理念已经不再适应了，这就需要建构“积极福利”和投资型国家，将重点放在人力资本投资④及风险预测⑤上。

社会转型是一个普遍的社会与历史现象。在传统农业社会里，各个朝代致力于民众的生活救济特别是灾害救济，同时，通过蠲免赋税、轻徭役、禁遏籴、设官仓等制度安排进行必要的民生保障实践。中华人民共和国成立之初，仍然以农业经济为主，家庭和集体的福利功能突出，国家主要开展单位制的福利供给，并对特殊群体进行社会救济。改革开放后，随着社会主义市场经济的建立，国家实现了从农业社会向工业社会的转型与迈进，社会福利项目、供给、输送及治理等发生了深刻变化。就领域来说，正如沃尔夫冈·查普夫所言，我们在营养、健康和基础教育等三

① 贝尔．后工业社会．北京：新华出版社，1997：138.
② 同①139，511，528－529.
③ 包刚升．反思波兰尼《大转型》的九个命题．浙江社会科学，2014（6）：12.
④ 吉登斯．第三条道路：民主社会主义的复兴．北京：北京大学出版社，2000：122.
⑤ 吉登斯．失控的世界全球化如何重塑我们的生活．周红云，译．南昌：江西人民出版社，2001：101.

个领域发力，切实加强民众的福利建设。[①] 21世纪，特别是进入新时代，随着服务业的占比提升并逐步超过第二产业，中国实现了从工业社会向后工业社会的跨越，社会福利更加关注人民日益增长的美好生活需求，社会福利制度及其实施与后工业社会深度融合，后工业社会的技术特别是大数据和智能技术广泛运用到福利制度的设计、制定、实施及效果评估等各个方面。

三、社会价值的转变：公平论和民生论受到重视

应当看到，受工业化、现代化、城市化等社会转型因素的影响，社会上出现了贝克所说的“不平等的个体化”[②] 现象，人们“从传统的阶级纽带和家庭扶持”中剥离出来，开始关注个体的发展及其在劳动市场中的命运，期望有“属于自己的生活”[③]。也就是说，原有的集体主义价值观受到了个体主义、理性主义、功利主义等价值观的冲击，人们形成了复杂的福利理念和福利态度，质疑现有的社会正义观念。[④] 同时，全球贫富差距、权力两级化也冲击着社会福利的公平价值追求。这时，社会福利的体系和理论也在发生变化，社会公平需要重新定义，笼统地讲社会公平远远不够，需要明确社会公平的具体含义。比如，福利领域内的公平是具体的底线公平，表现为一种有“有界限”的公平。底线是指包括生存需求、发展需求和健康需求组成的社会成员的基础性需要，底线以下的福利是无差别的，底线以上的则有差别。同样，社会福利就可以划分为“底线福利”和“非底线福利”，当人们的“底线福利”需求被满足后，才可能有更深层次的“非底线福利”需求。

底线公平是一种社会意义上的公平。底线公平福利模式强调“弱者优先”“政府首责”“社会补偿”和“持久效益”，突出了底线公平解决的是强势与弱势群体的关系问题，明确了政府、市场、社会和个人的社会福利提供责任。同时，底线公平强调持久效益，将社会福利水平保持在适度水平上，既需要通过扩面来促进社会公平，又需要防止过度公平和高度福利。[⑤]

站在治国安邦的高度，底线公平就是保障基本民生。《老子》有“甘其食，美其服，安其居，乐其俗”[⑥]，《礼记·礼运》强调在物质满足的基础上做到“皆有所养”[⑦]，等等。我们的民生突出保民、安民、利民及富民等四个层次。进入新时代，需要在筑牢民生底线的同时，发展基本型、改善型乃至富裕型民生福利类型，以满

① 查普夫. 现代化与社会转型. 陆宏成，陈黎，译. 北京：社会科学文献出版社，1998：1-6，123，125.

② 贝克. 风险社会. 南京：译林出版社，2004：103.

③ 同②103-111.

④ 布莱克莫尔，沃里克-布思. 社会政策导论. 岳经纶，等译. 4版. 上海：上海人民出版社，2019：374.

⑤ 景天魁. 底线公平：和谐社会的基础. 北京：北京师范大学出版社，2009：147.

⑥ 老子道德经注校释. 王弼，注，楼宇烈，校释. 北京：中华书局，2008：190.

⑦ 孙希旦. 礼记集解. 北京：中华书局，1989：582.

足人民日益增长的美好生活需要，并加以科学、动态的调整。

四、社会结构的转变：走向整合性福利理论

社会转型意味着社会结构发生根本性或者整体性变迁。一方面，以市场化为导向的社会转型带来了人口的体制外流动、自由化流动以及跨地区流动，这就为新社会阶层的产生提供了条件。因此，社会转型助推新社会阶层的出现，并要求社会为这一阶层提供必要的福利。另一方面，社会转型同样带来就业分工，正式职业的领地逐渐缩小，非正式的职业日益增多甚至在一些领域及行业占据主导地位，由此使得群体间的收入差距日渐拉大。实际上，社会转型直接导致家庭结构及家庭功能的转变，使得家庭结构趋于单一化，家庭关系趋于简单化，家庭的某些福利逐渐消失。最终，不同群体面临着不平衡和群体利益分化，相应地，社会福利制度、项目和服务是“碎片化”或者是“滞后性”的。这就需要对各种社会福利加以重组，以适应社会转型的需要。

这表明，“补缺型”社会福利模式已然不能适应这种快速变化的多样化的需要，全面而整合性的福利理论及其福利模式就应运而生。该理论追求社会福利体系的整合、统一，强调社会转型给每个人都带来风险和挑战，因而社会福利应该面向全体社会成员，社会福利项目应该逐步考虑到人的全部生命周期与生命过程。整合性福利理论强调了福利水平和福利资源可持续性相适应、福利制度的整合和统一、社会福利责任的分担合理化、福利项目的整合等。当然，运行方式各国可以结合自己的历史、文化及社会与哲学传统有所差异。比如，在供给主体上，社会福利服务可以以政府为主导，也可以以市场为主导，同时发挥家庭、社区、工作单位和慈善组织等的福利供给作用。在供给方式上，可以将社会保险、社会救助、公共服务、社会互助以及补充保险等形式综合起来，扩大社会成员享受社会福利服务和支持的渠道。[①] 这样就能够最大限度地保障社会成员的基本福利权利，能够解决转型时期遇到的复杂的社会问题。在社会福利制度方面，可以站在人的福利需求为中心的高度整合各福利制度，缩小不同福利制度的差异。

案例 2-6

灵活就业人员的社会福利改进

随着平台经济、消费形式和就业观念的转变，选择灵活就业的人员越来越多，灵活就业成为拓展就业渠道的新形式。数据显示，中国灵活就业人员规模已经超过2亿人，数量呈大幅度提升态势。[②] 随着群体的扩大，灵活就业人员的社会福利需

① 景天魁，等. 普遍整合的福利体系. 北京：中国社会科学出版社，2014：119-127.

② 灵活就业人数大幅增长为两亿多人的权益保障“兜底”.（2021-07-31）[2021-12-15]. https://m.gmw.cn/baijia/2021-07/13/34989344.html.

要和面临的生存和发展问题越发凸显。他们多数为中青年，是非合同工、自雇和自主性就业，他们的生存生活权益、工作权益等难以被保障，急需改变。

为了保障其福利权益，各地出台了不同的福利政策和措施。江苏省2020年12月出台了《江苏省超过法定退休年龄人员和实习生参加工伤保险办法》，南京市考虑到原有的企业和雇员的职业福利保障模式不能适应平台经济下的劳动关系，积极探索建立“新业态从业人员社会保障机制”，试图在现有的框架下推进灵活就业人员的职业伤害保险。[①] 而福建省则开展了补充养老保险的试点，其中厦门市还调整了灵活就业人员缴纳社会保险费用的标准，简化了相关的办理程序。

资料来源：为新业态从业者织密养老保障网．(2021-05-17)［2021-12-10］. https://baijiahao.baidu.com/s?id=1699960716140390038&wfr=spider&for=pc.

五、经济体制转变：国家、市场与社会的协同

经济体制转变是社会转型的重要标志。一些国家在追求统一的过程中会讨论经济体制转型与社会福利之间的关系。例如，联邦德国和民主德国在统一时，路德维希·艾哈德认为经济的发展需要自主计划和竞争，这样的经济体制才能使各阶层的供需关系得到协调。他认为，福利国家是现代社会的一种幻想，福利国家的大规模福利支出影响到货币稳定，阻碍经济自由化。因此，人们应该努力工作而不仅仅是依托于福利去获得社会保障[②]，否则福利可能会因“无节制”发展而导致国家不堪重负。

20世纪80年代，社会主义国家大多发生了经济体制转型，使得原有的国家与社会的权力结构关系向国家、市场和社会的三角权力关系转变，造成了社会福利资源分配关系的调整以及社会利益结构的转变。计划经济时期，社会主义国家的福利制度是建立在公有制基础之上的，国家是最为基本的福利供给主体，社会福利资源的调配权力属于国家。但是，国家并不负责全部福利事项的运作，随着国有企业的发展，企业承担一定的福利供给职能，农村则依靠“集体”力量进行福利资源的供给与调配。同时，传统的家庭福利和社会互助等有着较好的保留，它们共同满足社会成员的福利需求。

社会主义市场经济时期，社会福利政策从最初对经济政策的依附中脱离出来，形成了相对独立的政策体系，社会福利供给中加入了市场这一主体，由原来的“国家—集体—企业”的福利模式转向了国家、市场、社会等多元主体构成的混合福利模式，国家仍旧在福利供给中占据主导地位，为人民群众提供基本的福利服务，对人民的基本需求予以保障。而市场在一些福利供给中发挥着调节作用，“社会福利

① 南京探索建立灵活就业人员社会保障机制．(2021-12-01)［2021-12-10］. http://m.people.cn/n4/2021/1201/c3663-15324816.html.

② 艾哈德．大众福利．祝世康，穆家骥，译．北京：商务印书馆，2017：221-234.

社会化”就成了市场化的重要表现形式，它要求社会福利主体、对象和资源等相关因素的社会化。国家、市场和社会等福利供给主体相互协调，责任共担，资源和功能优势互补，实现各自的福利目标。由此可见，在经济体制转型的过程中，福利供给主体的职能、责任范围也在不断调整，功能不断分化。

六、转型问题的解决：社会工作与社会福利的结合

社会转型带来了结构性问题，还产生了个体性问题，这就需要社会福利与社会工作合作，实现自身乃至整个社会福利的最大化。

从目的和关系来讲，社会福利和社会工作具有亲和性，都是围绕人所进行的活动。社会福利满足个人和群体生存与发展的需要，它试图保障个体幸福生活的基础、机会和条件，提升人们的幸福感；而社会工作是帮助个人、群体或社区的专业活动，旨在提升主体的社会功能和能力。也就是说，社会福利的概念比社会工作广泛，而社会工作项目及其机构被认为是重要的“社会福利的设置”，几乎所有的社会工作者都工作在社会福利领域。[①] 在前工业化时期，个体需要的解决依靠个人互动、家庭支持和邻里救助等，社会福利以不同的形式存在并发挥功能。随着经济社会的转型、技术的发展、生活方式的变化，人们的需求呈现出差异化与多样化，社会工作则丰富了社会福利的供给方式。

社会福利与社会工作之所以能够结合，很大程度上就在于它们拥有相近的价值内涵，并受制于相似的价值指导。春秋战国时期，孔子倡导泛爱众，这种“仁爱”是有差等的爱，孟子讲“恻隐之心”[②]，即同情心是仁爱的开端，这些与社会工作所谓的“同理心”有异曲同工之妙。唐宋时期，韩愈认为“博爱之谓仁，行而宜之之谓义”[③]，他强调博爱可以被称作“仁”。张载扩大了仁爱思想，即“故天地之塞，吾其体；天地之帅，吾其性。民吾同胞，物吾与也”[④]。清末民初，谭嗣同、梁启超等人丰富了仁爱内容，强调以孝敬爱护亲人为起点，爱自己的父母兄长、朋友、陌生人及万物，从爱人到爱物表达了一种普遍的同情心和爱心。但是，这种爱是有节制、有限度的，它推崇推己及人、推己及物。

基督教的博爱思想是西方社会福利思想的价值基础。基督教强调有怜悯之心，人与人之间要相互救助。费边社会主义认为博爱就像将礼物赐给陌生人一样，给予他们爱心。

社会福利和社会工作在满足个体需要、帮助社会弱势群体走向社会时具有目的的亲和性、价值的相似性和供给的趋同性。从供给角度来看，社会工作逐渐被嵌入社会福利的供给过程。在瑞典，以家计调查为基础的社会救助是通过具有社会工作

---

① 扎斯特罗．社会工作与社会福利导论．孙唐水，等译．7版．北京：中国人民大学出版社，2005：3－6.

② 杨伯峻．孟子译注．北京：中华书局，2018：85－86.

③ 吴楚材，吴调候．古文观止译注．上海：上海古籍出版社，2010：255.

④ 张载集．章锡琛，点校．北京：中华书局，1978：62.

特性的地方社会服务部门进行的。[①] 一些社会工作技巧和方法可以用于社会福利的不同领域。如社会弱势群体和需要救助的人群面临的个人、家庭和社会问题可以采用个案与小组专业技巧来解决，当这些群体碰到无法解决的问题时，社会工作者可以链接资源，通过其他的供给主体如家庭、邻里、小组、社区和社会组织等来为服务对象提供服务。再如，社会工作通过地方发展、社区计划和社会行动等社区工作模式，即“社会福利社区化”趋势介入社会福利平台中。另外，社会工作行政技巧将社会福利政策转变成福利服务实践，并在实践中修订社会福利政策，社会工作既要注重宏观政策的设计，又要关注于微观的服务。

复习思考题

1. 简述社会福利与社会功能之间的关系。
2. 论述社会福利冲突论。
3. 比较中西方社会福利文化的差异。

推荐阅读书目

1. 吉登斯．动荡而强大的大陆：欧洲的未来何在．北京：北京大学出版社，2019.

2. 察赫．福利社会的欧洲设计．北京：北京大学出版社，2014.

3. 埃斯平-安德森．福利资本主义的三个世界．北京：商务印书馆，2010.

4. 盐铁论．陈桐生，译注．北京：中华书局，2015.

5. 邓云特．中国救荒史．北京：商务印书馆，2011.

6. FLEURBAEY M，SALLES M. Conversations on social choice and welfare theory. Berlin：Springer，2021.

7. VAN OORSCHOT W，OPIELKA M，PFAU-EFFINGER B. Culture and welfare state：values and social policy in comparative perspective. Northampton：Edward Elgar Pub，2008.

8. MISHRA R. Society and Social Policy：Theories and Practice of Welfare. London & Basingstoke：The Macmillan Press Ltd.，1981.

---

① 金斯伯格．福利分化：比较社会政策批判导论．姚俊，张丽，译．杭州：浙江大学出版社，2010：41.

第三章
社会福利政策

本章要点

社会福利政策是社会福利领域规则和行动的总和，是公共政策的重要组成部分，内含从福利政策问题识别、政策动议、政策合法化、政策执行到政策评估全过程。

中国社会福利政策的制定与执行有自己的传承。改革开放以来，在借鉴西方社会福利政策理论基础上进行了创新，为社会福利政策中国模式的形成奠定了基础。

基本概念

社会福利政策；公共政策；社会需要；社会问题

福利政策古已有之，古人围绕生老病死葬等日常生活所形成的乡规民约、官府公文及朝廷诏令都是福利政策。20 世纪 50 年代以来，社会福利政策的产生与形成呈现两个层面：一是把社会福利政策当作社会福利领域规则与行动的总和，强调社会福利政策的客观实存性，并将非政府、非官方的福利政策包含在内。二是把社会福利政策当作公共政策的重要组成部分，在政策议题设置、政策制定和政策执行中试图遵循公共政策的逻辑与步骤，包含从福利政策问题识别、政策动议、政策合法化、政策执行到政策评估全过程，是公共政策在社会福利领域的具体化，旨在促进社会福利政策科学化。

第一节　政策问题识别

解决问题表面上让人以为政策工作开始于不言自明的问题，以此推测，政策始于可确知的问题出现时，人们可以据此假定可能的行动过程，提出目标……然而，这里出现的并非是明确的问题，而是分散的担忧。[①]

——《政策研究：信仰与怀疑》

① REIN M，WHITE S H. Policy research：belief and doubt. Policy analysis，1977（2）：262.

社会福利政策的制定在于解决日常生活问题，满足社会成员的生活需要。然而，在既定事实下，福利政策相关者基于自身文化、利益及价值观等因素考量，形成不同的甚至完全对立的社会需要，导致社会福利领域内的政策问题呈现出一种复杂性特质，不同的社会福利政策问题的界定对应不同的福利政策目标与政策方案。由此可见，社会福利领域内的政策问题识别是一个客观情境与主观认知不断磨合，并逐渐走向统一与共识的过程。在社会福利政策的制定与执行中，问题界定相对于问题解决发挥着更为基础与关键的作用。

在传统社会，福利政策的制定出现了"法先王"与"法后王"之争。"先王之法"也就是"法先王"，它包括流传下来的典章、乡约及其形成过程，为制定新的社会福利政策提供依据。例如，针对汉武帝时期盐铁价格升高、民众生活负担加重等问题，汉昭帝召集各郡国推举 60 多名贤良和文学代表与桑弘羊等朝廷代表进行对话、辩论及商议。贤良和文学代表主张效法文帝时期"无为而治""轻徭薄赋，与民休息"的治理理念，废除盐铁官卖；而以桑弘羊为代表的朝廷官员则提出盐铁官卖不仅是正常的国家经济制度，而且可以为国家提供充足的财源以抵御外敌和扩张。经过这次辩论，昭帝下令废除各诸侯国酒类专卖制度和关内地区的铁官。[①] 这一制定政策的思路为后世所继承与吸收。"今人之法"也就是"法后王"，实际上就是根据当下社会环境与民众需要制定符合民众需要的福利政策。例如，以中国第一部成文乡约陕西蓝田《吕氏乡约》为例，它是在北宋王安石变法导致政坛党争频繁、民风日下的背景下，为了教化乡民、改变混沌民风，由北宋"蓝田四吕"的吕大均等人起草、乡人积极响应并提供意见共同制定而成的。它遵循"德业相劝、过失相规、礼俗相交、患难相恤"[②] 的原则，凡加入的成员遭遇水火、盗贼、疾病、死丧、孤弱、诬枉和贫乏等难事，由约正召集成员共同商议筹资、出借财力人力进行救济。

这表明，不同的时代，其福利政策的制定与形成有所不同，甚至不同的国家也有所差异。美国学者威廉·N. 邓恩教授提出"以问题为中心"的政策分析方法，强调把公共政策问题的识别与构建作为政策过程的核心和关键，并将其划分为"问题感知"（体悟问题情境）、"问题搜寻"（找出元问题）、"问题界定"（发现实质问题）和"问题详述"（建立正式问题）等四个阶段[③]，希望通过科学的问题界定方法避免陷入"为错误的政策问题寻找正确解决方案"的"第三类错误"[④]，本质上是利益相关者在感知问题情势的基础上确认社会需要，要求政府等责任主体加以解决，而政府又认为有必要对现存的社会需要或社会问题加以解决。通常，社会福利政策在政策问题识别中遵循公共政策问题建构的一般模式与路径，实行以社会需要或社会问题感知为起点的福利政策问题构建理路。

---

① 王利器．盐铁论校注．北京：中华书局，2015：1－32.

② 陈俊民．蓝田吕氏遗著辑校．北京：中华书局，1993：563－567.

③ 邓恩．公共政策分析导论．谢明，等译．4 版．北京：中国人民大学出版社，2011：58.

④ 同③60.

一、社会需要或社会问题确认

社会福利政策问题识别以社会需要或社会问题确认为依据，这是社会福利政策得以产生并发挥功能的基本原理。那么，什么样的社会问题、社会事实或社会现象能够进入社会福利政策问题识别范围呢？邓恩认为，政策问题通常并非明确的问题，它具体呈现出来的形式可能是“漫无边际的焦虑和刚开始的紧张感”“政治压力群体变得异常活跃”或“活动变得越来越有效”“正式的和非正式的社会指示器都表明了不利的倾向”等压力信号，又被称为“问题情势”[①]。政策利益相关者感知到问题情势的存在，并在此基础上进行界定、分析和评价，找出政策“元问题”，以此确认政策问题的实质与最终陈述。

可见，当社会与民众的期望及利益存在矛盾或冲突，引起相关组织要求加以解决以促进社会发展时，社会福利领域内就出现了政策问题。如 1942 年英国颁布的《贝弗里奇报告》中提出要建立“从摇篮到坟墓”的社会福利制度，就是针对 20 世纪 30 年代英国社会普遍存在的贫穷、疾病、愚昧、肮脏和懒散等“五大严重社会问题”[②]，这些问题对民众的基本生活造成影响，成为战后英国重要的社会福利政策问题。明清晚期，从朝廷到地方官府相继颁布弃溺禁令，乾隆时期议定弃溺者参照“故杀子孙律”定罪，“杖责六十、徒一年”，并出台育婴堂、保育会政策对弃婴、溺婴实行院内救济。这一政策便是针对当时浙江、福建和江西等地弃婴、溺婴问题严重，甚至福建漳南地区的“止育一女，多则溺之”等问题而定。[③]

当今社会是一个“思想作用于环境的产物”[④]，不同的社会文化具有不同的表现形式。在欧美发达国家，不同的利益相关者从自身出发对社会福利形势、社会福利政策问题做出不同的解读，形成不同的福利政策问题认知，需要政府或社会认定不同的社会福利政策问题。而中国的社会福利政策问题识别与确立主要视政策问题情势与政策制定者的社会治理目标相一致的程度而定，也就是结合当下社会问题进行通盘考虑，判断哪些问题可以通过福利政策进行解决，哪些问题不需要通过政策进行，两者一致性程度越高，政策问题被认定的可能性就越大。从认识论的角度看，社会福利政策问题的确认具有问题情势的客观性与问题认知的主观性、问题识别的能动性和时效性相协调的特点。

一方面，福利政策问题的确认建立在“问题情势”的基础上，“问题情势”源于社会事实，这些社会事实被政策制定者感知，他们进行选择性分析、评价与建构。众所周知，中华民族的历史在一定程度上也是一部灾荒史，在与自然灾害抗争的过程中创造出丰富的救灾救济政策。如宋建隆元年（960），扬（扬州）、泗（泗

---

① 邓恩．公共政策分析导论．谢明，等译．4 版．北京：中国人民大学出版社，2011：52，57.

② 贝弗里奇．贝弗里奇报告：社会保险和相关服务．北京：中国社会保障出版社，2008：187.

③ 张祖平．明清时期政府社会保障体系研究．北京：北京大学出版社，2012：162－176.

④ 同①52.

州，今江苏盱眙）一带饥荒导致民众多饿死。为了赈济饥民，户部的沈伦建议将军中储备粮赈济、贷给灾民，待秋收新粟再补充回军库，宋太宗便在对军储贷民之策的利弊进行考量后发布诏令实施“发廪贷民”[①]。再如，21 世纪初出现的农村居民“看病难、看病贵”问题，表现为个人卫生支出占卫生总支出的比例从 1978 年的 20%左右跃升至 2001 年的 60%上下[②]，“小病拖、大病扛”“脱贫三五年，一病回从前”等问题不断涌现，因而被政策制定者、人大代表、政协委员和广大民众所感知，百姓因病返贫、因病致贫问题愈发成为社会稳定的制约因素。为此，从 2003 年起各省份中至少会选择 2～3 个县（市）先行试点新型农村合作医疗制度，以减轻农民医疗负担。

另一方面，社会福利政策问题的识别与界定蕴含着福利政策方案的形成，具体来说政策问题的识别与界定对应不同的解决方案，“有多少福利政策问题识别就有多少政策方案与之对应”，也有可能一项福利政策问题的识别蕴藏着多种政策方案。比如，在传统社会，为了解决征兵与老人照顾之间的社会矛盾，历朝历代出台了不同的政策。西汉时期，持有王杖的老人享有“复除之权”，自己的儿子在家尽赡养职责可以免除部分赋税和徭役，还可以将王杖出卖给愿意奉养无子老人的其他人员[③]；明朝则规定：“民年七十以上者，许令一子侍养，免其差役。”[④] 也就是说，伴随着福利政策问题的变化，政策解决方案也会随之变动，“即便是政策问题仍然存在，政策解决方案也会存在过时情形”[⑤]。此时，社会问题或社会需要的认定受到当时的社会价值和社会主流思想的影响，形成与社会价值相统一的问题界定模式。

例如，科尔奈、翁笙和的研究提出，东欧国家在向市场经济转型的过程中认为社会主义制度对“政府、政治程序和官僚体制非常广泛资源的控制权”侵犯了民众“个人自主权利、自我实现和自主决策”等，因此，应当建立“提高效率的所有制和控制形式”，“由政府保障基本医疗服务，引入共同支付扩展补充保险，提供多元化的服务与有管理的竞争机制”[⑥]，确保所有民众在享有基本医疗服务一致性的同时，增强个人在自愿补充保险市场上获得的选择性，不断强化个人责任，对医疗卫生服务体系改革中存在的“哪些活动应该保留在政府控制之下，哪些应该脱离政府的控制”等问题进行重新界定，体现了与当时主流社会价值相统一的问题界定。

再如，20 世纪 80 年代以来，自由、市场与效率一度成为中国经济社会发展的主旋律，维系公立医院生存和发展的财政补助政策被视为阻碍卫生事业发展的因素，人们普遍倡导要运用经济手段管理卫生事业，“放宽政策，简政放权，多方集

---

① 李文海，夏铭方．中国荒政全书：第一辑．北京：北京古籍出版社，2003：40.

② 相关数据参见原卫生部卫生经济研究所《中国卫生总费用研究报告 2007》。

③ 王文涛．秦汉社会保障研究：以灾害救助为中心的考察．北京：中华书局，2007：152.

④ 张祖平．明清时期政府社会保障体系研究．北京：北京大学出版社，2012：151.

⑤ 邓恩．公共政策分析导论．谢明，等译．4 版．北京：中国人民大学出版社，2011：160.

⑥ 科尔奈，翁笙和．转轨中的福利、选择和一致性：东欧国家卫生部门改革．北京：中信出版社，2003：3，15-25，110-120.

资，开阔发展卫生事业的路子，把卫生工作搞活”①，并出台相关政策，强调政府放权让利，减轻财政负担，认为依靠财政支持的公立医院运营模式是与市场经济体制改革所倡导的市场原则相违背的、公立医院改革的最大问题。

二、政府责任范围界定

社会福利政策是一种以政府或其他组织为责任主体，满足民众生活需要或解决社会问题的行动方案或行为准则。其中，政府作为重要的责任主体在福利政策问题识别中不仅要关注问题情势、搜寻问题，而且要根据自身角色、资源与责任进行分析和判断，确定福利政策的根本问题、基本问题，以便完成问题的界定。从这个角度来看，社会福利政策问题的识别不仅是政府出场、维护统治合法性的必然要求，也是对各责任主体重新划分权责。这就需要从社会福利政策问题的重要性和可执行性角度进行分析和权衡。

社会福利领域内的政策问题最初可以来源于君王、朝廷或官府的自我认知和自我定位。《山海经》记载的大禹“随山刊木，奠高山大川”之策就是人类最初的福利政策安排，他将勘定国家疆土、分别疆界作为主要任务，为民众提供土地等物质保障。明代将其扩充为“凡立君、储嗣、建都、封爵、官制置废、民政兴革、河道、漕运、边政、国防，皆属紧要之事”②，政府责任范围不断扩大。进入现代社会，福利越来越属于政府责任范围内的事项，一些社会问题或社会需要无法通过个人、家庭或其他社会组织加以解决，只有依靠政府统筹协调各方资源，实质上就是政府对政策问题的性质、范围及其严重程度的确认，是社会福利政策公共性的来源。例如，人们越来越认识到贫穷是工业化的副产品，它需要政府干预和介入，以保障民众最基本的生活需要。传统社会时期人们赖以得到支持的家庭、宗族、村落和行会等非正式、民间保障系统不断式微，年老、生病、失业或伤残等常导致生活无法维系，这对社会生产和发展造成严重影响，迫切需要政府制定相关社会福利政策，承担民众基本生活保障的责任。

社会福利政策问题在执行中涉及的资源或技术需要在政府职能范围内依靠政府的力量加以支持。以我国历史上的运河修建为例，春秋时期，吴王夫差征调大批民夫、历时两年在长江与淮河之间开凿了一条叫作“邗江”的运河，从邗城（今扬州市西北）开始、利用境内湖泊邻近优势分段开凿，将长江水引入淮河③；其后，隋炀帝为了解决粮食运输等需要，修建了贯通南北、全长两千多公里的大运河，成为中国古代南北交通的大动脉。开凿运河作为重要的民生工程，无论其规模、耗时、技术，还是人力与资金等方面的支持都需要朝廷以强制力进行介入以保证实施。实

① 国务院批转卫生部关于卫生工作改革若干政策问题的报告的通知．(1985-04-25)[2021-09-16]. https://www.tax.org.cn/displaw-law-10002053.html.

② 李伯重．明代后期国家决策机制研究．中华文史论丛，2019（1）：1-69.

③ 华红安．夫差开凿邗沟．水利天地，2007（2）：26.

际上，福利政策问题的构建是政府通过将政策问题情势的描述和解释具体化为能够采取哪些步骤和方法去解决这些问题，以澄清民生问题的技术过程。

因此，政策问题界定与政策方案设计相适应，政策方案设计反过来进一步形塑了社会问题的界定。政府在确定政策问题时需充分考虑自身的能力与资源限制，将确认的福利政策问题对应的解决方案、解决方法、成本控制等限定在政府能力范围内，以确保政策方案的可执行。

三、政策预期效果分析

社会福利政策从诞生之初就具有鲜明的问题指向性及对象指向性,其目的是解决社会系统中出现的问题，满足社会的某种需要，以此释放社会存在的“压力信号”，在维护社会稳定的同时提高民众福祉水平。同理，福利政策问题识别作为社会福利政策活动的关键一环，它不是一个松散的系统，而是一个具有高度目的性及结果导向性的系统，蕴含着福利政策预期效果的分析。

因为只有当民众有生活需要使得政策相关者希望改变福利状态、福利待遇、福利水平及福利责任关系时，才有产生福利政策问题并试图加以解决的可能性，并寻求“相关组织或部门介入”[①]。也就是说，政策预期效果与福利政策目标相一致的设定是福利政策存在的先决条件，政策预期效果只有解决或缓解社会矛盾、提升民众生活水平，才真正完成了社会福利政策问题的使命。它是通过对福利政策有效性的考察反过来推导福利政策问题识别准确性的一种分析方式，其目的是最终构建起邓恩所说的“恰当的问题”[②]。例如，2010 年美国奥巴马医改方案是为了实现对现行医疗保障体系下没有任何医疗保险的 4 000 多万美国公民提供医疗保障的目标，计划通过 10 年时间投入 8 710 亿美元建立联邦层级监管的医疗保险市场、成立公共医疗保险机构资助支付不起保险费的民众购买医疗保险，使医疗保险覆盖率从 85%扩增至 96%[③]，向“人人有医保”的目标靠近。一些学者指出，奥巴马医改方案的通过，抛开两党政治算计，将是美国历史上继 1935 年《社会保障法案》和 1965 年《医疗补助法案》以来的重要民权法案，能够确保几乎所有美国人都享有医保。[④] 当然，保守派民间组织的反对者指出，这一法案势必增加政府税收，导致政府过度插手由市场主导的医疗服务市场，将美国引向“苏联模式”，让子孙为医改买单[⑤]，他们强调此次医改方案是成就还是错误尚无定论。

---

① 蒂特马斯．社会政策十讲．江绍康，译．长春：吉林出版集团有限责任公司，2011：9.

② 邓恩．公共政策分析导论．谢明，等译．4 版．北京：中国人民大学出版社，2011：56.

③ 乔慧．奥巴马政府医改方案解读．中国财政，2010（3）：73－74.

④ 奥巴马孤注一掷推行医改或实现 45 年来最大变革．（2010－03－22）［2021－11－15］．http：//news. cntv. cn/world/20100322/100887. shtml.

⑤ 奥巴马医改遭万人抗议．（2009－09－14）［2021－11－13］．http：//news. sina. com. cn/w/2009－09－14/095316293482s. shtml.

案例 3-1

奥巴马新医改

2010 年 3 月 23 日时任美国总统奥巴马签署《患者保护与平价医疗法案》，尽管遭到多方反对，2012 年 6 月 28 日，美国最高法院还是驳回了有关诉讼，维持了其法律效力。

该法案的目标是改革医疗保健，确保美国 4 500 万未投保和数百万投保不足的公民能够获得负担得起且可接受的医疗保健。该法案还试图降低医疗保健费用，目标是到 2016 年让每一个美国人都得到保障。

有了奥巴马医保，公民可以购买私人保险、从他们的雇主计划中获得保险，或者利用各个州的健康保险市场（如果他们的州有的话）。每个市场都有一个注册窗口，除非出现紧急情况，民众必须通过本州健康保险市场所设立的注册窗口购买相关保险。可以在每个市场网站上找到截止日期、规则、医疗服务提供者和提供的描述。

需要了解自己义务的商人也可以在网站上找到信息。请记住，如果拥有一家员工超过 50 人的企业，那么对企业主就有特定的要求。市场上提供的保险应包括 10 项福利，也称为基本福利：

1. 住院津贴
2. 急诊室护理
3. 门诊护理
4. 产妇及新生儿服务
5. 儿科测试和服务
6. 心理保健和成瘾治疗
7. 处方药
8. 实验室服务和测试
9. 健康、慢性病和预防服务
10. 康复设备和服务

资料来源：US Health Care：Affordable Care Act.（2012-01-28）[2021-11-15]. http://www.affordablecareact.com/.

总结而言，福利政策问题的识别遵循与政策制定者认知和社会主流价值观相一致的社会需要或问题确认模式，是在政府责任和能力范围内为解决社会问题、满足社会成员社会需要而展开的活动。

第二节 福利政策动议

那些被决策者选中或决策者感觉必须对之采取行动的要求构成了政策议程。[①]

——詹姆斯·E. 安德森《公共决策》

① 安德森. 公共决策. 唐亮，译. 北京：华夏出版社，1990：69.

社会福利政策动议指福利政策问题从社会需要或社会问题进入政府决策议程，也是福利政策问题得以识别或确认后进行政策讨论或解决，涉及“谁来提议”“怎么提议”“政府应对”等环节，内含社会福利政策从问题识别到政府动议阶段的触发机制，是政府根据社会问题或社会需要的轻重缓急提议制定政策，进行资源配置。近年来，人们往往将此归结为现代西方国家的福利政策所特有的，以为它们的福利政策遵循政策动议的各个环节，它们的政策制定更为科学。其实，无论是现代还是传统社会，人们在出台各项福利政策时都内含政府对民众生活需要的确认、分析以及政策动议的确立。

一、福利政策动议的类型

福利政策动议是某种社会需要或社会问题转化为社会福利政策的首要步骤。按照政策动议发起者的身份可以划分为公众动议和政府动议两种，反映了福利政策动议行动中两种不同的推动力量，而其中的公众包括普通大众及各类社会组织如宗族、行会等。一般来讲，社会问题或社会需要只有引起社会大众或政府部门的重视，才有可能被纳入政府动议的范围进行讨论和确认。

（一）基于普遍社会需要的公众动议

公众动议是指某个福利问题引起大众普遍关注，社会影响范围广泛，遂向政府有关部门提出政策诉求，希望政府能够进行干预和解决。公众动议是社会福利政策动议的重要来源，在社会福利政策动议中发挥基础性和关键性的作用，因为公众是社会需要的诉求者以及社会问题的亲历者，感触最为具体直接。当大量个人或团体的福利诉求不断扩散至多数社会成员中，形成普遍性的社会需要后，就能营造舆论压力，要求政府部门介入并采取措施，形成公众动议。可见，公众动议是社会大众通过广泛的社会参与和讨论，对众多社会福利问题或社会需要进行选择以达成共识。公众动议的设置在一定程度上也反映了现代社会力量的崛起。例如，2003 年孙志刚因未带身份证和暂住证经广州市收容人员救治站强制收容后在救治站被宣告死亡。该事件爆出后引起强烈的社会反响，社会普遍要求重新审议和改革 1982 年制定实施的《城市流浪乞讨人员收容遣送办法》的有关条款，推动了《城市生活无着的流浪乞讨人员救助管理办法》的出台。再如，2020 年 5 月，美国非裔男子弗洛伊德因涉嫌使用假币购买商品被白人警察用膝盖压在其颈部致死后引起民众公愤和抗议，要求政府出台新的社会政策以保护民众。为此，美国启动政策制定程序，出台了《乔治・弗洛伊德警务正义法案》，促进警察公平执法。

案例 3–2

孙志刚事件

2003 年 3 月 17 日，孙志刚因无暂住证被广州黄村街派出所错误收容并送至广州市民政局收容遣送中转站。

2003 年 3 月 19 日晚，因孙志刚大声叫喊求助，救治站护工乔燕琴便与同为救治站护工的吕二鹏、乔志军、胡金艳将孙志刚从 201 室调到 206 室，并授意该室内的李海婴等 8 名被收治人员殴打孙志刚。

2003 年 3 月 20 日，李海婴等人对孙志刚轮番殴打，孙志刚经抢救无效死亡。

2003 年 4 月 25 日，《南方都市报》发表《被收容者孙志刚之死》后，引起强烈反响，民众呼吁严惩凶手。

2003 年 6 月，18 名被告分别被判处刑罚，23 名政府官员受处分。

2003 年 6 月 20 日，《城市生活无着的流浪乞讨人员救助管理办法》公布。

2003 年 8 月 1 日，《城市流浪乞讨人员收容遣送办法》废止。

资料来源：孙志刚案．观点中国，(2010-07-24) [2021-10-01]. http://opinion.china.com.cn/event_27_1.html.

（二）基于决策者的政府动议

政府动议是在政策决策者综合评估社会福利政策问题的影响范围、强度和时间等因素后认为有必要介入干预，启动相应的政策决策程序。政府动议是福利政策问题成为政府正式政策的保障与途径，决策者在其中发挥关键作用，他们不仅需要扮演社会福利或社会需要发现者的角色，而且还是福利政策动议的分析者和启动者。例如，两汉时期疫病频发，疫病流行 47 次，其中西汉 17 次，东汉 33 次，平均约每 8 年发生一次，疫病高发区多集中于“南方、都城洛阳和关东地区”，且疫病发生与战争、自然灾害连发，元帝时期甚至出现了“疫尤甚”“百姓菜色，或至相食”等场景[①]。为此，朝廷综合评估了疫病流行的时间、规模和强度，为实现社会的长治久安，将疫病防治和救灾作为重要政策进行讨论。

（三）基于媒体介入的政府动议

当今社会，媒体在政策动议中的作用十分巨大。媒体包括自媒体可以触发政府的政策动议。很多社会需要或社会问题的解决都发轫于媒体、通过媒体传播出去，使得相关社会需要或社会问题引起政府重视。例如，2009 年 7 月经《东方今报》报道的“河南张海超开胸验肺”事件促使有关部门对职业病认定和审核政策进行重新讨论。按照原来的规定，认定职业病需要企业提供员工的职业史等资料来“自证其罪”，职业病认定机构还需要具备较高资质，这意味着员工的权益基本上得不到保护。通过媒体的干预，张海超最终被认定为“尘肺三期”，拿到了相应的职业病赔偿金，同时推动了《中华人民共和国职业病防治法》相关条款的修订，明确“劳动者可以在用人单位所在地或者本人居住地依法承担职业病诊断的医疗卫生机构进行职业病诊断”，相关机构不得拒绝。媒体俨然成为政府与社会公众之间进行互动的

① 王文涛．秦汉社会保障研究：以灾害救助为中心的考察．北京：中华书局，2007：99-106.

平台，影响着社会福利政策议题的动议。

案例 3–3

农民工尘肺的调查分析

河南省新密市村民张海超在郑州一家企业务工，从事接触生产性粉尘作业，三年后由于出现咳嗽等呼吸系统症状在多家医院就诊，被诊断为“尘肺病”，但均未出具职业病诊断证明书。

2009 年 6 月，农民工张海超为证明自己患有尘肺病，经某医院胸腔镜取肺组织病理检查，病理诊断为矽肺。在国家职业病主管部门、新闻媒体和当地政府介入下，张海超的病情经职业病诊断机构诊断为尘肺病三期。

此后，农民工尘肺事件被频繁报道并引起有关部门重视，它们组织开展了农民工尘肺流行病学调查，并对农民工尘肺诊断问题进行了研究。

资料来源：中国专业学位案例中心．农民工尘肺的调查分析．(2018－10－12)［2021－11－16］．https：//case. cdgdc. edu. cn/case/readCaseSummary. do? caseId ＝ 2c908a99655b29ea0166629555f616ad.

需要注意的是，公众动议和政府动议并不是两种截然分开的福利政策动议类型，而是紧密联系、相互包含、相互促进的议程设立。即便是公众动议，也仍然需要政府启动政策制定程序，以对公众动议进行回应。哪怕是宗族出台的福利政策，其政策的动议与制定也需要得到政府的某种确认。

总体上看，公众动议可以先于政府动议，这是因为作为福利议题的政策问题可能首先被公众发现和提出，然后影响政府并促进政府进行动议。当然，政府的动议也可以先于公众动议，政府往往凭借自身优势较早感知社会问题或社会需要，然后启动相关议程向大众宣传某个问题的重要性，以便让大众支持政府的政策动议设立。可见，福利政策动议的建立不仅需要公众发现和提出，也需要政府自身的努力，以引导民众形成共享的政策议题意识。根据约翰·W. 金登的“多源流分析”模型，只有当社会福利政策的“问题流”“政策流”以及“政治流”在某一特定时间点上同时发挥作用时，公众与政府之间才能开启信息流动和利益表达渠道，启动政策程序，打开“政策之窗”①，实现福利政策的动议设置。也就是说，福利政策动议不仅需要民众福利意识的觉醒，而且需要政府民本意识的形成。

例如，即便古代的皇帝在决策是否设立某项政策时也需要建立较为完善的信息收集、决策咨询和中枢决策系统②，而不是皇帝个人说了算。明代以前，实行以皇帝及宰辅商议而定的决策机制，宰相分享皇帝的决策权，双方呈现出高度的“一体化”。明太祖以后废除宰相职务，设立辅佐臣僚充当秘书或顾问等角色协助皇帝进行决策，规定“五军都督府、六部、都察院、大理寺、五军断事官、十二卫诸机

① 金登．议程、备案与公共政策．丁煌，方兴，译．北京：中国人民大学出版社，2004：114－129。.
② 叶德明．寡断与掣肘：朝廷决策视角下的同文馆之争．常州大学学报（社会科学版），2018（3）.

构”共180种事情必须上奏、提请皇帝决断，包括灾害救济等日常事务由各政务机构负责，皇帝处理大政做战略决策，按照具体事务分为“朝议、廷议、阁议和部议等”方式，最后提请皇帝圣裁，即由君主与大臣共同商议做出决策①。

二、福利政策动议的程序

福利政策动议描述了社会福利政策问题转化为政府议程，包含认定与细化福利政策问题、建立问题评估标准和确认相关议题等方面的内容。

（一）认定与细化福利政策问题

认定与细化福利政策问题是对社会福利政策问题的分析和阐释。政府相关部门通过民意调查、媒体报道、利益团体反馈等渠道分析明确社会政策问题边界、影响地点、影响时间、波及范围以及与其他相关问题的联系，建立相关问题的事实依据，从政策问题的广泛性、重要性、复杂性、持续性和价值性等方面进行分析和讨论，确认该问题得到了公众关切或政府重视。政策问题的明朗化与福利问题的重要性相关，通常，福利问题越严重越重要，政策问题越明朗和清晰，越能引起政策决策者的注意。例如，美国警察殴打黑人致死事件层出不穷，据华盛顿大学有关机构专家发表的研究数据，1980年至2018年期间，有30 800人因警察暴力执法死亡，其中非洲裔所占比例可能是白人的3.5倍。② 2014年8月，密苏里州黑人青年迈克尔·布朗在街头面临警察检查高举双手却被白人警察威尔逊击毙；2015年7月，43岁黑人男子塞缪尔·杜博思因遗失车辆牌照在警察盘问时被警察击毙等，引发美国民众多起抗议事件，美国社会种族歧视问题愈演愈烈，最终引起对美国社会种族歧视问题的检讨。

（二）建立问题评估标准

福利政策问题总是以多样化的社会需要形式呈现出来，政策问题的多样性源于社会需要的多样性和社会问题的复杂性。因此，一旦政策问题被纳入动议范围，决策者就要建立相应的评估标准，对政策问题的重要程度进行合理排序，以此确保政府或社会对资源进行合理配置与利用。拉雷·N. 格斯顿指出，社会问题能够被决策者纳入考虑范围的标准在于“该问题必须得到广泛关注、大量公众有采取行动的要求和该问题应当是相关单位所重视的”③，即政策决策者需要从政策问题的社会需要程度和问题严重程度进行综合判断，以此协调不同利益团体的需要。

相较而言，我国福利政策问题的评估标准强调必须将其上升到治国安邦的高

① 李伯重．明代后期国家决策机制研究．中华文史论丛，2019（1）.

② 美国再现白人警察暴力执法 外交部：令人发指．（2021－10－18）［2021－11－17］. https://world.huanqiu.com/article/45Dnnq5b77q.

③ 格斯顿．公共政策的制定：程序和原理．朱子文，译．重庆：重庆出版社，2001：71.

度，注重科学化和民主化，由政策决策机构感知和判断问题的严重性、紧迫性，更多地关注和解决“经济社会发展中涉及全局和人民群众关注的重点问题”[①]，更多地以满足人民群众日益增长的美好生活需要为归依，解决好人民群众最关心最直接最现实的利益问题，促进福利政策体系建设与完善，实现国家与社会的长治久安，凸显社会福利政策嵌入并内化为国家治理和社会建设的有机组成部分。

（三）确认相关议题

当社会福利政策议题进入决定阶段后，决策者从政策方案可行性倒推政策议题设立的可行性，并就政策议程与目标进行综合评估，以确定政策议题的设立。如“三胎政策”的确认便是针对中国人口老龄化问题较为严峻而提出的福利政策问题。又如，“少子化”问题同样困扰着中国台湾地区，数据显示，近10年来台湾地区的总和生育率徘徊在1.1%～1.2%，2020年更是创下新低，特别是死亡人数首度超出出生人数，导致2021年台湾当局不得不对“安心生产”政策进行规划，将这一政策列入政策议题[②]，以缓解“少子化”所带来的社会问题。

应该看到，中国福利政策议题的确认需考虑该政策议程与国家整体要求的协调性与一致性，以便使其成为国家治理体系的一部分。如果该项政策议题与国家整体规划或发展战略相符合，则在政策动议确立期间容易被纳入政府议程。如近年来关于慈善政策、慈善法的关注，各地纷纷就慈善政策议题展开讨论，究其原因在于慈善政策和法律法规体系建设对保障和改善民生水平、促进慈善事业发展有积极意义，对化解社会矛盾、激发社会成员解决弱势群体生活困难有积极作用。

三、福利政策动议的途径

按照“多源流分析”模型，福利政策动议是“问题流”“政策流”“政治流”三种源流流动的方向和路径，是福利政策问题从感知、确认、动员、扩散到政府议程确立的过程。

（一）“自上而下”的政府自觉

“自上而下”的政府自觉是决策者基于自身的职责、偏好和政治意图等因素，利用自身资源推动相关福利政策问题进入政府议事日程。“自上而下”的政府自觉因发起者身份的特殊性和权威性，在社会福利政策动议中行动更加直接和迅速，政治精英或政策相关人员在议程确立中发挥着关键性和决定性的作用。在中国古代，倡导统治者应始终秉持民为邦本、政在养民的民本思想，如清朝康熙帝就主张“民为邦本，勤恤优先”，注重对灾情救济，并主动多次实施田粮赋役豁免的善政，为

---

① 王绍光．中国公共政策议程设置的模式．中国社会科学，2006（5）：86－99.

② 郑竣凯．台湾“立委”指当局鼓励生育政策难有明显成效．（2021－05－06）［2021－11－17］. http://www.hkcna.hk/docDetail.jsp? id=894202.

老百姓生产生活提供基本保障。

（二）“自下而上”的公众反馈

“自下而上”的公众反馈是以民众、利益集团、大众传媒等为代表的非政府组织为发起者，推动社会需要或社会问题成为政府议程的过程。社会需要或社会问题往往表现为个人或群体的需要，当这种状态积聚至公共问题时，借由相关利益团体的动员或大众媒体的报道形成舆论压力，引起政府有关部门的重视，进而开启政策动议程序，对这些社会需要和社会问题进行界定和评估。

“自上而下”的政府自觉与“自下而上”的公众反馈作为社会福利政策动议的两种途径并无优劣之分，在具体选择和运用中主要结合各国或地区政治体制、社会发展状况及政策问题本身等因素进行综合评估后做出。通常，西方国家的社会福利政策动议多由相关利益集团发起，反映了不同群体多元化的政策诉求和福利需要，福利政策动议是各利益集团相互作用的结果。而在中国，政府相关部门在福利政策动议中扮演着重要角色，政府为回应民众诉求或基于自身治理需要而制定决策。因此，西方社会福利政策动议是一个不同利益主体间以及利益主体与政府间的互动，中国政策动议的开展更多的是基于政府与民众之间的双向活动。

（三）上下结合的混合动议

从实践上看，单一的“自上而下”政府自觉和单一的“自下而上”公众反馈其实比较少见，更多的是上下联动、相互结合，促进政策议题迅速通过。从地域上看，也有国内与国外政策问题相互呼应，实现对国际组织相关福利政策议题设立的促进和推动。新冠肺炎疫情暴发以来，不仅需要建立跨国或跨地区的协作治理平台，而且同样需要通过动员和建立民间志愿者组织完善新冠肺炎疫情防控机制，形成政府志愿者下沉帮扶社区与社区民众自发志愿组织相结合的志愿组织网络体系，整合社区力量，以此共同抵御病毒侵袭与传播。

四、福利政策动议的策略

福利政策动议的策略是政府对福利政策问题的应对之道，可以划分为政府有限介入和政府主动介入两种策略。

（一）政府有限介入

政府有限介入是囿于福利政策问题本身不够清晰，或自身资源和能力不足，在面对社会福利需要或问题时采用较为有限的资源与时间投入行动。具体表现为：在覆盖对象上，仅仅针对部分群体进行；在保障内容上，针对民众反映最急迫、最基本的需要进行介入；在保障水平上，提供最低水平的福利服务供给等。例如，明清时期针对孤苦无依的贫民就实行了严格的分类救济政策，按照养济院收养能力确定救济人数，实行院内救济的额内孤贫、作为替补的浮额孤贫和院外赈济的额外孤贫救济等三种，救济水平也按此由高到低进行设置。[①] 再如，随着人口老龄化进程不断加剧，高龄老人特别是失能老人不断增加，他们的长期护理问题引起社会大众的关注，但是囿于长期护理服务责任划分、服务标准、服务费用等问题尚未达成共识，一些地方率先选择城镇退休职工作为长期护理服务供给政策的试点。2016 年，上海市《关于本市开展高龄老人医疗护理计划试点工作的意见》就对本市户籍、70 周岁以上参加职工基本医疗保险参保者中居家高龄老人进行试点，选取经评估后达到轻、中、重度的老人开展居家医疗护理服务供给。

（二）政府主动介入

政府主动介入是政府在面对政策问题时采取积极主动方式介入社会需要或社会问题解决的行动。一方面，政策问题的社会性、影响的广泛性需要政府积极作为；另一方面，政府为回应民众需求、切实解决社会问题而采取主动介入。根据政府主动介入的程度，可以划分为政府主动发现问题、主动解决问题和主动发现并解决问题三种方式。例如，战国末期，宗法制度崩溃，养老问题逐渐由大家族向小家庭转移，一度出现“借父耰钼，虑有德色；母取箕帚，立而谇语。抱哺其子，与公并倨；妇姑不相说，则反唇而相稽”[②] 等情形。为此，汉朝从“以孝治天下”为出发点，颁布了一系列尊老、敬老、养老政策法令，制定三老五更、王杖制度等，落实养老敬老措施。[③] 21 世纪以来，针对民众看不起病、以药养医、因病致贫、因病返贫现象不断等问题，2009 年中共中央、国务院颁布了《关于深化医药卫生体制改革的意见》，通过完善公共卫生服务体系、医疗服务体系、医疗保障体系和药品供应保障体系等方式，实施集医疗改革、医保改革和医药改革为一体的改革方案，希望能够从根本上解决民众看病难、看病贵问题。

第三节　政策的合法化

在任何政治系统中，均存在着两种层次的政策合法化，第一层次为政治系统取得统治正当性的过程，第二层次为政策取得法定地位的过程。[④]

——查尔斯·琼斯《公共政策研究导论》

福利政策合法化是它进入政府动议后，经过特定的规则或程序取得法定地位，最

---

① 张祖平．明清时期政府社会保障体系研究．北京：北京大学出版社，2012：103－106，133.

② 班固．汉书．北京：中华书局，1962：2244.

③ 景天魁，等．群学制度化．北京：中国社会科学出版社，2021：382，388.

④ JONES. A Introduction to the study of public policy. 3rd ed. Monterey，California：Brooks/Cole Publishing Company，1988：110.

终被确立的有目的的活动。无论是现代社会政策还是古代朝廷诏令、公文，甚至乡规民约等都需要据此获得效力和合法性，以赢得民众信服并遵从。从政策过程来看，政策合法化包括“决策主体、决策程序以及政策内容等”[①] 合法化，表现为决策主体与权力合法、审批与发布程序合法以及对社会需要或社会问题的回应等三个方面。

一、决策主体与权力合法

福利政策合法化是政策问题演变为正式政策决策的最后阶段，由“最直接的决策者”[②] 做出决定的过程。其中，“最直接的决策者”扮演着“临门一脚”的角色。它由决策组织赋予政策合法化地位并加以授权，是福利政策由决策组织向负责执行的机构进行移交的“最后一环”。

根据各个国家或地区行政架构，福利政策决策主体不尽相同。比如，美国总统对由参议院和众议院等讨论和表决通过的相关社会福利政策做最后的裁决，以此确保福利政策的民主性和合法性。在我国北宋时期，实行“三省制”的政务决策机制，由宰辅机构与皇帝共同决策，元丰改制后规定，相关政策经中书省、枢密院商议向皇帝请旨后不得直接下发，而需将所得圣旨“录白”“画黄”后送至门下省审核通过后才可以敕札等形式下行。[③] 中华人民共和国成立后，我国社会福利政策实行自中央到地方各级行政机关的“首长负责制”，相关福利政策提案经相关机构审核后报领导决策会议进行决定，最后由行政首长签署发布。[④]

可见，凡是福利政策经符合法律法规规定组建的决策组织，在其享有的决策权力范围内，通过集体协商讨论、由最高权力负责人签署通过、经审核机构审核无误后向执行机构下发的过程都意味着政策决策主体与权力合法，它实际上是决策组织据此赋予政策权力，古今中外的福利政策大抵如此。

二、审批与发布程序合法

审批与发布程序合法要求福利政策按照规定程序和途径进行提交、审议、讨论、表决、通过和公布等，以确保政策决策者在规定时间、规定程式和规定渠道中实现对政策议案的决策，通过制式化或规定性的程序避免决策者因个人主观意志影响福利政策审核的公正性和科学性。为此，有些国家建立了审查制度、听证制度等，以鼓励和吸收民众参与政策决策、加强政策沟通、确保福利政策相关者充分了解和掌握相关信息。

---

① 陈庆云．公共政策分析．2版．北京：北京大学出版社，2011：146－147.

② 戴伊．理解公共政策．彭勃，等译．10版．北京：华夏出版社，2004：39.

③ 王化雨．“进呈取旨”：从御前决策看宋代君主与宰辅的关系．四川师范大学学报（社会科学版），2012（1）：153－160。

④ 同①148.

按照戴伊的观点，西方国家的福利政策是一个“在利益集团和政府官员之间进行交易、竞争、说服和妥协的过程”，表现为“在总统和国会之间、民主党人和共和党人之间、自由主义者和保守主义者之间、竞争性的利益集团之间的矛盾冲突”[①]，表现为福利政策所涉及的法定决策者权力的行使和相互影响。如奥巴马时期倡导的全民医保政策就展现了政府、医生、保险公司等利益集团和政府之间的角力。各利益主体通过游说参众两院议员，将相关福利政策纳入政府关注范围，利用决策集团内部席位优势确保其在集体表决时获得讨论与投票通过成为政府正式政策，呈现“明显的利益集团主导的特点”，利益集团在其中扮演着关键的推动和促进角色。

案例 3-4

美国昂贵的药价

2018 年 7 月，美国最大的独立制药商“辉瑞”再次大幅度提高了部分公司药品的价格。特朗普在推特上愤慨地表示：“他们这是在占穷人和其他无力自卫的人的便宜，同时，却为欧洲等其他地区的国家提供可以打折的优惠价。我们一定会回应!”被点名的制药巨头辉瑞股价一度转跌。针对这种不利局面，辉瑞随即回应，宣布将原定 2018 年 7 月 1 日生效的调涨药价计划延后至年底，或是等到特朗普推出的“药品定价计划”实施后再执行。虽然事态得到了暂时性的缓和，但因为美国医保系统结构复杂，长期来看，降低药价是一场持久战。

多年以来，美国药品定价一直是制药界乃至全社会激烈争论的话题，医改也是特朗普执政时期的首要任务之一。医药企业常常声称涨价的原因是高额的研发成本，可美国莱克（Robert B. Reich）教授却表示：“大型制药公司在营销和宣传他们的药物，在政治游说和捐款上也都会花费巨额资金。”其实，早在 20 世纪 90 年代初，美国国会就颁布了一项法律，禁止政府利用其对制药公司的巨大议价权，来谈判以获得较低的药品价格。但为了争取更多的利益，整个制药业都为这项法律进行游说，这就免不了为之花钱。一些证据表明：制药公司在市场营销、广告和政治上的花费，远比他们在研发上的花费要多。那么，除了研发费用，多花出去的这部分高额的营销费用，谁来承担呢？自然还是消费者，这就是药价一再被提高的真相。

资料来源：特朗普要做美国药神？总统炮轰药企，美国人都吃不起的高价药.（2018-07-17）[2021-11-19]. https://www.163.com/dy/article/DMU84MGU0512856T.html.

除此之外，以街头抗争为主要形式的福利运动也能影响福利政策合法化进程，它通过对相关组织或群体有目的性的动员和抗争，进而对政府决策以及政策合法化产生直接影响。例如，20 世纪初期英国最重要的全国失业劳工社会运动 NUWM（National Unemployed Works Morement）通过开展反饥饿游行等运动直接促进了第一次世界大战后就业政策的确立，使失业劳工阶层摆脱被界定为懒惰而被漠视的政策命运。[②]

① 戴伊. 理解公共政策. 彭勃，等译，10 版. 北京：华夏出版社，2004：39.

② 安奈兹，等. 解析社会福利运动. 王星. 译. 上海：格致出版社，2011：76-77，81.

在中国，政府采取集体协商的形式推进政策决策审批与发布，大多由“常务会议、集体会议或行政首长办公会议”等进行集体讨论，最后“由行政首长行使最后的决定权”[①]，以此实现福利政策的合法化。民间福利政策也不例外。以《南赣乡约》的订立为例，它是王阳明在研究《吕氏乡约》的基础上结合南赣地区特点拟定，经同约乡民共同讨论和商定确立的乡约组织和条例，构建起一个由官府倡导，乡民共同推选，集约长、约副、约史、知约和约赞为一体的决策体系，通过集体讨论和乡民参与方式实现对乡村自治政策的合法化。[②] 在此之前，王阳明作为南赣巡抚以文告形式相继推出了《十家牌法告谕各府父老子弟》《案行各分巡道督编十家牌》等法规，以此加强南赣地区社会管理。《南赣乡约》从德治教化角度、以民众共识为基础，倡导乡民自愿加入乡约会，凡是加入同约的乡民即代表其审核并认可相关规定，共同遵守乡规民约，净化社会风气。

政策发布的合法化是福利政策经决策者讨论表决后向大众公布相关政策信息。由于福利政策所涉及的内容与层次不同，政策文本与发布形式不尽相同，主要包括“法律文本、行政法规、部门规章或地方性法规等”[③] 形式。西方国家多倡导立法先行的做法，以法制途径赋予社会政策权力。明清时期，我国政策的发布需要通过廷议或部议等讨论，采取皇帝诏旨或批复的形式，经作为言官的科道官审核无误后抄送有关部门进行具体执行，以此践行“诏旨必由六科，诸司始得奉行，脱有未当，许封还执奏”[④] 的要求。在发布方式上，往往采取官府文书、公告等方式告知辖区内民众。民间更多地表现为乡规民约、族规族训、村落自治条约等形式，通过族谱家训、立碑篆刻和张榜公布等方式，在民众中宣传、讨论，使其了解政策内容并加以遵守。

中华人民共和国成立后，随着法制化建设的加快，社会福利政策由主要以地方性规定、部门规章等形式为主逐渐转向以法律文本和行政法规等为主的文本，发布渠道上在利用广播、电视、报纸等传统媒体的同时充分发挥现代通信媒体技术，通过官方网站、微博、微信公众号等平台对社会福利政策进行广泛宣传，切实增强福利政策的科学性与权威性。

三、对社会需要或社会问题的回应

能够回应社会需要、解决社会问题，是社会政策特别是福利政策合法化的重要因素。解决社会问题，能增强其合法化的客观依据。其前提条件是社会福利政策必须符合法律法规要求，不得违背宪法及有关法律规定，确保政策内容合规。

以特朗普政府拟推出的废除“出生公民权”（Birthright Citizenship）政策为

① 陈庆云．公共政策分析．2版．北京：北京大学出版社，2011：149.

② 金根．王阳明《南赣乡约》的实践及其历史经验：明清乡约运动的典型个案研究．湖南农业大学学报（社会科学版），2014（2）：81-85.

③ 关信平．社会政策概论．3版．北京：高等教育出版社，2014：155-156.

④ 李伯重．明代后期国家决策机制研究．中华文史论丛，2019（1）：1-69.

例。2018年开始，特朗普政府便针对非法移民采取“零容忍”态度，将非法入境者强行与其未成年子女分离，后因广受批评不得不下令停止。他对非法移民群体在美国出生的孩子可自动获得美国公民权的做法表示反对，提出应禁止现行“出生公民权”规定。当然，特朗普的这一政策与美国现行宪法中关于“任何人，凡在合众国出生或归化合众国并受其管辖者，均为合众国所居住之州的公民”的规定相违背。[①]

在合规性基础上还需要强化福利政策的实效性建设，积极回应民众的生活需要，赢得老百姓的支持与认可，以此确认福利政策干预的必要性和合法性。如乾隆时期安徽发生灾荒导致粮价昂贵，大批灾民饿死，甚至发生“抢米”事件，巡抚裴宗锡向朝廷奏请减价平粜仓粮，将境内“每石米在一两四钱以上者减价一钱，一两七钱以上者减一钱五分，二两以外者减银二钱”[②]，虽遭到不少商家反对，但确实调降了粮价，得到朝廷、官府及民众特别是灾民的认可，促进该政策很快得到落实。

第四节 福利政策执行

政策在执行中建构，也在建构中执行。[③]

——詹姆斯·E. 安德森《公共决策》

福利政策执行是相关机构通过资源配置和组织建设实施福利服务供给的过程。在我国，早在秦汉时期就出现了决策与执行的分离。唐代政策决策与执行的分离进入“制度化”，按照唐代行政法规，中央政权划分为以中书、门下两省为主掌握的决策权和以尚书省及其他机构掌握的执行权两类。[④] 明清时期演变为以宰辅机构为主掌握的决策权和以“五府、六部、都察院、通政司、大理寺等”[⑤] 为代表掌握的执行权两种。从此以后，福利政策制定与执行相分离模式一直沿用至今。

在现代西方，自古德诺和威尔逊提出“政治与行政二分法”后，政治家主导的政策制定和行政人员负责的政策执行就成为西方公共政策领域的政治与行政相分离的基本原则。1973年，威尔达夫斯基和普雷斯曼撰写了《政策执行》一书，倡导重视政策执行，从而在美国掀起了“政策执行运动”。人们逐渐意识到，包括社会福利在内的各项政策不是一经制定便可以按照预期政策目标顺利执行的，从政策制定到政策落地还存在着可变的政策执行“黑箱”。社会福利政策执行在实践中是一个集制定实施细则、确立资源分配、建立管理体制和提供福利服务供给的系统行动。因此，政策执行并不是从政策文本到政策产出的简单线性过程，其中涉及的相关执行

---

① 特朗普即使违宪也要再废“出生公民权”，专家：国会不支持是空谈．(2019-08-23)[2021-10-05]. https://www.sohu.com/a/335921210_380925.

② 侯寿昌．清代仓储制度．平准学刊：第四辑下册．北京：光明日报出版社，1989：557.

③ ANDERSON J E. Public policy-making. New York：Praeger，1975：79.

④ 谢元鲁．唐代中央政权决策研究．北京：文津出版社，1992：4-5.

⑤ 李伯重．明代后期国家决策机制研究．中华文史论丛，2019 (1)：1-69.

者、目标群体以及环境等因素导致各种“张力”与压力的产生[①]，改变了政策执行的理想场域，在促进政策执行的同时推动了政策目标的调整，推动着政策变迁。

一、制定实施细则

福利政策执行是执行者根据政策方案的设定而采取的各项行动的总和。社会政策总是要可操作、被操作，以实现从福利政策目标到各项社会服务的供给，这需要制定相关实施细则，将福利目标细化为“各种政策条文解释、社会政策规划和政策行动的程序”，为福利政策的开展拟订宣传及解释计划后进行“组织准备、资源准备和制定计划”[②] 等行动，明确福利政策覆盖群体、保障范围、资金筹措、保障水平等细则，做好福利政策执行的各项准备。

福利政策涉及千家万户，福利政策执行成效影响民众的日常生活。福利政策虽然以法律、法规、命令、指示或通知等形式见诸公众，但囿于民众的政策理解与接受能力，往往采取言简意赅的措辞方式进行政策陈述，对具体执行不做规定或较少规定。因此，政策条文解释成为社会政策执行活动的第一环。通过制定相关实施细则，对福利政策的主体、对象、资源筹措和具体执行等进行细致的说明、解释，以便执行者据此将政策文本进行具体化操作：在政策文本上表现为从法律法规向执行方案或实施细则等转换；在政策方向上实现从中央或省一级向地市或基层执行者进行授权。例如，乡饮酒礼作为我国传统社会养老政策的重要制度，旨在倡导民众形成敬老养老风尚。明清时期，政府大力倡导乡饮酒礼，洪武五年（1372）诏中外学宫行养老之礼，要求礼部参考仪礼和唐宋时期的制度设置，恢复乡饮酒礼，制定乡饮酒礼仪。洪武十六年（1383）颁布《乡饮酒礼图式》，规定在每年正月十五、十月初一于儒学举行仪式，由府、州、县各级官吏为大宾，乡间年老士绅为僎宾，其他德高望重老人为介宾，乡村教师担任主持典礼仪式司政，按“主居东，宾居西”规则落座，主持人带领大家互行揖礼后开始读律令、上菜、饮酒、欢送宾客等。洪武十八年（1385）明确提出在举行仪式期间必须“序长幼、论贤良、别奸顽、异罪人”[③]，不断细化实施细则。

再如，2016 年《人力资源社会保障部办公厅关于开展长期护理保险制度试点的指导意见》，提出在河北承德、吉林长春、黑龙江齐齐哈尔、四川成都和上海市等 15 个城市开展长期护理保险制度试点，以此探索和建立适合我国国情的长期护理保险制度。作为试点城市之一的成都市于 2017 年 2 月颁布了《成都市长期照护保险制度试点方案》，对该市照护保险制度试点的参保范围、筹资方式、筹资标准、支付条件与标准、待遇调整、服务提供与结算、服务经办与管理等工作进行具体部署和安排，推动当地护理保险制度试点工作的具体实施。按实施细则要求，成都市下辖

① 陈庆云．公共政策分析．2 版．北京：北京大学出版社，2011：169.
② 同①182－185.
③ 龙文彬．明会要．北京：中华书局，1956：238－239.

各区、县内参保城镇职工由单位基本医保缴费中每人每月划拨 0.2%的费率和按参保人员年龄在个人账户划转 0.1%～0.3%的费率构成缴费来源，市、区（市）县两级财政按不同区县实行不同比例的参保退休人员个人账户缴费补贴，按失能程度划分为重度、中度和轻度失能三个等级，依据失能等级对应定额标准为基数实行机构照护 70%和居家照护 75%的比例进行支付[①]。双流区的每个镇街推选一名劳动保障协管员开展政策宣传和长期照护需求调查等工作，在主城区设立固定受理点，各街道设立流动受理点，将服务项目从 24 项优化为 18 项，不断丰富长期照护保险制度内容。[②]

同时，社会政策执行也是一个具有时效性与程式性的行动。明确了具体政策执行细则后，政策执行者需要对政策推进时间、推进步骤做出具体规划，制定社会政策执行规划，合理安排各项工作的流程和时间节点，据此确定政策的落实进度，确保其行动的程序化和科学化。再如，成都市长期照护保险制度试点工作方案明确从 2017 年 7 月 1 日起利用 1～2 年的时间进行试点，将城镇职工基本医疗保险参保人员作为首批试点对象，继而逐步扩展至参加城乡居民基本医疗保险人员，形成可行的长期照护保险制度框架。

二、确立资源配置

福利政策的执行也是政策资源的筹集、分配与流动。通常，政策资源包括政策执行中涉及的人员、资金、信息、设备、权力等，它们贯穿政策执行的全过程，为政策活动中组织间的沟通与协调、社会服务生产与输送等开展提供人力、物力和财力支持。可见，政策资源的充足性事关政策执行的效率与效果，对执行行动中所需要的资源进行公平合理的分配是确保政策按计划顺利实现的条件保障。随着社会福利社会化进程的推进，社会福利政策资源在执行行动中呈现出社会化趋势。

一是政策执行主体多元化。社会福利政策在提供社会服务中更多地引入了社会组织，改变了传统社会服务主要靠政府进行筹资和服务供给的模式。引入市场机制倡导竞争，提升了社会服务的选择性和专业性。例如，成都市规定，只要具备长期护理服务资格的医院、护理员、社区卫生服务中心等医疗服务机构和各类养老机构，无论其属于公立机构还是私立机构，均可申请成为照护服务机构，拓宽了照护服务供给的主体范围。

二是社会福利政策资金筹集的多渠道。长久以来，政府作为社会福利政策资源的支持者，通过税收、专项收费等方式以财政支出的名义承担了主要的责任。20 世纪 70 年代以来，发达国家和地区开始逐渐转变以财政支出为主的福利服务筹资模式，倡导实行“政府＋个人＋社会”的共同筹资渠道，实行不同的筹资责任结构

---

① 成都市长期照护保险实施细则（试行）.（2017-04-07）[2021-11-20]. http：//gk.chengdu.gov.cn/uploadfiles/070317020201//20170426094551.pdf.

② 成都双流“三个深化”推动长期照护保险制度试点走深走实.（2021-11-03）[2021-11-20]. http://caijing.chinadaily.com.cn/a/202111/03/WS61824697a3107be4979f6580.html.

设计。就中国而言，2020 年公布的《中华人民共和国社会救助法（草案征求意见稿）》中明确提出，“国家鼓励、支持公民、法人和其他组织等社会力量，通过捐赠、设立帮扶项目、创办服务机构、提供志愿服务等方式，参与社会救助”①，以此丰富包括资金来源在内的社会救助内涵。

三是福利政策信息系统的电子化。信息技术在社会政策领域中的应用使得政策执行者在行动中能通过大数据平台实时掌握政策内容、执行方法、推进程度和政策结果等方面的信息，使政策执行对象或广大民众对政策的实施有了了解和监督的可能，从而实现各方对执行全程进行整体、实时把握。2015 年国家成立医疗数据中心，对全国临床数据和基础标本资源库进行统计分析，在促进医疗机构数据规范化的同时，利用先进技术处理、分析和共享全国的数据资源，为健康管理和政府行政提供实时数据支持，促进医疗服务事业信息化、数字化发展。同样，我国台湾地区健康保险政策中引入“云端药历”数据库系统，允许特约机构医护人员实时查询健保对象近三个月的用药情况，避免药物滥用。

案例 3–5

“云端药历”促进合理用药

中国台湾地区的健保机构于 2013 年 3 月开始规划药历查询系统，经参考加拿大不列颠哥伦比亚省的 PharmaNet 系统并结合云端技术，开发出以患者为中心的“云端药历”（Pharmacloud system）。

该系统能对患者的用药记录进行归档，存储于健保资讯网络服务系统（VPN）电子资料专区，同时建立查询系统，供医师、药师等查询患者近三个月内的药历，目的是为患者安全用药把关。“云端药历”已于 2013 年 7 月起首先提供给特约医事服务机构使用。

资料来源：陈志东．“云端药历”在合理用药管理中的作用及取得的成效．上海医药，2017（9）：17－20.

三、建立管理体制

如果说确立资源配置是为了实现对福利政策执行过程中人力、物力和财力资源的合理保障和配置，那么，建立管理体制则是从制度层面上规范福利政策执行者的行动，维持执行秩序，包括建立目标责任制、检查监督和奖励惩罚等方面。②

目标责任制是以结果为导向对福利政策执行中涉及的相关组织和个人的职责进行分解。福利政策是满足社会成员需要和解决社会问题的，在执行中应当围绕满足民众福利需要实施目标分解与行动设置，明确中央政府与地方政府之间的目标责任

① 《中华人民共和国社会救助法（草案征求意见稿）》第五十五条。

② 陈庆云．公共政策分析．2 版．北京：北京大学出版社，2011：184.

划分，以及同一层级不同职能部门之间的权责结构设置，建立部门间的沟通协作机制，完善政府与部门间的政策执行网络体系，实现社会政策预期效益。例如，明朝为应对灾荒建立的预备仓制度就建立了严格的目标分解责任制，朝廷按照州县管辖范围确定积谷标准并以此作为州县层面的积谷目标，达到标准者为称职、超过者为优异、不达标者则要接受相应的处罚，同时这一标准也是地方官员政绩考核的重要指标。①

检查监督制度目的是对执行活动中执行者开展服务供给的情况进行监督和审核。人是福利政策执行中最能动和最活跃的因素，由于政策文本本身的模糊性和原则性给执行者留下了较大的可解释和可操作化空间，加之执行者本身的偏好等影响，容易造成社会政策执行走样的情形，这就需要设立检查监督制度进行监督，以确保政策按照相关准则与规定落实。在传统社会，朝廷决策与执行体制中很早就出现了监察权与决策权、执行权的相对分离。在明代主要以都察院为主管部门，都御史具有“职专纠劾百司，辩明冤枉，提督各道，为天子耳目风纪之司”② 的功能，确保执行政策的官员按照预定方案执行。当今社会最低生活保障制度在一些地区的执行中也一度出现类似于“开宝马领低保”“人情保”“关系保”等问题，就是由于政策执行人员基于自身权力的便利性而忽视了福利政策的社会导向性。这就需要对最低生活保障的资格申请、认定和退出等进行监督审查，从而确保福利政策得以有效执行。

当然，还需设立相应的奖惩制度，对执行者福利服务供给的内容、成果和绩效等进行监督与评估。

四、福利服务供给

福利服务供给是福利政策执行活动的最终成果和最后阶段，是福利供给机构通过特定方式向福利对象提供具体福利服务。在传统社会，社会福利服务供给呈现出以官府为主的官方福利服务和以宗族、村落、行会、宗教组织等为主的民间福利服务两类，它们相互补充、相互促进，为百姓织密民生保障网。在现代社会，福利服务供给呈现出由政府直接提供资金和服务的“纯福利模式”、政府购买服务补贴供给方的“政府购买服务模式”以及政府直接补贴需求方的“准市场服务模式”等三种类型。③

纯福利模式以政府强制力为基础，依靠强大的财政资源支撑，为福利服务的供给提供了坚实的权力和物质保障，是一种政府举办的服务机构模式。如传统社会设立的养济院救助就是以官府赋税为经费来源，为孤贫人员实施“收容、银米发放和病故后顶补等”④ 的救助服务。再如，英国国家医疗服务体系（NHS）以税收为主要经费来源，建立以家庭医生为基础的社区基层医疗服务和以综合性医院为基础的

① 张祖平．明清时期政府社会保障体系研究．北京：北京大学出版社，2012：72－73.
② 张廷玉．明史卷七三：职官志二．北京：中华书局，1974：1768.
③ 关信平．社会政策概论．3版．北京：高等教育出版社，2014：122－125.
④ 同①106－109.

二级医疗服务体系，由 NHS 资金根据全科医生签约人数与综合医院服务供给进行结算。

政府购买服务模式和准市场服务模式强调在福利服务供给的过程中增强服务供给的竞争性和选择性，政府不再担任社会福利服务的直接供给者，而是通过购买服务或发放补贴等方式由“第三方”机构具体承担服务供给，以提高福利供给效率与效益，在增强福利预算约束的同时提升社会福利供给的选择性和精准性。为此，我国更多采取政府购买服务形式，由相关组织深入社区或家庭开展服务供给。而准市场服务模式实行政府直接补贴服务接受者，允许其自由选择市场上的服务机构进行服务供给。以美国政府为低收入家庭提供食品补贴的“补充营养援助计划”（Supplemental Nutrition Assistance Program，SNAP）为例，它根据家庭经济收入和人口数等确定资助金额，通过发放食品券的方式由受助者自行消费，在确定预算约束的基础上增强了受助者接受服务的可选择性。

近年来，各国的福利政策的执行更加注重政府、市场与社会的有效结合，引入市场竞争机制，充分发挥各主体优势，为民众提供更加多样化、专业化和个性化的福利服务。

第五节　福利政策评估

政府真的知道它在做什么吗？政府的方案和服务接下来会怎样？它们会起作用吗？这些方案对社会能够产生有益的效果吗？这些效果是暂时的还是长远的？成本和收益之间的关系又如何？能够用这些方案所花费的资金和人力做其他对社会更有益处的事情吗？[①]

——托马斯·R. 戴伊《理解公共政策》

福利政策评估是福利政策循环中的最后一环，是评估主体按照一定的规则与要求对有关福利政策的实施效果进行评价的行动。我国很早就有针对灾害救助政策的考察与评估制度。明朝洪熙年间，编修杨溥就针对南方部分地区仓储谷粮“十处九空，甚至仓亦无存”，未能按照“每县四境设仓，官钞籴谷，以备荒岁之需，赈贷敛散”[②] 的规定执行等问题上书皇帝，希望朝廷有关部门介入、评估及干预。从评估内容来看，福利政策评估可以划分为政策效果评估、政策执行评估和政策方案评估三种，目的是就福利目标的实现性、政策行动的收效性和政策方案的合理性进行综合评估，以便掌握政策执行及其社会效果，并作为政策改进、政策调整以及政策终止的依据。

---

① 戴伊．理解公共政策．彭勃，等译．10 版．北京：华夏出版社，2004：281.

② 龙文彬．明会要：预备仓．北京：中华书局，1956：1069.

一、福利目标的实现性

福利目标的实现性是政策评估的主要目的之一，它考察福利政策结果与预期效果之间一致性的程度，是衡量福利政策问题解决程度的重要指标。相较于政策方案抉择中的评估而言，福利政策目标评估是一种事后评估，意在对社会福利政策执行“前—后”“有—无”的对比分析。[①] 托马斯·R. 戴伊认为“政策评估就是了解公共政策所产生的效果的过程，就是试图判断这些效果是不是所预期的效果的过程，就是判断这些效果与政策的成本是否符合的过程”[②]，以了解福利政策受益者确实接受到的福利服务与政策预期效果之间的差距。应当在福利目标评估中注意区分“政策产出”与“政策影响”两个概念。其中，“政策产出”是指福利服务受益对象实际得到的福利或服务的质和量，属于事实判断的范围；而“政策影响”强调福利供给对民众行为和态度的影响变化，包含价值判断的因素。因此，福利目标的实现性评估是一个集“事实判断”和“价值判断”为一体的活动，展现了受益者从被动接受福利服务供给到实现自我能力提升和自我发展的过程。

例如，明清时期的蠲缓政策是朝廷通过劳动者钱粮或徭役的减免或缓征等实现对受灾地区民众“反哺”的措施。康熙二十九年（1690）直隶发生水灾，朝廷遂下令免除顺天、保定、河间等受灾各属上年未征收税粮及当年应收税粮钱款，对受灾民众减免银钱 575 000 两，粮食 86 100 余石[③]，切实减轻了受灾民众的税赋负担，实现了向受困民众“反哺”的预期目标，同时，在政策影响上，为支持受灾地区开展生产发展、提振精神奠定了基础。

再如，2015 年，《中共中央 国务院关于打赢脱贫攻坚战的决定》提出，“到 2020 年，稳定实现农村贫困人口不愁吃、不愁穿，义务教育、基本医疗和住房安全有保障。……确保我国现行标准下农村贫困人口实现脱贫，贫困县全部摘帽，解决区域性整体贫困”[④]，为脱贫攻坚政策树立了明确的目标。经过努力，到 2021 年 2 月我国脱贫攻坚工作取得全面胜利，“现行标准下 9 899 万农村贫困人口全部脱贫，832 个贫困县全部摘帽，12.8 万个贫困村全部出列，区域性整体贫困得到解决”[⑤]。不仅如此，人民生活水平明显提升，群众精神风貌和自信心大大增强，党群干部关系不断改善，社会基层治理不断向好发展，对人民生活态度和社会治理产生了积极深远的影响，实现了受助群众的自我提升和当地社会的向前发展。

---

① 陈庆云．公共政策分析．2 版．北京：北京大学出版社，2011：213－214.

② 戴伊．自上而下的政策制定．北京：中国人民大学出版社，2002：203.

③ 张祖平．明清时期政府社会保障体系研究．北京：北京大学出版社，2012：99－100.

④ 中华人民共和国国务院新闻办公室．中共中央国务院关于打赢脱贫攻坚战的决定．（2015－11－29）[2021－10－22]. http：//www.scio.gov.cn/xwfbh/xwbfbh/wqfbh/2015/33562/xgbd33570/Document/1458302/1458302.htm.

⑤ 习近平：我国脱贫攻坚战取得了全面胜利．（2021－02－26）[2021－10－05]. http：//www.xinhuanet.com/mrdx/2021－02/26/c_139769511.htm.

为了实现福利政策执行效果的科学化、民主化评价，在评估主体的设置上应更加注重多元主体的发展趋势，“政府评估、服务机构评估、第三方评估和群众评估”① 等多元评估模式相继被提出，其中人们较为认可的是第三方评估。该评估方法改变了以往社会福利政策评估多集中于领导或上级组织评估的模式，避免单一主体评价模式带来的偏好和误差，确保了政策评估的客观性、科学性和中立性。同时，不断加强群众评估的运用，让服务接受者以其最直观经验感受“现身说法”，为福利服务效果评估提供最直接、最真实的素材和依据。

案例 3–6

温州市洞头区养老服务质量评估实施办法（试行）

养老服务质量评估应遵循以下原则：

（一）坚持依法依规、公开透明、科学规范、公平公正、公众参与、客观求实的原则，做到独立、专业和权威。

（二）坚持专业性与群众性相结合，第三方评估机构应注重对评估人员开展培训，了解评估项目的基本概况，评估工作应充分吸收老年人的意见和建议。

（三）坚持定期评估和不定期评估相结合。根据养老服务具体工作，按照评估频率开展评估，确保评估质量可信度高、评估对象范围广。

资料来源：关于印发《温州市洞头区养老服务质量评估实施办法（试行）》的通知 .（2020-12-14）[2021-11-24]. http://www.dongtou.gov.cn/art/2020/12/14/art_1229433330_59018136.html.

二、政策行动的收效性

福利政策评估是评估者对政策效果进行科学化、系统化评估的行动。它需要通过建立科学合理的指标体系来实现。例如，中国古代就建立了一套较为完整的官员考评制度，朝廷对一些福利政策实施情况的评估内含于官员考核中。按照《新唐书·百官志》所示，唐代朝廷按照“四善”“二十七最”标准，对九品以上官员的品德、任职能力和工作绩效等方面进行全面考核，再按照不同类型的官制提出具体评断标准。其中针对各类仓储管理者以“谨于盖藏，明于出纳”② 作为考核标准，从仓储粮谷的征收充足性、保存合理性和使用效率效果等全过程进行整体评估，以此作为评价官员政绩、政策行动效果的重要依据。在当代，我们发展出一系列福利政策考核办法，以推进福利事业高水平建设及高质量发展。如有学者将我国地区医疗卫生服务均等化水平可操作化为该地区医疗卫生服务与全国平均水平的差距，建立一级指标，以地区医疗卫生服务的投入、产出和结果等为二级指标，以人均医疗

① 关信平 . 社会政策概论 . 3 版 . 北京：高等教育出版社，2014：176-177.

② 欧阳修，宋祁 . 新唐书 · 百官一 . 北京：中华书局，1975：1190-1191.

卫生支出、医师人均每日担负诊疗人数和甲乙类法定报告传染病病死率等为三级指标，构建出评价体系，经回归分析确认各级指标权重，从而最终评定各地区医疗卫生服务水平状况，为建设更加公平、更高质量的地区医疗卫生服务提供了依据。[①]

美国学者邓恩提出政策评估标准包括“效果、效率、充足性、公平性、回应性和适宜性”[②] 等六类指标，囊括了政策效率、效益和价值的整体性评价，是一个集经济、社会和政治影响等为一体的全面性评价体系。它不仅考察已采取的行动是否收到预期效果，而且为实现该项社会政策预期目标的成本与收益进行综合分析。政策行动的收效性应更侧重于政策活动开展的效率性、过程性经济评价模式。

政策活动的开展需要投入各种资源，政策执行成本为政策活动开展提供人力、物力和财力支持。福利政策执行效率反映了政策在达到或部分实现预期效果时所耗费的资源情况。政策行动收效性评估改变了依照过往经验的评估方法，因而是一种更为规范性的评估，它更多地依赖政策执行中的客观数据和实践经验作为评判依据进行分析。例如，汉平帝时期发生疫病，下诏按家庭中疫病死亡人数进行补给，朝廷根据当时疫病产生的影响及致死情况确定，若一家有六人以上死亡则赐给安葬钱五千，四人以上为三千，二人以上二千[③]，安葬死者不仅可以使得疫病得到控制，减少传播风险，而且对于其家人及其他病患摆脱困境发挥了积极作用。20 世纪 70 年代以来，社会福利服务的成本提升、行政机构的庞杂使得发达国家开始注重社会福利服务活动中的成本问题，致力于以机构精简、引入市场机制等方式降低社会服务供给成本，提升政策执行的效率性。

相较于政策成本的可衡量性和清晰性，福利政策的收益往往难以衡量。如一个国家或地区的公共教育投入可以用国家财政性教育经费支出、校舍建设面积、高等学校基础与公共设施投入、贫困学生奖助学金等指标进行具体衡量，但是反映政策收益的教育水平和教育质量提升等数据和指标则难以具体化。这是教育产出的迟滞性效应造成的，从个体接受义务教育开始至其最后参加工作为社会做出贡献实现教育价值需间隔多年。同时，政策产出难以用具体货币或数额进行衡量，如教育所带来的个人成绩或社会贡献难以量化，成为政策行动效率评估中的一大难题。

三、政策方案的合理性

政策方案是福利政策活动开展的具体规划，涉及政策执行中的资源配置、活动程序、范围界定等，对政策结果产生直接影响。反过来，政策结果在一定程度上检验了福利政策方案的合理程度，显示了政策执行中的相关流程设定、资源分配和执行方法等组织管理活动产出的实际福利服务与政策预定目标之间的偏差，特别是政策执行是否按照预定的方案进行、执行对象是否覆盖预定目标群体、执行人员与执行机

① 孙德超．地区医疗卫生服务均等化评价指标体系的构建．中国行政管理，2013（9）：47－50.
② 邓恩．公共政策分析导论．谢明，等译．4 版．北京：中国人民大学出版社，2011：437.
③ 班固．汉书．北京：中华书局，1962：353.

构是否具备执行能力等，进而分析政策执行偏离的责任归属和限制障碍，并以此作为政策方案调整和改变的重要凭证，提升政策执行质量。也就是说，政策方案合理性是政策结果与政策方案之间因果联系的反映和检验，体现了福利政策的“方式效应”[①]。

例如，散米作为我国古代灾荒救济政策，是朝廷将常平仓、义仓等积存的米谷在荒年时期向灾民按赈票所列大小口数进行赈济的政策。但在实际运行中经常出现拥挤踩踏事件，如宋朝时期因散米方式不当，造成江东运判余宗亨赈济中踏杀妇人一百六十二人的惨案，导致政策执行效果出现偏离情况。为此，后人在赈济中采用“分厂设对、用旗引导”[②] 等方式对政策实施方案进行调整，确保灾民能够顺利、安全地领取赈济。

再如，从中国精准扶贫政策执行结果来看，脱贫群众、脱贫县、脱贫地区的数量以及贫困人口生活水平、精神风貌变化等政策产出和政策影响可以验证该政策的必要性和重要性，反映政策执行后对民众生活影响的效果；从国家与社会在精准扶贫政策中的政策供给、资金投入与人力投资等政策投入与政策产出的关系中，我们可以看到政策执行过程中资源配置的效率性、机构设置的合理性以及规章制度的有效性等可操作化程度，并以此审查政策方案的合理性。

复习思考题

1. 从认识论的角度看，社会福利政策问题确认具有什么特点？
2. 简述福利政策动议的程序。
3. 比较中西方福利政策审批与发布程序合法化的差异。
4. 简述社会福利政策资源在政策执行中的社会化表现。
5. 分析福利政策评估的内容。

推荐阅读书目

1. 贝弗里奇．贝弗里奇报告：社会保险和相关服务．北京：中国社会保障出版社，2008.

2. 安奈兹，等．解析社会福利运动．王星，译．上海：格致出版社，2011.

3. 蒂特马斯．社会政策十讲．江绍康，译．长春：吉林出版集团有限公司，2011.

4. 希尔．理解社会政策．刘升华，译．北京：商务印书馆，2003.

5. 戴伊．理解公共政策．彭勃，等译．10 版．北京：华夏出版社，2004.

6. 邓恩．公共政策分析导论．谢明，等译．4 版．北京：中国人民大学出版社，2011.

---

① 阮荣平，郑风田，刘力．“新农保”提高参保农民对地方政府的满意度了吗？．公共管理学报，2020（3）：100－112.

② 张祖平．明清时期政府社会保障体系研究．北京：北京大学出版社，2012：91－92.

第四章
社会福利制度

本章要点

社会福利制度的制定主体是多元的，包含政府、企业和社会等。依照制定主体的不同又可划分为正式社会福利制度和非正式社会福利制度。各类主体在社会福利制度中呈现出一种分工协作的关系，互相弥补各自的缺陷和不足。

社会福利制度是跨领域的，在政治、经济、文化和社会领域有着各自的原理来推动社会福利制度的运行。社会福利制度在保障社会成员收入和基本生活条件的同时重视社会的整合以及成员的社会融入。

西方国家的社会福利制度建设起初主要是为了稳固社会秩序以及缓和社会矛盾。第二次世界大战后，福利国家的建立被看成是一种保障公民权利的手段并固化为一项国家制度，近些年则更多地强调社会福利的权责一致关系。中国的社会福利建设主要经历了计划性的国家福利—市场化福利阶段，以及新时期中国特色的社会福利体系逐步确立阶段。

基本概念

正式社会福利制度；社会福利制度运行原理；社会福利制度运行模式

制度是依据自然和社会形态，基于客观实际要求、权威律令和民间习俗而形成的一整套用于约束人们行为的规范。《周易·节》讲“天地节而四时成，节以制度，不伤财，不害民”“泽上有水，节。君子以制数度”①，这些论述不仅体现出制度的常态性、普遍性和规训性，而且强调它必须以遵循客观规律、“不伤财”、利民至少“不害民”为原则。由此说明了作为“利民”的制度本身就自带福利的属性和功能。福利制度侧重于把福利作为事项加以讨论，它主要包含构建福利制度的政策建议，法律条文和非正式化、具有普遍性的举措，以及社会成员对社会福利的看法、态度、心理乃至意识形态等方面。

① 《十三经注疏》整理委员会．十三经注疏·周易正义．北京：北京大学出版社，1999：240.

第一节　社会福利制度的构成

制度存在着脉络，它不是指独立存在着的单一制度或组织模式，而是由多种组织和制度组合起来的复合型模式。[①]

——河连燮《制度分析：理论与争议》

美国学者诺思认为，制度是一套被制定出来的规则、守法程序和行为伦理的道德规范，目的在于追求主体福利或效用最大化的个人行为。按照他的观点，要想达到福利的最大化就需要占有由专业化产生的商业收益，而“占有”意味着产权在其中发挥作用。在诺思所论及的制度体系中，“委托-代理”关系最为关键，它不仅形成了一种框架，同时还意味着各种福利项目是一种产品。按照诺思的看法，社会福利制度涉及福利制度的制定、实施对象以及实施项目。福利的制定者和实施者通常就是供给者，扮演着代理的角色，而福利的实施对象即消费者，扮演着委托者的角色。[②] 各种项目是联结委托-代理关系的纽带。

一、社会福利制度的制定者

社会福利制度的制定涉及讨论福利制度由谁制定以及由谁来组织与施策。从概念的周延性角度看，现代社会福利制度通常由政府某些机构立法或出台某些政策和规章，带有非常明显的强制性特征。也包括由企业等市场主体制定的能够约束企业内部成员活动并使其共同遵守的行为准则，自然也包括乡土社会或民间组织制定并发挥作用的乡规民约、习俗要约等。

（一）政府及市场

政府是最重要的福利制定者，尤其在现代社会中更是如此。政府是社会福利制度得以建立并发挥功能的重要动力与可靠保障。虽然在不同的场域下政府发挥的功能存在一定的差异，但不论何种福利制度形态，政府大多都起到了直接的推动作用。第二次世界大战结束以来，福利政治化甚至已经成为席卷全球各个国家和地区的一股潮流，“福利国家”一度成为社会福利事业推进的代名词。政府作为福利正式体系的架构者，颁布并实施社会政策与法令，通过财政、税收及货币等手段提供公共产品和公共服务，为提高和保障民生进行必要的干预，确保民众的福利水平得到必要保障等。

---

① 河连燮．制度分析：理论与争议．李秀峰，柴勇宝，译．2 版．北京：中国人民大学出版社，2014：28.

② 诺思．经济史中的结构与变迁．陈郁，罗华平，等译．上海：三联书店上海分店，1991：225－229.

案例 4–1

中国古代的税收与民生

中国的税收制度有着悠久的历史，利用税收来调节社会生产，从而实现对民之生计的保障在古代中国就有过政策层面的实践，西汉时期的税赋以田租和人头税为主。文帝、景帝统治时期，曾大力推行减免田租策略。文帝时期曾将田赋降低到“十五税一”，景帝时期甚至一度降低至“三十税一”，极大地缓解了百姓的压力。唐代实行的“两税法”与租庸调制度、明代的“一条鞭法”以及清代的“摊丁入亩”等措施，都使得社会的生产力得到恢复，民众的生活得到改善。古代中国一般不存在利用财政直接补助平民的做法，只有在极端的天灾人祸时才会采取物质上的赈济方式，在朝廷之外的其他福利制度主要来自民间，具有一定的自发性，例如聚族自保、宗族互助等制度，从而形成了具有古代中国特色的福利制度。

从福利国家的发展历程看，欧洲一些国家通过社会政策的制定和执行，建立了“从摇篮到坟墓”的社会福利体系，充分证明了政府在福利制度建设及实施方面的重要地位。而在中国的早期社会，几乎每一个大一统的王朝都有自己的福利制度，无论是汉代的高年王杖制度、唐代育婴堂制度还是宋代的义仓制度等，都体现出那个朝代官府对社会福利事项的关注以及福利制度的积极建构。

中华人民共和国成立后，政府确立了发展经济建设的策略，同时建立了劳动保险、农村合作医疗以及“五保”等社会福利制度。20 世纪 90 年代后，政府在逐步建立并完善职工最低生活保障制度、社会保险制度后，结合中国经济社会发展的特点，及时推出城乡居民养老及医疗保障制度，人民群众的基本生活得到了保障。进入新时代，我国社会的主要矛盾转变为人民日益增长的美好生活需要和不平衡不充分的发展之间的矛盾，政府加强了福利制度体系的建设，着力补齐民生制度短板，社会福利制度日益完善并在国家治理中发挥积极功能。这些都充分证明政府应成为社会福利制度的最主要制定者。

除了政府之外，市场经济的发展催生出的企业组织同样能够在福利制度建设中有所作为。企业等市场主体制定福利制度的能力、范围及大小依赖于政府的定位以及企业自身的认知。一方面，如果企业意识到改善员工福利需要依靠一套完整的制度，那么企业就有可能加以制定并积极实施，从而容易出台各项福利制度。另一方面，政府如果坚持小政府大社会的理念，那么它的福利制度建设任务就相对较轻，特别是在一些盎格鲁-撒克逊国家里，政府能够承担的福利职能相对较少，那么企业就要形成各种各样的福利制度从而满足社会实际福利需要。从各国的实践来看，企业福利制度执行主体为企业自身，一般面向各层级员工，以福利计划呈现出来，这些计划之间彼此协调配合共同构建起企业福利制度。

企业福利制度一般包含以下部分：一是健康计划，包括制订员工预防保健、牙科计划、体检和健康生活等计划或设计等，这类制度能够很好地保障员工的身体健康条件；二是保险计划，包含制定为员工提供相关的寿险、意外伤害险和疾病保险等制度，此外也包括为那些不是因为雇佣及被雇佣关系而制订的员工商业保险计划，这类企业福利制度实施能够帮助员工规避风险；三是财务计划，比较典型的为美国公司员工 401（K）计划，还有员工持股和期权等制度，这些制度为企业员工提供近期和未来的收入保障；四是家庭计划，包括企业出台的儿童看护帮助、抚养津贴、丧葬补助等制度，这类制度很好地为员工的家庭需要提供援助支持；五是住房计划，包括制定本单位职工的福利分房、职工福利房以及提供购房补贴等制度；六是假期计划，包括制定员工的带薪年假、产假和陪产假等制度；七是制订奖励计划，包括绩效奖金、贡献奖等办法；八是出台员工教育计划，包括是否要建立以及如何建立家属学校等制度；九是日常计划，涉及制定车补、通勤补助、高温补助，也包括节日礼品和商品等制度。① 由此可见企业福利制度的设计成为政府福利制度的补充，为保障和改善员工福利提供了制度保障。

案例 4-2

诺基亚公司的福利体系

诺基亚 1985 年即进入中国，为中国的通信业务提供大量的设备支持。诺基亚的以人为本观在现实中最突出的实践就是薪酬福利制度体系。诺基亚非常注重员工在企业内部工作的满意度，为制度的建立引入了“薪酬比较率”（comparative rate）的概念——它是指诺基亚员工平均薪酬水平/行业员工平均薪酬水平，所以这个数据很直观地体现出本企业员工与行业平均的标准相比是高还是低。诺基亚每年都会拿出一部分固定的经费请第三方部门来调查这一年同行业的平均薪酬水平，并对企业内部不同层次的员工薪酬水平做出适当的调整，保证每个层次的比较率控制在 1～1.2。这样的薪酬福利制度不仅有利于缩小不同层次员工之间的差距，也有利于彰显诺基亚在薪酬方面的竞争优势，同时因为级别较高的员工薪酬竞争力也高，这样就很好地保证了人员的稳定性。此外虽然诺基亚为跨国公司，但在薪酬和其他福利的发放方面都是与当地的文化习俗传统紧密联系的。例如中国诺基亚的公司，节日的礼品发放几乎都充分考虑到中国人普遍的习惯，体现出对中国文化的理解，使得中国的员工有一种受到尊重、受到照顾的感觉，体现出诺基亚以人为本的企业福利理念。

（二）民间及社会

民间及社会，也可以称为民间社会，它主要包括家庭、家族及社会组织，它们同样可以形成福利习俗、福利规章及福利约束，成为福利制度的重要补充，是塑造非正式社会福利制度的关键力量。例如在古代中国，家族以血缘为纽带建立敬宗收

① 班晓娜，郭子涵．企业福利设计研究：以世界 500 强为例．东北财经大学学报，2016（1）：49－54.

族制度，将家族成员紧密团结在一起，其中关键的力量便是通过认祖归宗的手段来加强成员之间的向心力。家族的运营模式构建了古代中国集体认同的道德图谱，在家国同构的社会结构中，家族本质上就是一个小型的国家，且有着更为具体的利益分配。甚至一度到了魏晋时期，家族的成员只知有“家”却不知有“国”，可见在古代的社会福利制度体系中，家族的地位是至关重要的。

家庭福利是非正式福利制度的关键构成，其中家庭是重要的建设力量，也是家庭成员实现社会化并走向社会的起点。首先，家庭福利体系的重要呈现就是家庭教育，它能够在实现个体的“化性起伪”、形成健全人格的同时也有利于增进社会的效益，形成良好的社会风尚。其次，家庭内部流通的物质资助，其所涵盖的范围是十分广泛的。例如父母在子女结婚、生育之际通常会为子女提供一定的彩礼、嫁妆等物质援助，并且帮助子女承担托养费、学费等物质负担，而在父母年迈、丧葬的时候，来自子女的资助往往在家庭福利的运作中也起到至关重要的作用。这些都充分体现出家庭福利在婚丧等方面能够发挥出国家乃至企业不可替代的功能。

案例 4–3

东汉“聚族自保”福利制度

古代中国，朝廷能够给予的安全措施十分有限，社会成员的安全几乎都是由家族来保障的。一般来说，主要是家族中一些具有社会影响力的长老和游侠等，带领全家族成员抵御流寇、草寇的袭击，并渐渐形成一种制度化的形式。《后汉书·樊宏传》记载南阳郡人樊宏率领族人同赤眉贼人斗争的过程：“与宗家亲属作营堑自守，老弱归之者千余家。时赤眉贼掠唐子乡，多所残杀，欲前攻宏营，宏遣人持牛酒米谷，劳遗赤眉。赤眉长老先闻宏仁厚，皆称曰：‘樊君素善，且今见待如此，何心攻之。’引兵而去，遂免寇难。”① 樊宏通过“劳遗赤眉”的方式很好地避免了族群的人员伤亡，是比较典型的为族人提供安全保卫的手段。再比如，《三国志》记载了东汉末年著名猛士许褚同宗族成员一起抗击袭扰、构建宗族保卫屏障的事例：“聚少年及宗族数千家，共坚壁以御寇。时汝南葛陂贼万余人攻褚壁，褚众少不敌，力战疲极。”“褚乃出阵前，一手逆曳牛尾，行百余步。贼众惊，遂不敢取牛而走。由是淮、汝、陈、梁间，闻皆畏惮之。”② 许褚通过超于常人的神力与智谋成功地吓退了流寇。这两个事例都较为充分地体现出“聚族自保”在古代中国安全屏障建设方面的作用，这一过程被视为典型的家族福利制度保障。

同家庭、家族一样，社会服务机构同样具备塑造非正式福利制度的能力，它一般包括民间自发形成的组织和机构。相对于政府自身而言，社会服务机构在福利制度建设过程中福利提供的灵活性更强，相对于企业和家族而言，社会服务机构的福

① 范晔．后汉书．北京：中华书局，1999：751.

② 陈寿．三国志．北京：中华书局，1999：405.

利供给又带有普适性、公共性和无差别性，因此社会服务对于非正式福利制度的构建具有十分关键的作用。近年来，民办社会工作机构异军突起，它们和志愿组织一起，成为社会福利制度非正式主体的重要构成。社会工作机构的主要功能即在于为受助者提供专业化的社会工作服务，并进一步促成社会福利制度的形成，它们在英、美等国家通常比较活跃，与慈善组织相比具有自己的特点：一方面，具备企业化的行政管理形式。社会工作机构可以设立董事会和执行主任，后者主要负责具体的事务执行，而董事会则是主要的决策中心。此外在人事管理中设置专门化的岗位负责募集资金，除专业社工以外还会聘请心理专家或精神科医师等具有不同专业背景的人来组成团队①，这样能够在很大程度上增进非正式社会福利制度运作的规范性。另一方面，人才培训机制发达。几乎所有的大学都开设了社会工作专业，学生在这里通常能够得到系统化的社会工作实务技能培训。这些发展特征使美国社会工作机构的独立性很强并能保持很充分的专业性，能够很好地弥补政府在社会福利制度中的缺憾和不足，并在这一制度中取得难以撼动的地位。

二、社会福利制度的接受者

社会福利制度的接受者一般指在社会福利制度“委托-代理”关系中的委托方，构成福利制度的实施对象。根据福利项目面对的对象类型——主要是特殊性的不同，社会福利制度的接受者通常被划分为普通群体和特殊群体。

（一）普通群体

普通群体也可称“一般群体”，它的范围随着经济和社会的发展也在变化。例如，第一次世界大战以前通常没有面向妇女的福利制度安排，20 世纪 60 年代起，不仅女性开始获得更为充分的政治权利，很多工业国家也开始重视女性福利的制度建设。面向一般群体的福利制度通常包括：（1）养老等社会保险金制度。这是最为常见且实施普遍性最高的福利制度，主要为参保者提供养老支持，为受助者提供医疗报销服务，以及应对和化解工伤和失业等风险，这样的福利制度适用范围十分广泛。养老等社会保险金制度强调要依靠雇主和雇员共同缴费作为主要的资金来源，《贝弗里奇报告》较为详细地规定了雇主和雇员缴费的方式及其制度要求，同时包含不同类人群的缴费形式和缴费标准等规定。例如，“缴费时附上贴有社会保险印花的适当保险文书”“在规定的一些行业还要向雇主课征工伤保险费”“所有男性的缴费均要高于妇女，目的就是为家庭妇女提供部分待遇”等②，这些规定使得社会保险作为一种广泛的、普遍的福利制度得以建构和定型。（2）补贴或家庭津贴等制度。第二次世界大战后西方绝大多数工业国家开始推行家庭津贴制度。一般来说，

---

① 朱眉华．美国社会工作机构的发展经验．社会工作（实务版），2007（7）：12.

② 贝弗里奇．贝弗里奇报告：社会保险及相关服务．北京：中国劳动社会保障出版社，2008：155-156.

家庭津贴建立在对受助家庭资格审查的基础上，但是由于有子女的家庭基本都有资格得到补助，在现金补助之外还包括税收减免等[1]，所以仍需要把它归结到社会福利制度范畴。

20 世纪 70 年代后，主要西方工业国也对家庭政策进行了改革，放弃了对"男外女内"传统家庭运营模式的维系，取而代之的是基于普遍主义的方式来对家庭采取不同程度的社会保护，现金援助和税收减免制度依然是最为常见的政策形式。[2]其主要原因在于由于受助客体的普遍性和一般性，统一的现金援助和税收措施相对来说是最可行、最能保障公平的制度设计和安排。

（二）特殊群体

相对于一般群体而言，特殊群体在生理、心理、财富和权力特征上存在着不同，这里既包括自然特征也包括社会特征，传统的社会政策、福利项目可能无法覆盖到他们，或者在他们身上可能无法正常发挥作用。不同国家对特殊群体的界定也是不同的，在一些移民国家，特殊群体还可能包括难民、少数族裔等，中国则一般包括儿童、妇女、老年人、残疾人、城乡流动人群、军人及军烈属等。

面向这类群体的社会福利制度，主要包括以下几点：首先，设计和颁布保障这类群体社会权益的法律和政策。例如 2011 年发布的《中国儿童发展纲要（2011—2020 年）》在前两次纲要的基础上明确提出了趋于普惠的儿童福利制度设计，2013 年民政部下发的《关于开展适度普惠型儿童福利制度建设试点工作的通知》要求江苏等省份先行试点，构建与经济社会发展以及与儿童生存与发展相适应的普惠型儿童福利制度。可以说公权力部门的政策为特殊群体福利制度设计提供了指引。其次，在制度建设方面，一方面增加特殊人群照顾机构的数量，提升这些机构的数量，如儿童福利院、养老院等；另一方面在社会层面营造关爱特殊群体的环境氛围和习俗准则，这也是面向特殊群体福利制度建设的重要内容。

三、社会福利制度的实施内容

福利内容是委托-代理关系的具体承载，也是这种委托关系得以实现的基本保障。社会福利制度能否得到实施，主要依据就在于这种委托代理关系的形成依靠的是正式的政策、法律和规章还是非正式的伦理、情感以及习俗等，由此形成正式的或非正式的福利制度的实施，前者从设计到执行依靠法制、政策等，而后者依托内在的道德伦理以及普遍流行的文化习俗等。

---

① WENNEMO I. The development of family policy：a comparison of family benefits and tax reductions for families in 18 OECD countries. Acta Sociologica，1992，35（3）：201－217.

② 李泉然．西方家庭政策的改革：制度演进与福利意涵．社会建设，2020（4）：51.

（一）正式福利制度的实施

无论是国内还是国外，现代福利制度都注重实施，强化制度落实。一般来说社会福利制度实施的主要途径为立法与颁布政策等——这是现代国家职权的重要体现。在正式制度的实施进程中，要对具体落实的方式有相对详细的、有针对性的说明方法，并赋予实施主体一定的权力，这样才更有可能促进制度转变为现实。在社会福利领域中，制度的实施包含以下两大方面。

第一，社会保险制度的实施。社会保险是为因工伤、年老、失业或健康原因而暂时失去收入来源的人群提供基本收入保障的一项制度，此外它也包含对因疾病产生的损失进行补偿的功能。社会保险的概念和适用范围十分广泛，几乎能够面向全体社会成员，并且一般由政府设计，依照正式法规进行管理运作，所以是典型的正式福利项目。一般意义的社会保险包括养老金和保险金，以及适用于其他一些特殊情况的补充保险。《贝弗里奇报告》对于保险金和养老金均做出了说明和规定，如保险金为"只要需要存在就不间断地按周给付的现金待遇，如失业保险金、伤残和监护人保险金；但有时只发放有限的一段时间，如培训、生育和寡妇保险金"[①]。养老金为"因年老、工伤或职业病永久或长期失去收入的能力而按周给付的现金待遇"[②]。该报告还规定养老金和保险金不得交叉使用，不可同时享有。在中国，社会保险通常包括养老保险、医疗保险、失业保险、工伤保险和生育保险等。其中部分省市为便于管理，推出将医疗保险和生育保险合并的办法。

在大多数国家，社会保险的资金来源都依靠用人者和受雇者的共同缴费，政府的作用一般在于资金管理和发放以及运用财政来弥补亏空。社会保险的主要作用在于受助者遭遇风险的时候，能够运用已经筹集到的社会保险的基金对受助者提供帮助，所以它的功能至少有以下两点：收入保障和风险缓冲。另外，社会保险的参加通常具有很高的强制性，例如在德国已经有95%以上的人参与了社会保险计划。而且缴费所形成的资金在社会范围内进行再分配，较为充分地体现了"大数法则"在实际当中的运用。

第二，社会救济制度的实施。社会救济的目标都集中于消除贫困、"向贫困开战"等，此外在遇到自然灾害等不可抗力的时候，对受灾者提供物质和精神方面的援助也是社会救济的重要功能。社会救济的资金主要依托财政或税收，因此从设计到推行都十分强调政府的作用。《贝弗里奇报告》中也探讨了贫困产生的主要原因以及应对策略：委员会调查显示，生活在贫困线以下的人口有3/4～5/6是因为中断或丧失谋生能力而致贫，剩余的贫困发生原因主要是家庭人口过多，现有收入无法实现养家糊口。而应对和消除贫困的方法也是很明确的：首先要改善国家保险，包括扩大覆盖对象范围、扩大覆盖风险范围和提高待遇标准；其次根据家庭需求调

---

① 贝弗里奇．贝弗里奇报告：社会保险和相关服务．北京：中国劳动社会保障出版社，2008：143.

② 同①143-144.

整收入，对人口众多的大家庭提供一些额外的补助作为附加待遇。[①] 从贝弗里奇的措施来看，很显然，应对贫困的根本途径在于以国家为主体对受助者提供收入保障，这种思路一直为很多国家发展社会福利制度所沿用。然而在中国消除赤贫的案例为社会救济提供了一条新的实践路径。

进入新时代，中国政府在党中央领导下，积极优化资金和人力配置，致力于精准扶贫、科学扶贫，做到真扶贫、扶真贫，消除贫困事业取得了显著成效。截至2021年2月底，现行标准下9 899万农村贫困人口全部脱贫，832个贫困县全部摘帽，12.8万个贫困村全部出列，区域性整体贫困得到了解决，完成了消除绝对贫困的艰巨任务。[②] 中国在消除绝对贫困的进程中有以下两点是值得福利制度建设领域借鉴的。

首先，重视基层领导的地位和作用。中国属于“事在四方要在中央”的行政结构，中央的政策具有引领性、指向性的作用，但是在乡镇的基层级别，党委书记是扶贫政策的执行的领导者，从基层公共服务的普及到所辖地区基础设施的建设等，乡镇党委书记的工作的确可用“事无巨细”来形容，通过这种制度很好地形成了消除贫困的瞄准机制，能够针对不同地区的实际情况来开展扶贫工作，使社会福利的资源配置尽可能地达到优化。

其次，重视产业开发以保障贫困者的收入水平。西方的以社会（国家）保险为主体的社会福利体系通常体现出一种外在化的援助，以产业为基础来达到扶贫的目标通常不被看成主要的措施。但是中国在大力发展农村地区产业的同时，也十分重视贫困对口支援服务，这种“对口”实质上并不是强制性的捐助，而是鼓励对口支援单位以市场价或略高于市场价的方式购买受助户的农业产品。以党委领导和党委统筹为根本，同时引入市场手段，是中国能够在赤贫人口数量庞大的条件下打赢全面建成小康社会攻坚战的重要经验。

国外比较常见的救助方式一般是提供补助金或津贴（subsidy）。西方国家面向一些人口众多的大家庭会按周给予一定的现金资助。在子女过了童年后，这种补助一般会被加到父母的失业和伤残补助金上。这样的补助也被称作“抚养补贴”——若某人享有失业、伤残和保险培训金的领取资格，且有超过补贴年龄但未从事有收入的工作并依靠其抚养的同住子女，则在其保险金中再加一项用于抚养该子女的抚养补贴。但首先要在相关部门登记，并且要对子女的依赖性进行鉴定。[③] 换言之，补助金制度的存在使得能够获取收入的人群范围扩大了，即便是名义上将补贴给予父母或监护人，但实质上这种补贴所面向的仍是未参加工作或无收入的儿童和青少年。这种福利项目对于家庭生活水准的提升具有一定的作用，但也需要考虑一些其他因素的影响。平莎尼等人在巴西针对赤贫家庭的定性化访谈表明，几乎所有的受

---

① 贝弗里奇．贝弗里奇报告：社会保险和相关服务．北京：中国劳动社会保障出版社，2008：4-5.

② 9 899万农村人口全部脱贫，832个贫困县全部摘帽（2021-02-25）[2021-10-23]. https://finance.sina.com.cn/china/gncj/2021-02-25/doc-ikftssap8632186.shtml.

③ 同①144.

访的妇女（补助金记账的受助人一般都是贫困家庭的女性）都认为家庭补助金计划对她们的物质生活产生了巨大的影响。虽然有很大一部分人抱怨还是给得太少，但许多人仍认为补助金是一种“帮助”。几乎所有的人都表示相比于钱，他们更希望有一份稳定的工作。而且很多人会担心在不同总统当选之际，补助金很有可能会被取消或收走。缺乏公共服务（健康保障、住房条件等）、缺少就业条件以及社会隔离等因素，是贫困问题发生的根源。[①] 而补助金在面对这类问题时实质上是发挥不了太大作用的。

此外，正式性的社会福利项目还包括一些带有社会福利性质的、免费或低费的其他公共产品和服务。严格来看，这些社会福利项目并非都是正式性的。例如儿童福利院的设置，一般依照的是宪法中“促进儿童身心健康发展”相关规定，所以一般被看成正式项目；但类似公园、博物馆的修建，则要考虑到当地政府的财力以及当地的具体实际情况，这类福利项目就不再具有正式性，但仍需要将它们放到福利项目当中进行分析，主要原因就在于：首先，这类项目的确具备增进社会效益的功能；其次，公共服务类项目的提供主体一般也都是以政府为主，不过存在着中央和地方政府之间的区别，正式主体的福利项目一般还是具有很强的正式性特征；最后，福利院等项目还是需要依托政策来提供的，政策是至关重要的推动力。

（二）非正式福利制度的实施

非正式福利制度的实施主要包含商业保险和社会服务制度的实施。相比于正式制度而言，立法和政策对于非正式福利制度的实施有着相对宽松的约束力，因此非正式制度的实施渠道主要包含委托人和代理人之间签订契约，以及有针对性的服务提供等。

第一，商业保险制度的实施。投保人与保险公司自愿订立合同运营，投保人通常向保险公司支付保险费用，保险公司则根据合同约定可能发生的事故，对因其发生而造成的人身和财产损失承担赔偿责任。一般来说商业保险的待遇水平要高于强制保险或社会保险，也就是说它的功能不再局限于“保基本”，而是一种改善型的福利形式，并且商业保险在风险的覆盖范围方面能够涉及社会保险无法触及的领域。理论上社会保险和商业保险之间应当具有一些功能互补的作用，两者最主要的区别就在于实施途径是不是强制的，即委托-代理关系的形成依靠的是宪法还是自愿缔结的契约。一般来说商业保险的功能和覆盖范围要小一些，只限于合同约定的理赔事项，不过受保人可根据自己的实际需要来进行投保，并且能够自由确定保障标准，灵活度较高。社会保险则功能和保障水平都相对固定，灵活性差。

第二，社会工作与志愿服务制度的实施。社会工作与志愿服务是非正式福利项

---

① 平莎尼，雷戈．巴西的扶贫政策：家庭补助金计划对受益者的影响．高静宇，译．国外理论动态，2015（8）：93.

目中的重要构成，在社会福利制度中的功能主要包括提供个案和小组社会工作、提供其他志愿服务以及补充性福利，这是此类社会福利制度实施的主要路径。就个案和小组社会工作服务而言，它们侧重于增进社会成员的个体效用，能够运用专业化的手法为个人、小组或家庭提供物质和心理方面的支持，从而帮助个体/团体成员摆脱困境，建立更为良好的人际关系，促进他们实现更好的社会融合。不过社会工作对专业性要求太高，并且社会对它的认知仍没有普及，所以，以社会工作作为主体的社会福利项目的推广预计仍需要较长的时间。就提供并完善志愿服务来说，包含辅助社会工作者开展工作、协助改善市容环境、人员密集场所秩序协调，或国际性盛会秩序维持等。这类社会服务一方面体现出社会对社会政策的响应和执行，另一方面也很有效地弥补了一些公共部门资源不足的问题：志愿者能够很好地解决公共事业人力资源短缺的困境，并且由于通常不计报酬也使得资金投入的问题有所缓解。另外还包括补充性福利，这一类的福利较好地实现了社会福利范畴的扩大，比较常见的形式包括带薪年假、节日礼品等。一般提供主体为企业或工会，也包括民间社会组织等。补充性福利能够较为有效地增加受助者的组织认同和社会认同，起到提升满意度的作用。

第二节　社会福利制度的运行

一切政府，甚至最专制的政府，**归根到底**都不过是本国状况的经济必然性的执行者。它们可以通过各种方式——好的、坏的或不好不坏的——来执行这一任务；它们可以加速或延缓经济发展及其政治和法律的结果，可是最终它们还是要遵循这种发展。①

——恩格斯

社会福利制度的运行，特别是社会福利制度如何能够得以运作，其背后的原理和机制是什么，各国间社会福利制度的运行存在着哪些差异等问题，是社会福利制度必须要加以探讨和明确的重大问题。

一、社会福利制度的运行原理

原理是指导人们行动的一种理论，它本无正误之分。而科学的原理则具有普遍性和一般性，能够有效指导人们的实践活动。在社会福利领域，社会福利制度的有效运行同样离不开客观原理作为指导。社会福利制度的运行原理要从社会福利制度和政治、文化、经济与社会等领域之间的关系加以剖析。

---

① 马克思恩格斯文集：第10卷．北京：人民出版社，2009：626.

原理 1：政治是社会福利制度得以形成和运行的动力

政府、政党和民众是推进社会福利制度构建的重要力量。皮尔森（Pierson）等人的研究表明，西方国家历次普选权的扩张都伴随着社会保险立法的进一步推进。[①]这证明，民众再加上政党和政府，以及这些势力之间的联结纽带成为社会福利制度建设和改进的重要力量，这些政治体系在一起形成了相对完整的闭环结构，成就了相对完整的政治体系。这样的政治体系将直接推进社会福利制度的形成和发展。

具体来说，政府是社会福利制度的制定者，政府有条件运用自身所拥有的人力和财力资源，为社会福利制度提供广泛而充分的物质和服务支持。政党一般指代执政党，在一些发达国家，政党为了获得执政地位必须要得到大多数民众的支持，而社会福利与民生关联性很强，所以政党做出增进社会福利的允诺和实践往往是赢得选票的重要途径。在代议制制度下，民众会将自己的意志——通常是改进社会福利制度的现实要求——寄托于政党和政府身上，于是民众和政党之间形成了一种捆绑的关系：民众要求改进社会福利制度，而政党必须按照多数人的意志执政，否则就会丧失地位，这样就形成了社会福利制度发展的直接力量。在当代中国，中国共产党代表着最广大人民的根本利益，民生、福利是民之所向，因此完善与发展社会福利制度就成为中国共产党的重要任务之一，而政府则通过自身职能的发挥将这些纲领落实为更具体的制度和政策。中国的社会福利制度建设必然要在这样的政治场域下才能得到推进，而不能脱离于这一环境。综上所述，政府为福利制度的构建者，其背后的推动力量为政党和民众，它们是社会福利制度得以形成并定型的关键动力。

原理 2：文化通常决定了福利制度选择与呈现样态

文化对于福利制度的塑造与形成具有重要的作用，无论是文化起源论、文化背景论、文化传播论还是文化决定论以及福利文化论，都表明社会福利制度能够形成离不开文化因素的具体推动。[②] 有学者指出，国家福利制度的“道德起源论”立基于假设普适的社会价值深入到社会行动中，并且引导了社会解决问题的正义方向。[③]还有学者认为，宗教是福利制度得以建设的重要源泉，杨昌栋通过史料佐证基督教对于中世纪欧洲的福利制度存在着重要的推动作用。[④] 另外，福利文化论认为，不同国家存在着不同的福利文化，这使得福利制度和福利模式呈现出很大的差异性。

一般来说，在现代福利制度产生以前，文化对福利制度的形塑产生决定性作用，很多国家的福利制度就是依据特定的文化形式而形成的。进入现代社会后，一些发达国家在福利制度建设过程中走向了趋同化，文化特别是具有自身独特性的文化因素有所弱化。例如，在美国和瑞典，两个国家经济发展水平（人均 GDP）类

---

① 汪行福．分配正义与社会保障．上海：上海财经大学出版社，2003：212－213.

② 毕天云．社会福利的文化透视：观点与简评．社会学研究，2004（4）：50.

③ 林万亿．福利国家：历史比较的分析．台北：台湾巨流图书公司，1994：78－79.

④ 杨昌栋．基督教在中古欧洲的贡献．北京：中国社会科学出版社，2000：1－132.

似，且都是议会制、多党制政体，最初两个国家都选择了形式迥异的福利制度。主要原因在于美国是比较典型的盎格鲁-撒克逊的自由主义文化，强调市场和社会参与福利供给，政府基本只发挥托底的作用，因此美国的福利体制是一种比较典型的自由主义福利体制；而瑞典的文化充斥着强烈的社会民主主义的特征，即社会鼓励私有制，允许市场经济存在，但是国家要承担责任来保证社会公平正义，财富的分配要实现大体平等——从雇主到雇员，社会成员都接受了这样的理念，于是瑞典的福利制度便显露出社会民主主义的运行模式，国家在保障收入方面的职能十分关键。但实质上这两个国家虽然形式上的制度不同，但保障水平并没有太明显的差异，关键的区别就在于福利由谁来供给。而且近些年来这些国家的福利制度也在进行相互借鉴，例如瑞典通过引进私人健康服务的方式来提升社会福利制度的运作效率；美国奥巴马总统也曾推行过平价医疗法案以促进社会福利制度的公平性。但要强调的是，美国虽然政府在福利制度中直接介入的作用较小，但因为强大的工会以及发达的社会工作体系，其社会福利水准并不低，只是政府发挥了相对较少的功能而已。

中国不同于西方国家的文化特征使得福利制度呈现出浸润中国文化特征的形态：首先，儒家集体主义文化强调个人对集体的归属，中国社会福利制度重视福利的集体化，福利制度关注群体与阶层，企业或集体承担部分社会福利供给责任；其次，由于儒家的人伦观念使得家庭福利的作用不可忽视，家庭被要求保障内部成员的生活水平，有责任促进成员的“再生产”[①]，这就要求家庭成员相互协作并扮演好微观福利供给和协作的角色，从而为“最亲近的人”提供充裕的生活保障；最后，国家通过兜底和救济来保障民之生计，“民本”的目的在于保障民众的生产能力，将“勤劳”这一美德渗透进社会福利制度中，避免西方社会福利制度“养懒汉”社会问题的发生。毫无疑问的是，中国的福利制度建基于自身的文化。因为不论在哪个国家，社会福利制度都并不独立存在，而是必然要嵌入文化体系之中，福利制度应符合多数人的文化共识，并有利于文化的传播和传承，否则将不具备可持续性。

原理 3：经济成为福利制度运行的物质基础与衡量依据

从福利国家保障收入和充分就业这两个重要的目标来看，福利的最终目的仍要回归经济领域。事实上福利与国民收入是密切相关的，经济福利与国民收入相对应，以至于对于两者之中任何一个内容的描述即是对另一个内容相应的描述。[②] 所以收入保障和社会福利存在密不可分的关系。另外，充分就业同样是福利制度与经济相关联的表现，因为如果仅仅满足于失业后为受助者提供失业金补助——这是社会权利的一部分，但是如果处于赋闲的状态还有收入，那就很容易带来道德风险。所以要规定失业保险金的领取期限，强制要求他们到规定场所接受职业培训，如果失业人数过于庞大，则制度本身就没有意义了。因此应当下定决心运用国家权力，

① 罗红光．“家庭福利”文化与中国福利制度建设．社会学研究，2013（3）：158.

② 庇古．福利经济学．金镝，译．北京：华夏出版社，2017：25.

把每个人的就业都保障到合理的程度。[①] 由此看来福利制度的设计绝对不是每个人的收入越高越好，而是能不能使劳动者获得工作，将失业率控制在相对合理的范围。一般来说，失业率作为一项关键经济指标，同样也是检验社会福利制度是否取得成效的标准，例如20世纪70年代福利国家纷纷出现滞涨现象，失业率保持在很高的水平，就说明社会福利制度没能达到原先设定的充分就业标准，福利制度的改革自然也就呼之欲出。建设社会投资型国家是改良社会福利制度的途径之一，这样的改进也包含着重新降低失业率的目标和要求。

中国20世纪80年代的福利制度大都与就业和收入有关。在这一时期社会福利事业存在的意义更多地在于促进生产力发展、解决经济问题、突出自身的经济属性，城镇职工既可以通过工资获得保险金，同时也可以享有更为丰富的集体福利待遇，95%以上的城镇居民能享有与就业相关的福利。[②] 现如今强调“共同富裕”的经济发展，那么适度普惠的社会福利制度就至关重要。

原理4：福利制度在承认阶层区分基础上倾向于阶层融合

统一的民族国家通常拥有一个完整的社会系统，在这一系统中存在着不同的阶层，不同的阶层掌握不同的权力资源、财富资源、人际资源和能力资本等。不同的阶层代表着不同的利益，但有学者认为超越集团利益的“国家利益”是能够存在的：在民族国家内各民族或经济组织的生活水平存在着极大的不同，那么特定国家的国民仍可在保持竞争力、效率和高水平的前提下找到共同的目标。[③] 米什拉的言论意在说明财富生产不同于分配，它倾向于实现各阶级的统一。在民族国家的社会系统中，市场经济侧重于财富积累并创造阶级对立，而国家则期望在分化的社会中将各方势力整合起来，使他们能够接受一种普适的道理从而维护系统的整体性。在西方，福利制度一般产生于工人运动所创造的压力下，福利国家普遍的做法为改善工作和生活条件，满足工人阶级的诉求。恰恰是这种合作而不是长时间的对立促成了福利制度的形成，并成为福利制度在社会层面的重要呈现，而社会福利制度也在建设发展过程中凸显出一种阶级合作的属性和特质。

社会分层和福利制度的建设是相互促进的关系：福利制度的发展有利于压缩社会层级，扁平化的社会分层有利于促进福利制度的公平性。西方的经验表明，第二次世界大战后很多福利国家出现了大量中产阶级，这一阶级的存在又对福利制度起到了很重要的促进作用，其中的机制在于：首先，中产阶级人数众多，有利于使阶级之间的分化和差距进一步缩小，为寻求阶级间更为紧密的联合创造了条件。其次，中产阶级有着较为稳定且相对优越的收入条件，通过缴费能够为福利制度提供物质基础。最后，中产阶级有着一定的流动性，这是社会财富和福利能够得以合理

---

① 贝弗里奇．贝弗里奇报告：社会保险和相关服务．北京：中国劳动社会保障出版社，2008：185－186.

② 郑功成：中国社会福利改革与发展战略：从照顾弱者到普惠全民，中国人民大学学报，2011（2）：51.

③ 米什拉．资本主义社会的福利国家．郑秉文，译．北京：法律出版社，2003：14.

分配的重要保证。虽然流动性有可能使得社会福利制度的“瞄准”机制失灵，却为更加公平的社会福利制度的建立铺平了道路。因为收入相近，甚至生活习惯也相近，福利产品的供给基本无须差别对待。在中国，对中产阶级可能有其他的称谓，如“中等收入阶层”等。这类人群数量的多寡将直接决定社会福利制度的公平性和有效性，而如果继续推行身份化、区域化的社会福利制度，不仅不利于“中产阶级”的形成和扩张，而且很容易造成社会福利的基本功能逐渐萎缩乃至丧失。

二、社会福利制度的运行机制

社会福利制度的运行需要有一套机制予以保证；反过来，福利制度在运行过程中也会形成自己的机制，主要包括市场机制、动力机制、整合机制、组织机制及流动机制。

市场机制包含社会福利制度的市场化进程。当然它并不是完全按照市场配置资源的方式来配置社会福利产品，而是体现为社会福利制度需要实现社会福利服务供给和需求的均衡，这对于社会福利制度效用的提升是至关重要的。动力机制的含义是社会福利制度的运行乃至改进，是跟社会成员个体需要的变化息息相关的。需求者实际需要的变化直接推动了社会福利事业的发展，个体需要的汇总所形成的社会发展的需要也成为社会福利机制的前进动力。整合机制突出社会福利制度的社会建设功能。福利制度存在的意义不仅在于对个体提供保障，还在于尽可能地在社会维度为社会成员提供平等参与的机会，在参与过程中来提升社会的包容度。组织机制是指对社会福利制度的治理主体的界定。在福利主体多元化的背景下，社会福利制度需要以政府为主体，对福利供给者进行组织和管理，同时需要保障社会福利服务的供给和输送。流动机制是指社会福利制度对于社会成员的流动方式、方向和模式产生的影响。良好的社会福利制度能够促进职业之间的流动、社会层级之间的流动甚至地域之间的流动，并且流动应是良性的，也就是力图破除社会固化的流动。从某种意义上来说，社会福利制度从设计到执行都要有助于促进社会成员的融合，社会福利制度的运行能够充分体现出这个优势，具体包括以下几点。

首先，社会福利制度的运行体现出对民众社会权利的重视。马歇尔在其著作《公民身份与社会阶级》中将权利划分为民权、政治权和社会权。高度整合的社会依赖于更为广泛和普遍的社会权利，以社会权利为基础才能够形成更为广泛的社会福利体系，因此对社会权利的保障一般就是福利资本主义在微观层面上的表现形式。并且社会权利一般是政治权利的派生，与普选权的扩张相伴而生的就是社会福利制度的进一步扩展与改进。不同于公民所拥有的民权和政治权，社会权利即使在公认的现代化的民主国家中也呈现出明显不同的形式，而且社会权利的保障程度也有不同。马歇尔也承认政治权利赋予的潜在权力（其重要组成部分就是社会权利）

“要求经验、组织以及政府恰当功能之转变”[①]。也就是说如今社会权利的实现并没有统一的标准，它是一个具有相对性的概念。例如马歇尔进一步提出：贫困群体的货币收入增加，有利于改善阶级之间不平等的状态，而且阶级之间的经济差异也开始缩小，储蓄制度的引进也使得劳资之间的阶级界线开始趋于模糊——这就是第二次世界大战后中产阶级的雏形；并且税收体系的稳定促成税后收入的差距缩小，以及面向家庭需求产品的更加细分，这也使得普通家庭有能力消费更高层次的商品；等等。[②] 此外，某些公共服务从面向特定的群体或阶级转变为面向普通群众。

从社会福利角度来看，一般认为劳动力收入对市场依赖程度越低，即去商品化程度越高的国家，对社会权利的保障程度越高。例如北欧社会民主主义福利模式强调成员的普遍受益性，只要具有公民身份的个体满足一定的条件，都是有资格享有补助的，并且重要的原则在于这一福利体系致力于实现大范围的覆盖且能够一视同仁，这是社会权利在现代社会最为直观的体现。要注意的是社会权利在不同的国家，其含义也存在着很大的差异。对于中国来说，在国情方面与西方最大的不同在于幅员辽阔、人口众多且结构复杂，模仿西方建立一个完全统一的“社会权利”没有必要。但是在财富分配方面仍需要树立公平原则，如 2021 年中国打赢了脱贫攻坚战，全面建成小康社会，消除了绝对贫困，就是托底型民生建设取得初步成果最为直接的表现，从这个意义上来说，习近平总书记所说的“脱贫路上一个都不能少”“小康路上一个都不能掉队”就是社会权利在中国语境中的突出表现。

其次，社会福利制度在运作过程中注重改进个体社会条件以及促进成员的社会融入。从西方福利国家的改革历程来看，它们对福利的认识过于片面，导致福利制度从设计到建设都只聚焦于单一的权利保障，忽视了更广范围的社会建设。第一，政府为福利的主要提供者，不仅是政策的制定者，同时也是主要的推动者，这是国家的责任所在；第二，福利产品包含社会保险、补助金、津贴以及最低收入保障等；第三，福利的主要目标在于充分就业的实现；第四，“从摇篮到坟墓”，说明福利贯穿于个体的一生。如果对这些特质进行仔细审视，便不难看出除第三点以外，福利国家的福利制度都忽视了或不重视成员的社会融合。当然，充分就业通常被视为福利或福利国家的一项重要职能，例如《贝弗里奇报告》指出完全由社会保险所提供的收入保障还不足以保证人们的幸福，应充分利用国家权力来把每个人的就业都保障到必要的程度。[③] 这就充分体现出国家职能不局限于收入保障、生活改进，还在于创造更多的就业机会，也就是说福利国家自身存在着很明显的二重性：“一方面以向社会成员提供不同形式的劳动机会的方式维护社会生产关系以适应特定社会发展的需要，另一方面它又以在生产力发展的相应阶段向社会成员提供最低生活

① 马歇尔，吉登斯．公民身份与社会阶级．郭忠华，刘训练，编．南京：江苏人民出版社，2008：34.
② 同①35.
③ 贝弗里奇．贝弗里奇报告：社会保险和相关服务．北京：中国劳动社会保障出版社，2008：185.

保障的方式保护个体的基本生存条件。”[①] 这样的二重特征存在着一些内在的矛盾，如果收入保障——尤其是政府动用公权力所提供的保障较为普遍的时候，人们实际上更倾向于选择自愿失业，它的实质就是自我社会排斥的过程。问题根源就在于“收入保障”方面，收入的提升固然能够在一定程度上改进受助者的生存条件，但它与受助者能力的提升不存在必然的联系，很多时候甚至造成逆向选择的问题：马斯洛需要层次理论证明每一个社会人都有社会融合的趋势和需要，当一个人走向自我社会排斥的状态（最常见的就是“自愿失业”的选择）的时候，也就暗示着这个社会体系就是一种割裂的体系。所以社会福利制度的改革本质正是运行目标的改革，它的运行是不可只停留在收入提升或生活改善层面的，而是要以个体能否进入社会且依靠自身和集体获取社会资源作为重要标准。

最后，社会福利制度依靠监督确保自身的运行。对社会福利制度运行过程与结果的监督使其按照既定的轨道运行。这是因为福利制度在运行过程中不仅存在着福利制度滞后于实际福利需求的风险，如“人力资源风险”“财务风险”“法律法规风险”等[②]，还面临着福利资源分配过程中可能产生的各种寻租行为。实际上，福利输送的监督中国早已有之，并形成了一套较好的做法。先秦时期“遣使巡行”的做法到秦汉时期渐渐固化为一项制度，主要举措就是中央向地方派遣官员，到地方督察官吏抗击灾害、慰问老人及救济百姓等行为。西汉时期，朝廷派出使者关注高龄老年人的生活并进行相应的援助，就是一种比较典型的福利监督。《汉书·文帝纪》记载文帝诏“其遣谒者劳赐三老、孝者帛人五匹，悌者、力田二匹，廉吏二百石以上率百石者三匹。及问民所不便安，而以户口率置三老孝悌力田常员，令各率其意以道民焉”[③]。文帝派遣使者为地方的三老、孝子、清廉官员等人提供粮食、布匹等物质援助，看似是一种常见的福利制度运作，但它的本质却是一种中央对地方的福利监督，以弥补社会福利制度运行中存在的不足和缺陷，实现福利制度的改进。

三、社会福利制度的运行模式

社会福利制度运行模式问题，即社会福利制度在它的运行中呈现出什么样的形态。埃斯平-安德森在其著作《福利资本主义的三个世界》中，依照劳动力去商品化的程度从高到低将社会福利划分为自由主义福利运行模式、社会民主主义福利运行模式和保守主义福利运行模式。

社会福利制度运行模式的突出区别首先在于社会分化形式的差异。安德森指出福利国家“就其本义而言亦是一个分层化体系。它是规范社会关系的一支积极力量”[④]。从他的见解中不难看出，自由主义福利运行模式一般承认差异的存在，而在

① 李琮．西欧社会保障制度．北京：中国社会出版社，1989：7－8.

② 虞炜．全球福利监管：国际化的挑战．国企，2013（6）：127.

③ 班固．汉书．北京：中华书局，2012：109.

④ 埃斯平-安德森．福利资本主义的三个世界．北京：商务印书馆，2010：25.

资格调查中针对穷人的定性与“贴标签”便是人为地加剧了社会的分层；社会民主主义福利运行模式一般来说以无差别原则为指导，社会福利的准入门槛也就相对较低，并且形式上以家庭津贴为主体，不再强调享有福利的前提标准，它的社会分化程度在这三种模式中是最低的；保守主义福利运行模式的社会分化所呈现出的是性别之间的差异性：男性作为主要的劳动参与者负有缴费义务，而女性一般劳动参与率低，所以只有很小一部分具有享有社会保障的资格。其次，从社会整合程度来看，自由主义福利运行模式强调市场化为主体的福利发放，并没有更多外在的力量对雇主和雇员之间的关系进行调节，整体整合程度相对而言最低；社会民主主义福利运行模式在“人民福利”原则的指导下，整个社会基本上十分排斥阶级对立，再加上中产阶级数量庞大，更在一定程度上稀释了阶级之间的矛盾和斗争，有利于形成更为广泛的共同利益；保守主义福利运行模式认为社会范围内的相互合作是社会福利能够得到持续的重要保证，虽然承认阶级差异和对立，但因为有了在社会范围内的再分配，劳动者的权益能够切实得到保护，因此该模式的整合程度居中。最后，从社会层面的职业分布情况来看，社会民主主义的福利运行模式的就业岗位以公共领域服务为主，这在一定程度上有利于促进女性的就业，不过也可能带来另一种形式上的性别分化；自由主义福利运行模式依靠市场调节，因此它的就业分布特征就具有很强烈的传统资本主义特质，失业率相对较高，但它使得美国在“滞涨”期间的经济仍能保持较快的增长，成为右翼学者立论的素材；保守主义福利运行模式的原则是保障资格与缴费记录相挂钩，熟练的技术型工人在这一体系中优势很大，受到雇主的青睐并愿意支付高额工资，这就使得其缴费记录很完整并且数额较高，在就业方面便产生了“局内人—局外人”的分化，局内人一般技能娴熟、薪水较高且有着牢靠的“铁饭碗”，在就业市场上拥有着难以替代的优势，而局外人往往就不具备这些优势，放到社会福利层面上也就出现了类似对应的分化表现。

近些年来，东亚福利模式也引起了学术界的广泛关注和兴趣。从社会分层角度看，东亚福利模式与保守主义福利模式存在一定的相似，例如都存在着“体制内外”区分，体制内社会成员通常会享有比体制外成员更为优渥的社会福利待遇，由此带来较为明显的社会阶层区分。不同之处在于，以中、日、韩等国为代表的东亚福利模式一般强调基本公共服务的平等化或均等化，主张增加社会福利的均等性，不同社会群体都在基础教育、基础医疗以及其他必要的基本公共服务领域享有资格平等的权利，社会福利带有很强的托底特征，而保守主义福利模式在这方面通常不做特殊强调。另外，东亚福利模式更多地体现为一种“集体福利”，在较长的时间内，福利的资格识别标志通常以是否为集体成员为基准，这些与保守主义强调的以“个人贡献”作为资格识别显然存在着明显差异。下面对这些福利模式的运行特征进行简要说明。

（一）自由主义福利运行模式

自由主义福利运行模式一般见诸以英美为代表的盎格鲁-撒克逊国家，也包括其他一部分英联邦国家，通常以新自由主义为福利指导原则。在运行机制方面，这类社会福利制度采用的是严格的家计调查和收入调查手段，对受助者的资格进行较为严格的审查，符合要求的受助群体所得到的救济类型包含额度较低的货币和实物等。在这种模式下国家一般鼓励以市场为主体的福利项目，商业化保险非常活跃，此外也包括 NGO（非政府组织）、宗教慈善机构和工会等，它们一般承担的是社会服务的职能。[①] 这种补缺型社会福利模式在社会维度容易造成贫富差距扩大，带来社会阶层的进一步对立，对市场的依赖度较高也使得失业率相比于其他模式更高一些；但相应地，这种模式鼓励个人价值的发挥，倡导个人社会功能的实现，并且尽量创造平等的机会，同时工会活跃度高也使得劳动者在市场中的收入保持在较高的水平，第三部门的充分介入也使得社会有着较为丰富的服务可供选择。因此这种模式只是国家在福利供给方面承担的职能较少，但不代表社会整体的福利水平低下。

（二）社会民主主义福利运行模式

社会民主主义福利运行模式也被称为“福利型社会保障模式”，一般见诸斯堪的纳维亚国家。这类社会福利运行模式的国家福利职能较高，主要福利管理和运行手段为：国家运用公权力进行收入转移以及再分配，构建起大范围的普惠型福利保障体系，以提高公民收入水平并实现充分就业，市场在收入提升与改进方面发挥的作用并不大。这种模式较为充分地借鉴了凯恩斯主义中关于国家职能的根本看法，国家需要通过扩大赤字等手段来实现对经济的干预，从而达到有效需求的管理并提升就业。由此可见这种制度型社会福利模式与补缺型的不同之处，最突出的表现是对于充分就业是否应当由国家承担这一问题的分歧。显然制度型社会福利模式认为国家必须承担其实现充分就业的责任，所以这种福利运作模式重视对国家权力的运用。除此之外，国家在使用组织权力的过程中应力图达到以下三个目标：第一，为个体及其所在家庭提供最低收入保障，而且这与他在劳动市场上的收入无关；第二，提升个体和家庭应对风险的能力，降低风险带来的负面影响；第三，保障全体公民不分地位和阶级差别地享有国家承诺范围内的高标准社会服务供给。[②] 由此国家通过制度的构建形成了水平较高的社会福利制度模式。理论上说，在制度型社会福利体系之下有利于形成中产阶级，社会的分化程度被尽可能降低到了最低水平，因为受助资格的门槛和标准很低，只要具备该国公民身份，就可以享有这一权利。制度型福利模式的社会整合度在这三种运行模式中基本上是最高的，几乎全体社会成员都具备加入这一体系的条件。

（三）保守主义福利运行模式

保守主义福利运行模式也被称为“贡献模式”，一般见诸欧洲大陆国家。社会

---

① 高鉴国，杨克．论补缺型福利国家的特征．福建论坛（人文社会科学版），2011（10）：179.

② 潘屹．社会福利思想和福利制度辨析．社会福利（理论版），2014（7）：4.

福利的资金筹集主要来自社会保险的缴费，一般来说由劳动者和雇主共同承担缴费义务。受助者的资格是和他的缴费记录严格挂钩的，政府的职能通常只限于对社会保险资金的补助等。此外家庭通常会代替社会承担很大一部分的服务职能。这种工业成就型的福利模式依赖的是相对稳定、人员流动性较弱的经济体系，因此以制造业为主的国家通常会以这种形式为主。主要原因就在于制造业的雇佣关系相对稳定，而且工资发放变动幅度不大，便于缴费额度的计算和记录。工业成就型的福利模式实质上是承认社会范围内存在阶级区分，但是却用“合作”来代替“对立”，从而确立了一种新型劳资关系。因此，尽管在工业成就模式下阶级存在且社会分化是最为明显的，依靠着这样的福利模式却形成了一种新型的社会整合——阶级合作的整合。

（四）东亚福利运行模式

从近10余年对中、日、韩等国家的社会福利制度研究来看，有些学者指出世界上在埃斯平-安德森三大福利模式之外，还存在着“东亚福利运行模式”——其运作方式与西方的福利运作方式存在着一些区别，而且在东亚区域范围内又存在着一定的共性。[①] 有些学者指出“东亚模式有着较低的社会福利支出”[②]，是一种比较典型的残补制度。另外在社会投资的途径方面，主要集中于教育、医疗和住房等领域，而并非仅仅聚焦于社会福利，同时注重企业和家庭在福利提供方面的功能，也就是企业福利具有很重要的地位，集体主义的色彩很浓厚。[③] 不过东亚福利模式是否真的存在，学界仍然充满争议。例如日本学者武川正吾认为，所谓“东亚模型”“东亚主义”等概念缺乏研究基础。[④]

“东亚福利模式”是否存在仍然没有统一的定论，但是，以中国、日本、韩国和新加坡为代表的福利制度的运作的确存在着一些相似之处。首先，各国文化理念类似，都受到儒家文化影响，集体至上的价值取向盛行。在此类原则的指导下，福利提供的意义在于维护社会秩序，福利供给的主体通常以集体为主。其次，重视家庭在福利保障中的作用，甚至家庭在某些时候能够替代国家的福利功能。东亚国家大多以“孝”作为家庭运转、维系的重要原则，儿女存在着赡养父母的义务，从而构建起家庭在养老保障方面的功能，成为社会福利运作的“东亚特色”。此外，东亚很多国家存在着家国一体的特征。在肖瑛看来，家国之间的转化纽带包含父权制

---

① JINES C. The Pacific challenge：confucian welfare states//JONES C. New perspectives on the welfare state in Europe. London and New York：Routledge. 1993：198－217.

② GOODMAN R，WHITE G，KWON H J. The East Asian welfare model：welfare orientalism and the state. London：Routledge 1998：17.

③ GOODMAN R，PENG I. The East Asian welfare states：peripatetic learning，adaptive change and national building//ESPING-ANDERSEN G. Welfare states in transition：national adaptations in global economics. London：Sage，1996：192－216.

④ 武川正吾．福利国家比较研究中的日韩比较的意义//杨团，葛道顺．社会政策评论：第1辑．北京：社会科学文献出版社，2007：101－111.

和官僚制[1]，后者为前者的表征，前者为后者的内蕴，在家国同构的条件下，东亚的家庭在很多时候实质上就扮演了西方“福利国家”所担任的角色。例如即使在子女成年后，很多父母仍然会无条件地为生活拮据的子女提供物质方面的支持，如通过买车、买房等来帮助他们，这与西方强调子女成年后独立于父母的社会观念存在着很大区别。最后，“后发效应”使得东亚地区的福利模式呈现出很明显的生产优先、福利从属的特征。东亚地区多数国家都将生产力的发展摆在重要的位置，而福利职能的承担基本上只服务于生产力发展的需要。这在一定程度上也能够解释为什么东亚的福利运行模式比较重视“企业福利”，如中国的单位在节假日发放礼品等，员工从企业中得到利益，能够提高工作的积极性，从而将福利快速转变为生产力。

四、社会福利制度的运行功能

社会福利制度的产出表现为国家治理的成效。社会福利制度意在改善居民生活，催发社会活力，从而提升国家治理的水平。事实上无论是带有中国特色的“民生保障”还是带有西方特色的“福利”，本质上都蕴含着国家治理理念，体现出富国裕民的实际要求。福利制度是直接沟通国与民的制度，国家通常是制度的执行者，而人民则成为制度效果的检验者。民众生活的改进、就业水平的提升乃至贫困的消除等，都成为福利制度所要追求的目的。前文已经提到过，福利国家的主要职能就在于国家权力的充分运用，以达到消除贫困、保障收入以及实现充分就业的目标。这其中包含财富的再分配、社会范围内各群体的利益协调等，以及在福利制度下国与民之间如何分配财富、国家权力和社会活力之间应如何实现调和，这些都是国家治理要面对的问题。

社会福利制度的产出表现为社会资本的培育、社会团结的提升，也包括就业的实现以及更为公平的财富分配。在以往的社会福利制度的构建历程中，无论中国还是西方都没能意识到社会福利对于社会资本的促进作用，但随着社会福利制度内涵的逐渐扩展——主要体现为社会工作的作用日益凸显，社会福利功能将不再局限于收入保障与就业促进等，社会工作在社区营造等活动中已经显露出其社会资本建设的能力，这对于社会建设具有很重要的意义。因此社会福利的产出并不仅限于收入改善、囿于个体层面的效益，还应当考察其创造了多大的社会效益，这种社会效益的表征就是社会的团结程度、社会资本的丰裕程度，这也就要求社会福利要在中观层面也就是社会或集体的维度上创造出更大的价值。

社会福利制度的产出表现为个体社会功能的改进。社会功能对于个体而言，意味着参与市场和社会的能力。社会福利面向个体的基本职能在于改善个体的收入条件、降低风险所带来的损失等，不过在福利国家危机后，很多国家开始走向积极福利的道路，重申权利和责任的一致性。责任实现的前提就在于个体能力的提升，以

① 肖瑛．“家”作为方法：中国社会理论的一种尝试．中国社会科学，2020（11）：172－191．

往的福利制度，尤其在保守主义福利模式中十分重视劳动力的培训，这种培训的目的在于缩短受助者寻找工作的周期，使他们能够更快地重返就业市场，这也体现出充分就业的现实要求。

第三节 社会福利制度的发展

几乎所有引起我们关注的伟大的现代科学，都表现出同时求取光明与求取果实的特点。[①]

——庇古《福利经济学》

根据社会福利制度的发展原理，福利离不开自身的文化及社会制度。中西方政治体制不同，经济结构差异明显，社会生活迥异，文化背景差别巨大，由此形成不同的福利安排、福利项目及福利制度。

一、欧洲社会福利制度的建设

社会福利或社会救助行为自人类出现以来便已经存在，但这些通常只是带有一定的自发性和补缺性的援助，例如西方中世纪时期的教会接济流浪汉和穷人等，我国古代也曾出现过“假民以田”的举措帮助灾荒年份的百姓渡过难关。然而将政府作为福利供给和责任主体，通过法规、政策等形式将其固化下来，应当追溯至1601年《济贫法》的颁布，这一事件一般被看成是现代社会福利制度建设的开端。总体来说，西方国家基本上经历了较为完整的社会福利建设历程，概括来说包含以下阶段。

（一）以济贫为主的社会救济阶段

自1601年《伊丽莎白济贫法》颁布以来，西方社会福利制度被正式纳入政府的主要职能当中来。16世纪后由于圈地运动的展开，英国出现了大量失去土地的流民，这些流民挤入城市中成为贫民，造成很严重的社会隐患。1601年《济贫法》颁布，规定政府和各教区可通过收入救济措施来扶危济困，同时规定了国家以税收及转移支付等方式来实施社会救助。虽然这些举措基本只局限于最低层面的托底型救济，并没有建立严格意义上的普惠型社会福利制度，但是它正式确立了政府在构建社会福利制度中的主体责任地位，为将来的《贝弗里奇报告》以及福利国家的建成提供了重要参考且奠定了良好的基础。

---

① 庇古．福利经济学．金镝，译．北京：华夏出版社．2017：1.

（二）社会保险阶段

19 世纪 80 年代，面对工人阶级风起云涌的运动，已经完成统一的普鲁士宰相俾斯麦先后颁布了《疾病保险法》（1883）、《工伤保险法》（1884）和《伤残和养老保险法》（1889），以立法的形式确立了社会福利或社会保障制度。[①] 在德国以外，法国、瑞典和丹麦等国家也相继通过了社会保障立法，意图构建起完善的、可实现社会整体覆盖的社会保险制度。这一阶段社会福利制度得到了进一步改进，最为突出的进步意义就在于它的覆盖群体从弱势群体扩展到了绝大多数的社会成员，水平从托底型的保障进化到了基础型的保障，被看成是社会福利制度走向阶级调和与社会整合的过程。

（三）以制度化为核心的福利国家阶段

20 世纪 30 年代的经济大萧条使人们开始重新审视被吹捧为神话的市场经济是不是屡试不爽的"万金油"，以及市场经济是否存在着失灵的可能。以凯恩斯为代表的一批学者试图探寻政府干预经济的可行性与其背后的学理基础，一度使得政府的职能范围得到了更大扩展。具有里程碑意义的事件是 1942 年英国《贝弗里奇报告》的发表和出版，该书以报告的形式较为系统地陈述了如下内容：首先介绍了英国社会保险和相关服务部际协调委员会的调查结果，分析了贫困产生的主要原因，并提出了改进现有社会保障体系的三条指导原则；其次提出了 23 项改革方案建议并陈述了主要理由，还提出了一些特殊的问题，主要包括老年问题和待遇标准问题等；最后设计了一套完整的社会保障的建设方案，强调的是国家、集体和个人三者的合作关系，建立了强制缴费和个人缴费相结合的制度。在《贝弗里奇报告》的指导下，西方很多国家建立了"从摇篮到坟墓"的社会福利制度体系，社会福利供给的职能主体正式由家庭转向了国家。其中的很多设计理念也被融入中国民生保障的建设方案中，如统账结合等。在这一阶段，福利国家的范围不断扩张，几乎将全体成员都吸纳进了整个体系中来，且较为全面地占领了社会意识形态，烙印在西方国家大多数公民的意识体系中。

（四）所谓"第三条道路"探索阶段

在福利国家面临危机、新右翼势力抬头的背景下，许多学者发现无论是左派的社会民主主义还是右派的新自由主义，本质上都无法解决现代化所带来的新问题。我们所处的时代乃是一种后传统的社会，它是一个反思现代性的社会。[②] 吉登斯在其巨著《第三条道路：社会民主主义的复兴》中提出社会福利和社会政策应在一种新型的社会框架中构建起来，这一框架包含六个面向：（1）修复被破坏的团结，有

---

① 杨敏，郑杭生．西方社会福利制度的演变和启示．华中师范大学学报（人文与社会科学版），2013（6）：28.

② 彭华民．西方社会福利理论前沿：论国家、社会、体制与政策．北京：中国社会出版社，2009：130.

选择地保留和复兴传统并复兴对他人的责任感；（2）摆脱解放政治，建设生活政治；（3）提倡一种能动型政治以解决福利国家政府、社会和市场间不协调的问题；（4）建立对话民主；（5）解决人类事务中的暴力问题；（6）建设积极福利。① 在这六个面向中他十分强调权责一致的观点，例如“能动型政治”就主张社会成员应当主动参与社会建设，成为福利供给的主体而非被动地等待国家提供各种津贴；积极福利的目的就在于创造提升个体的人力资本和社会资本等。在“第三条道路”的指引下，西方许多国家开始了将这一理念转变为实际的探索，主要代表为美国克林顿政府的《个人责任与就业协调法》以及英国和德国的失业保险及培训体系等。这些举措意图重新唤醒公民的责任意识，并以教育培训为主要手段来实现个体社会参与的机会平等，针对那些只领失业救济而不图参与社会的“懒汉”也制定了相应的惩戒措施予以限制。

二、中国社会福利制度的发展

应当承认中国古代存在过一定的社会福利制度，但大规模的、有组织的社会福利制度的形成是自中华人民共和国成立开始的。中华人民共和国成立后的社会福利制度历程虽然较为短暂，但也积累了相对丰富的经验供我们思考和研究。

（一）国家福利保障时期

在这一时期主要是学习苏联的福利制度，福利制度的建设和供给带有十分明显的计划性。1951 年中央人民政府政务院公布《中华人民共和国劳动保险条例》，规定职工在疾病、生育、养老等方面享有的待遇，实施范围包含人数在 100 人以上的国营、公私合营和私营企业。1953 年劳动部颁布《中华人民共和国劳动保险条例实施细则修正草案》，相比于 1951 年的条例，范围已经能够延伸到一般的工厂和基本建设单位等，部分保险项目的水平也有所提高。后来逐步建立了国家工作人员公费医疗体系，1955 年公布了《国家机关工作人员退休处理暂行办法》，1956 年公布了《中华人民共和国女工保护条例（草案）》等，这些社会福利制度基本上依靠政府作为福利输送的主体，通过资助企业来使员工享有福利。1957 年至 1966 年间，社会福利制度在资金管理、待遇提升方面有一定的改进，如 1962 年颁布的《抚恤、救济事业费管理使用办法》提升了抚恤事业费用使用的合理性。1966 年至 1976 年间，在这特殊的历史时期，社会福利的发展近乎停滞，福利产品缺乏有效的管理和发放。

总体来说，在国家福利保障时期，社会福利制度的提供基本是国家统一下达指令及政府统一调配，存在着缺乏效率、面向群体狭窄以及缺乏社会互济性等问题。

---

① 吉登斯．第三条道路：社会民主主义的复兴．北京：北京大学出版社，2000：14-18.

（二）社会福利制度市场化时期

改革开放以来，正值西方新公共管理运动此起彼伏之际。这段时间中国的社会福利一定程度上也受到新公共运动的影响，呈现出很明显的市场化取代计划的特点。例如1991年《国务院关于企业职工养老保险制度改革的决定》，实行企业基本养老保险和职工个人储蓄相结合的制度，个人储蓄的放开表明允许养老金可通过市场机制来进行配置。此外养老金实行职工缴费制度，也实现了从企业保险到社会保险的跨越。在20世纪80年代末90年代初，政府对医疗保险制度进行探索式改革，在公费医疗的基础上增加了自费医疗项目，医疗资源也开始朝市场化、产业化的方向迈进。这一时期社会福利制度另一个比较重要的变革就是项目的统筹，例如1997年颁布的《国务院关于建立统一的企业职工基本养老保险制度的决定》，主要内容为统一企业缴纳和个人缴纳养老金的比例、统一基本养老金计发办法等。这一时期统账结合的城镇职工养老保险制度也得以建立。进入新世纪，新型农村合作养老保险、城乡居民养老保险陆续建立，失业保险、生育保险也逐渐得到了完善。这一时期社会福利制度主要存在的问题还是在于对市场化的过分追求，导致制度缺乏城乡之间的整合性，城乡间的制度统筹存在较大的问题。①

（三）中国特色社会福利制度确立时期

十八大以来，党和政府对中国社会福利以及民生保障事业的认识逐渐深化，逐步加快了中国特色社会福利制度的建设步伐。在这一时期，社会福利制度建设取得了辉煌的成就，主要表现为以下几点：（1）社会福利制度的统筹性有所增强，例如城乡居民养老保险打破了社会福利制度城乡间的隔阂，保障了城乡居民平等的社会权利；（2）福利制度覆盖的范围进一步扩大，例如2019年基本养老保险覆盖人群与2014年相比增加了40%以上；（3）各种社会福利项目更为健全，这一时期新增了农村最低生活保障制度，相较于以往农村低保依靠集体救助是一项伟大的突破；（4）社会福利的待遇标准得到了进一步提升，例如，2019年基本医疗保险各级财政人均补助标准达到520元，相较于2010年增加了400元②。这些都充分说明新时期广大人民群众得以进一步共享中国特色社会福利制度的发展成果。

近年来，社会福利治理体系逐渐成形并发展，形成了在政府之外的多元供给主体，包括市场、社会、家庭乃至个人，同时，各主体并非相互孤立、各行其是，而是由一个统一的社会福利制度进行联结，实现了责任共担、项目共建、成果共享。③随着共同富裕理念的提出，具有中国特色的社会福利制度必将发挥更为广泛、深刻而

---

① 宋晓梧．新中国社会保障和民生发展70年．北京：人民出版社，2019：116－132.

② 重磅！2019年城乡居民医保有重要变化，补助标准达520元．（2019－06－29）［2021－11－03］. https://www.360kuai.com/pc/97a229e4edbca3af8?cota=3&kuai_so=1&sign=360_57c3bbd1&refer_scene=so_1.

③ 高和荣．民生国家的出场：中国保障和改善民生的实践与逻辑．江海学刊，2019（3）：99.

关键的作用，在保障人民群众基本生活条件的基础上，不断提升人民群众的生活水准，并促进社会范围内公平性的改善和提升，由此进一步增进社会团结和社会整合。

复习思考题

1. 什么是制度？社会福利制度的制定者、接受者和实施内容之间具体如何联系？

2. 社会福利制度运作的原理包括哪些？它们如何对社会福利制度产生具体影响？

3. 从西方社会福利制度的建设历程中能够汲取哪些经验教训？

推荐阅读书目

1. 吉登斯．第三条道路：社会民主主义的复兴．北京：北京大学出版社，2000.

2. 诺思．经济史中的结构与变迁．陈郁，罗华平，等译．上海：三联书店上海分店，1991.

3. 埃斯平-安德森．福利资本主义的三个世界．北京：商务印书馆，2010.

4. 贝弗里奇．贝弗里奇报告：社会保险和相关服务．北京：中国劳动社会保障出版社，2008.

5. 马奇，奥尔森．重新发现制度：政治的组织基础．张伟，译．北京：三联书店，2011.

6. 彭华民．西方社会福利理论前沿：论国家、社会、体制与政策．北京：中国社会出版社，2009.

第五章
社会福利主体

本章要点

社会福利主体包括政府、企业、家庭、非政府组织。但不同社会环境与文化价值下，各主体呈现不同的福利供给方式与功能。

政府的社会福利事业发展涉及央地关系，不过具体的运行方式依据不同的行政体系与结构而异。

在信息技术推动下，福利供给形式不再局限于实物、服务，还出现了平台化福利供给。这昭示了未来社会的福利形式与供给方式仍会不断多样化。

家庭的社会福利是基于人类社会的自发性供给，它明显区别于其他福利主体，具有生命维系、社会化、福利生产与接续的功能。

非政府组织有区别于政府的制度化形式，实际上，非政府组织在社会福利提供中有内部秩序与规范，这使之成为其他社会福利主体的重要补充力量，其具有面向公众的公益性。

基本概念

政府社会福利；企业社会福利；家庭社会福利；非政府组织社会福利

社会福利主体通常指“由谁提供”福利，这是讨论社会福利主体的前提。理论上，凡是能够为自我、他人乃至社会提供某种有用的、有助于增进福祉的都是社会福利主体。因此，社会福利主体并不是固定的存在，它何时存在以及如何存在是对社会需求、社会问题的回应。社会需求有多大，社会福利主体的范围与形式就有多少。社会福利主体可以涉及自我、家庭、他人、组织、社会、政府及国际等各个层面。这就是说，社会福利主体从来就不是“一元的”，也不存在所谓的由一元向多元扩散的过程。只不过不同的历史时期，社会福利各类主体的表现形式、所处地位及其功能有所不同，展示出社会福利主体的变动特性。福利国家出现后，政府逐渐成为回应社会需求的福利主体。而当政府不堪福利重负、出现供需失衡的危机时，企业、非政府组织、家庭等的主体地位就十分突出，形成对福利需求的补偿。

第一节 政 府

民惟邦本，本固邦宁。[①]

——《尚书·五子之歌》

政府在社会福利供给中处于不可替代的地位，古今中外概莫能外。历史上，朝廷作为福利供给主体早已出现。秦汉以降，为维护社会秩序，朝廷开始关注百姓福祉，并逐步制度化，成为治国安邦的重要方略，出现了诏令及抚恤、赈灾等多种做法。欧洲在 12 至 13 世纪间，通过筹建国库领应对突发战争所需的资源供给，赐发采邑、分发荣典等方式维持社会稳定。[②] 中国人现在所讲的“福利”有时指中华人民共和国成立后开创的福利事业。改革开放以来，资源的市场化配置使生产力得到大幅度提升，这为政府开展社会福利事业提供了丰厚的物质基础。进入 21 世纪，政府把以民生为重点的社会建设当成社会和谐之基，强调“利为民所谋”，提出在发展中补齐民生短板。走进新时代，政府从治国安邦的高度加快民生建设，加快进行顶层设计，细化相应福利政策法规，因地制宜地满足群众福利需求，推进国家治理体系和治理能力现代化，为社会福利的社会化治理提供了平台。

一、中央政府

将政府划分为若干纵向层次是世界各国通行的做法，区别只是层次多少及紧密性有所不同而已。在一个纵向治理的政治体系里，中央政府在福利供给中占据统领地位，它负责对社会资源的集中、统筹与再分配，明确各个阶层、群体的福利获得及福利享用，推动实现公共服务的供给。不仅如此，中央政府能够加强社会福利的法制建设，推进社会福利制度化、法制化。这是因为中央政府有权向最高权力机关提出社会福利领域内的法律草案审核，确保社会福利事业的发展具有法律依据。

在福利项目设立上，中央政府的福利项目设计与供给通常考虑到政治社会稳定、民众享有、财政税收可担以及事业发展可持续。不过即使客观条件类似，像西方社会通常也会表现出不同的福利态度，新自由主义会认为国家干预窒息了市场在社会福利中具备的潜能，而保守主义则认为社会福利与阶级、生产力相一致，强调

① 《十三经注疏》整理委员会．十三经注疏·尚书正义．北京：北京大学出版社，1999：177.

② 汤普逊．中世纪经济社会史：上册．耿淡如，译．北京：商务印书馆，1961：302－304.

纪律性的国家威权。[1] 首先，政治社会稳定主要是指中央层面的福利项目建设能够贯彻国家治理意图，实现政治统治目标，这也是世界各国都优先建立各种类型的救助制度的缘由，其目标是设法从最初的衣食住行救助拓展到教育、就业、医疗等各个领域的救助，做到救助项目的全覆盖以及救助对象的全覆盖。其次，全面享有强调中央层面的社会福利，注重项目类别的全面性与项目成效的共享性。它注重福利项目覆盖对象的全面性，面向更多群体甚至全体民众的福利供给。在此基础上强调项目及内容的全面性，满足民众多样化及多层次的福利需求。最后，中央政府的福利供给特别注重均衡性，强调福利制度的设计、福利项目的谋划、福利待遇的推出要能够得到稳定而可靠的财政与税收支撑，充分考虑到社会福利的刚性特质，确保福利事业行稳致远。所以，中央层面的福利更加注重公平适度，更加关乎财政税收的可负担，避免造成严重的福利依赖以及重蹈福利国家的危机，从而实现福利事业的可持续性发展。

在福利内容供给上，中央政府主导全国性的福利政策的制定，明确中央政府角色及其在福利供给中的边界，确立社会福利供给的规范性、制度性、权威性，明确社会力量能够发挥自身在福利供给中的角色与功能，以回应人民基本生存、生活需求，确保社会福利的刚性供给得以实现。另外，中央政府还可以制定社会福利法律法规，对社会福利的供给进行强制规范。例如，1994 年德国将《长期照护保险法》编入《社会法典》的第 11 篇，2003 年将《联邦社会救助法》编入《社会法典》第 12 篇等[2]；法国于 1945 年通过《社会福利法》后不断拓展福利客体的覆盖范围。就中国而言，21 世纪以来，中国政府围绕社会福利出台了多项法律，如 2000 年颁布的《社会福利机构管理暂行办法》、2016 年的《中华人民共和国慈善法》以及 2020 年的《政府购买服务管理办法》等，确保中央政府的社会福利事业有法可依、有据可循，确保福利供给的过程规范与行业规范。不仅如此，中央政府还承担着社会福利建设的财政责任与监管责任。中央政府凭借庞大的财政税收实力，可以便捷地调动社会资源、进行财税分配，实现社会福利的建设目标，以回应人民对社会福利的全方面需要。社会福利项目施行后，还需要对福利的实施情况特别是实施效果进行评估，总结福利建设经验，形成福利事业的发展规律，努力改进福利事业发展的不足，保证中央层面的支持切实用到各项社会福利事业中去。

在福利供给方式上，早期社会通过诏令、规制、要略等方式鼓励福利供给，推动福利落实。一方面通过制定福利政策保障百姓物质生活，如利用税收调节百姓生活收支，减少百姓生活负担；还设立各种形式的赈灾抚恤制度。《管子》提出，朝廷要对百姓“厚其生”“输之以财”“遗之以利”“宽其政”“匡其急”“振其穷”[3]，

---

① ESPING-ANDERSEN G. 福利资本主义的三个世界．古允文，译．台北：巨流图书公司，1999：10－11.

② 何平．论我国社会福利法律制度的构建模式：来自德国的经验启示．法商研究，2016，33（6）：95－101.

③ 管子．李山，译注．北京：中华书局，2009：68.

通过灾前的物资储备、灾害过程救济以及灾后安抚，形成一套救灾制度。另一方面激励百姓以家庭为单位开展福利行为，并逐渐拓展至乡里、郡县，以鼓励民间福利的顺利供给。

中央政府的福利供给经历了由临时性救济向稳定性、制度性方式的转变。早期受限于社会发展条件，中央政府可统筹资源有限，福利供给属于临时性救济，面向灾害、弱势、生存困难群体提供无偿救助，福利客体范围较为狭窄。伴随着经济的发展，特别是财政税收能力的增强，国家实力得到了提升，中央政府用于社会福利建设的资源日益丰富，社会福利能够涵盖公共基础教育制度、基础住房保障制度、公共基础医疗卫生制度等涉及民众基本社会生活的方方面面。

就供给渠道而言，中央政府层面的社会福利供给形式主要表现为资金引导与社会服务购买。资金引导主要表现为财政投资与资金划拨。就前者而言，通过优化国民收入再分配，发挥中央政府的调控功能，形成社会福利供给资金来源的稳定供应、给付机制、渠道。就后者来说，中央政府下拨中央预算资金，直接用于社会福利项目或社会服务的购买。如美国各州公共图书馆建设就是由州制定建设标准，而经费是由联邦下拨，以确保各州公共图书馆建设均满足最低建设标准。[①] 再如，2013 年中国国务院办公厅印发《关于政府向社会力量购买服务的指导意见》，政府由公共服务直接供给者的角色向服务购买者的角色转变，通过采取招标、谈判等与承接主体签订合同的方式，实行严格、规范的资金使用监管与成效评估。[②]

案例 5-1

国务院多部门联合推出社会服务兜底工程

2016 年，国家发展和改革委员会联合民政部、中国残疾人联合会共同制定了《“十三五”社会服务兜底工程实施方案》，旨在扩大社会服务供给，增强兜底保障功能。2021 年，多部门印发《“十四五”时期社会服务设施兜底线工程实施方案》，以完善重点群体关爱服务体系建设。多年来，中央政府每年都安排一部分中央预算内投资，重点支持各地老年养护院、社会福利院、农村敬老院等设施建设，同时引导社会资源积极投入养老服务供给，由此形成中央政府提供中央预算的财政支持以及政策清单，城市政府提供规划、土地、融资、财税、医养结合、人才等一揽子政策支持包。中央提供的资金引导和城市政府提供的政策支持，形成一套兜底性社会服务供给的政策组合拳。

资料来源：政府要做的是重点满足基本养老的服务需求．(2019-04-16)[2021-09-03]. http://www.gov.cn/xinwen/2019-04/16/content_5383569.htm.

---

① ROHLF R H. Standards for public libraries. Library Trends, 1981 (1): 65-76.

② 国务院办公厅关于政府向社会力量购买服务的指导意见．(2013-09-30)[2021-09-03]. http://www.gov.cn/zhengce/zhengceku/2013-09/30/content_4032.htm.

二、地方政府

中国的央地关系是一个历史性的存在，它与欧美国家的联邦政府与州政府关系有所不同。中国的央地关系格局形成于秦以后历朝推行的郡县制、乡里制度甚至里亭制度。这种关系不但克服了原有基于血缘关系的分封制的弊病，而且也超越了英美国家联邦政府与地方关系过于松散的局限性，使得中央能够有效地对地方进行管理。就一般性而言，中央政府强调社会福利供给的稳定性与普遍性，而地方政府突出灵活性与特殊性。

中央政府的福利供给责任面向全国，提供全国带有普遍性的福利供给。地方政府主要面向所在地域，负责落实上级政府的福利政策，并发展本地区的福利事业。地方政府更注重操作层面，是地方福利事业的提供者及建设者。地方政府体系通过乡镇街道或政府派出机构延伸社会福利在基层的触角，对基层政府的福利供给提供指导与监管。

在社会福利供给中，地方政府将中央政府顶层设计具体化、在地化，同时根据地方发展实际情况进行自我调适与补充。明确中央政府与地方政府间的责任分工与供给内容边界，能够避免同质性社会福利供给造成的社会福利冗余，使社会资源被更有效地利用。中华人民共和国成立后至改革开放前，国家实行计划经济体制，国家总揽社会福利供给，地方政府福利事业的自主性较为薄弱。改革开放尤其是1994年分税制改革后，地方政府的福利建设自主权有所提升，地方政府可以更加灵活地供给福利，出现了“地方掌勺，中央埋单”模式①。英国地方政府有很大程度的自由裁量权，如2001年英格兰地方政府将环境、交通、地区事务部进行重组，其中地方政府就与内政部、工作和养老保障部不同，它并不直接提供服务，而是通过执行机构进行提供，地方政府则更侧重于对服务预算的规划与支配。②

在福利项目设立上，地方政府不仅能够努力保证中央政府安排的普遍性福利项目得到落实——此类项目是国家层面的福利项目，如就业、养老、医疗、社会救助、住房、教育等方面的福利保障，在此基础上，地方政府还发展一些具有自身特色的地域性福利项目，以满足本地差异化的福利需求——此类项目凸显地方政府在福利建设事业中的能动性。例如1993年，上海市率先推出最低生活保障制度，给予本地下岗职工每人每月20元左右的补贴，中央政府吸收上海市的做法于1997年发布《关于在全国建立城市居民最低生活保障制度的通知》。

在福利内容供给上，地方政府制定公共服务供给配套政策、法规等政策性保障。通过解读中央政府面向不同社会福利项目建设的规范化要求，经由省、市、县

① 杨立雄．谁应兜底：相对贫困视角下的央地社会救助责任分工研究．社会科学辑刊，2021（2）：60-72.

② 威尔逊，盖姆．英国地方政府．张勇，等译．3版．北京：北京大学出版社，2009：188.

（区）级政府层层深入，结合不同层级实际情况，制定“办法”“条例”“方案”等指导性政策文件，以确保中央层面的社会福利政策落地施行，同时又回应本地民众的实际需要。通过各级区域规划中配套建设图书馆、文化馆、博物馆等公共文化服务的供给，搭建数字化平台，丰富公共服务的便捷性与可获得性；建设公办体育中心、青少年校外活动中心等体育运动场馆，提供公共体育服务；保持对水利、电力、能源、交通、人居环境、教育卫生、通信、物流等公共基础设施建设的投入与管护，以贯通中央政府公共基础服务供给的均衡性与稳定性。此外，通过设立专项投资基金，确保社会福利建设具备充足的资金来源。例如福建省设立省级政府投资基金，均由省财政出资，资助的社会福利发展项目就包含养老服务、社会公共服务等。①

在福利供给方式上，地方政府细化落实中央政府的福利政策文件，制定本地社会福利事业发展的政策。同时，地方政府调动地方资源，优化本地各项福利供给体系，形成地方社会福利供给资源网络，提升社会福利供给效率与质量。这其中可以通过项目制进行社会福利项目外包，由第三方机构承接地方政府发包的福利项目，进而由社会力量对福利客体直接提供福利，从而体现出地方政府在社会福利中的财政支持作用。加拿大的城市公共娱乐设施供给不仅由省政府财政支持三分之一的建设成本，还交由市政财政支出支持，有时地方学校委员会或其他非营利社团也会加入建设。②

案例 5-2

福建省购买关爱留守和困境儿童服务

2020 年 5 月，福建省民政厅实施“福蕾行动计划”，颁布《政府购买农村留守儿童和困境儿童关爱服务项目暂行实施办法》，联合社会组织与社会工作者，为孤弃、农村留守及困境儿童提供关爱援助与福利服务。其中，政府设立“十项工程”，主要内容有：搭建“县—乡镇—儿童之家”关爱网络；面向农村留守儿童开办假期关爱活动；为困境儿童结对开展帮扶工作；督促留守儿童的父母定期与孩子进行交流；开通心理服务热线，提供心理服务辅导；依托幸福院、“儿童之家”等提供留守儿童日常学习辅导；利用福利彩票公益基金捐助困境儿童技能培训；提供司法援助；借助信息化、网格化管理，系统高效地关爱儿童；采取委托、购买、合作、孵化等方式组建困境儿童关爱队伍。

政府以“福蕾行动计划”试点为抓手，统筹协调资源，攻克重点社会问题。由省、市、县、乡镇政府逐级推进计划施行与监督，完善困境儿童信息核查；拨发保障经费，其中不仅包含福利彩票公益金，同时还有社会保护资金，并由县一级进行

---

① 我省设立省级政府投资基金．（2021-08-29）[2021-09-03]．http://www.fujian.gov.cn/xwdt/fjyw/202108/t20210826_5675792.htm.

② 比什，克莱蒙斯．加拿大不列颠哥伦比亚省地方政府．孙广厦，皇娟，译．北京：北京大学出版社，2006：178-179.

资金安排及区域范围内的资金需求及时补充。

资料来源：福建省人民政府．政府购买服务关爱留守和困境儿童．(2020-12-09)[2021-09-03]. http://www.fujian.gov.cn/xwdt/fjyw/202012/t20201209_5478151.htm.

三、基层政府

基层政府，即镇级政府、街道办事处是地方政府在基层的派出机构，其服务是国家意志在民间传达的传递与执行，它们侧重于行政功能的乡土性、直接性表达。同时，基层政府也会根据自身实际对上级政府的福利政策进行微观层面的补充。这使得基层政府的福利供给与乡约里规结合起来，呈现出一种独有的福利输送模式。在追求社区自治的欧美发达国家，自治政府的权力究竟有多大取决于州政府的实施情况。美国州政府下设县、县下设乡镇。如宾夕法尼亚州的费城行政组织包含行政委员会、养老金和退休委员会、行为健康和智力障碍服务部等，其中人类服务部（Department of Human Services）主要面向家庭和儿童提供福利服务，从州政府获得儿童寄养的相关许可，而最终通过下级地理区域与服务组织构成的“社区伞形机构”（Community Umbrella Agencies）提供儿童福利。①

在福利项目设立上，基层政府依据上级政府的普遍性福利项目建设要求，结合所在辖区的资源利用情况，提供可能的公共物品与设施，如街道的健身广场、停车场、医疗卫生服务站等公共性服务供给场所。同时，依据民众现实的福利需求，提供补充性福利项目，例如特殊群体定点关爱项目、人口流出大省的流出地就业政策等。

在福利内容供给上，基层政府利用社会福利专项建设资金完善公共物品与设施的建设、修缮与维护。当然，基层政府可以出资委托第三方机构落实有关福利项目的实施，如配备社会工作者、护理人员，建立养老服务站等。另外，基层政府可以对福利项目施行进行评估和监管，确保福利项目真正得到落实。

就福利供给方式而言，基层政府可以提供更加智能化的便民福利服务，通过智能设备及互联网大数据简化办事手续与流程，为民众的就业、社保、文教、医疗、救济等福利事务提供服务。另外，基层政府是最接近社会服务供给者的行政机构，可以选择更契合当地居民实际需求的各项服务，同时直接对各项福利服务施行必要的监督，不断提升福利事项服务的专业性。

案例 5-3

厦门市湖里区江头街道“六点”工作法破解民生难题

2021 年以来，江头街道通过听取居民群众意见，回收违建用地，创建公共健

① City of philadelphia. [2021-10-22]. https://www.phila.gov/departments/department-of-human-services/.

身场所，拆除简易搭盖的危房保障公共安全，同时对老旧小区改造提升，修缮地下污水管网、空中电线，扩大绿化面积，新增面积用于增设停车位，弥补基础设施建设短板。此外，投入200多万元，将原社区居委会旧址改造为街道养老服务中心，为辖区内的老年群体提供日间照料、临托、短托等养老服务，打造一站式、融合式养老服务。由街道投资，联合辖区派出所、执法中队在台湾街片区设置综合治理便民服务站，提供业务受理与治安办公一体化场所。

资料来源：江头街道“六点”工作法破解民生难题．(2021-09-02)[2021-09-03]. https://www.fujian.gov.cn/xwdt/mszx/202109/t20210902_5679793.htm.

第二节　企　业

从企业出现开始，特别是在工业革命时期，企业就不可避免地开始承担一系列在封建社会由封建主和家庭来承担的对雇员和社会的责任。[①]

——卡农·汤姆

作为政府、家庭及个人之外的组织，企业是最广泛的福利供给主体，它通过招募特定社会成员开展生产经营活动为员工提供生活资料，因而本质上就是一种福利提供形式。只不过，早期的企业提供的福利项目、福利形式较为单一。从历史上看，秦汉以来的商业及其他手工作坊就是中国最初的企业组织形式。洋务运动后，一批国人学习西方现代企业的经营管理经验建立自己的民营企业，如造船厂、造铁厂、印刷厂等，它们为救亡图存提供物质支持的同时，也为员工提供一些实物福利。20世纪以来，凭借自身具有的资金来源渠道与调动能力，企业的福利供给地位日益凸显，开始承担社会保障、社会慈善以及社会治理等责任。不仅如此，一些企业在做好生产经营、增加收入的同时，注重社会责任的承担与社会福利的供给，试图将解决社会问题、共谋社会发展、投入社会服务等事项嵌入企业的运营中，逐渐转型为社会企业。

一、一般企业

中国早期采取自给自足的小农经济模式，朝廷与为官者主张“重农抑商”，一度将商业视为“末业”。司马迁在《史记·货殖列传》中记载：“夫用贫求富，农不如工，工不如商，刺绣文不如倚市门，此言末业贫者之资也。”[②] 儒家强调一统与大

① 彭华民，等．西方社会福利理论前沿：论国家、社会、体制与政策．北京：中国社会出版社，2009：69.

② 司马迁．史记．裴骃，集解．司马贞，索引．张守节，正义．北京：中华书局，2014：3972.

同，旨在人人安居乐业，而商贾被视为唯利是图的从业群体，商业主要集中在盐铁业，春秋、秦都实行盐铁专卖，由官府垄断经营、寓税于价。汉初盐铁出现民营，《盐铁论》强调了政府对商业只得以税收的形式，而不是以经营的形式获取公共资源。通过施行税收，朝廷稳定了盐铁价格，维持了百姓基本生活所需，使得民间有一定的资源累积。南宋时期黄道婆的织布业使得妇女开始成为家庭生计的一股力量，形成了以农业为主的家庭福利的重要补充。古代行业发展多以官府专营为主，更多地强调对朝廷的财税支撑，福利供给只是一种“意外性”成果。当然，部分商贾则自发开展福利赈灾、救济等行为。

工商业规模化产业化经营的出现是在近代的西方国家，它们建立起来的经营管理理念、规则等逐渐成为各国的通行准则。洋务运动期间，新工业为朝廷输送了军备物资与生产资料，振兴了社会经济发展。现代企业首先表现为在一般市场化环境下，以营利为主要导向的、通过提供商品或服务获取收入的组织形式，对具有雇佣关系的员工负责，其次作为市场的组成部分，与政府、社会一起构成社会建设与发展的重要力量。因此，企业福利主要包括发展国民经济、吸收劳动就业、提供生活保障、开展社会公共事业、投身慈善救济等。

（一）发展国民经济

企业为国家发展构筑了坚实的物质基础，早期的商业奠定了企业在国民经济中的地位。以盐铁业为例，朝廷虽然将盐铁交由民间提炼，但通过向商贾征税体现国家意志。一方面，盐铁商人所得收益都会根据规定给付大量税收作为朝廷收入。马可·波罗到京师（现杭州）时有这样一段记载：“盐是这里出产最多的东西，大汗每年可收得八十个金托曼的税，……最后总数达六百四十万德克。”[①] 另一方面，直接为百姓提供了生活所需物资，维持日常生活必需品的供应。进入现代社会，企业作为重要的市场主体，对于国民经济的发展具有十分重要的作用。

（二）吸收劳动就业

就业是民生之本，员工是企业发展的动力源泉，员工福利的供给是企业发展的根本保障。我国雇佣关系早在春秋战国时期就已出现，但当时的雇佣实质是一种主奴关系，劳动者即奴隶本身并不能自由地通过劳动换取财富，更多地只是获得最基本的生活资料。《周礼》中即有对契约、契券（称为“约剂”）关系的记述。直至北宋交子的出现，作为交换的契约关系才在民间成为约定俗成的交换手段，由此，雇佣关系开始出现商品的价值属性。这为日后规模化雇佣劳动力提供了一种规范化方式。例如，北宋太平兴国三年（978）朝廷内金城坊设染院，至咸平六年（1003），内已置工匠 613 人，监工 17 人。在昭庆坊设置绫锦院，至端拱元年（988），内置

---

① 波罗．马可·波罗游记．梁生智，译．北京：中国文史出版社，1998：213.

兵匠已达 1 034 人。[①] 而以近代以来工厂形式容纳的劳动力，据统计 1920 年以前就已达 55.762 2 万人。[②] 改革开放以后，我国企业加快现代企业制度的改革，现代企业发展迅猛，企业吸纳劳动就业的数量庞大，全国就业人数 2020 年已达 75 064 万人。[③] 企业的出现与规模化运营承载了大部分劳动力谋求生计的需求，为劳动者提供了生活福利，这是企业最为直接的福利供给。

（三）提供生活保障

劳动者基本的生活保障即是其通过用劳动力交换生活资料这一契约关系而获取的。它包括劳动者通过劳动直接获取的薪酬以及企业提供的其他补充性报酬。

中华人民共和国成立后，政府加强对企业用工的管理，明确了劳动者与企业之间的雇佣关系以及劳动者的合法权益。强调企业提供的社会保障是企业基于雇佣关系、为员工提供的保障性待遇，实则是职工个人通过劳动所换取报酬的重要组成部分。这主要包括强制性社会保险以及补充性员工福利，后者表现为企业年金、各种企业的现金或物资补贴乃至慈善救济等。此外，相关政策的提出同样实现了兜底保障。例如，最低工资标准制度虽由政府设立，但它是为保障员工最基本生活而要求企业提供的薪酬保障。

具体来说，企业保障员工基本生活是通过社会保险、年金福利、住房福利等形式实现的。就社会保险而言，养老、医疗、失业保险、住房公积金由企业与职工个人共同缴纳，生育、工伤保险则由企业完全承担。年金福利主要是企业及其职工在依法参加基本养老保险的基础上自主建立的补充养老保险制度，是企业通过企业年金计划丰富职工退休后的养老保障体系。不仅如此，企业还可以根据自身发展灵活提供一些福利项目及其标准，如极端天气补贴、交通通勤补贴、年假旅游、住房补贴或临时性住房供应等。此外，企业针对特殊群体也会提供不同的福利待遇。如提供残疾职工理疗服务、改造企业活动场所无障碍设施、提供适合残疾人就业的工作环境等。再如，除了正常的女工福利外，给予女性员工产前检查、产后假期、工作期间每天一小时的哺乳及照看婴儿等福利。

（四）开展社会公共事业

企业在缓解社会问题方面一直担任重要角色，尤其是社会转型期容易出现的大量职工失业、再就业与新增就业的问题、人口老龄化带来的养老保障问题、经济体制改革前实行城乡二元体制造成的城乡间发展差距过大等问题。通过优化企业结构，将原有企业职工平缓输送至其他相对应的岗位，或是完成失业保险交付，抑或是开展职业培训以实现职业技能与企业转型相适应的提升，都可以缓解市场失业、

---

① 徐松．宋会要辑稿：第三册．北京：中华书局，1957：2991.

② 陈真，姚洛．中国近代工业史资料：第一辑．北京：三联书店，1957：56.

③ 2020 年度人力资源和社会保障事业发展统计公报．（2021-07-26）［2021-09-24］．http://www.mohrss.gov.cn/SYrlzyhshbzb/zwgk/szrs/tjgb/202107/t20210726_419319.html.

待业问题；通过建立企业年金制度、倡导为职工购买商业保险等丰富企业职工养老保障体系层次，以应对退休人员养老保障问题，进而缓解老龄化带来的严峻态势；通过发展县域经济，带动区域经济发展，丰富当地人民生产生活的方式与内容，进一步缩小城乡间发展的差距。由此，综合回应社会问题与需求，企业能够充分发挥自身的能力与优势。此外，企业还向社会大量输送公共产品。例如清代的士绅群体投入书院的建造，现代企业对社会公共设施、产品进行投资建设等。

案例 5-4

中天钢铁集团投资建设 15 年一贯制基础教育小镇

总部位于江苏常州的中天钢铁集团成立于 2001 年 9 月，业务涵盖现代物流、国际贸易、教育、体育等多元板块，是国家级特大型钢铁联合企业、全球单体最大的优特钢棒线材基地、全国首家荣获“中国工业大奖”的民营钢铁企业，连续多年位居全球粗钢产量 50 强、中国企业 500 强行列。

2007 年起中天钢铁投资兴建中天实验学校，负责初中学生教育教学。2019 年 9 月中天实验学校小学部正式开班。学校建成后，集团持续投资用于学校的宿舍、实验室、教学楼外墙、操场、食堂等建造翻修。中天钢铁积极与地方政府谋划对接，协调推进项目用地指标、教职工公寓建设、高压线路调整、公建设施配套等问题，与国内知名学校携手开展教研合作，并计划投入幼儿园、小学、初中、高中各学段的基础教育小镇建设，实现为人民办教育的企业社会责任担当。

资料来源：继中天实验学校后中天钢铁将建基础教育小镇．(2020-07-31) [2021-09-24]. http://www.changzhou.gov.cn/ns_news/468159615684282.

(五) 投身慈善救济

企业以及企业家投身社会救济，承担着重要的社会责任与社会担当，中国早期的地方乡绅或者家境富庶的商人一直有“兼济天下”的行为。古人云“穷则独善其身，达则兼济天下”就有这层意思。光绪三十四年 (1908)，徽州爆发水灾，旅沪商人、商帮自发筹款赈灾，累计筹款近 4 000 洋元，由旅苏茶帮代为将筹款寄送灾区。① 现代社会，企业向社会突发公共事件捐款数量与次数更是不胜枚举。市场主体因为自身存在的风险性较高，它们对风险的识别、反应能力相较于其他主体而言更为敏锐，利用对社会问题觉察的敏锐性，企业可以实现第一时间主动与政府、社会力量合作，为社会成员提供应急资源。同时，企业因自身发展情况，无论是资金调动还是市场资源链接方面，相较于一般社会成员都具有自身长期积累的优势，这使得其在大量突发性需求面前，能够发挥自身主体性动能。

企业慈善是面向社会而言的，是基于企业社会责任与企业家精神所呈现的社会

① 皖南徽州水灾劝赈公所报告 永泰源洪伟臣经收徽州水灾捐款清单．申报，1908-08-01 (26).

福利项目。一方面，企业设立慈善基金会，彰显企业家的慈善精神，为企业本身创造了一种企业形象宣传，在政府、市场、社会中都树立了良好的企业形象，凸显企业良好文化。另一方面，企业家以个人名义进行的社会捐赠，成立企业家基金，向社会定期提供个人财富与企业收益，或者直接对特定群体或个人进行捐赠。例如，腾讯公司2007年注册腾讯基金会，是中国第一家由互联网企业发起的全国性非公募基金会，捐赠原始基金2 000万元，并承诺每年按照利润一定比例持续捐赠。

案例5-5

字节生活——北京字节跳动科技有限公司福利

北京字节跳动公司成立于2012年，是一家信息科技公司，致力于将人工智能应用于移动互联网场景，入选“2020福布斯中国最具创新力企业榜”。

1. 基本保障

免费三餐和就近住房补贴，使初入职场的员工减轻生活成本。

完善的商业保险制度，其中包含五险一金及补充商业保险。

2. 补充福利

节日礼品。春节家书礼盒、六一儿童节亲子礼包、入职周年纪念品等。

多样化的健康关怀。免费健身房与康体中心、年度体检、“字节心晴”心理关怀等。

3. 员工发展

家庭开放日。可以邀请家庭成员参观企业，参观个人职业成果。

兴趣社团。在企业内部组建兴趣社群，丰富员工生活，提升员工对企业的融入感与凝聚力。

员工培训。提供新入职员工职业训练营，让新员工更好地融入企业文化环境与个人岗位工作。

4. 社会责任

企业捐款。捐资设立“中国红十字基金会字节跳动医务工作者人道救助基金”，为抗击疫情一线医务人员提供保障。截至2021年1月，基金总额为4.46亿元。同时用信息助力公益，上线“抗击肺炎”频道、免费开放飞书全部协作服务、为全国中小学搭建空中课堂、请全国人民看《囧妈》。

“头条寻人”。设立面向全国的公益寻人项目，利用精准弹窗技术，帮助失散家庭团圆。截至2021年2月，“头条寻人”累计助力15 346个家庭团圆。

文旅扶贫。“山里DOU是好风光”项目，以抖音为主要平台，助力贫困地区进行文旅扶贫。项目依托当地特色文旅资源打造品牌，提升拉动当地文旅品牌影响力，继而带动相关产业的经营发展。截至2020年11月，已在河南栾川、山西永和、四川甘孜稻城亚丁等地区落地实施。

资料来源：北京字节跳动科技有限公司．[2021-09-22]. https://jobs.bytedance.com/campus/life.

二、社会企业

社会企业是介于传统企业与非营利组织之间的企业类型，于 20 世纪 80 年代开始出现，随后在全球范围内开始扩展。“社会企业”一词较早地出现在经济合作与发展组织（OECD）2003 年《变革经济中的非营利部门》（*The Non-profit Sector in a Changing Economy*）中。其中谈到，在 20 世纪末，欧洲许多大型企业开始向社会企业转型，少部分企业呈现出社会性与经济性相统一的运营模式，使得社会企业逐渐成为社会福利服务输送的重要参与者。[①] 雅克·迪夫尼等认为，20 世纪 70 年代，欧洲开始出现了游离于第三部门之外的，兼具经济特性、企业特性以及社会特性的组织机构，这些是源于企业家精神的企业社会性的体现。[②] 潘小娟则认为社会企业是介于传统的营利导向的企业和民间非营利组织之间的、受社会责任感及企业收益驱动的、为解决特定社会问题而进行商业交易的组织。[③] 沙勇通过对国内外学者对社会企业界定的梳理，认为社会企业是“致力于解决社会问题、社会创新和实现社会效益为目的的企业”[④]。因此，社会企业是运用商业模式维持自身运转、开展社会建设的企业，它具有经济性、公益性与社会性特征。它的福利供给通常有四种类型。

一是以解决特殊群体就业为导向。社会企业特别是福利企业通过安置一定比例的残疾人职工就业，享受国家给予的相应的税收优惠。它以解决特殊群体就业为主要导向，企业发展与商业模式选择都会从促进相应群体就业的角度寻找切入点与突破口，针对充分惠及不同群体就业与个人发展的需求设计商业模式或产品、服务，获取商业利益。我国台湾地区称此类型社会企业为“工作整合型”，旨在提供就业岗位，对员工进行岗前培训、技能提升等配套服务，帮助从业者自力更生。[⑤]

二是提供公共产品供给与服务。社会企业以回应社会关切、解决社会问题为导向，因此产品设计与社会需求之间存在交互关系。如以面向老年群体开发的居家养老适老化产品生产与设计的社会企业，通过链接社区资源，免费或以低于市场价的价格为老年群体提供居家养老的适老化环境改造，并免费提供上门改造服务，以回应政府对社区居家养老丰富多层次养老服务体系的建设要求，同时形成企业自身的商业生态。

三是开展各种形式的公益互助。社会企业集多种功能于一体，有的甚至依托基金会设立或是自身创立基金会，用以保障企业的公益性。社会企业不仅充当平台，还将自身置于社会互助链条中输送公益物品或服务。如广东残友集团就通过企业与

---

① OECD. The non-profit sector in a changing economy. Paris：OECD Publications Service，2003：87.

② 迪夫尼，丁开杰，徐天祥．从第三部门到社会企业：概念与方法．经济社会体制比较，2009（4）：112－120.

③ 潘小娟．社会企业初探．中国行政管理，2011（7）：20－23.

④ 沙勇．社会企业发展演化及中国的策略选择．南京社会科学，2011（7）：49－54.

⑤ 王仕图，官有垣，陈锦棠．台湾社区型社会企业之资源连接与社会影响：兼论其可持续性发展．社会建设，2015（3）：79－87.

公益相融合，由企业家个人将部分股份捐赠给企业建立的基金会，实现由基金会控股企业，维持发展公益机构。① 一些社会企业借助互联网线上平台开展社会救助、实现社会福利项目的资金筹集，用于帮助人们在遭遇大病、灾害等自身经济条件无法负担的情况下，向社会寻求资金筹集与帮助。但值得注意的是，此类社会企业与基金会开展募捐的方式不同。社会企业并不具备募捐资格，它所实现的仅仅是由社会成员自愿捐赠。而基金会可根据自身性质，对公众或对个人设立自愿性募捐。

四是开展社会治理。有的企业内置或致力于孵化与培育社会组织。社会企业可满足社会组织成立初期对工作空间的需求，为其提供办公区域，同时将企业自身的产品与服务供给与社会组织的项目相链接，实现社会企业间接参与社会服务与社会治理。有的企业承接政府项目，在这种情况下，社会企业就是充当社会组织的角色，结合自身发展方向，与政府合作，成为政府向社会购买服务的项目承包方，直接向社会成员提供服务。社会企业面向社区治理、贫困治理、风险治理，还投身环境治理、文化治理。如浙江虎哥环境有限公司通过打造废旧物资回收平台，实现垃圾前端分类，形成“互联网+”垃圾分类模式，实现政府、居民、企业三方协同推动垃圾分类环境治理的模式。②

案例 5-6

台湾花莲家扶“幸福小铺”

我国台湾地区的台湾儿童暨家庭扶助基金会（简称“家扶基金会”）以关注弱势族群家庭及儿童为主要服务目标，通过对家庭施行经济扶助，致力于贫困家庭自立。在家庭贫困致因伴随社会发展相应变化的情况下，家扶基金会的脱贫企划方案也开始发生积极转变。2007 年，家扶基金会引入社会企业，2008 年搭建起“幸福小铺”公益贩售平台。其中，花莲家扶中心逐渐出现受助对象难以融入市场的问题，于是自 2009 年他们着手建设“幸福小铺”。

花莲家扶“幸福小铺”面向当地 40～55 岁单亲妇女，其中大多数来自中低收入家庭。小铺以教学缝纫技能为主，通过缝纫手工制品，经由“幸福小铺”平台行销，使得参与缝纫工作的成员获得经济支持。同时，家扶中心每月还会开展成长小组活动，促使“幸福小铺”成员间互助，使其成为互助伙伴。截至 2014 年，在 21 户服务家庭中有 12 位稳定就业、1 位自行创业。成员们不仅转变了受助心态，同时还收获了可持续性脱贫成效。

资料来源：官有垣，杜承嵘，王仕图．工作整合型社会企业的社会影响：台湾家扶基金会的个案分析．“国家”与社会（台湾），2018（20）：1-52.

① 彭劲松，黎友焕．社会企业商业模式研究：以广东残友集团为例．江西社会科学，2012（4）：224-227.

② 苗青，赵一星．社会企业如何参与社会治理？一个环保领域的案例研究及启示．东南学术，2020（6）：130-139.

三、企业的福利供给方式

企业不仅可以直接为职工或社会提供相应的福利,还可以通过平台搭建间接推动福利在主体间的传递。企业的福利供给方式主要有实物、服务、平台三种形式。

(一)实物给付

实物给付主要分为两类,一类是现金给付,这是最为直接的福利形式。它通常会出现在节假日、加班、职工个人生涯的特殊节点等,企业通过发放福利津贴对员工进行激励。通过这种形式,企业可以吸纳人才、提升企业内部凝聚力。另一类是实物福利。企业向生活中有需要的职工群体提供基本生活物品,例如冰箱、电视、洗衣机等生活用品,或是根据实际工作需要配备电脑、住房等硬件设施设备。此外,还会通过商业合作、捐赠等形式向社会输送公共产品、设施设备。社会企业甚至会利用自身条件开发适用于不同社会问题的公共产品。例如,面向绿色发展、新能源开发、环境保护、智能化产品的开发等,可能是公共性社会问题或是特定群体性问题,创始人往往出于人类命运共同体的考虑,对企业产品的设计与投入更注重公益性与社会性。

(二)服务供给

服务供给区别于实物供给,是由企业为员工或社会提供直接或间接服务的一种福利实现形式。它主要用于促进员工发展,表现在企业对员工提供岗位适应性培训、员工职业技能培训等服务。当然也开展丰富职工日常生活、精神生活的服务活动,如员工心理辅导、员工定期体检、单身青年婚恋辅导等服务。此外,企业也扩展服务能力,优化服务方式,探索员工互助新形式,如开展职工互助交流工作经验、提升工作技能等,通过为员工搭建资源网络,提升员工职业发展机会,激发职工工作动力。

(三)提供平台

企业在就业方面会通过多种渠道吸纳社会劳动力,根据不同形式分为线上招聘和线下招聘,面向不同对象分为社会招聘与校园招聘等。通过拓展招聘渠道,提升了劳动者对于职业岗位的可获得性与可选择性。社会企业不仅可以解决一部分一般劳动力就业,还能致力于挖掘在解决社会问题过程中所需的人力资源。例如,调动企业所在社区的闲散劳动力或是以为特殊群体提供工作坊的方式吸纳就业。

另外,企业还可以提供平台型就业岗位。平台型就业是与智能交互技术型企业伴生的一种新业态就业形式。劳动者在企业平台进行注册申请,提交相应的个人资料,就能够成为相应企业平台的员工,有特定的薪酬给付模式,员工可以实现在时间与空间层面相较于传统企业更大的从业灵活性。新业态成为深入人们日常生活、进入大众视野的“经济新蓝海”，如电商购物、“美团外卖”、“饿了么”、“滴滴出行”等。

不仅如此，以互联网平台为载体的社会企业主要通过提供互联网筹款平台，以补充原有的线下互助救济行动。这一渠道通常有与之相对应的社会企业作为平台运营的依托。一方面提供商业性互助计划与商业性保险，另一方面将自身收获的投资及产生的商业收益用于开发、搭建免费的民间互助筹款平台。其主要面向大病救助所需的医疗费用筹集，达到速度更快、范围更广的筹款效果的主要方式是：通过求助者线上申请、提交相应的佐证材料，经由平台核实其真实性并确定与求助内容相契合的筹款计划，再通过线上链接的形式加以呈现，实现求助信息与民间捐款行为在社交平台间的传播与扩展，最终完成款项筹集，实现社会互助。

案例 5-7

水滴筹

水滴公司创建于 2016 年 4 月，通过水滴保和水滴筹业务，从保险保障端为用户提供高效的医疗资金解决方案，首创“大病筹款＋人身保险”的健康保障模式，提升了救急、救难的救助效率，满足了覆盖整个社会阶层范围的多元化用户群的需求，建立了闭环医疗支付生态系统。水滴公司还通过水滴好药付、水滴健康业务，从健康端为用户提供问诊、用药等健康服务。

通过移动互联网技术将民间“互助互济”的线下行为搬到社交网络上，并通过亲友分享、移动支付等方式帮助大病患者及家庭更便捷地发布、传播求助信息，让赠予人也可以更方便地进行帮扶。主打 0 服务费，并在筹款的各个环节安排筹款顾问进行指导，筹款期内可根据治疗需求，随时申请提现。

自 2016 年 7 月上线截至 2020 年 12 月底，共有 3.4 亿多爱心人士支持了平台上的大病救助项目，他们帮助支持了超过 170 万经济困难的大病患者筹得超过 370 亿元的医疗救助款，共计产生超过 11 亿人次的爱心赠予行为。

资料来源：水滴筹．[2021-09-22]. https://www.shuidichou.com/about.

第三节　家　庭

真正“永恒的三角”是由共同感情结合起来的孩子和他的父亲、母亲，即“基本家庭”。①

——雷蒙德·弗思《人文类型》

① 弗思．人文类型．费孝通，译．北京：华夏出版社，2002：83.

福利供给讲求并体现群体间的互动关系。家庭是人类最早的福利供给单位，通过它实现人类繁衍与文化延续，因而成为最恒久的福利供给主体。家庭成员关系构成社会关系之始，纵向的血缘关系与横向的婚姻关系明晰了家庭中的福利供给责任、供给结构及供给内容，进而开展对家庭成员的照料、教育、互助。这种行为规范逐渐拓展成为社会普遍存在的福利供给途径。诚然，在早期社会里，家庭福利局限于对老人的物质赡养、对子女的抚育教化以及家庭成员的情感互动。

19 世纪 60 年代以来，工业革命所形成的社会分工日益精细，这使得家庭所承载的福利功能逐渐被一些独立的职能部门、机构所替代。例如，养老服务由一些专业性养老机构提供，不断健全的社会保障体系与日益提升的保障水平分解了家庭对其成员的福利供给的独占性。这虽然于个体而言丰富了福利的来源与渠道、提升了福利供给的专业化水平，但同时缩小了家庭的福利边界，使得传统家庭福利供给的义务性减弱，家庭福利责任的脆弱性增强。伊瓦斯将“家庭”视为福利三角中与“国家”“市场”相并列的重要一角，在微观层面上实现与社会的联结，家庭与另外二者之间构成对于个体而言的共同福利对抗。①

一、家庭福利的必要性

相较于政府、企业、社会而言，家庭在福利供给中具有不可替代的作用，这主要是缘于家庭作为供给主体是基础性的，它是人类获得福利的“最后港湾”，被誉为“无情世界的天堂”，它通过最为直接的方式实现福利的供给，为家庭成员立足社会提供支撑。

（一）恒久的供给主体

家庭是自古以来最为持久的福利供给主体，一直发挥着福利功能。早在旧石器时代我国就出现了血缘家庭，后来私有制的产生、社会分工的发展使得家庭逐渐分化缩小至小规模家庭。早期的家庭只是一个生活单位，承担着家庭成员的生产、生活、教化及照顾等一切福利事项。汉朝通过“编户齐民”等制度化建设使之成为社会治理的有机组成部分，承载着福利供给任务。从文化的角度看，这是由于以夫妇、父子关系为基础形成的家庭结构及其衍生的社会关系发展到今天，虽然在内容与形式上已经发生了变化，但其社会关系的实质并未发生根本性变化，特别是家庭中所蕴含的亲子结构、生育功能并没有改变②，由此形成家庭这个“父母子女所形成的团体”③ 的稳定三角结构，即使是家族，也是基于这一微观三角拓展而成的。

---

① 彭华民．福利三角：一个社会政策分析的范式．社会学研究，2006（4）：157－168.

② 费孝通．乡土中国．上海：上海人民出版社，2013：37.

③ 同②480.

（二）家庭基本的福利内容

家庭提供基本的福利是基于它在社会结构中所处的地位而言。家庭是社会的基本单元，家庭福利的基本性主要表现在它的基本构成以及所提供的福利内容和方式上。

家庭能够作为福利的供给主体是因为它本身就是福利的生产者，具备一定的生产能力，聚集一定的生产资料，具有可供分享和输送的福利资源，这就为家庭开展福利供给奠定了基础。同时，家庭的福利输送主要依据最为基础的血缘、亲属关系进行，这促成了一套稳定的福利输送规则及机制。一方面，以家庭为单位的经济活动维持家庭成员的基本生计，特别是男耕女织的小规模生产活动能够最低限度地保障家庭成员最基本的衣食住行等福利所需，也为社会普遍实现基本保障提供坚实的后盾。另一方面，以孝为本、把孝作为行为准绳的福利文化维系整个社会的福利供给，“夫孝，天之经也，地之义也，民之行也”①。这种福利文化及观念即便在福利供给专业化、多元化、社会化及货币化的今天仍然发挥功能，居家养老的意愿与“养儿防老”的观念仍然普遍存在。同时，家庭还可以提供各种程度的文化教育，为家庭成员提供各种教育福利，推动家庭成员的社会化及再社会化。

（三）直接的供给方式

在人口流动性相对较弱的社会里，家庭就是个体生于斯、长于斯、养于斯、教于斯的载体，家庭的福利供给是众多福利供给主体中输送最为直接的一种。个体可以从家庭中直接获取生产和生活资料，并通过左邻右舍、家族、村庄的互动而搭建起具有圈层关系的社会福利供给网络。当然，家庭福利的供给主要遵循礼制，通过血缘、姻缘、亲缘链接而成，这就实现了福利供给与家庭内部情感的耦合，“父慈、子孝、兄良、弟悌、夫义、妇听、长惠、幼顺、君仁、臣忠，十者谓之人义”②，家庭成员进一步明确了自身的福利承担责任与义务，以便成员有需求时能够提供帮助。不仅如此，家庭关系的维系方式使得家庭成员间的福利供给不仅不会被污名化，反而得到强化，并转化为自我认同。这种建立在家庭福利文化基础之上的福利输送方式使得中国的福利供给更具稳定性，更能够降低福利供给的脆弱性，更容易抗击社会风险的挑战。

二、家庭福利供给内容

家庭福利供给强调以家庭为供给主体，为家庭乃至宗族及家族其他成员提供的福利，其内容主要涉及家庭养老、子女抚养、家庭教育、家庭支持等领域。

---

① 礼记·孝经．胡平生，陈美兰，译注．北京：中华书局，2007：239.

② 王文锦．礼记译解．北京：中华书局，2001：298.

（一）家庭养老

家庭养老是最主要的福利内容，也是体现家庭福利功能的一种方式，在家庭结构中形成了纵向的福利输送方式。家庭养老的认同与实现是通过养老文化的塑造得以强化的。

秦汉时期，维系家庭养老的“孝文化”被纳入官方治理体系中，并成为选贤用能的尺度与标准，汉代的举孝廉、高年王杖、存老问耆等制度影响了整个社会对“孝”与“事亲”等家庭福利供给的规范化，“人之孝行，根于诚笃，虽繁文末节不至，亦可以动天地、感鬼神。尝见世人有事亲不务诚笃，乃以声音笑貌缪为恭敬者，其不为天地鬼神所诛则幸矣，况望其世世笃孝而门户昌隆者乎”①。孝老渐趋成为家训族规的重要组成部分，宋代的程颢、包拯等人以亲老事老为由选择近乡从仕甚至辞官返乡。为亲人提供周全的照护成为普遍的文化共识，宋代陈思道为侍奉生病的母亲“衣不解带者数月，双目疮烂，饮食随母多少”②。由此可以看出，早期社会的家庭照护通过家庭成员直接提供服务，涉及对家庭成员的饮食起居以及日常关怀等方面，受制于当时社会发展条件与实际生活经验，家庭成员并不具备专业的护理知识与技能，社会并不存在相应的护理、康复师的职业分工，人们更多地以经验为主，偏向于经济性、生活性以及情感性的照顾。

随着照料服务的市场化与社会化，一些有经济给付能力的家庭从直接照料服务中解放出来，将照顾、护理、康复等服务拆分由社会提供，家庭照料则简化为家庭成员间的情感交流与经济支持。即便如此，居家养老的重要性仍不断被强调。老年群体在家庭中享受家庭成员的关怀与侍奉，家庭所在社区配套养老、医疗公共设施设备。西方更强调契约关系所形成的养老保障，他们的家庭养老基于财产的代际传递而得以保障，建立福利国家后，社会化养老保障成为主流。不过，福利国家的危机使得他们重新审视家庭养老的地位。

（二）子女抚养

家庭养老是一种由下至上的反哺方式，而子女照顾则是从上至下的抚养方式，两者构建起完整的家庭福利反馈链条。

子女抚养是家庭福利供给的重要内容，是维系家庭发展的重要福利措施。子女抚养侧重于对子女衣食住行的供给，以及提供子女成长所需的物质资料与干净、安全的住所等。同时，在家庭成员之间依据情感、契约关系而产生的行为与沟通的交互，是子女能够适应社会、步入社会的情感保障，它是其他福利主体无法直接供给的。如今，子女抚养通过法律关系进行强制性保障，不仅包含子女人身安全的保护，还包含提供子女所需的医疗、教育服务等。

---

① 袁氏世范．袁采，刘云军，校注．北京：商务印书馆，2017：15.

② 许嘉璐．宋史．上海：汉语大词典出版社，2004：9873.

如果家庭缺乏抚养子女所需的条件，无力承担子女抚养责任，就会造成原生家庭抚养福利功能的缺失。明代诗人马柳泉在《卖子叹》中怅叹“饥寒生死不相保，割肠卖儿为奴曹”。古有子女沦落为市场交易的商品，当今社会亦有抛弃子女或生而不养、养而不教的家庭福利缺失。对于被原生家庭遗弃的子女而言，虽然通过收养、寄养程序可以获得源自家庭主体的福利照顾，但是福利供给上缺少了血缘关系的维系；而对于缺乏家庭抚养福利的子女而言，虽置身于家庭之中，父母家庭抚养责任的缺位使其基本的生活保障与人身权益缺少应有的保护与实现，对子女的成长、人格的形成、价值观的树立等都会产生消极影响。

案例 5-8

《宋史卷四百五十六·列传第二百一十五·孝义·易延庆》

易延庆字余庆，筠州上高人。父赟，以勇力仕南唐至雄州刺史。延庆幼聪慧，涉猎经史，尤长声律，以父荫为奉礼郎。显德四年，周师克淮南，赟归朝，授道州刺史；延庆亦授大名府兵曹参军，后为大理评事，知临淮县。乾德末，赟卒，葬临淮。延庆居丧摧毁，庐于墓侧，手植松柏数百本，旦出守墓，夕归侍母。紫芝生于墓之西北，数年又生玉芝十八茎。本州将表其事，延庆恳辞。或画其芝来京师，朝士多为诗赋，称其孝感。

服阕，延庆以母老称疾不就官。母卒后，藁殡数年，延庆出为大理寺丞。尝司建安市征，及母葬有期，私归营葬，掩圹而返。知军扈继升言其擅去职，坐免所居官，复庐墓侧数年。母平生嗜栗，延庆树二栗树墓侧，二树连理。苏易简、朱台符为赞美之。后知端州，卒。子纶，大中祥符元年，进士及第。

资料来源：许嘉璐．宋史．上海：汉语大词典出版社，2004：9871.

（三）家庭教育

教育与抚养紧密联系，甚至可以成为抚养的一部分，是人的社会化的重要手段。“饮之食之，教之诲之”①，家庭教育先于学校教育实现教化功能的普及。“古之教者，家有塾，党有庠，术有序，国有学”②，汉朝出现正式教育机构体系前，家庭是教育福利实现的重要场所。“养不教，父之过”，教育就成为家庭的一种责任与担当。学校作为教育福利的专业供给机构出现后，虽分解了家庭的部分教育福利供给功能，但子女的社会化教育依然是家庭的重要责任。时至今日，家庭仍旧是不可或缺的主体，与学校、社会构成协同育人机制。

1. 社会化教育

家庭是个人社会化的最初场所，家庭成员的内部关系可以演化出其他社会关

① 诗经全译．袁愈荌，译诗．唐莫尧，注释．贵州：贵州人民出版社，1993：343.
② 王文锦．礼记译解．北京：中华书局，2001：514.

系，家庭提供个体社会化所必需的条件，实现人的社会化习得。就家庭成员关系而言，子女与父母的关系是最原始的社会关系，子女与父母的沟通及互动是他们走向社会并实现社会化的第一步，因为家庭内部的言传身教是家庭成员学习的最直接来源，所谓的“以身教者从，以言教者讼”[①] 就是这个意思。班杜拉认为，认知的产生一方面是来源于社会环境的示范，另一方面是通过讲授进行传播的[②]，通过家庭教育使得家庭内部的行为规范得以传承下来。父母对于子女的养育，父母对于祖辈、家族成员的赡养与扶持，使子女继承与学习这种福利传送模式，身体力行传递相应的福利项目。另外，个体进入社会后与他人的互助行为同样受到家庭成员的影响。

受西式教育的影响，人们总是以为对个体的社会化教育起源于近代西方国家。其实，中国传统社会中所蕴含的劳动教化、诵读经典、修身养性、正心诚意等，为子女的社会化奠定了基础。同时，家庭教育的范围不仅存在于家庭内部，还覆盖至邻里或宗族。例如古者二十五家为一闾，闾左右各设塾的邻里教育供给，或是宗族内个别富庶的族人设置义学以供族内子弟的教育与学习。又如范仲淹在苏州两县置义田，设立义学，教养兼备，宗族子弟可以在此学习、接受教化，这对官学为主的世俗教育形成了补充。[③]

2. 终身教育

每一个人生阶段都有学习与受教育的诉求，家庭提供了个体成长与发展全生命历程的环境，这使家庭成为终身教育的供给主体，供给内容涉及家庭成员的道德教育、生产劳动、情感交流、文化教育等。例如，家庭教育可提供就业技能。早期社会，劳动生产均通过代代相传的方式传承下去，通过家庭成员之间技能的相互教学，丰富与延续了传统劳动生产的智慧，为社会就业提供了更多可选择性。家庭不仅分担了社会劳动力的消耗，同时还为社会经济发展创造了劳动价值。再者，家庭教育中的道德教育、情感交流促进了成员的社会融入。家庭分工所产生的秩序及规范促进了家庭乃至整个家族与宗族的运行，使得成员间的行为讲求规训，实现了家庭单位与社会他人的互动整合。

案例 5–9

《颜氏家训·序致第一》

吾家风教，素为整密。昔在龆龀，便蒙诱诲；每从两兄，晓夕温凊，规行矩步，安辞定色，锵锵翼翼，若朝严君焉。赐以优言，问所好尚，励短引长，莫不恳笃。年始九岁，便丁荼蓼，家涂离散，百口索然。慈兄鞠养，苦辛备至；有仁无威，导示不切。虽读《礼》《传》，微爱属文，颇为凡人之所陶染，肆欲轻言，

① 范晔．后汉书．北京：中华书局，1973：1400.

② 班杜拉．社会学习心理学．郭占基，等译．吉林：吉林教育出版社，2003：95.

③ 范仲淹．范文正公文集：二．北京：商务印书馆，1937：111.

不修边幅。年十八九，少知砥砺，习若自然，卒难洗荡。二十已后，大过稀焉；每常心共口敌，性与情竞，夜觉晓非，今悔昨失，自怜无教，以至于斯。追思平昔之指，铭肌镂骨，非徒古书之诫，经目过耳也。故留此二十篇，以为汝曹后车耳。

资料来源：颜氏家训．檀作文，译注．北京：中华书局，2007：4－5.

（四）家庭支持

家庭为成员提供安全支持、情感支持与资源支持。其中，资源支持包括经济支持、人际关系与资源网络等。

安全支持是开展家庭福利的基本要求，为家庭成员提供安全保障是家庭的意义及价值所在。安全支持是指为家庭成员栖息所提供的安全生活环境及心理支持。因此，它是人居环境与条件的安全，家庭所处的空间环境给予成员相对稳定的栖身之所；也是心理层面的安全，保障家庭成员的基本生活需要；当然还是居住环境结构的安全，例如福建永定土楼建筑所用的材料具有较强的抗击能力，这为众多家庭提供了安全支持。

情感是重要的福利形式。情感支持是家庭区别于其他福利供给主体的独特内容。人们常说“家是港湾”，除了讲家庭为个体提供了栖身之所外，还强调家庭可以给予个体安全感、归属感、自尊与尊重。对照马斯洛需求层次分析，家庭的支持可以满足个体前四个层次的需求。家庭提供的情感支持以及最亲切的生活照料是其他支持主体无法取代的，这种亲密关系是个体社会关系及社会融入的基础，促进个体的自我实现。

资源是家庭福利的物质表现。资源支持是个体从家庭连接至社会的手段。缘于亲情的维系比法律关系的维系更为紧密，家庭为个体提供的经济福利可以实现即时性与持续性，最大限度地为家庭成员提供经济支持。除此之外，家庭在福利领域还可以提供生产资源的支持、生活资源的支持以及促进发展的信息支持等。同时，以家庭为载体，能够实现家庭、家族内部福利资源的整合。另外，家庭作为成员生活的场所，将社区、企业、组织等各种外部福利资源聚集起来，共同为家庭成员服务。

案例 5-10

福建省永定土楼

永定土楼位于福建省西南部，因其独特的建筑风格与规模而闻名，其中一楼有多户家庭居住，人数多则上百人。多数是家庭聚集或宗族聚集居住，形成了独特且鲜明的家庭、宗族文化、福利。

1. 安全支持

土楼一般处于偏远山林间，这使得其周遭环境相对安全，易守难攻。土楼的结构搭建所用木材主要是杉木，《永定县志》载“杉，材可为栋梁……利用最溥”[①]。木材间的连接主要利用竹钉，这种竹钉是采用当地盛产的竹子的硬皮老竹头混合黄土制作而成，这样的制作方式使得竹子不易腐烂、被虫蛀，且十分坚硬。围楼之土取自当地红壤土，该土“表土腐殖质之量少，而排水良好者”[②] 土壤组织通透，再混合其他沙砾、老墙泥，形成坚固同时韧性较高的土墙。通过就地取材并结合民间智慧而建的土楼，为居住于此的家庭成员提供了安全支持。[③]

2. 情感支持

每至当地节日，土楼内的居民都会一同欢度庆祝。例如“中元节家家备酒肴纸币荐祖先，后遍食，家人亲丧之家建盂兰水陆斋以度亡魂；中秋夜设果饼祭月，亲朋醴酒赏之彻夜，候月华见”[④]。通过节庆活动，实现了家庭及家族成员的情感凝聚。

3. 资源支持

(1) 丧事支持。如某家有亲人去世，同楼人都会倾力相助，这是土楼内办丧事的习俗，其他楼的宗亲也会前来吊唁，部分人还会留下来帮忙几个昼夜，直至把丧事办妥。

(2) 生产支持。若有的家庭生产劳作进度较慢，为防耽误农时，进度较快的家庭会主动提供农具、牲畜、秧苗、劳力等帮助，甚至联合生产，共同完成农活。

(3) 生活互助。楼内各家生活水平会有差异，对于楼内相对贫困的家庭，其他家庭会自愿捐款、出力、帮工等，帮助贫困家庭渡过难关。

(4) 信息资源支持。土楼因为建筑形态的集聚，家庭、宗族之间常串门相互交流信息，实现信息交流与日常生活状态之间的及时互通。

资料来源：胡大新．永定客家土楼研究．北京：中央文献出版社，2006：193-194.

三、家庭福利的功能

家庭福利与政府提供的制度化福利以及与市场提供的社会化福利相比，对福利客体产生了独特功能，主要表现在生命维系、家庭成员的社会化、福利生产以及福利接续等方面。

（一）生命维系功能

这是基于人类生育制度而产生的家庭功能，是社会基础单元的维系。从宏观环境来说，人类的延续需要一种规范化的生殖系统提供接续与传递，这不仅是生物性的需求，更是人类文明得以传承的基础，而这种规范性的根源就在家庭。它通过婚

① 徐元龙．永定县志（民国）．厦门：厦门大学出版社，2015：463.

② 同①435.

③ 谢莉，冯亚芬．福建土楼形成发展的历史地理环境研究．湖南社会科学，2011 (1)：212-215.

④ 永定卫志．清康熙二十四年刻本：96.

姻制度实现有序的人口延续。从微观层面来看，家庭财富、情感及习俗得以延续也需要一定的载体。宏观上，家庭福利所产生的生命维系同时为国家、社会发展提供了源源不断的人口福利。

不仅如此，家庭还具有夫妻及亲子之间的情感维系功能。夫妻之间的情感是维持家庭世俗意义上的完整的一种方式，基于夫妻关系的情感联结使得家庭的结构更趋向稳定与牢固，子女在此环境中能够充分感受到来自父母双方的爱与关怀。亲子之间的情感是构成家庭三角关系的必要一元，费孝通在《生育制度》中谈到“婚姻的契约中同时缔结了两种相连的社会关系——夫妇和亲子”[①]。这既是社会分工的需要，又是独立家庭完整性的需要。而两对关系之间情感的维系不仅促进了成员更好地发展，还密切了家庭成员与社会成员之间的关系。

（二）家庭成员的社会化功能

“社会化的过程开始于家庭。”[②] 家庭提供了最初的社会化，是进入社会的第一步。家庭为成员的社会化所提供的福利更多依赖于经验传授，但这种基本生活技能、习惯、方式的养成是其他福利供给主体无法替代的。我国家庭福利更是面向家庭成员的整个生命历程，家庭提供给成员成长发展所需的功能是全面的，回应个体不同发展阶段的需要。依据埃里克森人生发展八阶段理论，家庭在成员童年阶段提供成长环境与教育，满足其信任、安全感、归属感的需求，在青春期阶段帮助其顺利确立自我同一性，在成年阶段对其事业、亲密关系的形成、家庭的组建给予指导，而至老年阶段则又开始提供类似童年阶段的功能，这其中就伴生了基本生活、教育、情感、文化、养老等多方面的福利供给。这是家庭作为社会组成部分的福利功能表达。

（三）福利生产功能

家庭作为福利生产的主体，其功能包括经济生产的福利、养老与抚育的福利以及居住环境的福利。

经济生产是家庭福利生产的基本内容。通过家庭成员生产资料的支持与供给，能够实现家庭内部资源的循环。戴维·波普诺认为，家庭是“形成一个经济单位或在经济生活中互相合作的一伙人”[③]。早期农业社会家庭以农业生产为主，可以满足食物与居住的基本需要，手工业的出现拓展了家庭对于穿衣保暖的需要。进入工业社会后，家庭成员通过劳动就业实现了稳定的收入供给。经济生产所实现的合作关系进一步加深了家庭成员之间的联系，使得成员关系与福利供给之间的联系更为紧密。养老与抚育是依据家庭成员结构与角色所产生的功能。家庭内部养老与抚育福利内容的供给能够与政府、市场提供的福利产生衔接，形成相互补充。同时，家庭

---

① 费孝通．乡土中国．上海：上海人民出版社，2013：476.

② 波普诺．社会学：下．刘云德，王戈，译．沈阳：辽宁人民出版社，1987：187.

③ 同②191.

为成员提供的居住环境也使得社会福利资源链接有了空间载体，实现了社会福利与家庭福利的有机整合。

（四）福利接续功能

家庭的福利接续是根据其福利输送的独特性而言的，主要蕴含伴随着生命延续与家庭成员角色转变而呈现的一种代代相传的功能发挥。任何家庭成员都要经历“社会性的断乳”，但家庭成员的角色与伦常要求的延续，使得我国家庭成员福利输送不至于出现断裂，同时也区别于社会化的福利供给所呈现的阶段性，家庭的福利存在一种反哺模式，这是家庭福利得以绵延的内在机理。此外，还有福利文化对福利供给的浸润。“家文化”“孝文化”由民间产生，经历秦汉制度规范化再走向民间的过程形成了一种“百善孝为先”的文化认同与氛围，文化所具有的历史性与福利意蕴能够为福利供给提供源源不断的动力。而福利文化的传承所需的人口由家庭的生育功能实现接续。“生”为文化的传承提供了载体，“育”是文化实现传承的手段与方式，这二者都依托家庭得以实现。

第四节　非政府组织

从某种意义上说，公共行政问题已经超出了政府作用的边界，把大量的第三方包含进来，与政府大量分享对公共出资服务的自由裁量权。[①]

——莱斯特·M. 萨拉蒙《公共服务中的伙伴：现代福利国家中政府与非营利组织的关系》

“善”是人的本性，孟子认为“谓人生于天地，皆禀善性”[②]“君子莫大乎与人为善”[③]。除本性“善”外，通过家训族规、童蒙教育教材以及宗教业报等观念作为个人品格修养教育的重要内容，“善”不断被人们广泛习得。由个体发端的善行会产生积极效果，《周易》有言：“积善之家，必有余庆。”[④] 早期不仅有“民饥则我饥，民寒则我寒”[⑤] 的官方慈善准则，并据此设惠民仓、义仓、社仓恤民救灾，民间还设有宗族义仓，唐代还有社邑等慈善活动对官方慈善进行补充，具有现代社会福利的雏形与属性。到了清代，慈善活动不再仅仅是简单的救济行为，还伴随一些以教化为目的的演讲，使得互助、救济等行为具备一定的组织化与社会性。

---

① 萨拉蒙．公共服务中的伙伴：现代福利国家中政府与非营利组织的关系．田凯，译．北京：商务印书馆，2008：2.

② 王充．论衡．上海：上海人民出版社，1974：44.

③ 孟子．万丽华，蓝旭，译注．北京：中华书局，2007：72.

④ 陈鼓应，赵建伟．周易今注今译．北京：商务印书馆，2005：44.

⑤ 原文为：河间献王曰：“尧存心于天下，加志于穷民，痛万姓之罹罪，忧众生之不遂也。有一民饥，则曰：‘此我饥之也。’有一人寒，则曰：‘此我寒之也。’一民有罪，则曰：‘此我陷之也。’”见刘向．说苑校证．向宗鲁，校证．北京：中华书局，1987：5。

作为对朝廷、官府及家庭福利供给的补充，义仓、社邑等机构其实就类似于今天的非政府组织。它们以开展慈善活动为主，因而又被称为“公共部门”“第三部门”“支援部门”[①]，是对政府、市场等主体的补充，是处于作为公共部门的政府以及作为私营部门的企业之间的机构，实质上是一种中介与资源的桥接。非政府组织包含通常所讲的基金会、社会团体、社会服务机构甚至社区，区别于政府公共领域与商业活动的市场领域，强调此类组织的自愿性、公共性与服务性。

一、基金会

作为社会福利的主体，基金会是指利用自然人、法人或者其他组织捐赠的财产，以从事公益事业为目的，按照《基金会管理条例》的规定成立的非营利性法人。[②]基金会的成立提升了社会福利事业供给的组织性，加快了慈善事业发展的规范性，成为当今社会重要的福利供给主体。

（一）基金会的福利内容

基金会提供的福利主要涉及对扶贫济困、灾害救济、助老扶残等的财产捐赠及服务提供，本质上是一种组织化的慈善救助行为。从历史上看，慈善救助最初存在于血缘、亲缘关系内部，后来拓展到官府、槽帮、盐帮等组织和机构中，魏晋南北朝时期宗教开始进入慈善领域，通过广种福田施行救助、救济活动[③]，隋唐时期开始出现各种形式的行会从事一定的慈善活动。日本学者认为，真正发挥基金会功能的组织大约出现在明末，吕坤、杨东明分别在江苏、河南设立的同善会就是其中的代表。以吕坤所设同善仓为例，它主要是由一些人捐赠出自家剩余的米谷向贫民施舍，以实现富人对贫民的接济。[④] 明清时期，随着工商业的发展，不少家境优渥的实业家会以个人名义进行捐赠。近代以来，面临内忧外患，朝廷在应对社会问题时常常应接不暇，因此需要并激发民间团体广泛开展慈善救助。例如，光绪二年（1876）李金镛创办义赈代替官赈，制定《海州查赈章程》，规范义赈程序；光绪四年（1878），盛宣怀与郑观应等人在上海设立义赈公所，以弥补官赈款绌的困境，及时开展救灾事务。[⑤]

在欧洲，基金会的兴起可以追溯到早期的宗教活动。为了便于管理宗教慈善活动中的资金往来、资金管理与资金分配，掌管慈善资金的教会开始建立基金会，专

---

① 王名．中国的非政府公共部门（上）．中国行政管理，2001（5）：32－36.

② 基金会管理条例．（2004－03－08）[2021－10－11]．http：//www.gov.cn/zhengce/2020－12/27/content_5574632.htm.

③ “天帝白佛：夫人种德，欲求影福，岂有良田果报无限，种丝发之德本，获无量之福乎？唯愿天尊敷扬惠训，令此愚曚福报无量。”见佛说诸德福田经．法立，法炬，译．[2021－10－10]．http：//www.dzj.fosss.org/dzz。

④ 夫马进．中国善会善堂史研究．伍跃，杨文信，张学锋，译．北京：商务印书馆，2005：80.

⑤ 周秋光．中国近代慈善事业研究：上．天津：天津古籍出版社，2013：272－273.

门管理用于宗教活动特别是宗教慈善活动的资金，这直接影响了整个欧洲社会的基金会的形成。12 世纪末，教会组建的基金会大量敛财，在一定程度上威胁了英国王室地位，基金会世俗化的改革之路由此开始，1601 年出台了《慈善用途法》[①]。中国现代意义上的基金会设立于 1981 年，中国儿童少年基金会是我国第一家国家级公募基金会，由多个社会团体共同发起成立，隶属于全国妇联。[②] 至 1988 年《基金会管理办法》出台，基金会的设立、管理、运行流程才形成规范化确立。经过 40 年的发展，基金会的组织运行相对规范，包括基金会内部的管理以及面向社会组织募捐与接受捐赠等公益活动的组织与开展等均有相应的条例。同时，根据面向对象与设立的主要目的，设立各种规模的基金会，如“壹基金”、中华社会文化发展基金会、中国残疾人福利基金会等。据统计，截至 2019 年年底，我国已有 7 585 个基金会组织。[③]

（二）基金会的福利输送

基金会主要通过捐赠款物、搭建专项平台以及提供志愿服务等方式将福利输送到各福利客体手中。

1. 捐赠款物

从类型上看，基金会主要通过公募基金和私募基金两种方式向民众提供慈善福利。其中，前者向社会大众筹集款项，在特定筹款周期内所筹得的所有款项全部投入于救灾、扶贫、医疗、助老、扶残等事项；而后者则是以个人或组织的名义提供款项，不得向社会公众开展公开募捐。此外，还可以通过资助其他社会组织的方式间接提供福利。

2. 搭建专项平台

基金会的设立与登记比较规范，拥有合法的集资权利，加上资金使用去向透明，容易得到民众的认同与信任。一方面，它提供筹款平台。这种通常是个人、组织及基金会共同设立专项基金，接受捐赠并开展捐助。另一方面，它提供福利信息获取平台。对于求助者而言，基金会的影响力决定了平台援助信息被求助者知悉并从中获得帮助的可能性，这为求助者提升了福利资源的可获得性，求助者甚至可以主动借助平台寻求社会大众的援助。

3. 提供志愿服务

基金会可以招募志愿者，对他们提供组织化志愿者注册登记及志愿活动的培训与开展等服务。一旦社会有需要时可以派遣志愿者提供志愿服务，如就业信息提供

---

① WEAVER W，et al. U. S. philanthropic foundations：their history，structure，management，and record. New York：Harper & Row，1967：14－15.

② 依靠群众和全社会力量培育好下一代中国儿童和少年基金会在京成立．人民日报，1981－08－20（1）.

③ 国家统计局．［2021－10－10］．https：//data. stats. gov. cn/easyquery. htm？cn＝C01&zb＝A0P0101&sj＝2019.

与分析、就业技能提升帮扶、疾病救治以及其他生活困难帮扶等。

（三）福利监管

基金会所具有的独立性与相对稳定性决定了基金会自身对福利资源管理与使用有监管职责，有责任防止基金会福利资源滥用。一是基金会对福利使用的监管。基金会内部设有理事会，限定理事组成结构，避免近亲关系占比过重，以确保基金会福利供给的公平性。二是对福利项目运行的监管。基金会通过确立资助专案项目向社会公开募集并公示，筹款周期结束后向对象拨款，整个基金会福利资源的流动过程具有公开性。三是对福利资源使用的管理。主要用于对社会对象与社会事件的回应，并且资源的使用确保是用于纾解，这保障了基金会福利资源的公共性。通过基金会内部结构、过程运行、资源管理的公平性、公开性、公共性保障，基金会实现了内部福利监管。

（四）基金会福利的作用

基金会福利具有如下作用。

一是便于福利资金筹集及福利项目开展。基金会可以筹集资金以实现福利项目的施行，依托它所筹集的资金等可以更直接地进行福利分配与福利输送。

二是纾解政府、市场对突发性事件回应滞缓的问题。基金会的福利供给相较于政府而言更具灵活性，且具有一定的社会影响力，以及长期福利事业供给所累积的社会信任基础，因此在突发性事件发生时，能立即采取行动。加上自身的非营利性特质使得它所提供的福利能够得到民众的认可，这就决定了它在突发事件发生时能够在最短的时间内开展资源供给。

三是有助于个人福利的增进。基金会就其功能而言，无论是面向组织还是个人，最终都会落脚到改善个人福利、提高个人福利水平上。凡是基金会项目、资金或服务所覆盖到的地方，都能提高获得者的福利水平，增进其幸福感与认同感。

案例 5–11

美国比尔与梅琳达·盖茨基金会项目开展步骤

比尔与梅琳达·盖茨基金会成立于2000年，其运作与基金分配方式主要有四个步骤，每个步骤的持续时间取决于项目复杂性及潜在合作伙伴的能力等。

第一步：确立项目主题。欲开展的某一基金领域内的项目官员、基金会同事、研究人员、决策者和其他合作伙伴通过协商，以内部会议形式确立基金项目的主要内容。

第二步：事前准备。在该领域组织的帮助下，使用各种方法来探索和提炼主题。通过意见征集与讨论，邀请一个或多个组织讨论这一项目，探讨它们从事这项工作的兴趣和能力。如果组织有专业知识、能力和兴趣，基金会将邀请它们提交一份内容企划或建议。最后，确定目标达成的需求（request for proposal，RFP）。如若基金会内部资源无法满足项目所需，通过在网站上公开发布 RFP 征求建议书，私人的 RFP 则指向特定的组织。

第三步：投资开发。给申请人制定提案和预算的指导方针和模板。项目官员与内外部专家一起审查提交的材料，并与申请人合作整合建议的修改。通过调查，确认申请机构的税收状况，确定如何构建交易，并评估风险。在此期间，法律和财务分析团队也可能参与。基金会执行人员最终决定是否资助提议的拨款或合同。在资助活动开始之前，基金会和伙伴组织签署一份协议，包括预期结果、目标、里程碑，何时报告可交付成果以及支付时间。

第四步：整理与结束。在投资期间，项目官员和合作伙伴讨论项目开展过程中的进展和挑战。通过保持高质量的互动和清晰一致的沟通，他们能够实现及时的分享反馈。项目官员或基金会工作人员可能参加咨询委员会，偶尔也会在基金会的董事会中占有一席之地。在项目结束时，合作伙伴将与项目官员一起提交一份总结成果和经验教训的最终报告。

资料来源：比尔与梅琳达·盖茨基金会．[2021-10-10]. https://www.gatesfoundation.org/about/how-we-work.

二、社会团体

相对于基金会而言，社会团体相对比较宽泛，特别是它不能够像基金会那样募集资金。它是民众自愿组成的、按照团体章程开展活动的非政府组织。

（一）乡里团体

乡里团体实际上是中国早期社会自主结社以开展物资筹集、社会救助、合作互助等福利供给的社会团体。它是基于地缘特别是乡土社会而结成的社、里、邑等，多则几百户、几十户为一社，少则几家几户自愿结社。两汉时期的社祭主要开展土地崇拜，以保障民生。[①] 这一时期的祭祀供品的来源开始丰富多样，“高祖十年春，有司请令县常以春三月及腊祠社稷以羊豕，民里社各自财以祠”[②]。可见“社”的物资可以由民间自筹，尤其是后来“社”不再仅限于祭祀，民里还举办各种节庆活动，使得“社”成为民间社团的活动形式与场所，通过“社”由富人向穷人进行必要的救济。例如，《后汉书》有冯绲“家富好施，赈赴穷急，为州里所归爱”[③]，汉献帝年间张俭因“百姓饥荒，而俭资计差温，乃倾竭财产，与邑里共之，赖其存者以百数”[④]。乡里民众的合作互助包括乡里间的合作劳作、共同修建宗祠等设施以及承办重大事项，如“里中社，平为宰，分肉食甚均”“邑中有丧，平贫，侍丧，以

---

① 马新．论两汉乡村社会中的里社．文史哲，1998（5）：90-94.

② 司马迁．史记．裴骃，集解．司马贞，索引．张守节，正义．北京：中华书局，2014：1659.

③ 范晔．后汉书．北京：中华书局，1973：1281.

④ 同④2211.

先往后罢为助。张负既见之丧所，独视伟平。平亦以故后去”[①]。时至今日，这种依据乡土结成的团体仍旧存在，其中最为常见的是社区自组织。

（二）血缘团体

血缘团体指家庭、宗族等一定规模的家族中依据血缘或宗亲关系联结而成的团体，这类团体通过义田、义庄、义仓、义学等形式，满足宗族内部生活有困难的成员的基本生活。维系这个团体的存续，除了血缘关系之外，更多地依据族规。例如，宋朝范仲淹为宗族成员修建的义庄，“于苏州吴、长两县，置田千余顷，其所得租米，自远祖而下诸房宗族计其口数，供给衣食及婚嫁丧葬之用”[②]，并订立规矩，令诸房遵守。义庄内设有义田、义宅、义学等。闽南地区通过“过继”“孝子会”的形式为家庭内没有子女的老人提供养老、丧葬等服务[③]，有效弥补“无儿”“防老”造成的家庭福利的缺失。当然，宗族的善行善举在有能力的情况下还资助族外有需要的对象。例如福建安溪厚安地区的谢氏宗祠就设立敬老、教育、佛事等资助。[④]

（三）宗教团体

宗教团体是依据共同的宗教信仰而结成的团体组织，人类最早的捐献活动就源于具有神学色彩的祭祀活动。宗教团体设立慈善互助救济，通过修福田、恩田、布施等开展福利输送。同时，它还承担教化功能的福利供给。以佛教为例，通过布施开展助人救济。“既布施已，自食自净，施已报转。”[⑤] 宗教团体的施舍讲究一种同等需求的给予，即自己也有需要的，把它施予他人，这缘于供需双方的一种“布施—回报”的互助关系。这其中不仅包括所食所穿的物质帮助，还包括对他人传递一种心灵与精神的慰藉，比如“如来世尊一切智人。以相应语说布施报。已作利益安乐众生”[⑥]。这表明宗教团体的成员在为他人提供精神慰藉的同时，也能完成自我价值的实现。除此之外，宗教团体还通过设立基金会的形式，资助社会公共事业的发展。

（四）群团组织

群团组织是面向特定范围的社会群体自愿结成团体形式的主体。它通过团体争取代表群体以保障自身权益，如早期的东林党、清末的强学会、保国会等，这类团体的福利供给包括权利、实物、服务、文化等。此外，还有面向团体成员的扶贫、

---

① 司马迁．史记．裴骃，集解．司马贞，索引．张守节，正义．北京：中华书局，2014：2494.

② 范仲淹．范文正公文集：二．北京：商务印书馆，1937：97.

③ 高和荣，张爱敏．中国传统民间互助养老形式及其时代价值．山东社会科学，2014（4）：42-46.

④ 陈婉婷．农村民间慈善的发展及其运作机制研究：以福建东南沿海金村为例．北京社会科学，2016（3）：120-128.

⑤ 南怀瑾．毗耶娑问经．台北：老古文化事业股份有限公司，2002：14.

⑥ 同⑤21.

健康、教育等服务。如共青团为青年就业创立青年创业就业示范区；为青少年服务、融入社会设立青少年志愿者协会，组织开展志愿服务；为更好地为青少年群体与社会成员提供社会服务而投入孵化社会组织；等等。区别于其他非政府组织，这类团体主要为特定群体提供依归，争取并保障特定的群体权益，是政府与对应群体之间的桥梁与纽带。例如，中华全国妇女联合会主要是为全国各族各界妇女寻求进一步解放和发展，由此联系起来的群众性团体；中华全国归国华侨联合会主要是为侨胞、侨眷提供福利，并依法保障他们的权益。

（五）文化团体

早期的文化团体以书社、学社等形式出现，春秋时期有不同的学派或学宫，宋元之后，特别是明清时期出现了大量的曲社、剧社，它们都发挥着文化福利供应的功能。中华人民共和国成立后也汇集了大量文化团体，例如曲艺协会、书法协会等。这类机构通过对文化、学术研习的资助与奖励，以及公益演出、慈善会演等形式丰富福利内容。团体成员大多是文化工作者，深入乡村、山区，带动文化发展，满足居民需求。除此之外，现今仍有不少曲艺协会、书法协会等走进社区举办公益文化活动，充实民众的文化、精神生活。

案例 5-12

英国文化协会残疾人国际艺术平台

英国文化协会 2013 年创立了残疾人国际艺术网，它是由英国文化关系和教育机会国际组织英国文化协会开发和协调的网站，旨在推广独具特色的一代优秀残疾人艺术家、残疾人创设的公司和包容性艺术组织的作品，以吸引观众和访客，增加残疾人获得从事艺术的机会与方式。

同时，它还力主探索和对比不同的残疾人文化政策和筹资环境，为分享艺术无障碍提供了绝佳实践，并展示了高水平残疾艺术家的作品。网页中的艺术作品每两个月向来自世界各地的大约 2 000 名专业人士发布一次。

资料来源：Disability arts international. ［2021 - 10 - 10］. https：//www.disabilityartsinternational.org/about-us/.

三、社会服务机构

社会服务机构主要是以服务为主要形式的非政府组织。不过，社会服务起初由官府提供为主，例如秦汉对于鳏寡孤独进行制度化的颁赐。到了汉代之后，民间逐步提供公益慈善服务，例如宋代的慈幼局、明代的养济院、孤老院等。中华人民共和国成立后，我国的社会服务主要呈现为由单位、集体实现的统一供给。此后，市场化发展虽然强化了社会服务的专业性需求，注重服务内容与对象的区分，但由此带来了社会服务项目的碎片化、市场化困境，这就需要推动社会服务注重实效性与公益性。2016 年《中华人民共和国慈善法》施行，我国原有的“民办非企业单位”改名为社会服务机构，这使得社会服务机构的福利范围得到了更大的拓展。

（一）社会服务机构分类

广义的社会服务机构十分普遍，不仅包括作为公益慈善服务组织的民间机构，还包括政府、事业单位背景的福利服务机构，如医院、学校、博物馆等。作为非政府组织的社会服务机构主要是一种民间公益性、非营利性组织。根据福利服务面向的不同，社会服务机构大致分为面向政府的、面向市场的、面向社会的等三种类型。

1. 面向政府的社会服务机构

面向政府的社会服务机构主要通过承接政府发派或公开招标的福利项目获得项目资金支持与公信力认可，然后由机构以服务的形式将对应的福利项目输送给相应福利客体。这类服务机构充当的是福利资源传送与转换的角色，即将政府原本的实物福利转换为包含实物、服务在内的福利。社会服务机构将上游资源引入社会，依据下游民众的实际需求申请设立服务项目，争取上游资源支持。应该看到，社会服务机构选择何种服务供给方式，就决定了福利服务供给者在福利供给过程中采用何种服务供给方式接触服务对象，收集相应的福利需求。因此，这类型服务机构主要是对政府负责、为福利客体服务，其服务的过程与成效接受政府部门监督的一种福利供给模式。

2. 面向市场的社会服务机构

面向市场的社会服务机构包括两种。一是为市场输送福利，满足市场科技、经营等需求的社会服务机构。主要是以科研机构为主体开展科技研发与创新，其创新成果以福利形式回馈给市场、社会。一方面，它为相应技术投入政府部门转化为平台型资源提供了技术支持；另一方面，为市场更好地使用相应的科技资源、信息系统等提供了更好的技术生态。

二是市场化的社会服务机构。这一类型的服务机构主要通过将服务项目投入市场供不同客体进行购买的方式提供福利供给。虽然这与非政府组织的公益性存在一定的矛盾，但它与市场需求相适应，且通过向不同对象输送不同类型的福利服务，让民众得以根据自身需求与能力选择所需的福利服务。此类社会服务机构有养老机构、社会工作服务机构等。

3. 面向社会的社会服务机构

面向社会的社会服务机构主要侧重于提供援助与救济服务。社会服务机构本身就具有公益性、非营利性等特性，它们在提供社会化服务之外还面向不具备服务购买能力的群体提供公益性服务。例如，面向罕见病患者所提供的服务等。北京血友之家罕见病关爱中心主要面向血友病患者提供服务，它不仅为患者及其家庭提供教育、医疗、关怀、就业等救助服务，还进行健康教育宣讲，并为患者链接专家、学者等开展疾病咨询服务，向地方医保局反映情况，提升病友医保上限等。①

(二)供给方式

一是平台化供给。平台化供给是指社会服务机构作为传送平台和枢纽而提供的福利。通常社会服务机构都是服务的直接供给者，它们是政府、市场、社会之间的主要“联系人”，通过政府或市场提供开展服务所需的资金支持，经由社会成员作为载体的转接，由社会服务机构以项目制的方式促成福利服务的实现。平台化供给可以使服务资源进行有效整合，有利于福利资源的节约与有效利用。例如社区医养融合服务的发展，将医疗与养老服务融合于同一个福利客体所处的空间环境，不仅确保了福利服务的专业性，同时还避免了医疗机构提供的照料服务与养老机构重合，或是养老机构的基础医疗服务与医疗机构重合。这也是社会服务机构作为非政府组织表现出的中介性。

二是项目化供给。社会服务机构的福利供给通常是依据福利项目设计而呈现的。一方面，社会服务机构基于服务项目的承载，将各种福利资源引入社会成员中。另一方面，依据民众的实际需求申请设立服务项目，争取福利资源的支持。区别于那种面向普遍性的社会生活需求的福利项目派发与外包，社会服务机构所回应的需求来自民间，是由民众直接反映或是在服务过程中由社会服务供给者观察而得的，更具真实性与客观性，更贴近民众的真实想法与需求，由此获得的福利项目与福利需求的契合性高，也更为有效。

案例 5-13

上海乐群社工服务社

上海乐群社工服务社（简称“乐群”）成立于 2003 年 2 月，是中国内地第一家社会工作服务机构，获得国家民政部颁发的“全国先进社会组织”等多项荣誉，且两度被评为 5A 级社工机构、全国百强社工机构，并且在 2019 年获得上海“公益之申”“十佳社工机构”的称号。

一直以来，乐群致力于为不同性别、年龄、社会阶层、宗教和种族的人群提供切实、专业、人性化的服务，倡导社会公平、公正、参与、互助，协助社会公共政策和福利的实施。通过以社区服务为平台，以个体、家庭、楼组为对象，发现和回应其不同层面的需求，并通过能力建设服务以促进社会工作行业实务能力的提升，且与政府部门、企业、基金会、社会组织、志愿者等多方合作，实施社会服务，培育社区团队，促进社区发展。

乐群提供的社区托管服务受政府委托承接并管理社区各类场馆的日常运营，以中心为平台，根据不同的定位与功能，为不同群体提供服务。例如，鹤沙航城社区

① 北京血友之家．[2021-10-10]．http：//www.xueyou.org/gdfc_a_read.aspx? id=1584.

生活服务中心提供包括亲子、青少年、阳光之家、慈善超市、社区工作者能力建设等一站式的社区服务；张江镇青桐日间照料中心为老年人提供日常生活、保健康复、文娱康乐、心理咨询等服务；社区志愿服务中心通过探索与实践，构建和完善了枢纽型社区志愿服务网络架构，并提供了“五大平台”；社会组织服务中心通过搭建沟通交流平台，加强各社会组织之间的联系，回应社会组织和社区的各类服务需求。

资料来源：上海乐群社工服务社．[2021-10-10]．http：//lequn.org/services.asp？pageID=38.

四、社区

社区首先是对应邻里所形成的一种空间。费孝通认为与“血缘最基本的是家庭”相对应，“地缘最基本的是邻里”，而社区则是以地区为范围、基于地缘结成的互助合作群体。① 自秦汉至明清，县以下均采用保甲制实现民众自治，这使得我国早期就有社、里、亭、乡等现代社区性质的区域范围，只不过居住于其中的群体多以血缘、亲缘关系联结，这与西方的社区概念有着明显的不同，体现出中西方之间源于集体主义与个体主义的功能差异②，进而表明了社区在福利供给中除了基本的互助性、公共性的社区服务外，还有其社会治理的福利功能。

（一）社区福利服务

社区福利服务不仅包含社区内部的福利服务，也包括外部资源在社区开展的福利服务，涉及邻里互助、社区照顾、社区教育、社区劳动、社区志愿服务等形式。

社区内部的福利主要是一种内生性的福利资源，能够形成主体与客体之间的输送循环。邻里互助是基于地缘相较于亲缘在空间层面的切近性而言的。例如，1884年英国开展的睦邻组织运动是基于社区实现救助活动的较早实践，通过在当地建设汤因比馆，对居民开展福利需求服务。③ 社区互助蕴含地缘关系的文化浸染，是有借有还、你来我往的邻里、乡里关系，是一种文化表达。这种助人思想源远流长，孟子曰：“死徙无出乡，乡田同井，出入相友，守望相助，疾病相扶持，则百姓亲睦。”④《周易》亦载“有孚挛如，富以其邻”⑤“有孚挛如，不独富也”⑥。社区照顾始于对鳏寡孤独基本生存的照顾，也是邻舍互助行为的延展，以保证里社的弱势群体能够维持基本生活。社区教育福利通过社区实现教化。在早期社会中，一定数量

---

① 费孝通．当前城市社区建设一些思考．群言，2000（8）：13-15.

② 高和荣．从两极到综合：社区应急治理的新维度．东南学术，2020（4）：88-95.

③ 王思斌．社会工作导论．2版．北京：高等教育出版社，2013：36.

④ 孟子．万丽华，蓝旭，译注．北京：中华书局，2007：105.

⑤ 陈鼓应，赵建伟．周易今注今译．北京：商务印书馆，2005：103.

⑥ 同⑤107.

的家庭组成一"间"，间间设私塾开展儿童教育。现代社区，尤其是家长的职业化时间侵占了原本用于子女照顾的时间，这使得社区开始成为教育、教化的补充主体，社区内或街道内设托育、托幼等教育机构。社区劳动是社区内部的就业资源，使居民实现就近就业创业。

外部的福利服务资源主要来自政府、市场及社会投入社区中为社区居民提供的福利。一方面，社区其实是连接民众与政府的载体，社区能够在居民与政府之间形成有效的福利资源链接，使得福利资源落到实处。另一方面，社区因自身具有的空间属性而可以调动及发掘所属地区的其他社会福利资源，拓展居民的福利需求的获得性。例如，所在社区周边的就业资源、服务资源等可以提供给居民。此外，社会服务机构的工作者相较于一般志愿者而言，更具专业性，在医疗、护理、心理辅导、就业咨询等不同方面，不同类型的社会服务机构有不同的专业工作者提供服务。

（二）社区治理

社区治理是社区调节福利供求关系以实现社会治理目的及任务的方式。此时，福利成为社区治理的抓手，社区治理的某些方面可以通过福利供求的调节形式来开展。

1. 福利供给推进社区治理

福利供给是社区治理的重要抓手，是推进社区治理的一种方式。社区治理的开展可以遵循一定的福利供给逻辑与脉络。社区治理离不开人力资源及物质资源，社区福利供给为社区治理凝聚了人力资源。全面的社区福利供给能够让居民无衣食住行等基本生活的后顾之忧，这为社区治理提供了更加充裕的人力资源，便于释放居民的活力参与到社区的治理行动中。另外，福利供给为社区治理搭建了物质资源流动、交换的平台，为社区治理的开展提供了丰富的资源获取渠道。同时，福利供给减少了社区治理中的躁动因素。韦伯认为除了滕尼斯指出的"共同体"与"社会"这种积极类型的社会关系外，还存在"冲突"，而帕森斯则认为这一点可以忽略①。这其中蕴含的一种缓解机制即是基于社区这一共同体的福利的自愿性、合作性可以忽略功利主义呈现的差等。福利的供给，尤其是互助性社区福利的供给，可以缩小社区居民间由社会资本占有量的差别而产生的差异感，这为社区治理的开展提供了良好的场域。

2. 福利需求调整社区治理

福利需求的产生或是变化使得社区治理也发生了一定程度的转变。一方面，基本生活的需求吸引不同主体参与到社区治理中。比如对于居民医疗服务的需求，社区引入医疗卫生服务站或是链接临近医疗资源提供医疗服务；对于居民教育的需求，社区则需要引入教育资源与相应的福利供给主体；对于老年服务，则需要有照

---

① 帕森斯．社会行动的结构．张明德，等译．南京：译林出版社，2012：771.

护服务的供给者加入社区治理；等等。另一方面，不同类型的福利需求的出现，要求社区参与治理的主体结构也要具备不同的福利功能。比如对于居民精神慰藉的需求，社区就需要酌情引入从事专业心理辅导的咨询师、理疗师，或是引入社会服务机构开展团体服务。

案例 5-14

南卡雷利亚社会与保健区

南卡雷利亚社会与保健区（Eksote）位于芬兰东南部，覆盖伊马特拉（Imatra）、拉彭兰塔（Lappeenranta）、莱米（Lemi）、卢梅基（Luumäki）、帕里卡拉（Parikkala）、劳特约尔维（Rautjärvi）、鲁科拉赫蒂（Ruokolahti）、萨维塔莱（Savitaipale）和塔帕尔萨里（Taipalsaari）等 9 个市镇，主要为老年人提供保健服务、家庭和社会福利服务，同时为南卡雷利亚的所有居民安排和提供平等的社会和保健服务，雇佣员工约 4 100 名，同时拥有 3.7 亿欧元的财政预算支持。

Eksote 由发展小组成员构成服务供给团队，成员通常具有不同专业背景，如其中包括拥有管理经验的首席执行官、福利服务管理者、项目管理及运营者等，具备医疗服务技能的医师、家庭与精神护理师、长期照护者、护士及理疗师等，具备专业社会服务技能的社会服务工作者、社会工作者等，由此形成聚集于保健区内部的社会福利服务供给团体。

资料来源：Eksote.［2021-10-10］. https://www.eksote.fi/sites/eng/Sivut/default.aspx.

复习思考题

1. 中央政府作为主体在社会福利中提供的福利内容、供给方式与功能有哪些？
2. 试结合案例 5-1 与 5-2，比较中央政府与地方政府在社会福利供给中的独特性。
3. 谈谈你所在的小区、社区、街道采取了哪些福利举措。
4. 谈谈你对企业社会责任的认识，在企业公共事业投入中如何展现经世济民理念。
5. 家庭福利供给背后的中华优秀传统文化是什么？
6. 社会服务机构在非政府组织主体中的独特性表现有哪些？

推荐阅读书目

1. 费孝通．乡土中国．北京：北京大学出版社，2012.
2. 景天魁，等．福利社会学．北京：北京师范大学出版社，2010.
3. 景天魁，等．当代中国社会福利思想与制度：从小福利迈向大福利．北京：

中国社会出版社，2010.

4. 滕尼斯．共同体与社会．张巍卓，译．上海：商务印书馆，2020.

5. 萨拉蒙．公共服务中的伙伴：现代福利国家中政府与非营利组织的关系．田凯，译．北京：商务印书馆，2008.

6. 林南，张磊．社会资本：关于社会结构与行动的理论．北京：社会科学文献出版社，2020.

第六章

社会福利客体

本章要点

社会福利客体的变化是国家或区域中的社会、经济、文化彼此回应的过程，也是一个国家或地区社会福利事业发展的检验指标之一。

从中国历朝历代社会福利实践角度看，社会福利客体包括面向普通群体、服务特殊群体以及服务应急事务三个部分。

基本概念

公共福利；普遍福利；应急社会福利

社会福利的客体是对一个国家或地区福利供给对象的测量，也是对一个国家或地区社会经济发展水平的反馈。社会福利客体越多，意味着福利覆盖对象越广泛，福利供给也更需要有相应的经济支持保障。然而，福利的供给并不只是需要考量客体数量的多少，客体的覆盖范围及其层次也是考量福利水平的重要因素，尤其是客体对象的区域外展性及其所享受福利内容的拓展性，更是检验一个国家或地区社会福利事业水平的重要标识。

第一节　福利面向普通群体

民者，国之本也……凡为治必以安民为本，民安则国安。[①]

——《明太祖实录》

社会福利是社会与文化交互作用的产物，体现了一个国家或地区的治理逻辑。社会福利客体的变化是对一个国家或地区社会福利发展状态的最直接反馈，各个国家或地区都致力于探寻与经济发展水平相适应的福利客体，呼应其经济、社会及文化的发展。

① 明太祖实录．台北：“中央研究院”历史语言研究所，1962：1871.

一、公共福利

（一）公共福利的界定

公共福利是社会福利的重要组成部分，是福利供给主体为满足广大民众基本生活需要所提供的普惠性福利项目、设施及服务。

中华民族有悠久的社会福利供给传统。虞舜“燕礼”尊老等成为最早的社会福利措施，大禹治水同样是一种面向普通大众的福利供给。管仲的国富与民生说[①]“九惠之教”[②]，孔子的“不患寡而患不均，不患贫而患不安”[③]“养民也惠”[④]，诠释了早期思想家对社会福利的重视以及对社会福利供给对象的关注。汉代的高年王杖是那个时代独特的福利供给项目。从此以后，历朝历代都会通过兴修水利，建立育婴堂、施粥厂、养济坊，发展仓储系统，实行赈谷、赈工、赈银等项目以满足民众的需要。

因此，公共福利是与时俱进的产物，体现出与时代发展特征相匹配的福利项目供给及福利事业建设特色。如果政府重视公共福利供给，社会就会形成良好的公共福利建设风尚，公共福利特别是特定类型的公共福利就会得到较好的建设，覆盖对象、覆盖范围就会扩大。例如，重视教育一直是中华民族的优良传统，但受制于经济发展，中华人民共和国成立初期，学龄儿童入学率仅为20%。1990年中国学龄儿童入学率有了质的飞跃，提高到了97.8%[⑤]，但还存在一定的城乡差异。随着财政投入的增加，2000年学龄儿童入学率提升到99.5%[⑥]，即便是农村，学龄儿童入学率也达到了98.94%的水平[⑦]，基本实现了应教尽教。

（二）公共福利类型

从字面上看，公共福利包括“公共”及“福利”，是“公共”与“福利”的组合，因而内容十分广泛，涉及各个不同群体。

在生产力水平相对较低的社会，公共福利面向绝对贫困群体特别是面向受灾群体的特征更为鲜明。例如，灾荒是人类面临的普遍性问题，相应地，救灾是历朝历

---

① “凡治国之道，必先富民，民富则易治也，民贫则难治也。”见黎翔凤．管子校注：中．梁运华，整理．北京：中华书局，2004：924。

② “入国四旬，五行九惠之教。一曰老老，二曰慈幼，三曰恤孤，四曰养疾，五曰合独，六曰问疾，七曰通穷，八曰振困；九曰接绝。”见黎翔凤．管子校注：中．梁运华，整理．北京：中华书局，2004：1033。

③ 杨伯峻．论语译注．北京：中华书局，1980：172.

④ 同③48.

⑤ 小学学龄儿童入学率．（2012-01-17）[2021-12-15]．http：//www.moe.gov.cn/jyb_sjzl/moe_560/s6200/201201/t20120117_129608.html.

⑥ 各级普通学校毕业生升学率．（2021-08-30）[2021-12-15]．http：//www.moe.gov.cn/jyb_sjzl/moe_560/2020/quanguo/202108/t20210831_556354.html.

⑦ 2000学龄儿童入学率．（2000-05-10）[2021-12-15]．http：//www.moe.gov.cn/jyb_sjzl/moe_560/moe_566/moe_591/201002/t20100226_7921.html.

代的重要民生议题。自西周开始，中国就初步建立了储备粮食应对灾荒的仓储制度。唐朝建成了正仓、太仓、常平仓、义仓等福利制度。其中正仓主要用来收纳租税、出给禄禀递粮、办理和籴补给军饷、供给佛食以及赈济灾民等；太仓主要用来收集各地征纳来的正租，属于朝廷之仓，用于供给皇室用粮、诸司公粮、军饷等，但在灾年也赈济灾民；常平仓用于调节丰年和寡年的米价，确保灾年民众能以较低的价格买米保障生活；义仓主要由民间自发建立，用于灾年赈济灾民。两宋时期仓储制度进一步完善，朝廷增加了诸如惠民仓、广惠仓、丰储仓、社仓等，元朝增设预备仓，明朝还设置了军储仓等。

此外，清朝建立了施粥厂、福田院、安济坊、施医局、清节堂、埋葬局等机构，对民众提供包括施粥、收容、居养、赈谷、赈工、赈银等福利。民国时期建立了养老所、孤儿所、残废所、育婴所、施医所等设施，为老人、儿童、妇女、残疾人等提供一定的福利项目。中华人民共和国成立后，政府加快公共福利的建设与完善，兴修路桥、植树造林、疏通河道、改良土壤等，同时着力建设国家保障制度体系。改革开放以来，我国逐步建立与社会主义市场经济体制相适应的公共福利制度，强化公共福利项目的供给与完善，注重公共福利客体的普遍性覆盖和享有，中国特色福利体系日益健全。

从总体上看，当代中国公共福利主要包含社会保险、教育、住房、卫生等，例如，针对就业人员提供的社会保险，保障他们在遭遇年老、疾病、生育、失业等风险时能够获得养老、医疗、生育、失业及工伤等领域的福利项目。又如，针对社会成员提供免费或者低收费的教育资源和教育服务等项目以保障他们受教育的权利，具体涉及儿童教育福利、妇女教育福利、残疾人教育福利以及低收入群体教育福利等。再如，针对社会成员提供免费或者低收费的医疗、保健、防疫等设施、场地和服务的健康福利，包括专门人群的医疗服务和基本公共卫生预防服务两个部分。其中，专门人群的医疗服务是指妇女、儿童、老人、残疾人、特殊困难群体的医疗服务等，而基本公共卫生预防服务是指向全体社会成员或部分社会成员提供包括计划免疫、传染病防治、职业病、地方病和寄生虫病的预防与治疗等方面的服务。另外，针对部分社会成员提供改善居住条件的住房福利，面向低收入群体及其家庭提供现金补贴或者住房提供，常见的有租房补贴、廉租房、保障性住房等。

（三）公共福利的供给机制

从朝廷的正仓到民间的义仓，从慈幼局到寺院养童，历朝历代公共福利多元供给实践及其所形成的经验成为当代公共福利供给机制建立与发展的基石。公共福利的供给机制包括以下几种。

一是政府供给机制。公共福利作为政府的治理模式之一，形成了各具时代特征的供给机制。在社会生产力水平较为低下的时代，朝廷的公共福利供给主要以人力供给、物质供给为主，供给机制的时效受到制约。中华人民共和国成立以来，政府公共福利供给形成制度化模式，尤其是随着社会经济的发展，政府公共福利供给逐渐法制化，注重供给机制的刚性以及可持续性。事实上，政府供给机制在第二次世界大战以后日益成为欧洲福利国家的普遍做法。

二是公私结合机制。个体、家族/宗族、企业等为主体的私立供给机制一直是公共福利供给的有力补充。从传统的家族义仓到当代宗族教育基金，从北宋范仲淹的义庄到当今社会的企业家扶贫、助学、救灾等，公私结合的供给机制拓展了公共福利的覆盖面，提高了民众的公共福利享受水平。特别是欧美发达国家，注重社会福利供给协同机制的建立，强化私人部门在公共福利领域内的投入。

三是整合慈善机制。多元主体的整合是公共福利供给的另一种主要方式。在民间慈善事业发展迅速的朝代，官员捐养廉银、士绅捐房产、地主捐田地等与朝廷的荒政共同供给民众所需福利。到了当代，政府加强公共福利供给法治化建设，普遍性地征收遗产税，鼓励社会各界开展慈善活动，加强慈善法治建设，推动慈善组织规范化参与，推动了公共福利的发展。如慈善组织、养老机构等组织协同政府为老年群体提供包括资金、照料、精神慰藉等在内的养老福利，满足了老年公共福利需求。

二、普遍福利

（一）普遍福利的界定

普遍福利不是普惠性福利，它主要指国家与社会以保障全体社会成员拥有健康身心、提升生活质量为目标而进行的福利制度安排。普遍福利着眼于社会本身，关注社会结构、社会运行及社会发展所需要的福利设置及福利事项，是超越传统社会保障概念的泛化社会福利，是基于社会福利和社会治理相结合的福利供给。因此，普遍福利不是简单地瞄准服务对象，它没有服务对象的类别差异，而是更加强调社会的需要与共享。

普遍福利强调福利的社会满足性、社会契合性与社会推动性。社会满足性是指普遍福利的供给不因边界、场域与时间而变化，可满足全体社会成员即时即地的需求，如全体社会成员拥有享受便捷的交通设施、实惠的医疗服务价格、安全可得的住房、健康多元的文化娱乐以及突发风险的应急救助等福利。社会契合性是指普遍福利的供给内容需要契合时代特点、区域特征与社会成员的急切需求，如当前环境、气候、病毒等社会性风险加剧，民众对环境、健康等领域的需求比以往更为强烈。而社会推动性强调普遍福利的供给不是短期内的满足，而是要致力于满足全体社会成员日益发展的品质生活需要，并着眼于全球一体化，推动全人类的发展。随着社会风险的增加，个体和家庭都被紧密地联结在时代中，普遍性福利的社会满足性、社会契合性以及社会推动性被置于全球化和现代化的视角。社会经济越发达，社会发展越迅速，全体社会成员对普遍性福利也就越依赖。

（二）普遍福利的类型

中国历来自然灾害频发，为了维护社会稳定、保障社会运行、促进社会发展，各朝代开展排洪治涝、兴修水利、发展交通、卫生环境建设等方面的建设，形成与当时社会生产力相适应的普遍福利体系。西周时期移民治粟、治蝗除虫、植树造林；春秋战国时期投入建设堤防、渠系工程、人工运河，改良盐碱地，开发地下水等；三国及南北朝时期排洪治涝、打通河道；明朝重开京杭大运河、建设海塘海堤；宋朝除蝗虫害、治理瘟疫；清代则进行垦荒建设等。不同朝代的普遍福利延续下来。

中国历史上是个农业社会，土地保障成为普遍福利的重要实现方式。西汉的“假民公田”、东汉的“假民田苑”、三国的“屯田养民、屯田养兵”以及唐朝的“均田令”等均是一种耕地保障。① 清朝时期，地方宗族通过义田等方式将部分土地收益用来周济本族穷人。国内革命战争时期，红四军在《井冈山土地法》基础上修改并颁布了《兴国土地法》。中华苏维埃时期设立卫生管理局，颁布《苏维埃区域防疫条例》《强固阶级战争的力量实行防疫的卫生运动》《卫生运动纲要》《关于预防传染病问题》等文件，开展群众性卫生防疫运动，规定公共场所不允许乱堆垃圾，死物不准抛入河塘等；组织群众修桥筑路，开辟交通线，组建交通运输站（队），疏通河道，发展水路运输；开展植树造林运动，改善生态环境。1934 年“瑞金植树 633 000 多棵，兴国 389 000 多棵，多山的福建省苏区也种了 213 000 多棵，播种了木梓种 1 699 斤”②。

中华人民共和国成立后，特别是改革开放以来，政府加快普遍福利的建设，形成了包含基础设施、环境、健康、居住、文化康乐、应急等方面的普遍福利安排。基础设施福利为社会成员提供交通、邮电、供水供电、商业服务、科研与技术服务、园林绿化、环境保护、文化教育、卫生事业等设施。环境福利是为了防止环境污染和破坏，推进自然环境同人文环境、经济环境共同平衡可持续发展，为人们提供健康生活空间，保证社会发展的福利，它包括自然环境的保护以及人文环境和经济环境秩序的建构。健康福利是国家与社会搭建社会医疗服务网络、合理配置医疗服务资源、进行医疗护理体系和医护人员队伍建设、推动医疗技术进步和医疗服务质量的提高、降低医疗服务价格等治疗性医疗服务。居住福利是政府制定房屋建筑安全标准，稳定住房市场环境，推进老旧小区、街区改造，满足社会成员实现“居者有其屋”的福利诉求。文化康乐福利是为了满足社会成员的精神文化需求而兴办的免费或低偿文体活动、服务及其设施，既包括公园、图书馆、博物馆、影剧院、群众艺术馆、文化中心等场馆，也包括群众性体育运动设施以及文化康乐社会环境营造等。应急社会福利是为了避免社会遭到自然灾害、公共卫生事件、事故灾难等

---

① 孟昭华，王涵．中国民政通史：上卷．北京：中国社会出版社，2006：262，376，448.

② 陈荣华，何友良．中央苏区史略．上海：上海社会科学院出版社，1992：253.

突发事件的侵袭造成社会临时困境，为遭遇不幸的社会成员提供物资供给、疾病治疗、安全保障、家园重建、精神慰藉等福利，用以保障社会成员生命健康和财产安全并协助社会尽快恢复生产生活秩序。

（三）普遍福利的供给机制

普遍福利是社会发展所需要的福利事项，是个体和家庭难以自我供给的福利。在现代社会，国家、组织、家庭和个人都可以成为普遍福利的供给主体，因此，普遍福利的供给机制呈现多样化。

一是整合机制。普遍福利的社会推动性对普遍福利的供给提出了跨区域的要求。如环境保护、空气污染、降低碳排放等自然领域，抗生素使用、病毒防疫等卫生领域，网络文化、文明等社会文化领域，不仅需要同一个国家内部各地区携手合作，更需要世界各国抛开经济发展水平与社会文化差异，建立基于人类共同需求的全球整合供给机制，致力于全球现代化普遍福利的供给。

二是激励机制。普遍性福利的社会满足性源自普遍性福利覆盖对象的广泛性，需要市场、社会组织等多元主体共同参与供给。社会组织容易通过慈善捐赠行为产生激励效应，个体和企业等激励社会组织供给普遍性福利。例如，在中国脱贫攻坚、应对重大自然灾害等普遍性福利供给中，个体及企业为贫困地区、灾区积极提供应急福利，激起了社会组织参与救灾捐赠的浪潮。因此，弘扬互助互济优良传统，完善普遍福利供给激励机制，是中国社会普遍性福利提质的重要保障。

三是协同机制。依靠单一主体、单一机制的供给难以让民众获得及时、全面的保障，这需要多元主体协同供给，彼此取长补短。以新冠肺炎（COVID-19）疫情为例，除了政府部门外，社会工作服务机构、社会救援组织等协同成为政府的重要帮手，助力新冠肺炎疫情得到有效控制，社会得以快速恢复常态。这种协同机制甚至从一国延伸到世界各国协调行动。

第二节　福利服务特殊群体

文明之福祉，国民平等以享之。①

——《孙中山全集》

“特殊群体”这个概念是不断发展的。“老而无妻曰鳏，老而无夫曰寡，老而无子曰独，幼而无父曰孤”，这是孟子的界定，他强调要在春、冬两季开展救济。今天，人们通常把妇女、儿童、老年人以及残疾人等称为特殊群体，因为他们自身有着较为独特的福利需求，需要得到社会特殊的福利供给。另外，全球化时代的到来

---

① 广东省社会科学院历史研究室，等．孙中山全集：第1卷．北京：中华书局，1981：297.

使得移民从国内走向国际，福利应该设法服务这类群体。近年来，地区冲突频发，恐怖活动时有发生，也就产生了难民这一特殊群体，他们的福利需求不应被忽视，如何更好地服务他们、帮助他们获得最基本的生活保障成为国际社会普遍关注的话题。

一、妇女群体福利

女性一直是特殊的福利群体。例如，明朝不仅免除节妇的徭役及赋税，而且规定“凡民间寡妇例合旌表者，复其家”[①]。太平天国的《天朝田亩制度》主张男女平等。抗日战争时期，1941 年《晋冀鲁豫边区劳工保护暂行条例》规定“女工在分娩前后，应给以两个月休假，工资照发”[②]。陕甘宁边区政府也出台了类似办法。中华人民共和国成立后，随着社会经济的发展，妇女与男性享有同等权利，其享受的福利日益完善。

（一）妇女基本型福利需求

妇女的基本型福利需求大致可以分为劳动保护与收入分配福利需求、生育与家庭福利需求以及卫生健康福利需求三个部分。

一是劳动保护与收入分配福利。强调要尊重妇女的生理特点合理安排工作和工种，任何单位不能因为女性生育而降低薪酬或单方面解除劳动合同；保障妇女与男性享有平等就业权，保障妇女与男性同工同酬，不因性别而对妇女拒绝录用或减少晋升机会；保障妇女享有财产和继承的权利，丧偶妇女对公婆尽了主要赡养义务的，保障其享有与公婆子女同等的遗产继承权利；保障妇女在农村土地经营、土地征用补偿以及宅基地使用等方面享有同男性平等的权利。

二是生育与家庭福利。妇女享有与生育和家庭有关的生育保护和家庭发展福利。保障女性有生育的自由，女性在妊娠、分娩与抚养时有获得生育保险、健康保险、生育补助和产假等相关待遇的权利，妇女因为生育和抚养有获得休息与帮助的权利，妇女享有防止家庭暴力、防止性侵害以及家庭庇护等保障。

三是卫生健康福利。妇女享有健康预防与保护的权利。要充分考虑妇女生理特点，为妇女提供包括经期保护、避孕服务、婚前保健、孕期保护、产前—产中—产后保健、更年期保健等生殖健康福利，以及宫颈癌、乳腺癌等妇科疾病筛查服务。

经济发展水平越高，妇女基本福利的覆盖范围就可能越广，基本福利水平就可能越高。如欧洲一些发达国家建立了相对完善的就业和工作、特殊职业保护以及生育津贴和产假等基本型妇女福利。反之，经济发展水平越低，妇女基本福利覆盖范围就越窄，内容体系就越单一，基本福利水平就越低。如国家不稳定，经济发展落

---

① 孟昭华，王涵．中国民政通史：下卷．北京：中国社会出版社，2006：819.

② 蔡鸿源．民国法规集成：第 72 册．合肥：黄山书社，1999：75.

后，妇女的基本人身安全、财产安全以及婚姻家庭权益几乎都难以保障，难以实现诸如平等受教育、与男性平等就业以及生殖健康保障等福利。

(二) 妇女发展型福利需求

妇女的发展型福利回应了社会发展中妇女的高层次福利需求，诸如妇女对政治权益的扩展、家庭发展、职业发展以及卫生健康发展的福利需求。

妇女政治权益的扩展，包括妇女参与国家公共事务管理、妇女干部的培养与选拔、享有选举权和被选举权等方面的需求，这是妇女政治权益的体现。妇女家庭发展福利包括妇女生育后便捷职场抚育以及平衡工作—家庭关系的福利保障。职业发展福利包括妇女因生育及抚育等所需要的继续教育、继续培训、晋升倾斜等服务。卫生健康发展福利包括为妇女免费接种宫颈癌、乳腺癌等疫苗，以及针对妇女产后、更年期抑郁等心理方面的服务。

政策支持是妇女发展型福利供给的制度保障。中华人民共和国成立以后，政府注重男女平等政策的建立与完善，国务院成立妇女儿童工作委员会，建成以妇联为核心的群团组织，建立妇女权益保障工作机制，完善妇女事业发展工作机制。其中，《中国妇女发展纲要》《"健康中国2030"规划纲要》等对妇女健康做了专门规划；《国家人权行动计划（2016—2020年）》《中华人民共和国义务教育法》《中华人民共和国高等教育法》《中华人民共和国职业教育法》等对妇女参与政治权利、受教育权利做出明确规定；《女职工劳动保护规定》《中华人民共和国社会保险法》等规定了妇女生育、就业的权益保障；《中华人民共和国民法典》等对妇女抚养权归属、性骚扰、离婚冷静期等进行相应保护。

教育是妇女群体发展型福利保障的重要通道。通过对全社会的启智教育，提升社会对妇女群体的性别平等认识，提高妇女的自我性别认知能力，保障妇女共享社会经济发展成果。2018年新修订的《中华人民共和国义务教育法》第四条规定，"凡具有中华人民共和国国籍的适龄儿童、少年，不分性别、民族、种族、家庭财产状况、宗教信仰等，依法享有平等接受义务教育的权利，并履行接受义务教育的义务"。1998年教育部出台《面向21世纪教育振兴行动计划》扩大高等教育规模，2009年普通本专科女生占比50.48%；2016年女研究生占比50.64%，2015年女高中生占比50.29%。① 女性受教育人数日益增多，女性就业人员日益增长。2017年全国女性就业人数3.4亿，村委会成员中女性比例为23.1%，居委会成员中女性比例为49.7%。此外，参与立法决策的女性比例不断提高，2017年女检察官占检察官总数的32.6%。2017年落实女职工劳动保护的企业占71.2%，全国共签订女职工权益保护专项集体合同136.6万份，覆盖女职工近8 000万人，建立女职工休息哺乳室的基层企事业工会近30万个，覆盖女职工1 849.4万人。②

---

① 2005—2020年教育统计数据．(2021-08-03)［2021-12-15］. http://www.moe.gov.cn/s78/A03/moe_560/2020/.

② 中华人民共和国国务院新闻办公室．《平等发展共享：新中国70年妇女事业的发展与进步》白皮书．(2019-09-19)［2021-12-15］. http://www.gov.cn/zhengce/2019-09/19/content_5431327.htm.

中国妇女就业人数、就业范围、就业层次在量和质上都有显著变化。通过参与基层民主管理、参与民主政治建设以及参与政治协商，妇女社会地位日益提高，其社会保障体系日益完善，社会福利水平也日渐提高。

二、儿童群体福利

身心健康的儿童是社会发展的增长性要件。相对其他群体，儿童更容易获得社会的关注。早在春秋战国时期一些诸侯国就设置了保护儿童的职官，对于“有子不能自养者”和“有三四个幼儿者”可以免除家中征役；设置执掌抚恤孤幼的职官，对孤儿不能谋生者协助收养或察访。[①] 南北朝时期，朝廷开设了“六疾馆”和“孤独园”等专门收养孤寡和幼儿的机构。宋朝的居养院、安济坊、养济院、漏泽园、慈幼局等机构为儿童提供居住、生活照料、疾病诊治等不同福利。《宋史·食货志》记载，“孤贫小儿可教者，令入小学听读，其衣襕于常平头子钱内给造，仍免入斋之用。遗弃小儿，雇人乳养，仍听宫观、寺院养为童行”[②]。此外，义仓设置读书室、严教室[③]等为儿童提供读书、教养等福利。明清时期官府兴办育婴堂和保婴会，收容轻犯及少年犯罪者，收容孤儿与流浪儿童，收容无力上学的贫寒子弟。

（一）儿童群体的福利需求

儿童的未成年属性使得其抚养及监护成为儿童群体的基本福利需求，而儿童的成长属性要求对儿童给予足够的健康福利保障以及促进儿童成长的福利保障。

1. 儿童普惠型福利需求

儿童的身心健康关系到国家未来。儿童不仅有身体健康成长的基本福利需求，还有心理健康等发展需要，尤其是在互联网时代，儿童的心理健康更容易受到社会环境的影响。从总体上看，儿童的健康福利需求包括健康体检、预防接种、常见病和多发病防治等需求，科学饮食、合理休息、适度运动等生活需求，儿童托育、日间照料、亲职教育、心理关爱等养育需求，以及促进儿童健康成长的生命权、受保护权、参与权等需求。这些基本的福利需求助推儿童健康成长。

2. 儿童成长型福利需求

教育是实现人的成长与发展的重要手段，儿童成长型福利主要从教育这个层面来讨论。它主要包括儿童平等参与基本义务教育、享受高质量教育发展需求，能够

---

① 孟昭华，王涵．中国民政通史：上卷．北京：中国社会出版社，2006：84.

② 同①613.

③ 出自《宋史·食货志》。熙宁年间，“凡鳏、寡、孤独、癃老、疾废贫乏不能自存应居养者，以户绝屋居之，无，则居以官屋，以户绝财产充其费”。“地方举办的义仓（由范文正所创办），其制有养老室、恤嫠室、育婴室，凡族之鳏寡孤独均入其内。又有读书室，以收容无力从师者之子弟；养疴室，以收容有病之人民；严教室，以收容不肖子弟。”见孟昭华，王涵．中国民政通史：上卷．北京：中国社会出版社，2006：613。

到少年宫、儿童公园、图书馆、儿童活动中心等儿童休闲娱乐、学习场所学习与体验的需求，儿童获得良好家庭生活环境、健康心理发展以及良好社会交往能力等需求，它们构成儿童社会化的重要抓手。

3. 特殊儿童福利需求

特殊儿童是指因为身体或家庭原因形成的与普通儿童相对应的儿童群体，如疾病或意外等原因形成的残疾儿童，因家庭原因形成的孤儿、事实无人抚养儿童、流浪儿童、留守儿童等。这些儿童不仅有普通儿童所应享有的福利需求，而且还存在着较为独特的福利需求。如获得救治、矫治的基本医疗需求，被抚养、被收养的养育需求，受教育、行为矫治等行为需求，心理辅导、被关爱、被保护等心理服务需求。特殊儿童的福利需求要求在满足其基本的生存与生活需求的基础上关注其特殊的福利需求。

（二）儿童福利的实现保障

儿童福利的获得是多主体合力作用的结果。政府是儿童福利获取的源泉，政府作为儿童福利的供给主体可以出台相应的法律法规对儿童给予实物或现金补贴，以满足儿童的福利需求。学校是儿童成长的主阵地，它不仅提供了儿童福利获得的硬件环境，也是儿童福利获取的质量保障，还是儿童走向社会的通道。另外，良好的社会文化环境、适合儿童成长的多样化活动场所等都有助于儿童的健康成长。因此，保障儿童的基本福利需求的实现，切实将儿童的基本福利需求落到实处需要有顶层设计的理念、稳定的投入、完善的制度及服务保障。

1. 理念先行

儿童关乎国家与社会的未来，给予儿童必要的福利支持、让儿童健康成长是全社会的责任。因此，需要树立普遍供给理念，加强儿童福利体系的建设与完善，推动儿童福利事业的发展。应该看到，儿童福利的供给受到社会经济发展水平的制约。因此，儿童福利的供给还应该坚持量力而行理念，在坚持普惠理念、实行适度普惠的同时贯彻以补缺为基本，以预防为主导，在普遍覆盖的基础上重点针对弱势群体，尤其是特殊儿童给予社会救助层次的保障。另外，要确立多元整合理念，广泛动员社会力量参与到儿童福利的供给中，为儿童的成长提供保障。

2. 制度保障

政策法规是儿童福利需求的制度性保障，也是对儿童成长型福利需求的规范性约束。早在 20 世纪 30 年代，中央苏区就颁布了《教育行政纲要》《中华苏维埃共和国小学校制度暂行条例》《小学课程教则大纲》《小学管理法大纲》《小学教员优待条例》等 25 项教育法规，设立了相应的文化教育机构开展普惠教育和扫除文盲等儿童福利。改革开放以后，《中华人民共和国宪法》《中华人民共和国义务教育法》《中华人民共和国未成年人保护法》《中华人民共和国收养法》《关于进一步发展孤残儿童福利事业的通知》《中华人民共和国预防未成年人犯罪法》等法律法规对儿童的受教育、人身安全、司法保护给予明确的保障。21 世纪以来，政府加大了儿童福利制度的完善，出台了《国务院办公厅关于加强孤儿保障工作的意见》《国务院办公厅关于加强和改进流浪未成年人救助保护工作的意见》《国务院关于加强困境儿童保障工作的意见》《国务院关于建立残疾儿童康复救助制度的意见》《关于进一步加强事实无人抚养儿童保障工作的意见》等文件，保障了孤儿、残疾儿童、流浪儿童、困境儿童、事实无人抚养儿童的收养、保护以及康复的权益。《全国计划免疫工作条例》《中华人民共和国母婴保健法》《中华人民共和国疫苗管理法》《国家免疫规划疫苗儿童免疫程序及说明》等对儿童免疫及卫生保健加以规范。此外，政府还出台《关于加强农村留守儿童关爱保护工作的意见》《关于在农村留守儿童关爱保护中发挥社会工作专业人才作用的指导意见》《关于进一步健全在农村留守儿童和困境儿童关爱服务体系的实施意见》等文件，对留守儿童的身心健康发展工作做出指导。

案例 6–1

《福建省农村留守儿童关爱保护办法》出台

2018 年，福建省要求相关部门支持用工单位、社会组织、志愿者等社会力量为外来务工人员监护照料未成年子女提供便利条件和帮助。乡（镇）人民政府、街道办事处应当建立完备的农村留守儿童信息台账。要求父母应当尽量与未成年子女共同生活；优先委托农村留守儿童的祖父母、外祖父母、成年兄姐作为农村留守儿童的受委托监护人；父母外出后，每月至少两次电话或者视频联系农村留守儿童，每半年至少看望一次农村留守儿童。中小学校应当建立心理健康咨询室，加强在校农村留守儿童的心理健康教育；帮助农村留守儿童通过电话、视频等方式加强与父母的情感联系和亲情交流。任何组织和个人都有权劝阻、制止、举报侵害农村留守儿童合法权益的行为。

3. 服务保障

儿童生存、发展和受保护等福利的获得需要配套的服务支持，尤其是服务设施的建设与服务主体的拓展。以特殊儿童为例，儿童福利机构、救助机构、残障儿童康复机构的数量及其床位数是特殊儿童及残障儿童福利的前置要素，而社区（乡镇）卫生服务中心则是儿童卫生健康福利的保障，儿童图书馆、博物馆、儿童中心等场所的建设以及少儿广播电视节目、儿童图书等的提供保障了儿童成长型福利的供给。此外，妇联、学校、社会工作机构等是儿童福利供给的主体，相关组织的人力资源建设质量都会影响儿童福利的供给质量。当然，中国儿童福利供给依然存在城乡差异，农村儿童福利在供给主体、供给水平、供给范围、保障机制等方面都还有待进一步提升和完善。

三、老年群体福利

高龄是福气的象征，欧美发达国家率先进入人口老龄化行列，他们对老年群体的福利设置特别是制度化安排值得我们学习。所谓老年福利，实际上是为了让老年人老有所养而设置的福利制度，它不仅要关注老年生命时间长度的福利需求，也要关注老年生命质量宽度的福利需求。

中华民族历来就有尊老、爱老、敬老的传统。《礼记·内则》记载“有虞氏养国老于上庠，养庶老于下庠；夏后氏养国老于东序，养庶老于西序；殷人养国老于右学，养庶老于左学”[①]，分别描述了虞舜的“燕礼”、夏朝的“飨礼”、商朝的“食礼”等养老制度。汉代除了对一般高龄老人“尊高年”制度外，还对朝廷退休官员实行“致仕”[②] 老年优待[③]。元朝规定，80 岁以上的老人可以“存侍丁一名”，90 岁以上的老人可以“存侍丁二名”[④]。《明史》记载 1389 年“诏天下举高年有德识时务者”，1399 年“赐民高年米肉絮帛”[⑤]，对老年人采取复除优免措施。清代还举办“千叟宴”[⑥] 以尊高年。

中华人民共和国成立后，各地对无家可归、无依无靠、无生活来源的老人设立了综合性或专门性的教养院，全部予以收容和安置，同时对生活困难的退职老弱残职工给予补助。21 世纪以来，随着人口老龄化时代的到来，政府和社会各界加大老年福利的建设力度，老年福利体系日益得到完善。

(一) 老年群体的福利需求

1. 老年经济需求

经济福利是老有所养的基础，老年群体因为劳动能力减弱，难以继续获取即时足额的劳动报酬，因而满足老年日常生活、疾病医治及其文化娱乐的需求十分重要。老年经济福利需求不仅是维持自身生存与发展的必然要求，也是对其年轻时劳动报酬的延期支付，诸如养老保险金、企业/职业年金、高龄津贴、最低生活保障、救济金等制度性养老金，包括他自身所拥有的投资性及资产性回报。中国已经建立最低生活保障、城乡居民基本养老保险、城镇职工基本养老保险、职业年金、企业年金等养老金制度以及商业保险、个人储蓄等养老保险体系。

2. 老年健康需求

健康对老年人具有特别的意义，有生命长度而缺乏质量宽度是不完整的老年生活。老年健康需求包含对老年生命质量宽度和老年生命长度的双重需求。老年生命长度的健康需求包括对老年身体疾病的治疗与预防，诸如对老年阿尔茨海默病、心血管疾病、高血压、糖尿病等老慢病的筛查与治疗，以及对老年群体日常健康管理

---

① 孟昭华，王涵．中国民政通史：上卷．北京：中国社会出版社，2006：28-29.

② “退而致仕。”见《十三经注疏》整理委员会．十三经注疏·春秋公羊传注疏．北京：北京大学出版社，1999：321。

③ 同①264.

④ 元典章．陈高华，等点校．天津：天津古籍出版社；北京：中华书局，2011：100.

⑤ 同①816.

⑥ 康熙五十二年（1713），康熙皇帝为庆祝自己六十诞寿宴请来京师为自己祝寿的老者。

的需求。而老年生命质量宽度的健康需求包括对诸如老年抑郁症等老年心理疾病的筛查、治疗与预防需求等。尽管中国当前已经建立基本公共卫生、医疗救助、城乡居民基本医疗保险、城镇职工基本医疗保险、大病保险等多层次健康保障体系，但数据显示，2020 年中国超过 1.8 亿老年人患有慢性病，60 岁及以上老年人中痴呆患者约有 1 507 万，预计 2050 年将达 2 898 万。① 一项针对 12 656 例抑郁症患者的分析显示，老年人抑郁症患病率为 25.55%。② 因此，加强对老年身心健康预防福利供给，积极应对人口健康老龄化意义重大。

3. 老年服务与发展需求

老年服务需求包括老年人日常生活照料、护理服务、紧急救援以及家政服务等方面的需求，也包括协调处理家庭关系、退休、丧偶、患病、死亡等生活事件的心理慰藉需求，还包括诸如教育、休闲、娱乐等老年群体社会参与、社会融合、自身发展等老有所乐的需求。近年来，中国老年群体参与发展的需求日益增长，社会氛围日益浓厚。老年大学、老年文化广场、老年社区活动中心、文化馆、图书馆等设施建设迅速，“敬老月”、“中国老年合唱节”、重阳节等文化活动氛围日益浓厚。

（二）老年福利的获得途径

老年福利的获得需要全社会共同努力，身心健康的老年人可以享受更加丰富的福利。家庭是老年精神服务的重要场域，传统孝文化为老年人提供了温情的福利供给文化基础。政府作为老年福利的供给主体通过完善相应的法规政策，确保老年人获得基本的物质和服务设施，提供老年福利获得的硬件环境，也是老年社会参与、自我发展的通道保障。此外，市场及社会组织形成了多样化的养老服务与保障方式，满足老年人多层次需求。

1. 自身

人口高龄化是大势所趋。第六次人口普查数据显示，中国 65 岁及以上人口占 8.87%③，第七次人口普查上升至 13.50%④，2010 年中国人口预期寿命 74.83 岁⑤，2018 年上升至 77.3 岁⑥。作为老年福利的受益主体，保持健康的身心状态就能可持续地获得高层次福利供给。因此，形成自律、健康的饮食习惯、运动习惯以

① 认知症老年人照护服务现状与发展报告 .（2021－05－12）[2021－12－15]. http://m.xinhuanet.com/2021－05/12/c_1127437847.htm.

② 荣健，等 .2010—2019 年中国老年人抑郁症患病率的 Meta 分析 . 中国循证医学杂志，2020（1）：26－31.

③ 第六次全国人口普查主要数据发布 .（2011－04－28）[2021－12－15]）.http://www.stats.gov.cn/ztjc/zdtjgz/zgrkpc/dlcrkpc/dcrkpcyw/201104/t20110428_69407.htm.

④ 国家统计局第七次全国人口普查公告（第五号）.（2021－05－11）[2021－12－15]. http://www.stats.gov.cn/tjsj/tjgb/rkpcgb/qgrkpcgb/202106/t20210628_1818824.html.

⑤ 国务院第六次全国人口普查领导小组办公室 . 我国人口平均预期寿命达到 74.83 岁 .（2012－09－21）[2021－12－15]. http://www.stats.gov.cn/tjsj/tjgb/rkpcgb/qgrkpcgb/201209/t20120921_30330.html.

⑥ 规划发展与信息化司 .2019 年我国卫生健康事业发展统计公报 .（2020－06－06）[2021－12－15]. http://www.nhc.gov.cn/guihuaxxs/s10748/202006/ebfe31f24cc145b198dd730603ec4442.shtml.

及适时养老经济规划，以有质量的老年生命宽度享受有质量的老年生命长度，是老年福利获得的根本。

2. 家庭

家庭是老年人的主要生活场所，也是老年群体日常照料、精神慰藉等的空间，更是老年人健康福利的重要来源。尤其是在人口大流动以及低生育状态下，少子家庭以及空巢家庭的常态化虽然使老年人从家庭获得的代际日常照料日益减少，但老年精神慰藉福利源泉依旧离不开家庭，尤其是中国传统文化里，老来伴式夫妻关爱、隔代抚育式儿孙绕膝以及养儿防老式代际关爱等都是老年福利的重要组成部分。

3. 政府

政府是老年福利供给的责任主体，对老年福利具有统筹规划、政策制定、服务指导、资金筹集、人才培育、设施建设、监督管理等方面的责任。政府的这些福利政策落实程度决定了老年群体享受福利的水平。近年来，中国不断加强老年福利建设，建立了以居家养老为基础、社区养老为依托、机构养老为补充，医养结合的养老服务体系，并发布《老年人建筑设计规范》《关于加快实现社会福利社会化的意见》《关于全面推进居家养老服务工作的意见》《关于加强养老服务标准化工作的指导意见》《关于制定和实施老年人照顾服务项目的意见》《养老机构服务质量基本规范》《关于推进养老服务发展的意见》等，持续深化完善养老服务体系。统计数据显示，中国养老机构数量由 2015 年的 2.8 万个增加到 2020 年 3.8 万个，养老服务床位也由 2015 年的 669.8 万张增加到 2020 年的 823.8 万张。① 随着社会的发展以及老龄化程度的加剧，政府在老年福利供给的范围、层次等方面承担的责任和面临的压力并行。

4. 社区及社会组织

老年群体通过社区及组织获取的福利项目将会更加普遍和可及。集医疗护理和生活照护为一体的医养照护服务逐渐社区化和便捷化，以便保障老年群体在居家养老的同时能够享受专业的医养照护服务。在庞大的老年群体健康需求下，越来越多的社会组织参与到医养结合养老服务的供给中。截至 2020 年年底，中国共有两证齐全（指具备医疗机构执业许可或备案并进行养老机构备案）的医养结合机构 5 857家，床位总数达 158.5 万张，医疗卫生机构与养老服务机构建立签约合作关系达 7.2 万对，超过 90%的养老机构以不同形式为入住老年人提供医疗卫生服务。②

---

① 国家统计局．中华人民共和国 2015 年国民经济和社会发展统计公报．(2016-02-29)[2021-12-15]. http://www.stats.gov.cn/tjsj/zxfb/201602/t20160229_1323991.html；国家统计局．中华人民共和国 2020 年国民经济和社会发展统计公报．(2021-02-28)[2021-12-15]. http://www.stats.gov.cn/tjsj/zxfb/202102/t20210227_1814154.html.

② 民政部老龄健康司．2020 年度国家老龄事业发展公报．(2021-10-15)[2021-12-15]. http://www.nhc.gov.cn/lljks/pqt/202110/c794a6b1a2084964a7ef45f69bef5423.shtml.

5. 市场

在老龄化社会中，老年人的服务需求日渐多样化，个体、家庭以及政府难以满足老年福利供给，因此可以通过市场配置加以完善。如民办养老机构有效补充了公办养老机构的不足，商业保险提高了老年防范健康风险、养老风险的能力等。但市场的营利性和竞争性本性需要政府从环境建设、政策支持等方面加以引导和适度干预，才能发挥市场在老年福利供给中的积极效应。

四、残障群体福利

残障群体(我国台湾地区称为“身心障碍群体”)，是指因为身体、生理或心理等原因造成部分身体功能损失或心理异常导致正常生活方式或正常生活能力被限制的群体。根据中国 2011 年《残疾人残疾分类和分级》的划分标准，残障群体分为视力残疾、听力残疾、言语残疾、肢体残疾、智力残疾、精神残疾和多重残疾等七大类。为这类群体提供福利就是帮助他们尽可能自立，使他们能像普通社会成员一样生活或参与社会生产。

残障群体属于“九惠之教”的“养疾”。春秋战国时期设置了管理残疾人的职官，对盲、聋、哑、跛、手臂难伸不能自力谋生者加以收养及治疗。《宋史・食货志》记载，熙宁年间，“凡鳏、寡、孤独、癃老、疾废贫乏不能自存应居养者，以户绝屋居之，无，则居以官屋，以户绝财产充其费”①。福田院收养老幼残废，京师东西皆有设置，元朝将残障群体收养在养济院，要求对残障群体应保尽保，并在日常工作中加以督查。② 中华人民共和国成立之初，政府对残障群体逐渐分门类加以救济，对家庭生活无依靠、达不到退休条件的残疾职工提高了救济标准，将农村残疾人定为一等救济户，列入“五保户”，在生产和生活上都给予一定的照顾，不断提高残障群体的福利水平。进入新时代，政府加大对残障群体福利的供给力度，提高“两项补贴”标准，开展残障群体的就业帮扶与就业促进工作，有力地解决了残障群体的困难，改善了其福利水平。

(一) 残障群体的福利需求

1. 残障群体基本保障需求

残障群体基本保障需求包括残障群体因为丧失或部分丧失自理能力并缺乏家庭供养支持或家庭供养不足而需要社会提供支持的需求，包括依托设施、场地、指导、教育等方式实现生理、感官、智力以及精神治疗和康复的需求，有一定劳动能

---

① 孟昭华，王涵．中国民政通史：上卷．北京：中国社会出版社，2006：608.

② 《元史・刑法志・户婚》：“诸鳏寡孤独、老弱残疾、穷而无告者，于养济院收养。应收养而不收养，不应收养而收养者，罪其守宰，按治官常纠察之。”见孟昭华，王涵．中国民政通史：下卷．北京：中国社会出版社，2006：690。

力的残障群体参与养老保险、医疗保险、失业保险、生育保险、工伤保险等社会保险需求，以及参与教育救助、法律援助、住房救助、最低生活保障等社会救助需求。

2. 残障群体发展型福利需求

残障群体发展型福利需求包括残障群体有平等受教育的权利。国家有责任为残障儿童、青少年以及成年人等提供包括学前教育、基础教育、高等教育、职业技术教育、特殊教育等公平教育的机会；对教育场所进行适应性建设，配齐专职资源教师队伍，保障资源教室的持续正常运转，对随班就读残障儿童及青少年开展个别化教育方案支持；为部分有劳动能力的残障群体提供就业岗位、自主就业支持以及职业咨询、职业培训、职业发展等提供服务；为部分有实现自我、参与社会发展、参与运动竞技的残障群体提供设施、环境、场地以及专业指导等服务。截至2019年年底，中国残疾儿童少年义务教育入学率达到93%，在校残疾学生79.46万人。[①]

（二）残障福利的获得途径

1. 政府兜底

不论哪种因素造成的残障，政府都有责任、有义务为他们提供福利，保障他们的基本生活需求。此外，政府应致力于构建资金、制度体系、社会环境等满足残障群体发展福利需求的支持体系，并做好新生儿先天性缺陷预防以及职业、交通伤害等后天致残障要素的预防，降低残障的发生率。

中国政府坚持法制化发展残障事业，在《中华人民共和国宪法》指导下，构建了以《残疾人保障法》为主导，以《残疾人就业条例》《无障碍设施建设管理条例》《残疾预防和残疾人康复条例》《残疾人教育条例》《关于建立残疾儿童康复救助制度的意见》《残疾人社区康复标准》《残疾人基本康复服务目录》以及《"十三五"加快残疾人小康进程规划纲要》《国家残疾预防行动计划（2016—2020年）》等为支撑的残障群体福利制度体系，从残疾认定、经济补助、辅助器械、社会环境等多方位提升残障群体的福利供给水平。2019年年底，中国持证残疾人达3 681.7万人，城乡持证残疾人就业人数为855.2万人，残疾居民参加城乡社会养老保险2 630.7万人，领取养老金1 070.8万人。[②] 2020年，中国残疾人都已消除绝对贫困。

2. 社会关爱

残障群体因为身体健康因素，在出入公共场合、乘坐公共交通工具等方面容易受到社会排斥，成为残障群体平等享受教育、参与就业、自主创业、社会参与等发展型社会福利的主要障碍。因此，需要在全社会营造关爱残障群体的社会环境。例

---

① 中国残疾人小康进程全面加快推进总体好于预期.（2020-10-15）[2021-12-05]. https://www.cdpf.org.cn//ywpd/xcwh/gzdt6/11c41234b9b44178bc7b6b925f35dda5.htm.

② 中国残疾人联合会.2019年残疾人事业发展统计公报.（2020-03-31）[2021-12-15]. http://www.yueyang.gov.cn/yycl/59162/59169/content_1676710.html.

如，要致力于推进残障群体社会福利发展等相关研究，为残障群体提供共享现代科技进步的信息化技术与手段，最大限度地提升残障群体的康复与治疗效果等。中国加快对残障群体的关爱步伐，截至 2019 年，中国省、市、县三级公共图书馆共设立盲文及盲文有声读物阅览室 1 174 个，残疾人社区文体活动参与率达到 14.6%，残疾人法律救助工作协调机构 2 201 个，残疾人法律救助工作站 2 021 个，各级残疾人综合服务设施 2 341 个，残疾人康复机构 9 775 个，残疾人基本康复服务覆盖率达到 88.2%，残疾人托养服务机构 9 941 个，提供包括寄宿制托养服务、日间照料以及综合性托养服务。①

五、移民群体福利

在人口流动视角下，移民是流出国“能力相对较强的群体/精英”，但他们受流入国制度要素及政治要素的制约，可能成为“处于相对弱势的群体”，其社会福利的获得基于社会权利的获取。② 马歇尔（Marshall）认为，移民需要先获得社会成员权利，然后获得政治与社会权利。③

改革开放以来，我国人口流动日趋频繁。从全球来看，不同国家或地区对于移民政策的调整与管理都呈现出动态发展趋势，以积极适应移民需要。事实上，即便是处于流动大时代，当前国内的流动人口在流入地也需要一定的“准入条件”才能享受相关的权利（比如部分城市随迁子女采用积分入学，其中社保积分是常用的一个积分项，主要是以随迁子女的父母在流入地参加社会保险的年限为积分条件）。而在西方国家，社会成员权利则是移民福利获取的基本前提。如持有美国绿卡，才能充分享受美国政府规定的各种社会福利。

难民群体本质上也是移民群体的一部分。但就其一般意义而言，根据受难原因，其可以分为经济难民、政治（战争）难民。经济难民是指地区经济发展难以支撑个体基本生存而引发的离开母国到其他国家寻求生存庇护的移民。政治（战争）难民是指因受战争或政治迫害难以继续生存或生活而引发的离开母国到他国寻求生存庇护的移民。

中国古代也不乏移民，大多以“徙民”“屯民”称呼。徙民主要是因为耕地无法满足基本生存需要而进行迁徙，朝廷通过减轻赋税或减免徭役等措施加以鼓励。如《东汉会要》记载：“高祖十一年（前 196）四月，令丰人徙关中者皆复终身。”④《明史·太祖纪》记载：“二十一年（1388）八月癸丑，徙泽、潞民无业者垦河南、北田，赐钞备农具复三年。”《大政纪》记载：“洪武三十年（1397），户部请徙山西

① 中国残疾人联合会.2019 年残疾人事业发展统计公报.（2020-03-31）[2021-12-15]. http://www.yueyang.gov.cn/yycl/59162/59169/content_1676710.html.

② 赛恩斯伯里.福利国家和移民权利：包容与排斥的政治.萧易忻，译.上海：华东理工大学出版社，2019：5.

③ MARSHALL T H. Citizenship and social class. Cambridge：Cambridge University Press，1950：58.

④ 孟昭华，王涵.中国民政通史：上卷.北京：中国社会出版社，2006：262.

民就山东屯田，给复三年。”[①]

而垦边屯民是指朝廷将人口迁移到边疆地区或人稀地广的地方去屯种。汉朝对垦边者提供居住安置、田器，授予爵位、衣食、粮食补贴等，明朝帮助屯民解决牛椇、种子问题，清朝对举家出关的应募贫民给予盘费、口粮、御寒皮衣及铁锅等生活必需品。中国古代的人口迁移或流动主要得到了来自生存层面的福利支持。这与新时期中国的人口迁移或流动有所不同，新时期国家不仅关注迁移或流动人口的生存福利供给，同时更加注重对迁移或流动人口在发展层面的福利支持。

随着经济的发展，中国成为新的移民热点国家。第六次人口普数据显示，中国有外籍人口 59.38 万人。[②] 第七次人口普查数据显示，中国外籍人口达 84.57 万人。[③] 10 年来，中国外籍人口增加了 25.19 万人。

（一）移民群体的福利需求

移民的福利需求主要包括移民的准入政策、家庭团聚政策、准社会成员的社会权利、公共援助以及医疗、教育、生育等方面的福利。发达国家正是凭借高福利水平的移民政策吸引了大量的亚洲及非洲移民，这些移民参与流入国的经济社会建设，他们不仅期待获得高水平的老残津贴、医疗健康保障以及就业保障，更期待享有社会成员平等参与的权利。

值得注意的是，作为普通移民群体特例的难民群体福利需求相对较低，主要是基于基本生存和生活的需求。

1. 难民群体基本生存福利需求

难民特别是非政治难民基本生存福利需求主要是能够获得抵御生存发展风险所需的基本生活保障，尤其是能够获得最基本的生存性救助福利。如粮食、副食品、生活用燃料等食品救助；服装、被褥等生活用品穿着救助；疾病治疗等医疗救助；符合居住条件的住房救助；以及生活津贴援助、教育救助、人身安全保障等方面。

2. 难民群体基本生活福利需求

作为特殊的移民群体，大多数非政治难民具有在流入国继续生活的意愿。因此，他们希望获得相应的合法身份、就业、受教育及身心健康、政府津贴等社会成员基本福利保障需求。

（二）移民福利的可得性

1. 国家的开放程度

移民群体可以分为持证移民和无证移民两个不同群体。持证移民因持有合法居住

---

① 孟昭华，王涵．中国民政通史：上卷．北京：中国社会出版社，2006：819.

② 2010 年第六次全国人口普查接受普查登记的港澳台居民和外籍人员主要数据．(2011－04－29)[2021－12－15]．http：//www.stats.gov.cn/tjsj/tjgb/rkpcgb/qgrkpcgb/201104/t20110429_30329.html.

③ 第七次全国人口普查公报（第八号）：接受普查登记的港澳台居民和外籍人员情况．(2021－05－11)[2021－12－15]．http：//www.stats.gov.cn/tjsj/tjgb/rkpcgb/qgrkpcgb/202106/t20210628_1818827.html.

证明，其在流入国的合法身份被认可，这类群体的福利需求能否得到保障与流入国对待移民的态度有关。事实上，世界各国的移民政策不尽相同，他们在移民福利的供给上也不完全一致。就中国而言，与第六次人口普查相比，第七次人口普查数据显示，在陆港澳台籍和外籍人口居住时间越来越长（见表 6 - 1），其中定居五年以上的数量翻了一番，移民群体中以就业、定居和其他目的的人数居多（见表 6 - 2）。

应该看到，难民群体大多难以享受与流入国社会成员同等的普惠性福利项目及其待遇，流入国的难民福利覆盖范围受到一定的约束。

表 6 - 1　港澳台居民和外籍人员在中国大陆的居住时间　单位：万人

居住时长	2010 年	2020 年
三个月以下	10.38	4.06
三个月至半年	9.00	5.63
半年至一年	14.32	16.69
一年至两年	18.30	24.82
两年至五年	24.97	31.50
五年以上	25.04	60.40

资料来源：根据 2010 年第六次人口普查、2020 年第七次人口普查数据整理。

表 6 - 2　港澳台居民和外籍人员来陆的目的　单位：万人

来陆目的	2010 年	2020 年
商务	20.50	7.70
就业	20.21	44.40
学习	20.25	21.98
定居	18.66	41.95
探亲	10.01	7.47
其他	12.40	19.53

资料来源：根据 2010 年第六次人口普查、2020 年第七次人口普查数据整理。

2. 流入国经济发展水平

国家的经济社会发展水平决定了社会福利的供给能力，也对移民的准入政策形成规范。发达国家渐入低生育率和人口深度老龄化进程中，移民将可能成为流入国重要的人力资源补充。流入国为了留住更多的移民，可能出台更加利好的准入政策、提供更好的福利待遇以吸引更多移民。反之，当流入国的经济发展水平较低，或者自身有足够的人力资源时，移民群体的社会福利准入条件将会更加严格。此外，流入国既有的社会福利水平也是移民群体社会福利供给的基本参照标准，实行社会保险型或自我储蓄型的国家，总体福利水平要低于福利型国家，因此，即便移民对流入国具有人力资源供给的吸引力，其福利供给水平也有明确的天花板界限。

3. 流入国的社会融合状态

社会成员对待移民的态度将会通过制度等形式呈现出来，并制约国际移民的福利获得。因此，在一个社会排斥相对较强的社会中，国际移民的社会福利需求难以得到保障，而在一个社会融合较好的社会里，国际移民更容易获得与本国国民同等的福利待遇。中国儒家传统自古倡导“社会大同”，无论是历史传统、社会语境还是政治制度，国际移民的福利获得都有着较为良好的社会场景。

第三节 福利服务应急事务

居安思危。思则有备，有备无患。[①]

——《左传》

风险与人类生活相伴而生。现代风险涉及面更广，破坏力更强，危害性更大，仅依靠个体、家庭（家族）及其他经济社会组织难以有效应对。台风、洪灾、地震、海啸等自然灾害频发，“非典”、H1N1、埃博拉、COVID-19 等病毒的全球肆虐，美国“9·11”事件、日本福岛核泄漏等事故灾难提醒我们，危害人类生命健康以及财产安全等重大突发事件时有发生。在加强预防的前提下，如何在重大突发事件发生时降低其对人类生命健康和财产安全的危害，在重大突发事件过后如何快速恢复生产生活，需要政府建立强大、稳健、有迅速回应能力的应急福利服务体系，以帮助社会成员积极应对。

一、应急社会福利概念

（一）应急社会福利的界定

关于应急社会福利，还没有一个统一明确的界定。近年来，“非典”、H1N1、COVID-19 等疾病、病毒的暴发流行，对社会成员的生命构成巨大威胁，对社会生产造成严重影响，推动了社会福利体系建立健全的进程。从福利服务于应急事务角度看，应急社会福利可以从广义和狭义两个层次来定义。

从广义上说，应急社会福利是指国家和社会在社会成员遭遇自然灾害、公共卫生事件、生产事故等各类重大突发事件时所提供的包括物资供给、疾病治疗、精神慰藉以及秩序重建等在内的项目、服务及设施，以便推动社会尽快恢复生产生活秩序的各项事务及措施的总称。广义的应急社会福利体现了应急社会福利主体的多元性、应急社会福利内容的全面性、应急社会福利对象的普适性以及应急社会福利保障的基本性。在这个层面上，政府是应急社会福利的主要供给主体，但社会组织、企业、社区、家庭和个体也应承担相应的责任。从应急社会福利供给内容来看，广义上应急社会福利包含了资金、物资、精神、医疗、安全、秩序等内容，既保障社会成员在重大突发事件发生时的生命安全，也包括对社会成员受到重大突发事件威胁时的家园重建、秩序重构以及精神慰藉。从应急社会福利的供给水平来看，以保

① 杨伯峻．春秋左传注．北京：中华书局，1981：994.

障社会成员的基本生存需求为基础，包括社会救助、社会保障和社会福利等层次，并拓展到恢复社会生活生产等维度。

从狭义上说，应急社会福利是指国家和社会对遭遇自然灾害、公共卫生事件、事故灾难等重大突发事件危害的社会成员提供的物资供给、服务保障和精神慰藉等政策和措施。这个层面的应急社会福利基于社会救助和秩序重建维度，它关注重大突发事件中社会成员最基本的生存福利需求，旨在保障重大突发事件危及群体的基本生活质量。政府依旧是应急社会福利最主要的供给主体，直接提供各种资源满足社会成员发生重大突发事件时的基本福利需求。

（二）应急社会福利的必要性

应急社会福利因其面对的是重大突发事件，"急"性显著。近年来，重大突发事件发生的频率越来越高，覆盖面越来越广，持续时间越来越长。以新冠肺炎为例，截至2021年9月19日，全球共有107个国家新冠肺炎感染病例超10万例（不包括放弃检测和报告的国家），全球累计确诊新冠肺炎病例超过22 875万例，累计死亡病例469.8万例。[①] 迫切需要建立与之相应的应急社会福利。

1. 生命健康的保障

重大突发事件的发生首先对人类的健康乃至生命造成侵害。此外，重大突发事件打乱了正常的生产及生活秩序，常常超乎人类的心理预期，容易产生普遍性的应激障碍症，对人类身心健康形成威胁。新冠肺炎全球暴发以来，一些国家放弃对新型冠状肺炎的防疫，大量的生命逝去，尤其是老弱病残等弱势群体更容易在重大突发事件中丧失生命健康。基于此，应急社会福利才显得更为重要，它是在重大突发事件发生时以保障人类生命健康权为前提的社会福祉，是国家和社会对在重大突发事件中人人平等享受生命健康权的基本保障。

2. 国家对社会成员的兜底

在大自然面前，人类是渺小的。现代化进程包含着人类对大自然的征服以及大自然对人类的报复，由此引发各种重大突发事件，进而生成、叠加并衍生出新的灾害。如地震、洪灾等自然灾害发生后会衍生瘟疫灾害，公共卫生事件、事故灾难会引发社会治安问题等。人类个体需要国家与社会协同合作，为个体提供基本安全、公共物品和公共服务以帮助个体应对大自然以及社会的威胁。因此，重大突发事件发生时，保护社会成员免受灾难威胁、恢复正常社会秩序是国家的根本职责。

3. 社会再发展的前提

重大突发事件除了对生命健康的剥夺外，还会对社会系统的基本价值、根本利益和行为准则产生严重威胁，造成社会秩序、社会功能、环境与资源等的破坏。此外，重大突发事件的衍生效应会进一步放大其直接损失，给社会成员的生产生活以

---

① COVID-19 Coronavirus Pandemic.（2021-09-19）[2021-12-15]. https：//www.worldometers.info/coronavirus/.

及经济社会的正常运转造成强烈的冲击。应急社会福利不仅要对社会成员的生命健康给予基本的保障，也需要政府恢复社会秩序。从这个意义上来说，应急社会福利既是重大突发事件受灾社会成员的社会福祉，也是推进社会福利向前发展的福祉。

二、应急社会福利分类

根据突发公共事件的发生过程、性质和机理，2006 年版的《国家突发公共事件总体应急预案》将突发公共事件分为自然灾害、事故灾难、公共卫生事件以及社会安全事件等四类。其中自然灾害主要包括水旱灾害、气象灾害、地震灾害、地质灾害、海洋灾害、生物灾害和森林草原火灾等；事故灾难主要包括工矿商贸等企业的各类安全事故、交通运输事故、公共设施和设备事故、环境污染和生态破坏事件等；公共卫生事件主要涉及传染病疫情、群体性不明原因疾病、食品安全和职业危害、动物疫情以及其他严重影响公众健康和生命安全的事件；而社会安全事件则包括恐怖袭击事件、经济安全事件和涉外突发事件等。各类突发公共事件按照其性质、严重程度、可控性和影响范围等因素一般分为Ⅰ级（特别重大）、Ⅱ级（重大）、Ⅲ级（较大）和Ⅳ级（一般）等四级。[①]

以上述划分为依据，我们将重大突发事件也分为四种类型。一是地震、海啸、台风、雪灾等重大自然灾害；二是“非典”、埃博拉、新冠肺炎（COVID-19）暴发流行等公共卫生突发事件；三是日本福岛核泄漏、中国天津滨海新区爆炸等大型事故灾难；四是美国“9·11”事件、沙特米纳朝觐者踩踏等社会安全事件。不同重大突发事件对社会成员的伤害不同，供给的福利内容不一。因此，应急社会福利也据此细分为自然灾害应急福利、事故灾害应急福利、公共卫生灾害应急福利和社会安全应急福利。由于社会安全事件涉及政治定性问题，本教材不做讨论。

（一）自然灾害应急福利

自然灾害应急福利是国家和社会等在社会成员遭遇水旱、气象、地震、地质、海洋、生物和森林、草原、火灾等重大自然灾害时提供物资供给、疾病治疗、安全保障、家园重建、精神慰藉等以保障社会成员生命健康和财产安全，并协助社会尽快恢复生活生产秩序的各项事务及措施的总称。

中国是世界上灾害发生率最高的国家之一。中国重大自然灾害频发，1998 年特大洪水，2008 年四川汶川地震、南方雪灾，2010 年甘肃舟曲特大泥石流，2019 年四川木里县森林火灾、2021 年河南特大暴雨等自然灾害的发生都给社会成员的生命健康造成了巨大损失。中国颁布了一系列法律法规来应对自然灾害，包括《中华人民共和国传染病防治法》《中华人民共和国防洪法》《中华人民共和国森林法》

---

① 国家突发公共事件总体应急预案．(2006-01-08)［2021-12-15］. http：//www.gov.cn/zwhd/2006-01/08/content_151018.htm.

《中华人民共和国气象法》《中华人民共和国防沙治沙法》《地质灾害防治条例》《军队参加抢险救灾条例》《中华人民共和国突发事件应对法》《中华人民共和国防震减灾法》等，并在重大灾害发生时启动应急福利的供给。

案例 6–2

河南郑州二七区“7·20”特大暴雨灾后应急福利

2021 年 7 月 20 日，郑州市遭遇特大洪灾。灾情过后，郑州市二七区出台灾后助民、助企政策“救助包”。

一、助民“救助包”

对灾后群众住房、生活、用品维修、家庭保险、就业创业、企业恢复生产等方面提供补助。

（一）住房方面

(1) 灾后困难群众住房补助。因灾房毁（危）暂不能居家的困难群众，投亲靠友的以每人每天 150 元的标准发放临时生活补助，补助 14 天；需租房或住宾馆的，每户每天 100 元发放补助，补助天数不超过 30 天（因疫情除外）。

(2) 灾后危房改造补助和支持。普查统计全区因灾受损房屋，对于危房制定综合方案，运用慈善总会、红十字会资金，以及财政性资金，加强对全区居民住房因灾致危的加固改造和科学安置。

（二）生活方面

(1) 灾后特殊群众生活补助。受灾严重无法保障后续基本生活的贫困老年人、贫困重病人、贫困残疾人和低收入群体，以每人每天 100 元的标准进行救助，补助 14 天；特困分散供养人员、低保群众发放一次性因灾关爱帮扶金每人 500 元；运用专项党费按照不高于 500 元/人的标准慰问因灾生活困难的党员群众。

(2) 因灾致困群众持续性救助。应急期救助后生活依旧困难的群众，从 8 月起给予 30 元/天、连续 3 个月过渡期生活救助。过渡期后，基本生活仍困难的纳入最低生活保障、特困供养、临时救助范围。对于受灾特别严重的群众、特殊人员、因灾需医疗救治的，采取“一事一议”解决。

（三）家庭保险方面

由政府出资为居民购买家庭财产损失保险。根据“7·20”特大暴雨灾害损失情况，委托第三方全面统计户籍在册居民家庭财产损失情况，协调保险公司评估鉴定，加快兑付保险待遇。

（四）维修用品方面

(1) 免费维修受灾群众电动车。疫情结束后，在航海路与京广路向西 100 米路南（原汽车客运总站院内），设立受灾两轮电动车免费维修服务点，为二七区户籍（居住证）居民两轮电动车提供 20 项配件免费和全车维修保养工时费全免的惠民服务；针对老弱等特殊人群提供上门取车服务。

(2) 城镇居民小区水毁电梯维修补助。运用财政性资金补助，支持城镇居民小区受灾受损影响安全的电梯维修，保障居民乘梯安全。

（五）就业创业方面

受灾群众就业创业补助。对有就业意愿和培训要求的受灾群众按规定给予培训补贴，对脱贫人口、“两后生”中的农村学员参加培训的，在落实职业培训补贴的同时，给予培训期每人每天30元标准补贴，其中市外省内参加培训的，每人再给予300元一次性交通费补贴；对经营性人力资源服务机构等市场主体，介绍受灾群众实现稳定就业3个月以上并缴纳社会保险的，按每介绍成功一人300元的标准给予一次性职业介绍补贴；对受灾群众申请创业担保贷款的，开辟“绿色通道”，简化办理流程，提高服务效率；事业单位和街道社区招聘工作人员，同等条件下优先录（聘）用受灾家庭高校毕业生，免收报名费和体检费，对已办理求职登记的受灾家庭高校毕业生，开辟就业绿色通道，开展专项就业服务，优先落实免费就业服务政策。

二、助企“救助包”

对企业的帮扶政策主要从开源和节流两个方面进行，主要包括：

（一）开源类

（1）支持企业修复重建生产经营用房。企业生产场所及辅助建筑、设施受淹需要修复重建的，按照修复或重建实际发生费用的10%给予补贴，规模以下单户企业补助金额不超过50万元，规模以上单户企业补助金额不超过100万元。大型商超按修缮或维修费用的10%予以补助，最高不超过100万元。

（2）设备检修救助补助。规模以上工业企业和重点工业项目单位生产性设备因暴雨原因受损需要进行检测的，对检测费用全额救助补助，救助补助总额最高20万元。规模以上工业企业和重点工业项目单位设备受损，经检测需要维修或购置的，按照设备购置和维修金额的12%给予救助补助，救助补助总额最高50万元。

（3）原材料和产成品损失救助补助。规模以上工业企业原材料和产成品因灾受损的，按照采购价和销售价的6%给予救助补助，救助补助总额最高5万元。

（4）加强对因灾因疫影响较大外贸企业补助。对因灾因疫致外贸订单不能完成国外客户交货期要求而造成损失的，按损失额的20%给予企业不超过20万元的补助。对因灾因疫导致外贸订单延期出运，造成订舱等国贸运输受损的，按损失额的30%给予企业不超过10万元的补助。

（5）支持受灾受疫企业复工达产。凡营业收入增幅超过同时期二七区内行业营收增幅平均水平15%以内（含15%）的补助15万元，超过15%以上的补助20万元，最高不超过30万元。

（二）节流类

（1）中小微企业贷款担保优惠。由二七担保有限公司对受灾严重的中小微企业调降担保费率。对单户担保金额500万元以下的担保费率降低至不超过1%，对单户担保金额500万元以上的担保费率降低至不超过1.5%。对因灾情暂遇困难企业特别是中小微企业，取消反担保要求。

(2) 支持企业商户抱团发展。大型商务楼宇、商业综合体（大型商超）、园区业主单位、各专业市场等，凡是为因灾因疫受损影响较严重的企业减免租金或物业费的，由区政府按其减免租金或物业费总额的 30%，给予一次性的房租或物业费补贴，最高不超过 20 万。

(3) 减轻因灾因疫致困企业的负担。对租用区属国企经营性房产且受灾受疫影响不能正常经营的中小微企业和个体工商户，免收一个月房租，减半收取两个月房租。因灾因疫不能按期缴纳税款的，经税务机关批准，可延期缴纳税款，最长不超过三个月，延期期间不计滞纳金。对因灾因疫影响严重的中小微企业，可缓缴基本养老、失业、工伤、生育等社会保险费的单位缴费部分，缓缴期三个月，缓缴期间不计滞纳金，参保人员享受正常待遇，不影响个人权益记录。

资料来源：根据《二七区出台 8 条因灾因疫助企政策》《二七区：出台十大政策措施，加快灾后恢复重建》等资料整理。http://www.erqi.gov.cn/zwyw/5258795.jhtml；http://www.erqi.gov.cn/zwyw/5210061.jhtml。

（二）事故灾害应急福利

事故灾害应急福利是国家和社会等在社会成员遭遇各类重大安全事故、重大交通运输事故、重大公共设施和设备事故、重大环境污染和生态破坏事件时提供紧急援救、伤病救治、安全转移、物资供给、家园重建、精神慰藉等措施，以保障社会成员生命健康和财产安全，并协助社会尽快恢复生活生产秩序的各项事务及措施的总称。

案例 6-3

美国"9·11"事件恐怖袭击后的应急福利

一、联邦紧急事务管理局（20 亿美元）

用来支持纽约和其他受影响辖区的整体紧急援助，包括碎片清除和紧急保护措施、个人和家庭援助、搜索和救援以及其他灾难援助工作相关的费用。召集来自全国各地 10 个由当地应急响应人员组成的城市搜救工作队，以协助纽约和弗吉尼亚州的工作。设立灾难现场办公室，开通免费热线，用于提供信息和登记灾害受害者。与美国红十字会以及其他志愿者和联邦机构合作，为灾难受害者提供人道主义和财政援助。

二、卫生与公共服务部（1.262 亿美元）

为纽约都市区、弗吉尼亚州、马里兰州和哥伦比亚特区受灾地区的健康相关需求提供援助。100 万美元的赠款为纽约市救援人员和受害者提供紧急儿童护理，50 万美元为纽约老年人提供紧急膳食、交通等即时支持服务。

在纽约市地区部署 570 多名卫生与公共服务人员。提供大约 100 名医生、护士和其他医疗保健专业人员，为辛勤工作的救援和恢复工作人员提供全天候医疗服务。协助地方当局识别受害者和治疗幸存者，帮助救援人员和所有美国人应对创伤。卫生与公共服务部网站提供悲伤咨询和心理健康服务资源。

三、小型企业管理局（1 亿美元）

这些资金将用于支持总价值 4 亿美元的低息灾难贷款，提供给指定灾区的租房者、房主和企业。和其他联邦机构一起，设立灾难现场办公室，发出低息灾难贷款申请，协助个人和企业进行贷款申请和其他查询。

四、财政部（4 840 万美元）

支持位于世界贸易中心大楼内或附近的大约 1 000 名财政部员工的即时响应和恢复需求。

五、劳工部（2 900 万美元）

用于资助劳工部的失业工人计划，提供临时工作以协助纽约的清理和恢复工作，协助支付需要搬迁的失业保险索赔处理的即时信息技术和其他灾难恢复费用，以及职业安全与健康管理局对灾区健康与安全的监测。

六、内政部（310 万美元）

为纽约市和华盛顿特区的国家公园管理局和美国公园警察应急响应费用提供资金，并增加这两个城市的安全巡逻。

七、商品期货交易委员会（20 万美元）

为世界贸易中心的商品期货交易委员会纽约办事处临时空间购买计算机和办公设备。

八、教育部门（1 070 万美元）

（1）为康复服务管理局提供 500 万美元，以帮助因世贸中心遭受袭击而身体或精神创伤的个人，并提供资金帮助。

（2）向纽约市学校提供 400 万美元，向纽约州立学校提供 170 万美元，用于支持受影响儿童的咨询和心理健康服务的 SERV 项目（Project SERV，School Emergency Response to Violence）拨款。

（3）制订一项贷款减免计划，通过提供学生贷款临时减免来帮助那些在纽约市生活或工作的人。

九、环境保护署

监测灾难现场，以确保救援人员和公众不会面临危险的环境风险。清理和冲洗救援阶段使用的所有设备和资源。对空气、水和石棉进行采样并进行放射性和粉尘监测。对人行道、街道和建筑物进行吸尘和清洁。

十、司法部

受害者赔偿福利计划，向受害者或其亲属因恐怖袭击而遭受的损失支付赔偿金。通过公共安全官员福利计划加快向每位牺牲的警察、消防员和救援人员的家人支付 152 000 美元的赔偿金。

资料来源：Federal response：examples of government action since september 11.（2001 - 10 - 03）［2021 - 12 - 15］. https：//georgewbush-whitehouse. archives. gov/news/releases/2001/10/text/20011003. html.

（三）公共卫生灾害应急福利

公共卫生灾害应急福利是社会成员在遭遇传染病疫情、群体性不明原因疾病、食品安全和职业危害、动物疫情以及其他严重影响公众健康和生命安全等重大公共卫生灾害时向其提供疾病检测与治疗、传染溯源、物资供给、隔离防护、免疫接种、精神慰藉等福利以保障社会成员生命健康安全，协助社会尽快恢复生活生产秩序的各项事务及措施的总称。

案例 6-4

COVID－19 响应：英国政府 2021 年秋冬季计划

一、防御

(1) 通过药物干预建立防御。在符合条件但尚未接受报价的人中最大限度地接种疫苗。向在 COVID－19 疫苗接种计划的第 1 阶段（优先组 1～9）中接种疫苗的个人提供加强剂量。为 12～15 岁的儿童提供第一剂疫苗。

(2) 2 330 万英镑用于“社区疫苗冠军”网络，提供给地方当局以及志愿和社区部门组织，以确保尽可能容易地获得疫苗。

(3) 继续免费提供对有 COVID－19 症状的人进行 PCR 检测。识别和隔离阳性病例以限制传播，进行测试、追踪和隔离。继续为符合条件并需要自我隔离帮助的人提供实际帮助和财政支持。

二、支持 NHS 和社会关怀

(1) 将向英格兰的 NHS 额外注资 54 亿英镑，以支持未来 6 个月应对 COVID－19。其中包括 10 亿英镑用于帮助解决由 COVID－19 引起的选择性手术积压，以及为患者提供常规手术和治疗的问题。

(2) 发起保护弱势患者的咨询，将 COVID－19 和流感疫苗接种作为部署英格兰前线卫生人员和更广泛社会护理人员的条件。

(3) 专门投资 5 000 万英镑用于长期 COVID－19 研究，以更好地了解病因和潜在治疗方法。NHS 继续扩大其长期 COVID－19 服务，包括评估诊所、儿科中心和增强的全科服务。为成人社会护理提供超过 20 亿英镑的专项资金。

(4) 扩大今年免费流感疫苗接种的资格，将中学生以及 50～64 岁人群纳入免费流感疫苗接种范围。

三、建议人们如何保护自己和他人

(1) 由于 COVID－19 的风险并未消失，政府将继续就减少传播和管理风险的行为和行动提供指导。

(2) 追求国际化方法，帮助全世界接种疫苗并管理边境风险。逐步和持续地为重返国际旅行开辟道路。努力发展更具弹性的全球供应疫苗链。

四、需要时启动 B 计划

在数据表明 NHS 可能面临不可持续的压力时，政府将启动 B 计划。可能采取夜总会和其他人群聚集的场所强制纯疫苗认证。恢复在某些环境中戴口罩、戴面罩、居家办公的法律要求。

资料来源：根据英国政府官网《COVID-19 Response-Autumn and Winter Plan 2021》《Self-employed and Getting Less Work or No Work》《Coronavirus Job Retention Scheme》等材料整理。(2021-09-14). https://www.gov.uk/government/publications/covid-19-response-autumn-and-winter-plan-2021/covid-19-response-autumn-and-winter-plan-2021；[2021-12-15]. https://www.gov.uk/government/publications/build-back-better-our-plan-for-health-and-social-care/build-back-better-our-plan-for-health-and-social-care； https://www.gov.uk/guidance/coronavirus-covid-19-what-to-do-if-youre-self-employed-and-getting-less-work-or-no-work；https://www.gov.uk/coronavirus/worker-support；https://www.gov.uk/guidance/coronavirus-covid-19-what-to-do-if-youre-self-employed-and-getting-less-work-or-no-work。

三、应急社会福利内容

社会成员在遭遇重大突发事件时面临着生命健康、医疗救治、心理慰藉等短期性的风险，需要给予食物供给、居住安置等医衣食住行的综合性紧急处置；同时面临着心灵创伤、家园遭受破坏、社会秩序混乱等持续性服务及发展需求。因此，应急社会福利体系大致可以分为两个方面。

（一）即时型生存福利

即时型生存福利指在重大突发事件发生时的紧急性需求供给与措施保障，用于缓解受灾社会成员的疾病或伤害威胁、食物短缺、房屋倒塌以及心理创伤等方面问题。具体包括社会成员在遭遇地震、海啸、台风、雪灾等重大自然灾害时，提供食品、饮用水、衣被、取暖、临时住所、医疗防疫、现金等保障社会成员基本生活，以及转移安置受灾社会成员、发布应对和防范措施、处理遇难人员善后事宜、组织自救互救等方面的供给与措施；包括社会成员在遭遇“非典”、H1N1、埃博拉、COVID-19等公共卫生突发事件时，提供病情诊断、医疗救治、医疗预防、传染溯源、物资供给、隔离防护等方面的供给与措施；包括社会成员在遭遇大型事故灾难时，提供现场搜救、紧急转移、医疗救治、家庭援助等方面的福利供给。

（二）持续型发展福利

持续型发展福利用于解决重大突发事件发生后的恢复性需求以及中长期发展需求等。具体包括社会成员在遭遇地震、海啸、台风、雪灾等重大自然灾害后，组织伤残鉴定、房屋修建、财产核查、补助资金和物资发放、环境修缮、心理治疗等恢复生产发展的政策和措施；包括社会成员在遭遇“非典”、H1N1、埃博拉、COVID-19等公共卫生突发事件后，提供经济补助、伤残鉴定、心理治疗、疫苗免疫等政策和措施；包括社会成员在遭遇大型事故灾难后，提供伤残鉴定、房屋修建、财产核查、善后协商、经济补助、伤残鉴定、心理治疗、环境处理与建设等政策和措施。

复习思考题

1. 简述公共福利与普遍福利的关系。
2. 简述儿童群体福利的可得性。
3. 简述老年群体的福利需求。
4. 简述应急社会福利的概念。

推荐阅读书目

1. 孟昭华，王涵．中国民政通史：上．北京：中国社会出版社，2006.

2. 郑功成．中国社会保障制度变革 40 年．北京：中国劳动社会保障出版社，2020.

3. 艾哈德．大众福利．祝世康，穆家骥，译．北京：商务印书馆，2017.

4. 塞恩斯伯里．福利国家和移民权利：包容与排斥的政治．萧易忻，译．上海：华东理工大学出版社，2020.

第七章
社会福利项目

本章要点

受教育是全体社会成员共同的需求，作为福利的教育应该贯穿人的一生，涉及普通教育、职业教育和老年教育等内容。

把就业作为福利意味着就业不仅仅是市场化的产物，也是嵌入人类的活动，作为福利的就业涉及就业促进、劳动保护、收入保障等内容。

健康不但要求健康预防、健康保障，还要求健康促进。健康福利涉及基本公共卫生服务、医疗保险、医疗服务和医疗救助等内容。

敬老是中华民族的传统美德，养老福利的供给旨在满足人民日益增长的养老需求，保障老年人安享晚年，它涉及物质与服务两个方面。

住房福利不仅体现了政府对购房能力不足群体的救助与援助，还体现了社会成员之间的互助，主要包括救助型住房、援助型住房、互助型住房等方面。

基本概念

教育福利；就业福利；健康福利；养老福利；住房福利

福利在中国传统文化中代表着一种美好的生活状态，是人们的美好期望和主观情感，至今已经演变为民众追求美好生活的基本需求。社会福利项目是福利政策在地化的具体呈现，通过福利政策的执行与落实回应民众基本的生存和发展需求。这种基本需求涉及教育、就业、健康、养老和住房等需求。

第一节 教育福利

善政民畏之，善教民爱之；善政得民财，善教得民心。①

——《孟子·尽心上》

① 孟子．朱熹，集注．上海：上海古籍出版社，2013：186.

教育具有明显的福利性质，接受教育是社会成员共同的需求。把教育作为福利意味着每一个人都享有受教育的机会，可以通过教育提高行动能力，促进个人和社会的发展。作为福利的教育要使教育活动贯穿人的一生，保障人在其全部生命历程中能够接受教育，真正做到人人皆学、时时能学、处处可学。

一、作为福利的教育

教育作为一种塑造良好社会风尚、促进社会发展的手段，为历代先贤及统治者所重视。《礼记》中指出“人不学，不知道”[①]，这里的“道”便是指道理、真理，泛指一切社会行为规范，通过教化能够使民众日趋向善的方面，“上之性，就学而愈明；下之性，畏威而寡罪”[②]“中焉者，可导而上下也”[③]。因此，统治者将教育作为“国家之急务也”[④]，董仲舒提出“南面而治天下，莫不以教化为大务。立大学以教于国，设庠序以化于邑，渐民以仁，摩民以谊，节民以礼”[⑤]，认为执政者必须把教育作为重要事务来发展。范仲淹所创办的范式义学是古代教育福利的典范，以义田产出为义学的经济来源，宗族内实行免费教育，资助族内弟子考取功名，他曾上书“夫庠序之兴，由三代之盛王也，岂小道哉”，认为兴办教育是上古三代的盛王之举。[⑥]

到了近现代，教育成为国家治理的重要手段。因为通达的教育可以培养国家需要的人才，推动国家的发展与进步，而愚昧的教育只会阻碍社会的进步。因此，各国积极完善教育体系，将教育视为社会福利的重要组成部分。例如，维新运动中，康有为期望构造一个人人皆受教育的世界，每个人可以接受长达 14 年的义务教育，“无一人之或富，或贫，或贵，或贱，同育公家，同学公学”[⑦]，通过“公教”实现教育普及。中华人民共和国成立后，教育作为一种公共福利得到发展。随着《中华人民共和国义务教育法》的颁布，教育愈发呈现出公益性和福利性特征。人们把教育作为伴随人一生的福利。

二、作为福利的教育项目

（一）普通教育

普通教育作为福利供给项目之一，意味着每个人都有接受普通教育的机会，涉

① 杨天宇．礼记译注．上海：上海古籍出版社，2016：569.
② 韩愈．韩昌黎文集校注．上海：上海古籍出版社，1986：22.
③ 同②20.
④ 司马光．资治通鉴新注．西安：陕西人民出版社，1998：2334.
⑤ 班固．汉书．北京：中华书局，1999：1905.
⑥ 田毅鹏．中国社会福利思想史．北京：中国人民大学出版社，2017：126.
⑦ 康有为．大同书．邝柏林，选注．沈阳：辽宁人民出版社，1994：254.

及学前教育、义务教育、高等教育三项内容。

1. 学前教育

学前教育服务于年龄较小的幼儿，服务对象具有非选拔性。从服务内容来看，既需要为学龄前儿童提供保育，促进其身心健康，又要提供符合幼儿身心发展规律的教育活动以促进幼儿的学习，为他们学习之路打下良好基础。因此，把学前教育作为一种福利供给有利于保障全体学龄前儿童接受全面的照顾和教育。

各个国家都注重学前教育的发展，学前教育能够促进儿童的道德认知，丰富儿童的道德情感，形成儿童的道德意志，培养儿童的爱心、责任心、自信心等优良品质。学前教育的实施为儿童的生存发展创造了有利环境，为儿童提供照顾和服务，预防疾病，均衡膳食，促进儿童身体健康发育。此外，学前教育通过提供益智类游戏培养儿童的思维能力，为接受更高层次教育奠定基础。

2. 义务教育

义务教育是国家实施的所有适龄儿童、少年都必须接受的教育。因此，义务教育不是一种个人或社会的慈善项目，而是政府提供的公益性福利项目。大部分国家都不同程度地实施了义务教育供给，年限从最初的 4 年、6 年，发展至 9 年、10 年、12 年甚至 15 年，一般情况下发达国家的义务教育年限为 10～13 年，发展中国家的义务教育年限为 5～9 年。我国 1986 年颁布的《中华人民共和国义务教育法》规定国家实施包括小学和初中在内的 9 年义务教育，要求年满 6 周岁的适龄儿童不分身份、地位、城乡、性别必须无条件接受义务教育。

从个体层面来看，义务教育能够促进学生的身心发展，提高学生的核心素养。从家庭层面来看，义务教育能够减轻家庭的教育支出负担，提高家庭成员应对风险的能力。从国家层面来看，它事关国家前途，有利于提高国民素质。

案例 7-1

世界各国的义务教育

1619 年德意志魏玛邦公布的法令被视为义务教育的发端。1763 年普鲁士颁布了普通学校规程，规定 5～13 岁的儿童必须接受义务教育。工业化国家在 19 世纪中后期陆续开始为义务教育立法，如 1852 年美国马萨诸塞州的《义务教育法》、1870 年英国的《初等教育法》、1882 年法国的《费里法案》、1886 年日本的《小学校令》、中国 1986 年的《中华人民共和国义务教育法》等。各国义务教育立法均明确规定义务教育的对象、目的、内容和年限，政府在学校设立和管理方面的责任，家长对子女接受义务教育的责任，是否免费以及经费来源和分配。

资料来源：根据中国发展研究基金会组织编写的《构建全民共享的发展型社会福利体系》第 100 页以及网络资料整理而来。

3. 高等教育

高等教育有助于实现人的社会化。通过开设课程教育、进行社会实践、组织集体活动将社会所期望的价值观、行为规范内化，使个体在思想上得到升华，帮助学生树立正确的世界观、人生观和价值观，使他们明辨是非对错，形成优良的道德品质。此外，作为福利的高等教育是社会流动的主要动力之一，它能够在一定程度上破除阶层固化，从而促进社会有序发展。

世界各国都重视发挥高等教育的福利性。美国在第二次世界大战结束后注重发展高等教育，成为高等教育强国，促进了国家的繁荣发展。从国内来看，中华人民共和国成立初期高等教育作为一种完全免费的福利由政府供给民众，然而因为规模较小，最终的受益对象相当有限。随着高等院校的扩招，高等教育的福利属性降低了高等教育的竞争性，越来越多的学生能够接受专业化的高等教育。

（二）职业教育

职业教育旨在提高劳动者技能从而实现更高质量的就业，进而有助于提高劳动者收入，增进民生福祉。职业教育分为职业学校教育和职业培训两项内容。

1. 职业学校教育

职业学校教育为受教育对象提供学习的机会，能够引导就业流向，促进劳动力的合理就业。我国的职业学校教育分为普通职业学校教育和成人职业学校教育，并都再细分为初等、中等、高等三个层次。普通初等职业学校教育是义务教育的特殊类型，它培养较低层次学历并为中等职业教育输送学生；普通中等职业学校教育主要招收初中毕业生，以培养中等层次的劳动者为主，为高等职业教育提供生源；普通高等职业学校教育主要招收高中毕业生或中等职业学校毕业生，以培养较高层次的人才为主。成人初等职业学校教育旨在提高劳动力的从业能力，成人中等职业学校教育旨在提高劳动者的劳动技能，而成人高等职业学校教育则以培养高素质技术技能人才为主，包括成人继续教育、高等教育自学考试等。劳动者通过职业学校教育掌握劳动技能，提高工作能力，快速胜任工作。

2. 职业培训

职业培训分为就业前和就业后培训两种类型。前者是对包括失业人员在内的未就业人员进行的岗前劳动技能和业务知识培训，后者是入职后进行的在岗培训，它针对在岗人员进行特定业务技能的培训。

职业培训可以增强劳动者的操作技能，提高劳动者的专业知识水平，提升劳动者的职业素养，拓宽劳动者的就业选择，帮助劳动者实现更高质量的就业，促进劳动者向上职业流动。美国自 20 世纪 60 年代开始针对失业人群积极开展再就业培训，并于 1962 年颁布《人力开发与培训法》，1973 年颁布《就业机会法》以及 1983 年颁布《就业培训合作法》等，以表明职业培训的重要性。为了发挥职业培训的作用，中国政府大力发展“线上＋线下”培训模式，用人单位利用人社部提供的“就业创业和职业培训在线”“中国职业培训在线”“新职业在线学习平台”等线上教育平台进行职业培训。[①]

案例 7–2

职业培训券

为了最大限度地落实职业培训福利，解决过去参训劳动者需要垫付资金、培训质量参差不齐等问题，2021 年年初政府以职业培训券的方式提供职业培训福利，劳动者可在指定微信公众号、App 等线上渠道申领，培训机构可在以上渠道进行职业培训券核验、培训班管理。截至 2021 年 3 月末，职业培训券试点工作已经扩大到全国 155 个地市，其中 14 个省 60 个地市的职业培训券已经完成了上线对接，各地累计发券 175.7 万张，用券 8.4 万张，用券率 4.8%，涉及上线渠道 171 个，培训机构 1 448 个。

资料来源：今年全国将发放 1 000 万张职业培训券．(2021 - 05 - 05) [2021 - 09 - 23]. http: //www.gov.cn/xinwen/2021 - 05/05/content_5604720.htm.

（三）老年教育

老年教育有助于丰富老年人的精神世界、提升老年人的生活质量、促进老年人的社会融入。老年教育的主要形式是社区老年教育。作为世界上较早开展老年教育的国家，美国从 20 世纪 60 年代末就开始探索社区老年教育之路。

我国社区老年教育在不断发展中逐渐建立起“县（市、区）—乡镇（街道）—村（居委会）”三级社区老年教育网络。政府旨在通过社区老年教育，实现老年人“抬脚就到，转身即回”的教育便利性与可及性。同时，政府加大社区老年教育的财政投入，社区老年教育的硬件设施、课程设置等都有了明显改善。

中国老年大学的教学可划分为老年线下教室教学、老年远程教学、老年自主学习三种类型。其中，老年线下教室教学开设诸如健康保健、书画篆刻、生活艺术、语言文学、音乐绘画、体育健身、实用计算机、网络应用等多门类课程；老年远程教育通过整合网络教育资源进行教学，老年人可以根据自己的需求选择合适的课程，根据自己的空闲时间合理安排学习进度，接受教育的老年人不必走出家门就可以在家中学习；老年自主学习可以利用政府和社会为老年人提供的教育资源进行学习，包括中央和地方财政支持的美术馆、博物馆、图书馆、科技馆、公园、广场、旅游景点等公共文化场所。

老年人通过学习开阔眼界，调剂退休生活，有利于促进健康长寿，实现人生新价值，重拾生活乐趣。此外，老年教育为社区老年人架起一座沟通的桥梁，在一定程度上缓解了老年人的孤独感，提高了老年人的社区参与和社会交往，让老年人在

---

① 河北省扩大职业培训规模促进高质量就业创业．(2021 - 07 - 08) [2021 - 09 - 23]. http: //www.gov.cn/xinwen/2021 - 07/08/content_5623342.htm.

退休后能够快速融入社会。

案例 7–3

从老有所养到老有所学和老有所乐

60 岁以后如何化妆？室内养花怎么打理？如何安全结伴旅行？烘焙、冲咖啡有哪些技巧？时代在变，老年人的需求也在变。家住北京呼家楼社区的戴阿姨今年 60 岁，刚刚办完退休手续，就打算进老年大学学习：一周两次瑜伽课、一节油画写生课，每周花费 570 元。“上学有成本，但能满足兴趣爱好，值!”从 20 世纪八九十年代开始，老年大学在各地兴起。全国老龄办党组成员、中国老龄协会副会长吴玉韶介绍，过去一些政府部门、社会组织开办了具有福利性、普惠性的老年大学，为推动老年教育发展做出了积极贡献。随着老年人口增加和市场需求不断扩大，更多社会力量开始创办市场化的老年大学，为老年人提供更加专业化、个性化、定制化的教育培训服务，教学内容延展至文体娱乐、健康养生、科学技术等不同领域。

学习工具从书本、笔变为微信群里转发的课件，线上对话教学更便捷。在北京一家大型事业单位所属老年大学工作近 20 年，李晓婷对老年大学教学的变化深有感触。2020 年以来，因新冠肺炎疫情防控需要，老年大学改为线上授课、视频远程听课、电子邮箱或微信提交作业。现在专为老年人学习开发的网络教学课件越来越多，操作也越来越简单、方便。随着互联网技术普及应用，线上教学渐成新趋势，不少地区开始探索教育、文化、科技等多方资源的整合之道，试图通过互联网、数字电视、远程教育平台等渠道，搭建“共建、共享、共管”的线上开放平台，让教育资源惠及更多老年人。

资料来源：罗珊珊，等．老年大学惠及更多老年人．人民日报，2021－09－22（19）.

第二节　就业福利

人能尽其才，地能尽其利，物能尽其用，货能畅其流。①

——《孙中山选集》

就业并不只是提供一份工作岗位，更是一种社会认同与福利安排。把就业作为福利意味着就业不仅仅是市场化的产物，也是嵌入社会的人类活动。它强调处于劳动年龄的有劳动能力和劳动意愿的劳动者都应就业，已经就业的劳动者都有可能获得更高质量的就业机会。就业涉及就业促进、劳动保护、收入保障等方面。

① 孙中山．孙中山选集：上．北京：人民出版社，2011：2.

一、作为福利的就业

在传统农业社会里，“食乃民天，农为治本”[①]，就业通常代表着有田耕、有地种、有粮收。民众期盼当政者能够重视农业生产、多实施惠农措施、减轻赋税、赈灾抚恤。工业社会后，就业意味着一份工作、一份薪水以及一种身份，劳动者对于就业的期待转变为能够平等地获得就业机会，拥有稳定、安全、有保障的工作岗位以及能够获得生存、生活、发展所必需的物质资料。由此可见，把就业作为福利意味着劳动者不仅有稳定可靠的收入以维持家计，还要在劳动中获得价值，满足个人与家庭的需求。

就业是获得福利的源泉。贝弗里奇甚至将充分就业作为福利国家蓝图设计的基础。就业成为促进社会发展的条件，20 世纪 30 年代罗斯福施行“新政”就始于通过修建公共设施达到就业促进和就业帮扶；20 世纪 90 年代美国实行“从福利到工作”的可持续性就业，以防止福利依赖。中华人民共和国成立后也进行了一系列就业促进改革探索和实践，尤其是改革开放后，面对国有企业改革带来的大批下岗工人，政府成立“再就业服务中心”进行就业培训、职业介绍，培育充满活力的劳动力市场，开展各种形式的就业促进，为有劳动能力和劳动意愿的人员提供就业机会、就业岗位，完善安全生产、劳动保护、最低工资、失业保险等相关制度。

二、作为福利的就业项目

（一）就业促进

就业促进是指帮助有劳动能力和劳动意愿的未就业者实现就业，包括增加就业岗位、提供就业服务、建立失业预警、鼓励创业和实施就业援助等项目。

1. 增加就业岗位

增加就业岗位是就业促进的首要任务。各国通常以增加政府支出形式增加就业岗位。其中，美国更愿意以直接投资创造就业岗位，而日本 1998 年以投资 17 亿日元再减少 6 万亿日元企业税收的方式创造 100 万个就业岗位，新加坡出台“国家促进就业计划”并投资 90 亿新元以创造 2 万个就业岗位。[②] 在中国，增加就业岗位还可以在众多新兴产业领域得以实现。以农产品销售为例，随着抖音等短视频兴起，直播带货可以充分利用互联网的优势，直观、快速、形象地推销农产品。因此，直播带货成为农产品销售行业的一个新岗位。

---

① 姚思廉．梁书．北京：中华书局，2013：132.

② 宋其超．国外促进就业的财政政策及借鉴．中央财经大学学报，2003（3）：14－16.

2. 提供就业服务

提供就业服务指政府通过建立健全公共就业服务体系为劳动者提供岗位搜寻、职业介绍、技能评估、履历准备、面试指导、职业培训等服务帮助劳动者成功就业。发达国家凭借先发优势建立了较为完善的就业服务体系：就业服务机构种类多样，服务覆盖对象广泛，无论是新毕业大学生、妇女还是老年人、残疾人，都可以获得就业服务就业。当代中国通过对新成长劳动力、初次就业人员进行岗前必备职业知识、职业技能等培训，为各类劳动者提供精准就业服务，重点帮扶“4050”人员、大学生以及其他特殊人员的就业，努力消除零就业家庭；对再就业人员进行劳动技能、综合素质等能力培训，提高劳动者的就业能力，促进就业增长。

3. 建立失业预警

建立失业预警是世界各国通行的做法。它通过产业及就业监测，预测未来一段时间内可能会出现的失业，并有针对性地采取一系列预防措施，从而能够整体把握劳动力市场供需状况，对可能出现严重失业的行业提前实施预防、调节、控制。以美国为例，20 世纪 80 年代出台了《工人调整和再训练通知法》，要求用人单位在做出大规模裁员前提前向政府部门报备以应对即将到来的失业危机。中国通过跟踪监测企业岗位变动情况对未来的失业趋势做出分析和预测，根据预测到的失业率变动趋势进行失业等级划分并发出失业警报、做出预案，执行相应的就业促进方案。

4. 鼓励创业

创业是促进就业的重要源泉。鼓励创业不仅能解决创业者自身的就业问题，还能够带动新的就业。例如，韩国政府为支持创业专门制定了《科学技术基本法》《高新技术企业培育特别措施法》等法律法规。另外，为了释放就业潜力、鼓励创业，中国号召大众创业、万众创新，支持鼓励返乡农民工、退役军人、高校毕业生、海外留学人员等群体创业，进一步激发市场活力，新产业新业态得到快速发展，创造出大量新的就业形态，创业成为带动就业的重要方式。

5. 实施就业援助

就业援助是指政府向就业困难人员提供帮助促进其就业。实施就业援助的重点在于“就业”而非“援助”，旨在通过“援助”帮助就业困难人员成功就业。英国早在 1909 年颁布的《职业介绍法》就规定了政府要对失业人员进行救助，为他们提供失业援助补贴和裁员补贴。日本于 1974 年出台《雇佣保险法》促进了消极就业援助向积极就业援助转变，同时设立雇佣均等及儿童家庭局，促进男女就业机会均等。

中国十分重视就业援助，对于年龄较大、无技术特长的就业困难人员，政府通过提供保安、保洁、公共设施养护等公益性就业岗位来促进其就业；对于残疾、“4050”等就业困难人员，则通过向用人单位提供税费减免、社会保险补贴、岗位补贴、贷款贴息等措施引导用人单位吸纳这类人员就业。

案例 7–4

就业促进福利使残疾人就业成为可能

早上7点多，梅姐就已经来到岗位上，虽然上班时间是8点，但梅姐总觉得提前过来准备才比较安心："我得过小儿麻痹症，能得到这么一份工作，很不容易。"梅姐全名吕金梅，49岁，来自广西龙州。因为身体原因，吕金梅此前没出过县城，也从没外出打过工，她觉得不会有工厂愿意招收她。2017年，广东江门鹤山市与广西龙州县建立扶贫协作关系，两地共同搭建了残疾人就业服务平台。得知消息的梅姐来到鹤山的一家企业。"以前家里靠种甘蔗为生，全年收入不到1.5万元，过年才舍得吃肉。现在我一人每月就能有5 000多元的收入。"从刷漆工做起，梅姐因为踏实仔细，被调整到了更关键的质检岗位。公司为了让残疾工人能够更好地适应岗位，安排了一对一的辅导，并优先让残疾人三次挑选岗位。据了解，2020年广西龙州通过残疾人就业协作平台来到鹤山工作的员工共有59人次。

资料来源：姜晓丹．广东鹤山帮扶残疾人就业为他们铺平增收路．人民日报，2021-01-19(13).

（二）劳动保护

劳动保护是指政府和雇佣单位为保障劳动者的劳动安全而实施的福利项目。我国的劳动保护措施包括保障安全生产、防治职业病、确保稳定雇佣、实施工伤保险、履行休息休假等五项内容。

1. 保障安全生产

安全生产是劳动保护的首要内容。德国安全生产一直走在世界前列，早在13世纪就颁布了《矿工保护法》，将安全生产隐患排除在发生之前。中国历来重视生产安全。20世纪50年代，政府学习苏联的安全负责制经验，强调"安全为了生产，生产必须安全"，出台了"工厂安全卫生""建筑安装工程安全技术""工人职员伤亡事故报告"等，对安全生产进行初步保护。20世纪80年代起，随着社会主义市场经济体制的建立健全，政府出台了《矿山安全条例》《职业病范围和职业病患者处理办法的规定》以及《安全生产法》，规范了各类生产经营单位及其从业人员必须遵循的行为准则，健全了安全生产责任体系，明确规定"生产经营单位的主要负责人是本单位安全生产第一责任人，对本单位的安全生产工作全面负责"①，同时开展安全生产专项整治，安全生产获得稳步发展。数据显示，2002年中国安全生产事故的死亡人数约为14万人，2020年为2.71万人，下降了80.6%，重特大事故从2001年的140起下降为2020年的16起。②

① 中华人民共和国安全生产法．(2021-07-16)[2021-09-10]. https://www.mem.gov.cn/fw/flfgbz/fl/202107/t20210716_392186.shtml.

② 常理．为安全生产提供法治保障．经济日报，2021-09-03(5).

案例 7-5

“11·24”江西丰城电厂安全生产事故

2016 年 11 月 24 日，江西省宜春丰城电厂三期扩建工程 D 标段冷却塔平桥吊倒塌，当日确认事故现场 74 人死亡，2 人受伤，确认身份的遇难者中年龄最小的 23 岁，最大的 53 岁。工程建设的安全问题再次成为大家讨论的焦点。

首先，工程建设市场对安全的重视程度不够，安全意识不强，侥幸心理严重。虽然国家一再强调工程建设的安全问题，对工程建设企业也设置了很多安全上的硬性要求，如安全生产许可证、安全教育培训、三类人员的安全继续教育、安全大检查等，但是从落实的最终效果上来看，具体执行中还存在很多问题。企业常常存在交钱应付考试、考证走过场情况；公司的安全制度办法很多，但是很少有人去学习、去严格执行，甚至还有的人觉得很多安全工作是多此一举、劳民伤财。这些侥幸心理和错误认识为安全事故的发生埋下隐患。

其次，国内的安全事故频发，市场的原因也是占一定比例的。国家一直在加大纠察违法转包的力度，但项目低价中标、不顾工程合理工期追赶进度的情况仍广泛存在。面临劳动力成本、材料价格不断上升的压力，项目承揽价格却是恶性竞争一降再降，项目质量和安全成本只能是一压再压。

资料来源：张仁锋．江西丰城电厂事故之我见．中煤地质报，2016-12-05（2）.

2. 防治职业病

进行职业病防治是劳动保护的一部分。美国 1970 年通过《职业安全与卫生法》，为劳动者提供无害的工作环境以防治职业病。日本建立健康管理中心帮助劳动者定期进行体检。意大利实行强制性职业伤害保险保障劳动者的身体健康。

中华人民共和国成立初期，政府便提出了预防为主的方针政策，以便最大限度地减轻职业病危害。21 世纪初通过的《中华人民共和国职业病防治法》成为职业病防治的法律基础，为职业病的预防、控制和消除提供了法律依据。职业病防治分为前期预防、劳动过程中的防护与管理、职业病诊断与职业病病人保障等三个阶段。前期预防时要争取从源头上控制和消除职业病危害；劳动过程中采取一系列管理措施，包括制订防治计划和实施方案、对危害因素进行检测等；诊断时参照国务院卫生行政部门制定的职业病诊断标准和职业病诊断、鉴定办法，确诊职业病患者依法享受国家规定的职业病待遇。

3. 确保稳定雇佣

确保稳定雇佣是劳动保护的重要内容，是指劳动者与用人单位建立稳定的雇佣关系，而不会被随意辞退或无正当理由地解雇。一些欧盟成员国，如意大利和葡萄牙，如果因歧视而解雇员工，公司必须让员工复职，并给予金钱补偿；而在爱尔兰、捷克等，只需要支付欠薪。[①] 我国稳定雇佣的法律依据是《中华人民共和国劳动法》，自 1994 年首次通过就规定“建立劳动关系应当订立劳动合同”，并详细规定了劳动合同期限、工作内容、劳动保护和劳动条件、劳动报酬、劳动纪律、劳动合同终止的条件、违反劳动合同的责任。[②] 一旦签订劳动合同，用人单位不得随意解雇劳动者；当劳动者无明显过错时，用人单位想要解除劳动关系需要提前 30 日通知劳动者等。

4. 实施工伤保险

劳动保护就是要确保劳动者免受工伤的侵袭。工伤不仅会给劳动者带来身体上的伤害，还会给家庭带来沉重的经济负担。工伤保险待遇可以减轻劳动者的经济压力，在一定程度上缓解家庭的后顾之忧。作为世界上工伤保险立法最早的国家，德国于 1884 年颁布了《工伤事故保险法》，要求雇主缴费，集工伤预防、工伤补偿和工伤康复三大职能于一体，保障劳动者的生命健康安全。

中国 2003 年发布的《工伤保险条例》是工伤保险领域内的法律依据，工伤保险费由用人单位缴纳，后存入社会保障基金财政专户用于支付工伤保险待遇。工伤认定时分为工伤和视同工伤两种类型，对工伤和视同工伤进行劳动能力鉴定，根据鉴定结果将其分为 10 个等级，根据不同的劳动能力等级享有不同的工伤保险待遇。工伤保险待遇包括伤残补助金、伤残津贴、丧葬补助金、供养亲属抚恤金等。工伤保险保障了受伤劳动者的权益，解决了他们基本的生活需要，防止负伤者陷入贫困，减轻了劳动者与用人单位的矛盾，有效调节了社会关系，对于维护社会稳定、促进社会和谐具有重要作用。

5. 履行休息休假

履行休息休假是指劳动者依法享有在工作之外能够休息的一项福利。欧盟要求成员国要保证所有劳动者的休息休假，劳动者每周工作时间（包括加班）不得超过 48 小时，每 24 小时中劳动者连续休息 11 个小时，每年至少享有 4 周的带薪年假，夜间工作的劳动者在任何 24 小时内从事繁重或危险工作不得超过 8 小时等。[③]

在中国，劳动者享有元旦、春节、国际劳动节、国庆节、端午节、清明节、中秋节等法定节假日的休息，每周至少休息一日的公休假日，享有带薪年休假。此外，劳动者还依法享有探亲假、病假、事假、婚假等，探亲假包括劳动者探望配偶和劳动者探望父母两种类型。国家颁布了一系列法定休假制度的规定办法，包括《职工带薪年休假条例》《企业职工带薪年休假实施办法》《全国年节及纪念日放假

---

① European Commission. Employment protection legislation. (2017 - 10 - 17) [2021 - 10 - 31]. https://ec.europa.eu/info/sites/default/files/european-semester_thematic-factsheet_employment-protection-legislation_en.pdf.

② 中华人民共和国劳动法.（2005 - 08 - 23）[2021 - 09 - 10]. http://www.gov.cn/banshi/2005-08/31/content_74649.htm.

③ European Commission. Working conditions-working time directive. (2003 - 11 - 04) [2021 - 10 - 31]. https://ec.europa.eu/social/main.jsp?catId=706&langId=en&intPageId=205.

办法》等，基本休假制度虽已形成，但在实际履行中各个单位存在差异。

（三）收入保障

劳动者以获得收入为就业的首要目的。只有保障劳动者合理、稳定的收入才能够维持他们的基本生活。收入保障包括最低工资标准、工资集体协商、工资调整、失业保险金收入四项内容。

1. 最低工资标准

世界各国或地区制定最低工资的种类不同，最低工资标准也有差异。一些国家或地区仅设定单一最低工资制度，例如德国、韩国、中国香港等。还有一些国家设定多元最低工资制度，例如美国、英国、法国、日本等。英国不同年龄劳动者适用不同的最低工资制度，如25岁以上成年人自2016年起将适用较高水平的最低工资率。日本最低工资率种类有很多，可分为都、道、府、县等各种最低工资。即便是在各县之内，不同产业类别也适用不同的最低工资率。美国最低工资包含适用于青少年的特殊最低工资。① 通过最低工资制度，保障了劳动者维持日常生活所必需的收入水平。

中国的《最低工资规定》是执行最低工资的法律依据，其中详细规定了最低工资测算方法，包括比重法和恩格尔系数法。此后又颁布了《关于进一步贯彻实施最低工资制度的通知》《关于进一步健全最低工资制度的通知》等。全日制就业劳动者执行月最低工资标准，而非全日制就业劳动者则执行小时最低工资标准。对于大多数劳动者，尤其是弱势群体劳动者，他们往往缺乏必要的工资议价能力，通过执行最低工资可以减少被剥削，保护他们的劳动权益；通过保障劳动者最基本的工作收入，可以维持他们最基本的生活，减少贫困发生的可能性。

中国最低工资标准由各省、自治区、直辖市确定并公布，自实施以来经历了多次调整。例如，自2021年8月1日北京市最低工资标准为每小时不低于13.33元、每月2 320元②；自2021年9月1日宁夏最低工资标准为一类区每小时18元，每月1 950元，二类区每小时17元，每月1 840元，三类区每小时16元，每月1 750元③。

2. 工资集体协商

工资集体协商是指“职工代表与企业代表依法就企业内部工资分配制度、工资分配形式、工资收入水平等事项进行平等协商，在协商一致的基础上签订工资协议的行为”④。

---

① 黄丽璇．最低工资制度之比较：台湾基本工资制度之省思．台湾劳工季刊，2016，(48).

② 关于调整北京市2021年最低工资标准的通知．(2021-06-01)［2021-09-12］. http://rsj.beijing.gov.cn/xxgk/zcwj/202106/t20210611_2412040.html.

③ 自治区人民政府关于调整全区最低工资标准的通知．(2021-07-13)［2021-09-12］. http://hrss.nx.gov.cn/zcfg/srfp/202107/t20210713_2922769.html.

④ 工资集体协商试行办法．(2000-11-08)［2021-09-10］. http://www.mohrss.gov.cn/xxgk2020/fdzdgknr/zcfg/gfxwj/ldgx/201407/t20140717_136256.html.

《工资集体协商试行办法》是工资集体协商的法律基础，表明进行工资集体协商应该按照法定程序执行。作为劳动保护项目，工资集体协商是贯彻落实《中华人民共和国劳动合同法》，保障劳动者合法权益的体现。工资集体协商制度自正式建立以来建制率逐渐上升，有效地保障了劳动者的收入稳定。

数据显示，中国所有建会企业中签订工资集体合同的企业所占比重 2002 年为 15%，2005 年上升为 35%，2007 年则进一步达到 72%。2010 年年底，除港澳台地区外，中国其他的 31 个省市自治区均已建立工资集体协商制度。[①]

案例 7-6

沈阳市公交行业进行首次工资集体协商

2012 年 8 月，沈阳市公交行业进行首次工资集体协商，促成了全国首份市级公交行业工资集体合同的诞生。调查显示，2012 年沈阳市公交行业职工包括加班费在内的月平均工资仅为 1 948 元，只是沈阳市 2011 年社会平均工资 3 715 元的约一半。其中，调度、后勤工资更低，只有 1 200 多元。

沈阳市总工会和交通局共同成立了公交行业工资集体协商工作领导小组，推动成立城市客运交通工会联合会和城市公共交通行业协会，14 家公交企业分别选出自己的代表，14 名职工方代表则从公交企业一线职工和工会工作人员中选出。同时，政府有关部门还组成了顾问组，负责从法律法规上对合同文本起草和集体协商工作进行指导，为双方代表解答有关政策法规问题。

从 6 月 8 日第一轮开始，到 6 月 24 日共进行了 4 轮正式协商和 8 轮非正式协商。工资协商的最大难点集中在年度工资增长幅度和岗位最低工资标准的确定上。职工方一开始提出公交司机月基本工资应涨到 4 000 元，行政方表示经过测算可把驾驶员最低工资定为 1 425 元。针对双方的分歧，双方进行了多次非正式协商，最终将公交司机每月最低工资标准定为 1 600 元，各工种每年工资涨幅定在 15%和 10%，从而形成了《沈阳市公交行业工资集体合同》，实现了工资增幅和最低工资标准向一线职工倾斜。驾驶员、车辆修理工、调度员等主要工种的最低工资标准分别上调了 45.5%、36.4%和 31.8%。

此次集体协商工作建立了公交行业工资协商共决机制、工资正常增长和支付保障机制，使职工劳动经济权益得到了保障。

资料来源：程晨，何勇，张芳曼．经 17 天行业工资集体协商，沈阳公交司机工资增长将不低于 15%，12 轮“拉锯战”达成双赢．人民日报，2012 - 07 - 27 (9).

3. 工资调整

工资调整是指在现行工资制度基础上随着劳动者工作能力、工作贡献等因素的

① 杨静．完善我国工资集体协商制度推动劳动关系和谐发展．河北经贸大学学报，2014，35 (06)：73 - 79.

变化政府对劳动者的工资等级和工资水平进行相应的调整，它涉及落实考核升级、自动增加工资以及提高工资标准等内容。工资调整是劳动者理应享有的项目，是对劳动者个人劳动和个人能力的肯定，能够有效维护劳动者的合法收入，提高劳动者的工作积极性，确保劳动者及其家庭成员过上劳有所得的生活，有利于实现公平的收入分配。

执行工资调整时常会面临两种困境：工资冻结不做调整和微幅调整。第一种工资冻结不做调整。以中国台湾地区为例（见表 7-1），1956 年台湾地区的基本工资为新台币 300 元，1968 年每月基本工资为新台币 600 元。自 1997 年调整基本工资为新台币 15 840 元后，长达 10 年未曾调整，直到 2007 年调整为新台币 17 280 元后，又有 3 年未再调整，2011 年才调整为新台币 17 880 元。第二种困境是微幅调整。台湾地区 2011 年后虽有调整，但调整幅度并不大。2013 年台湾地区基本工资审议委员会以影响产业发展为由，基本工资从新台币 18 780 元调整至新台币 19 047 元，调幅 1.42%，如果扣除物价消费指数，基本工资实际上并未调整。

表 7-1　台湾地区 1956—2015 年劳动者基本工资的调整（单位：新台币 元）

调整时间	每月基本工资		每小时基本工资	
	金额	调幅（%）	金额	调幅（%）
1956	300	—	—	—
1964	450	50.00	—	—
1968	600	33.33	—	—
1978/12/1	2 400	300.00	—	—
1980/5/1	3 300	37.50	—	—
1983/5/1	5 700	72.73	—	—
1984/7/1	6 150	7.89	—	—
1986/11/1	6 900	12.20	—	—
1988/7/1	8 130	17.83	—	—
1989/7/1	8 820	8.49	—	—
1990/8/1	9 750	10.54	—	—
1991/8/1	11 040	13.23	—	—
1992/8/1	12 365	12.00	51.5	11.96
1993/8/16	13 350	7.97	55.5	7.77
1994/8/20	14 010	4.94	58.5	5.41
1995/8/1	14 880	6.21	62.0	5.98
1996/9/1	15 360	3.23	64.0	3.23
1997/10/16	15 840	3.13	66.0	3.13
2007/7/1	17 280	9.09	95.0	43.94
2011/1/1	17 880	3.47	98.0	3.16
2012/1/1	18 780	5.03	103.0	5.10
2013/1/1	—	—	109.0	5.83

续表

调整时间	每月基本工资		每小时基本工资	
	金额	调幅（%）	金额	调幅（%）
2013/4/1	19 047	1.42	—	—
2014/1/1	—	—	115.0	5.50
2014/7/1	19 273	1.19	—	—
2015/7/1	20 008	3.81	120.0	4.35

资料来源：黄仁德，王缇妶，钟建屏．基本工资调升对台湾企业的影响．台湾劳工季刊，2016（48）：31.

4. 失业保险金收入

失业保险金收入是指符合条件的失业人员在失业期间领取的由失业保险经办机构支付的基本生活费用。作为一项收入保障，失业保险金收入是对失业者失业期间的临时工资补偿，以保障失业者在失业期间获得维持基本生存的收入，防止失业者一旦失业就陷入贫困之中，也能够为失业者寻找下一份工作提供缓冲，降低失业者求职的后顾之忧。瑞典较早建立失业保险制度，1997 年通过的《失业保险法》奠定了瑞典失业保险制度的基本框架。瑞典的失业保险金收入水平较高，基本维持在失业者工作时税后工资的 80%左右。

中国的失业保险金收入高于城市居民最低生活保障标准，低于最低工资标准，具体数额由省、自治区、直辖市人民政府确定并公布。这使得失业保险金收入这一福利项目能够短时间内维持基本生计，但不足以获得长期发展，从而促进失业人员积极再就业。2020 年年末全国失业保险金月人均水平 1 506 元。① 随着生活水平的提高和人们对美好生活的追求，政府还需在合理测算基础上提高居民失业保险金收入，以维持失业者失业期间的基本生活需要。

第三节 健康福利

虚邪贼风，避之有时，恬惔虚无，真气从之，精神内守，病安从来。②

——《黄帝内经》

健康是一个历史生成的社会文化观念，发展至今已演变为社会成员的一项基本福利需求。作为社会福利的一个重要组成部分，健康涵盖健康预防、健康保障、健康促进等方面，涉及基本公共卫生服务、医疗服务、医疗保险和医疗救助等内容。

---

① 2020 年度人力资源和社会保障事业发展统计公报．(2021-06-03) [2021-09-10]. http://www.mohrss.gov.cn/SYrlzyhshbzb/zwgk/szrs/tjgb/202107/W020210728376021444478.pdf.

② 杨永杰，龚树全．黄帝内经．北京：线装书局，2009：3.

一、作为福利的健康

健康是一种历史性社会观念。古人通常将健康与长寿联系在一起，“颐养天年”“延年益寿”等词汇都可以用来形容健康状态。古代的健康观往往蕴含着传统医学与哲学的智慧，较早地强调健康是一个包括心理愉悦的有机整体，《周易》中“天人合一”的思想一直影响着健康观的发展。《黄帝内经》的《素问·上古天真论》中指出“虚邪贼风，避之有时，恬淡虚无，真气从之，精神内守，病安从来。是以志闲而少欲，心安而不惧，形劳而不倦，气从以顺，各从其欲，皆得所愿。故美其食，任其服，乐其俗，高下不相慕，其民故日朴。”① 这种健康观不但重视生理健康，同时要淡泊坦荡、清心寡欲、心境安定、真气顺畅，只有这样才能达到“阴阳匀平，以充其形，九候若一，命曰平人”②，使形体得到气血滋润、脉象一致，成为健康的人。魏晋南北朝嵇康提出了“养生论”，认为养生之道在于洞察生命，要做到“形神相亲，表里俱济”。他要求朝廷节制贪欲、减轻剥削，给民众以维持和延续生命的权利。

作为福利的健康与社会文化相一致，体现出一个国家或地区各个群体特有的健康观念、健康态度和健康行为。当代中国，健康涉及基本公共卫生服务、医疗服务、医疗保险和医疗救助等项目的供给。其中，基本公共卫生服务是以健康预防为主的供给项目，医疗服务是以疾病治疗为主的福利供给项目，医疗保险是以分散疾病费用风险为主的福利供给项目，医疗救助是以帮助贫困人口维持健康状态的供给项目，通过疾病的预防、治疗、康复保持民众身心健康。

二、作为福利的健康项目

（一）基本公共卫生服务

基本公共卫生服务是政府通过街镇、社区卫生服务站等基层卫生服务机构向城乡居民提供的卫生服务项目。按照覆盖对象的不同，基本公共卫生服务分为面向全体民众以及面向特殊群体的基本公共卫生服务两类。

1. 面向全体民众的基本公共卫生服务

面向全体民众的基本公共卫生服务包括健康教育、传染病防治、环境卫生整治以及健康档案管理等内容。

（1）健康教育。古人将自身所积累的免除伤害、摆脱疾病的技能代代相传，使人类得以绵延发展。现代社会，健康教育已经成为基本公共卫生服务的重要组成部

---

① 杨永杰，龚树全．黄帝内经．北京：线装书局，2009：3.

② 同①117.

分，成为科学化、系统化、组织化的公共卫生项目。通过对社会成员的生活方式进行健康指导和健康干预，可以帮助民众树立正确的健康意识，消除不利于健康的危险因素。美国自 20 世纪 70 年代开始逐渐重视对民众的健康教育，尝试把健康教育看作提高民众健康水平的重要手段，并于 1979 年发表了《健康人民：关于健康促进与疾病预防的报告》。中国的健康教育早已有之，散布在民众中间的相关谚语、俗语成为通俗的健康教育形式。社区中健康教育活动有计划、有组织地开展，增强社区居民的健康知识，提升社区居民的健康技能，引导居民健康生活方式，以达到疾病预防的效果。

(2) 传染病防治。传染病是指由各种病原体引起的能在人与人、动物与动物或人与动物之间相互传播的一类疾病。中国将传染病分为甲、乙、丙三类共 40 种，还包括国家卫生计生委决定列入乙类、丙类传染病管理的其他传染病和按照甲类管理开展应急监测报告的其他传染病，如鼠疫、霍乱、传染性非典型肺炎、艾滋病、包虫病（也叫棘球蚴病）等。[①] 人类历史上曾多次遭受重大传染病的侵袭，给民众的生命健康安全带来了极大的挑战。在传染病面前个人的力量往往微不足道，把防治传染病作为一项公共卫生供给，能够有效降低传染病带来的风险。14 世纪欧洲在面对重大传染病时开始探索隔离、检疫等方法，如 1348 年威尼斯建立海港检疫机构，到 17 世纪末欧洲已经建立了比较完善的传染病防疫线。

中国的传染病防治以预防为主，《中华人民共和国传染病防治法》是传染病防治供给的法律基础。政府通过提供有计划的免疫接种，提高民众对传染病的免疫能力，防止因为传染病肆虐带来不可挽回的生命财产损失；同时，加强传染病监测，通过建立传染病监测机制对各类传染病的发生、流行、影响因素进行分析，并制定传染病防治方案。

(3) 环境卫生整治。环境卫生整治涉及饮用水安全、食品安全、空气卫生、职业卫生、学校卫生等。早在 20 世纪 50 年代初我国就开展爱国卫生运动，经过发展已取得显著成效。2020 年 11 月国务院发布《关于深入开展爱国卫生运动的意见》，强调改善城乡人居环境，整治重点场所及薄弱环节，做好城乡垃圾分类工作，对有害垃圾进行无害化处理，推进厕所革命尤其是农村卫生厕所的建造，完善水资源的保护保障城乡居民饮用水安全，同时，在全社会倡导绿色健康、文明环保，例如，培养城乡居民文明卫生的习惯、保持健康的社交礼仪、践行环保意识和节约意识等。

案例 7-7

海南农村卫生厕所覆盖率达 98.8%

自 2018 年开展“厕所革命”，截至 2021 年 7 月中旬，经过 3 年行动，海南省

① 中国疾病预防控制中心．[2021-10-03]. https：//www.chinacdc.cn/jkzt/crb/.

累计建成农村卫生厕所125.29万座，建成农村公厕4 085座，农村卫生厕所覆盖率已达到98.8%，基本实现农村户用厕所全覆盖，高于全国平均水平。3年来，全省新建农村无害化卫生厕所24万余座，引导农民逐步养成良好的卫生习惯，村庄整洁水平显著提升。

资料来源：朱凌青．海南农村卫生厕所覆盖率达98.8%. 农民日报，2021-09-17（6）.

（4）健康档案管理。健康档案是基本公共卫生的重要内容，旨在通过对医疗卫生机构的健康诊疗记录以监测居民的身体健康状况，包含民众的历次体检、诊疗记录、健康登记、家庭医生签约等信息。作为一项公共卫生服务，通过健康信息的资源共享和在线查询不仅能够提高医疗机构的诊疗效率，规范医疗行为，节约医疗资源，还能够提高居民的健康管理意识和健康管理能力，提升居民的健康满意度。

2. 面向特殊群体的基本公共卫生服务

特殊群体主要指老年人、孕产妇、儿童、慢性病患者等群体，他们所需要的基本公共卫生服务与其他群体有所不同，具有自身特殊性。

（1）老年人基本公共卫生服务。随着年龄的不断增长，老年人的生理功能发生减退，免疫力降低，心理状态发生变化。通过基本公共卫生服务供给可以帮助老年人预防疾病，提高老年人的健康水平。老年人基本公共卫生通常包括老年人生活方式、健康水平评估、免费体检、针对性健康指导等。通过调查老年人的基本健康和基本生活方式判断老年人面临的健康风险，并进行针对性健康指导，以降低老年人的致病可能性。

（2）孕产妇基本公共卫生服务。孕产妇处于人生的特殊阶段，需要更多的健康照顾。世界卫生组织发布的《妇女、儿童和青少年健康行动计划（2018—2030）》提出，确保妇女普遍获得从孕前开始到妊娠、分娩、产后和新生儿护理期间的护理保健，以降低产妇死亡率、发病率和新生儿死亡率，促进和实施HPV疫苗接种服务，筛查宫颈癌和治疗癌前病变等，旨在使她们能够获得最高水平的身心健康。[①] 当代中国为孕产妇提供了系列的基本公共卫生服务，以保障产妇身心健康，具体包括：为孕早期妇女提供健康状况评估服务特别是畸形儿筛查服务；为孕中期妇女提供孕妇健康和胎儿发育情况的评估和指导服务；对高危产妇进行监控和随访；为孕晚期妇女提供基本助产资质医院检查服务以及分娩时的系列检查服务；为产后妇女提供产科并发症处理、产后访视、身体检查、心理健康教育等服务。

（3）儿童基本公共卫生服务。儿童基本公共卫生服务覆盖新生儿期、婴幼儿期、学龄前期及学龄期四个时期。根据儿童的成长发育特点提供的福利项目包括新

---

① World Health Organization. Plan of action for women's, children's, and adolescents' health 2018—2030.（2018-11-26）[2021-11-01]. https://www3.paho.org/hq/index.php?option=com_docman&view=download&category_slug=paho-who-mandates-strategies-6300&alias=47379-integrated-poa-wcah-2-1&Itemid=270&lang=en.

生儿的家庭访视、体弱儿的监控、新生儿疾病筛查、婴幼儿体检、发育指导、预防伤害指导以及疫苗接种等。其中，疫苗接种是各个国家最优先的公共卫生服务项目，儿童疫苗接种更是免疫规划的重中之重。儿童疫苗接种自新生儿出生时即开始供给，儿童达到相应疫苗的起始接种时间应尽早接种，尽量保障 6 岁完成规定剂次的免疫规划项目。国家通过提供疫苗接种以防止儿童受到传染病的侵袭，保障广大儿童的生命健康。

（4）慢性病患者基本公共卫生服务。慢性病是威胁民众身体健康的重要因素，为慢性病患者提供基本公共卫生服务有利于促进他们健康恢复和健康维持。慢性病包括 HIV/艾滋病、结核病、心血管病、糖尿病和长期精神障碍等。由于慢性病管理通常需要改变其生活方式和日常行为，因此，它必须跨越门诊并扩展至患者的生活和工作环境。[①] 中国对于高血压、糖尿病以及精神类疾病等慢病患者提供免费体检、分类干预、健康指导、随访评估、双向转诊等基本公共卫生服务，以改变其不健康的生活方式，减少健康危险因素，增强慢性病患者的医疗卫生保健意识。

（二）医疗服务

医疗服务是健康福利的重要组成部分。完善的医疗服务供给是社会成员健康的重要保障。医疗服务分为基本医疗服务和非基本医疗服务两种项目。

1. 基本医疗服务

基本医疗服务是指社会成员能够获得的维持基本健康所必需的医疗服务。英国、澳大利亚等国家的国民健康保险体系设立之初就具有基本医疗服务的功能与属性。中国基本医疗服务主要覆盖基本医疗保险能够报销的服务项目，具有基本性与普遍性，能够覆盖全体民众。

2. 非基本医疗服务

凡是未纳入基本医疗服务的医疗服务项目都属于非基本医疗服务范畴，非基本医疗服务旨在满足民众多样化的医疗服务需求，通常由市场调节价格，具有一定的排他性和竞争性，因而覆盖对象有限，通常只有一些经济条件较好的群体能够享受。从医疗服务内容来看，非基本医疗服务可以由公立医院供给也可以由民营医院供给。通过对民众提供多层次、多样化的医疗服务进行健康干预，可以在保障民众基本健康的基础上满足其更深层次的生理和心理健康需求，起到健康促进的作用。

（三）医疗保险

医疗保险是一种为帮助民众分散疾病风险而提供医疗费用补偿的健康保障项目。中国医疗保险包括职工基本医疗保险、城乡居民基本医疗保险和大病补充保险

---

① 世界卫生组织．慢性病创新照护行动的基础材料．[2021－11－01]. https://www.who.int/chp/knowledge/publications/iccc_summary_chinese.pdf.

等种类。

1. 职工基本医疗保险

职工基本医疗保险的形成有一个历史过程。1883 年德国颁布的《疾病保险法》标志着现代社会医疗保险的建立，其中涉及疾病预防、疾病治疗、康复、医疗津贴以及丧葬补贴等。经过不断完善，德国社会医疗保险已成为其他国家探索社会医疗保险制度的重要借鉴。

中华人民共和国成立后于 1951 年颁布了《中华人民共和国劳动保险条例》，规定对全民所有制职工实行免费医疗，对职工家属实行减半收费医疗福利。1952 年中国建立了公费医疗，机关事业单位正式的在编人员以及人民团体等的正式在编人员享受公费医疗，但这造成了医疗支出的节节攀升。为了减轻医疗负担，1994 年国家选择江苏镇江、江西九江作为职工基本医疗保险的改革试点城市，并于 1997 年颁布《关于卫生改革与发展的决定》，要求通过扩大基本医疗保险覆盖面逐步取代公费医疗和劳保医疗。1998 年国务院发布《关于建立城镇职工基本医疗保险制度的决定》要求建立城镇职工基本医疗保险，这标志着中国职工基本医疗保险迈入一个新的发展阶段。城镇职工基本医疗保险不但能够减轻城镇职工的医疗负担，还能够增强他们对健康的信心，提高他们的健康素养。

2. 城乡居民基本医疗保险

世界各国都在积极探索非雇员医疗保险。美国为非雇员的老年人、残疾人、儿童等建立了政府主导的医疗保险计划。日本针对农林渔业从业者、退休人员、农民等群体建立国民健康保险。中国于 21 世纪初期在浙江、湖北、云南等 304 个县（市）进行新型农村合作医疗试点，实行大病医疗费用补偿，以期降低疾病风险。2007 年国务院发布《关于开展城镇居民基本医疗保险试点的指导意见》对城镇居民健康加以保障。2016 年国务院发布《关于整合城乡居民基本医疗保险制度的意见》，将新型农村合作医疗与城镇居民基本医疗保险合并为城乡居民基本医疗保险，城市和农村居民的基本医疗保险走上整合之路。城乡居民基本医疗保险所覆盖的对象是城乡居民，包括残疾人、老年人、儿童等社会弱势群体。城乡居民基本医疗保险通过分散疾病风险，补偿城乡居民因疾病而负担的经济损失，守护城乡居民的健康，保障民众的生产与生活。此外，城乡居民基本医疗保险通过打破城乡保险壁垒，扩大报销药品的范围，提升定点医院的层次，保障了城乡居民平等的就医权利，提高了农民的就医积极性。

3. 大病补充保险

20 世纪初日本开始探索建立医疗保险制度。为了减轻大病患者的医疗负担，日本政府出台了高额医疗费用报销制度。

21 世纪以来，中国开始探索大病补充保险以减轻大病患者的大额医疗费用负担，包括城乡居民大病医疗保险和职工大额医疗补助两项内容。作为基本医疗保险的延伸和补充，城乡居民大病保险在城乡居民基本医疗保险支付费用后能够进行二次报销，职工大额医疗补助对超过最高支付限额的医疗费用按照一定比例进行补助，从而缓解了大病患者因为灾难性疾病致贫的可能性。无论是贫困群体还是中高收入群体，只要参加基本医疗保险都可以享受大病补充保险。作为一种健康促进福利项目，大病补充保险的实施提高了民众尤其是贫困群体在面对重特大疾病时的就医积极性，增强了医疗保险对健康的保障能力，起到了促进民众健康的作用。

（四）医疗救助

医疗救助具有源远流长的历史文化传统，历朝历代建立了不同的医疗救助机构以开展服务。北魏孝文帝时期，官府设立“别坊”，“穷困无以自疗者，皆於别坊，遣医救护，给医师四人，豫请药物以疗之”[①]。南北朝时期设置“六疾馆”“孤独园”“病坊”。唐朝建立“悲田养病坊”“普济病坊”。宋代建立“惠民药局”用以为平民提供低价药品并为贫困者免费看诊，甚至每年端午节后还开展“下乡送药”。北宋《吕氏乡约》患难相恤的论述中指出对待疾病“小则遣人问之，稍甚，则亲为博访医药。贫无资者，助其养疾之费”[②]。明朝时期，官府建立的医疗救助机构逐渐没落，地方乡绅建立“慈善病坊”“施药局”发挥功能。清朝各地民间机构建立“药局”为贫民看病。晚清时期西方传教医学传入后，各地开始建立一些教会医院以提供医疗救助。

案例 7-8

地方乡绅参与医疗救助

崇祯九年（1636）夏，绍兴瘟疫流行，乡绅祁彪佳联合当地其他乡绅创设慈善病坊和施药局，免费为民众提供医药和诊治。为了使延医施药规范有序，以便惠及更多灾民，祁彪佳与其他乡绅协商草拟延医募药规范九条，规定：

（一）置买药资及一切杂费，每日约四五金，除彪自行捐助外，今立簿十扇，分发同志之友及十人。更各遍传于诸同志者，随意捐助，多寡勿拘，但须即时交付。领簿之友陆续发至季超家兄收贮，以充诸费，募完之日，原簿并发还家兄，以便利刊刻成书，布诸善信名号。

（二）延请越中名医十位，彪设卮酒订约，每日烦二位至局诊视，共襄兹举。大概以一月为期，至于在局一切料理，并请太医姚同伯足以任之。

（三）医局定于越王祠光相寺，其地水陆交通，便于携载诊视。

（四）投药先须诊脉，凡就医订以卯辰二时至局，太医每日早至，傍午而散。盖不特太医欲应别家延请。且恐过午则病者往返溽暑中，更益其沈困耳。

（五）病者或在危急，不能扶携，须遣家属详语病繇，以便付药。

（六）大医诊脉之后，止烦立方，其置办药料，或同志各自推择，或始终其事，

---

① 李延寿．北史．北京：中华书局，1974：118.

② 吕大临，等．蓝田吕氏遗著辑校．陈俊民，辑校．北京：中华书局，1993：566.

或输管其数日，预相订约，勿致临期互诿。

（七）太医诊脉立方，司药诸友照方付药，旋书病者名号住址于方内，每日汇作一本，立为医案，俟再次取药，即简阅旧方，斟酌增减。

（八）看病取药，恐有参差混乱，今议匮看病筹五十枝，取药筹百枝，俟入门之时，照其先后付筹。自第一号至某号止，诊脉付药，即照筹为序，庶免拥挤踣跌之患。

（九）寺中前殿，备设桌凳，以便病者憩息，至炊爨奔走，各须数人，烦同志之友输日至局，或接待宾客，或分督僮仆，务使恪恭其事。①

资料来源：根据相关网络资料和《祁彪佳集》等整理。

为了解决贫困人口就医问题，世界各国都在积极探索医疗救助之道。美国于1965年在《社会保障法案》中加入了穷人医疗救助计划，规定联邦政府和州政府通过家计调查为贫困人口提供医疗救助，接受救助的对象多是智力受损者、残障人士、贫困孤儿以及生活无依的老人。

中华人民共和国成立初期，政府就实施医疗救助。进入21世纪，国家更加重视医疗救助供给。2001年政府提出要落实最低生活保障对象的医疗救助，2003年和2005年相继颁布《关于实施农村医疗救助的意见》《关于建立城市医疗救助制度试点工作意见》，为农村和城市医疗救助的发展提供了政策依据。2009年发布的《关于进一步完善城乡医疗救助制度的意见》明确规定通过政府拨款和社会捐助等渠道筹集资金，对患大病的农村五保户、贫困家庭、城市最低生活保障对象等医疗负担过大的成员提供医疗救助。城乡医疗救助正式成为我国健康体系的重要组成部分。作为一种福利供给项目，医疗救助对特困人员进行全额补贴，对低保对象以及因病返贫、致贫人口进行定额补贴，降低了他们的医疗费用负担，提高了贫困群体的就医积极性。

第四节　养老福利

老者安之，朋友信之，少者怀之。②

——《论语·公冶长》

养老是中华民族的传统美德。作为社会福利的重要组成部分，养老的供给旨在满足老年人日益增长的生活需求，实现老年人安享晚年的美好愿望，它涉及对老年人的物质与服务保障。

① 祁彪佳．祁彪佳集．北京：中华书局，1960：33-34.

② 程树德．论语集释：第一册．程俊英，蒋见元，点校．北京：中华书局，1990：353.

一、作为福利的养老

养老是历史生成的道德规范。古代先贤管子、孔子、曾子、墨子等人提出了一系列养老、敬老、安老思想，阐述了让老年人安养晚年的重要性，这些思想指导着秦汉以来历朝历代的养老实践。《礼记》中记载担任公职的老人70岁后要辞官养老，“大夫七十而致仕。若不得谢，则必赐之几杖，行役以妇人，适四方，乘安车”[①]，倘若依然留任要赐“几杖”以示尊敬，派妇人照顾生活、乘坐马车出行。对平民百姓推行养老之礼，“五十养于乡，六十养于国，七十养于学”[②]，免除力役和兵役等，“五十不从力政，六十不与服戎，七十不与宾客之事，八十齐丧之事弗及也”[③]。对于“老而无子者”“老而无妻者”“老而无夫者”，应该“皆有常饩”[④] 进行粮食救济。南朝梁萧时期出现了孤独园用以收容孤独无依老人，北宋时期范仲淹建立以宗族为救助载体的“义宅”保障族内老人老有所养，明朝时期免除老人和亲属的劳役以及救济贫困老人。

当今社会，养老已成为家庭、社会、国家对老年人的一项福利安排。养老浸润着中华传统文化，以养老、敬老、安老为主的养老文化为养老提供了精神指引，体现出国家的养老理念、养老价值和养老意识。为了帮助老年人获得高质量的晚年生活，养老不仅要为老年人提供经济保障，还要为老年人提供健康保健、休闲娱乐、社会参与、自我实现等支持，真正达到老有所养、老有所医、老有所教、老有所为、老有所学、老有所乐。

二、作为福利的养老项目

（一）物质养老

物质养老是为了满足老年人晚年生活需要而提供的物质保障项目，主要涉及老年人养老的经济保障，避免老年人因为退出工作岗位或缺少经济来源等陷入生活不足乃至贫困。物质养老通常包括养老保险和老年津贴等两部分。

1. 养老保险

（1）职工基本养老保险。基本养老保险是一种以就业为前提，旨在保障参保人员退休后基本生活的福利供给项目。现代意义上的社会养老保险起源于德国，1889年俾斯麦政府以立法形式建立了社会养老保险制度。后来，包括英国、美国、日本、澳大利亚等国纷纷效仿。养老保险制度主要以产业工人为主，资金筹集采用雇

---

① 杨天宇．礼记译注．上海：上海古籍出版社，2016：4－5.

② 同①206.

③ 同①207.

④ 同①210.

主和雇员分担的形式，保险待遇强调权利与义务对等的原则。

中华人民共和国成立后，中国就开展了职工基本养老保险制度建设的探索实践。1951年颁布的《中华人民共和国劳动保险条例》对城镇职工养老待遇进行了规定，1955年颁布的《关于国家机关工作人员退休暂行办法》指出机关事业单位职工与企业职工采用不同的方法计算养老待遇。1984年一些市县开始探索国营企业职工退休费社会统筹，1986年国务院颁布的《国营企业实行劳动合同制暂行规定》明确提出“国家对劳动合同制工人退休养老实行社会保险制度。退休养老基金的来源，由企业和劳动合同制工人缴纳，退休养老金不敷使用时，国家给予适当补助”①。

在总结各地经验的基础上，1991年国务院颁布了《关于企业职工养老保险制度改革的决定》要求在全国范围内实行统筹，经过试点实践于1997年正式实施《关于建立统一的企业职工基本养老保险制度的决定》，对养老保险进行了统一规范，确定单位缴费比例不超过工资总额的20%，个人缴费比例不低于本人工资总额的4%。然而，在这一过程中，双轨制改革所带来的福利待遇差距越来越大，民众对机关事业单位养老保险改革的呼声越来越高。2015年国务院颁布《关于机关事业单位工作人员养老保险制度改革的决定》，规定机关事业单位实行统账结合的养老保险改革，要求机关事业单位与城镇职工基本养老保险实行“并轨”，从而实现了职工基本养老保险制度的整合。

中国采取个人账户与社会统筹结合模式，通过个人和单位共同缴费筹集养老保险基金，为就业人口退休后提供养老保险。伴随着人工智能时代的来临，人类劳动逐渐被人工智能所替代，就业将不再以单位为载体，雇佣关系、部门、领域都会被淡化，甚至不再有“退休”概念，无雇主可能成为就业常态。因此，在未来职工基本养老保险中，政府应探索建立无雇佣单位就业人员基本养老保险，帮助职工维持基本生活水平。

（2）居民基本养老保险。为居民建立养老保险是一个不断完善的过程。以日本为例，1959年日本就为非雇员制定了《国民年金保险法》，该法覆盖自营者以及农林渔业从业者；1986年国民年金改革后要求20岁至60岁的非学生都缴费；1991年甚至将学生纳入年金计划，使所有非雇员群体都能够获得一定的保障。

历史上中国是农业大国，家庭是养老的基本单位，农民只要有土地就能够维持最基本的生活，因此“养儿防老”“积谷防饥”延续了数千年。随着家庭结构的变迁，农村家庭养老受到冲击，为了弥补家庭养老的不足，中国从1986年开始探索农村社会养老保险制度，为农民提供必要的养老待遇。1992年民政部颁布《县级农村社会养老保险基本方案》确定了农村基本养老保险基本框架，1995年颁布《关于进一步做好农村社会养老保险工作意见的通知》积极推进农村社会养老保险

---

① 国营企业实行劳动合同制暂行规定.（1986-07-12）[2021-10-26]. http://www.gov.cn/zhengce/content/2012-09/21/content_7444.htm.

制度。21 世纪以来，中国提出按照个人缴费、集体补助、政府补贴相结合的要求建立新型农村社会养老保险制度，2012 年中国农村社会养老保险供给基本实现制度全覆盖。

与此同时，中国也积极探索城镇居民社会养老保险制度，2012 年实现城镇居民社会养老保险的制度全覆盖。2014 年国务院出台的《关于建立统一的城乡居民基本养老保险制度的意见》将新型农村社会养老保险和城镇居民社会养老保险整合为城乡居民基本养老保险，并与城镇职工基本养老保险相衔接。与职工基本养老保险不同，城乡居民的收入具有不确定性和差异性。作为一项福利供给项目，城乡居民基本养老保险制度能够保障他们年老无力劳作时得到一份稳定的收入，增强他们的风险应对能力。

2. 老年津贴

老年津贴是一种为特定年龄阶段的老年人提供的非缴费性供给项目，目的在于保障老年人最基本的生活。虽然老年津贴作为现代社会福利的重要组成部分日渐受到重视，但作为一种施政手段中国古代早已有之，并以物质赏赐的形式呈现，带有恩赐和救助的性质，对于促进老年人养老、提高老年人的生活质量具有重要作用。

朝廷赐予高龄老人生活物资以保障其基本生活，具体包括赏赐高龄老人酒、米、粥、粟、肉、帛、布、絮等。《管子·入国》中提出九种惠民政策，第一条便是“老老”，要求“所谓老老者，凡国都皆有掌老。年七十以上，一子无征，三月有馈肉。八十以上，二子无征，月有馈肉。九十以上，尽家无征，日有酒肉。死，上共棺椁。劝子弟，精膳食，问所欲，求所嗜。此之谓老老”①，通过设置“掌老”一职为老年人提供生活物资，使得 70 岁以上的老人每年有三个月可以得到朝廷赏赐的肉食，80 岁以上的老人每个月可以得到赏赐的肉食，90 岁以上的老人每天都能得到赏赐的酒肉。在《礼记·月令》中也提到“养衰老，授几杖，行糜粥饮食”②，表明朝廷对于老年人不但要授予“几杖”以示尊敬，还要赐予糜粥以保障生活。汉朝注重孝道，朝廷对高龄老人赏赐的做法一直保留至清朝。

案例 7-9

汉代对高龄老人的赏赐

楚汉争霸时，刘邦曾颁布了一条提高老年人社会地位和生活质量的养老令：“举民年五十以上，有修行，能帅众为善，置以为三老，乡一人。择乡三老一人为县三老，与县令、丞、尉以事相教，复勿繇戍。以十月赐酒肉。”③

汉文帝时期，进一步强调尊老，诏令“年八十已上，赐米人月一石，肉二十

① 黎翔凤．管子校注．梁运华，整理．北京：中华书局，2004：1033.

② 杨天宇．礼记译注．上海：上海古籍出版社，2016：255.

③ 班固．汉书．北京：中华书局，1999：24.

斤，酒五斗。其九十已上，又赐帛人二匹，絮三斤”①，对80岁以上的老人，每月赏赐一石粟米、二十斤肉、五斗酒，对90岁以上的老人，每月再加赐布帛二匹，棉絮三斤，以确保他们衣食无忧。而且“赐物及当禀鬻米者，长吏阅视，丞若尉致。不满九十，啬夫、令史致。二千石遣都吏循行，不称者督之”②。为了防止官员阳奉阴违，汉文帝还三令五申，要求地方官员要严格把关赐物等，比如不能将陈米给老者。

汉武帝时期，颁布了《受鬻法》，其中申明了乡里以年龄排定尊卑贵贱的礼制习俗和社会制度，以保障老者权益。汉武帝不但下令定期“赐县三老、孝者帛，人五匹；乡三老、弟者、力田帛，人三匹；年九十以上及鳏、寡、孤、独帛，人二匹，絮三斤；八十以上米，人三石”③，还不定期赐予“加年七十以上孤、寡帛，人二匹”④。

东汉沿袭了西汉对老年人的赏赐做法，明帝每年大射（射礼）时都会安排养老礼宴会，只要年满70岁，无论贵贱，皆有资格成为这场宴会的座上客。盛宴之余，汉明帝还赠送酒肉谷米和一柄做工精美的手杖。

资料来源：根据相关网络资料和《汉书》整理。

从世界范围看，发展中国家普遍推行老年津贴制度作为养老保险的补充，低收入国家甚至把老年津贴作为贫困治理的重要工具。例如，泰国1993年建立老年津贴制度，规定60岁以上未获得养老金的老年人可以申请领取老年津贴。通常情况下，老年津贴的供给及资金来源主要依靠政府，覆盖的对象是达到一定年龄的老年人，他们自身收入相对有限，家庭养老资源匮乏，缺乏必要的物质生活资料。当代，老年津贴作为社会福利体系重要的组成部分发挥作用。

中国的老年津贴还存在着地区待遇差距问题。一般情况下，城市老年津贴水平要高于农村老年津贴水平，并根据各地经济发展水平的不同而有所差异。高龄津贴是老年津贴的重要项目。2009年宁夏回族自治区人民政府发布《关于建立80岁以上低收入老年人基本生活津贴制度的通知》，要求在全区建立80岁以上农村老年人和城市低收入家庭中无固定收入老年人的高龄老人津贴制度，这是中国第一个建立高龄津贴的省份。同年，《民政部办公厅关于转发宁夏建立高龄老人津贴制度有关政策的通知》要求各地借鉴宁夏的经验积极探索建立高龄津贴。⑤ 截至2018年9月，全国享受高龄津贴的老年人口达到2 680万，基本实现高龄津贴制度的全国覆盖。⑥ 此外，高龄老人津贴对象一般有户籍、收入、最低年龄的限制。

---

① 班固．汉书．北京：中华书局，1999：82.

② 同①82.

③ 同①124.

④ 同①136.

⑤ 民政部办公厅关于转发宁夏建立高龄老人津贴制度有关政策的通知．(2009-06-04) [2021-10-24]. http://xxgk.mca.gov.cn:8011/gdnps/pc/content.jsp? id=14092&mtype=1.

⑥ 中华人民共和国民政部．已基本实现老年人高龄津贴、服务补贴和护理补贴制度全国覆盖．(2019-01-03) [2021-10-24]. http://mzzt.mca.gov.cn/article/zt_2019gzhy/mtgz/201901/20190100014264.shtml.

（二）养老服务

受传统文化的影响，家庭承担为老年人提供养老服务的主要责任。随着老年人养老服务由隐性向显性转变，老年人养老服务需求更加多元，在政府、社会、企业等作用下，逐渐形成了居家社区机构相协调、医养康养相结合的养老服务体系。

1. 居家养老服务

2008 年全国老龄委办办公室等发布了《关于全面推进居家养老服务工作的意见》，明确指出居家养老服务是指“政府和社会力量依托社区，为居家的老年人提供生活照料、家政服务、康复护理和精神慰藉等方面服务的一种服务形式”①。居家养老服务符合老年人在家中养老的需求。中国人历来注重“家”文化，强调“落叶归根”“安土重迁”，居家养老服务的供给让老年人不用离开家门就能够享受到养老服务，既保障了老年人能获得足够的养老服务，还维系了老年人原本的家庭关系网络，满足了他们在家中养老的愿望。

居家养老服务覆盖所有生活在家庭中的老年人，根据自理能力不同，可以划分为不能自理、半自理、完全自理三种类型，并提供符合基本需要的生活照料、健康保健以及精神慰藉等服务。其中，生活照料服务以助餐、助浴、助洁等为主题定制服务和家政服务，旨在满足老年人的日常生活需要。健康保健服务以医疗护理、家庭保健、健康管理、预防、康复等健康类服务为主，旨在满足老年人预防、治疗、康复等需要。此外，挪威、荷兰等西方国家还为老年人提供临终关怀甚至安乐死服务，旨在减轻老年人临终前的疾病病痛。精神慰藉服务以陪伴聊天、关怀访问、文化娱乐等服务为主，旨在丰富老年人的精神生活。同时，通过建设居家服务网络为居家老年人提供家政预约、紧急呼叫、物资代购、健康咨询、生活缴费等服务。作为一项福利供给项目，居家养老服务使传统的家庭养老得以延续和发展，尤其解决了家中无人照料又无法外出养老的患病老年人的需求。此外，政府和社会提供的免费或部分免费的居家养老服务能够减轻老年人的经济负担，防止老年人因为贫困而无法获得需要的养老服务，有利于老年人安享晚年。

2. 社区养老服务

社区是社会福利供给的重要载体，探索社区养老服务供给是实现老有所养的重要手段。国外对于社区养老服务的实践较早，经验较为丰富。英国自 20 世纪 50 年代开始推行社区照顾服务，为有部分自理能力的老人提供居家服务，为完全失能的老人提供家庭照顾服务，为有生活自理能力但无人照顾的老人提供老年公寓，为需要一般生活照顾的老人提供暂托所，并于 1990 年颁布国家健康服务与社区照顾法令。此外，美国、日本等国的社区养老服务也很发达，社区提供的养老服务包括全托、日托、社区互助以及上门服务。21 世纪以来，中国不断探索以社区为中心的

① 关于全面推进居家养老服务工作的意见．(2008－01－29)［2021－10－25］．http：//www. chinatax. gov. cn/chinatax/n810341/n810825/c101434/c2080/content. html.

养老服务供给形式和体系。

社区养老服务主要针对那些家庭中无人照顾尤其是日间无人照顾的老年人。政府、社会等通过建立养老服务中心为老年人提供短期的照料，既可以为社区老年人提供居家上门养老服务，也可以在社区中提供日间照料服务。作为一项福利供给项目，社区养老服务不以营利为目的，其福利性更多地体现为致力于满足社区居民的养老需求，尤其是对那些自身养老服务资源不足的困难家庭老年人，通过在社区搭建养老服务平台帮助他们获得基本的养老服务，增进老年人福祉。

3. 机构养老服务

机构养老服务从学理上讲包括社区养老服务。这里的机构特指各种超越社区范围的诸如养老院、福利中心、护理院等能够为老年人提供养老服务的专门机构。世界各国不同程度地建立了机构养老服务。20 世纪 90 年代日本建立了老年介护制度，生活护理与医疗护理由此分开。2000 年日本实行了《护理保险法》，通过大力发展民间养老机构，包括特别养护老人院、老人护理院、老人访问看护机构、痴呆症老人集体照顾老人院、收费老人院等，为老年人提供多元化的机构养老服务。

20 世纪 50 年代后期，中国的机构养老开始兴起。早期的服务供给对象是城市“三无”老人和农村集中供养的五保户，具有救助性和非营利性特点，旨在保障贫困老年人最基本的生存。改革开放以后，养老机构开始向孤老无依的老年人提供收费型服务，机构福利服务的覆盖对象进一步扩大。1993 年后，机构养老服务获得发展。进入 21 世纪，机构养老服务朝着更有保障、更有品质、更加多样化的方向发展。

机构养老服务是通过机构养老设施的建设实现养老服务的供给，包括生活照料服务供给、康复护理服务供给和紧急救援服务供给等。其中，生活照料服务供给要求机构养老设施的建设符合老年人无障碍条件，满足老年人吃饭、穿衣、住房、活动、如厕、洗澡等一系列基本生活要求；康复护理服务供给要求养老机构具备一定的康复设施条件，能够帮助老年人进行身体恢复；紧急救援服务供给为老年人突发性疾病救治提供可能，使老年人获得及时的救援。总之，通过为老年人提供机构养老服务，可以满足老年人特定的养老需求。

案例 7-10

《广州市养老服务体系建设“十四五”规划》

广州市印发《广州市养老服务体系建设“十四五”规划》，要求在 2025 年实现街镇综合养老服务中心（颐康中心）街镇覆盖率 100%、村居颐康服务站村居覆盖率 100%、有意愿的老年人家庭适老化改造完成率 100%、有意愿的老年人家庭养老床位服务覆盖率 100%、星级以上养老机构占养老机构总数的比例 50%，增加就近、便利、普惠的优质养老服务供给；要求“十四五”期间，实现有集中供养意愿的特困人员集中供养率 100%、长期护理保险覆盖率 100%，制定并动态调整基本养老服务清单，在确保特困老年人应养尽养的基础上，构建面向全体老年人、以经济困难和急需照护的老年人为重点的基本养老服务体系。

资料来源：罗艾桦，姜晓丹．广州养老服务体系建设规划发布．人民日报，2021－08－31(14).

第五节　住房福利

安居乐业，长养子孙，天下晏然。[①]

——《后汉书·王充王符仲长统列传》

住房是最基本的生活需要。在现代社会，作为一种社会福利，住房不仅体现了政府对购房能力不足群体的救助与援助，还体现了社会成员之间的互助以及对民众改善住房的支持，涉及救助型住房、援助型住房、互助型住房以及改善型住房等类型，通过住房供给满足不同群体的住房需求，保障他们的生活。由于改善型较多地鼓励市场的介入，因此，本教材主要讨论前三种住房类型。

一、作为福利的住房

中国人对住房有着别样的情愫。上古之时，巢氏“构木为巢，以避群害，使王天下”[②]，开启了住房保障之路。住房所代表的不仅仅是一个能够遮风避雨的场所，还代表着“家”的文化观念以及治国安邦之策。住房意味着人们对家庭和睦、幸福生活的期许，人们常说的“安居乐业”便是如此。正如《老子》中提到“安其居，乐其俗”[③]，住房蕴含着中国人的家国情怀，“安得广厦千万间，大庇天下寒士俱欢颜”就是鲜明体现[④]。当前，住房已经演变为一项福利项目，用以保障民众基本的生存条件，是国家与社会治理的重要介质。从世界范围来看，各国住房保障政策并不完全一致，但具有一定的共性，重点都在于保障民众基本的住房需求，减轻住房问题导致的社会冲突和社会排斥。因此，各国都致力于优先解决低收入人口的住房需求，以保障民众最基本的生活需要。

中华人民共和国成立后，针对城市居民，中国先后经历了福利住房、福利住房与商品化住房并存、市场化住房等阶段[⑤]，每个阶段住房福利的特点都有所不同。

① 范晔．后汉书．北京：中华书局，1965：1647.

② 韩非子．王先慎，集注．姜俊俊，校点．上海：上海古籍出版社，2015：536.

③ 朱谦之．老子校释．北京：中华书局，2000：309.

④ 莫砺锋，童强．杜甫诗选．北京：商务印书馆，2018：192.

⑤ 景天魁，等．当代中国社会福利思想与制度：从小福利迈向大福利．北京：中国社会出版社，2011：268.

相比于福利住房与商品化住房并存的阶段，福利住房阶段多以实物形式发挥劳动补偿作用，市场化住房多以货币形式减轻民众的住房压力。就农村地区而言，政府无偿划拨宅基地让村民自建住房，村集体对农村特殊困难群体进行住房救助。21世纪以来，随着经济快速发展、人民生活水平显著提高，民众对住房的需求越来越高，在不断探索住房福利的过程中逐渐形成了救助型、援助型和互助型住房。其中，救助型住房旨在满足不具备购房能力的低收入困难家庭的住房需求；援助型住房旨在满足有一定购房能力的中低收入困难家庭的住房需求；互助型住房旨在满足在职职工的住房需求。

二、作为福利的住房项目

（一）救助型住房

救助型住房是指为了保障那些无力买房的住房困难家庭最基本的居住安全而提供的住房福利项目，是最低层次的住房福利，属于兜底性福利项目，包括住房救助和保障性租赁房两项内容。

1. 住房救助

住房作为一种保障民生的项目，受到历朝历代的重视。汉朝为了安置贫民专门开辟区域建立住宅，《汉书·平帝纪》中记载“郡国大旱，蝗，青州尤甚，民流亡……又起五里于长安城中，宅二百区，以居贫民”[①]，意思是对于受灾贫民，通过为他们修建住宅来防止其流离失所。北宋时期，朝廷在开封建立“福田院”用以收留无家可归者；南宋时期设置“居养院”为贫民、流民、无人供养的老人提供临时住所。明太祖朱元璋设立“孤老院”来赡养鳏寡孤独，为给居无定所的百姓提供住房，提出“无依者，给以屋舍”。为了吸引流民回到原籍，明朝官府甚至提出免费为他们在家乡建造房子。清朝对灾民的住房救助更加多样化，不但对流民进行住房安置，还根据受灾程度发放住房补助。从总体上看，古代重视对贫民尤其是灾民的住房保护，这种保护多是含有救助性质的，通过提供最基本的住房救助满足民众最基本的居住生存需要。

早在都铎时期英国教区就收容老年人、患病者及孤儿。1834年《新济贫法》通过后，在“劣等处置”原则下所有的救济活动都在济贫院进行，并让男人和女人分开居住。20世纪初，伴随着城市化进程的加快，贫困人口的住房问题变得严峻，英国开始探索并建立现代意义上的住房保障制度。

当代中国农村，住房救助主要有三类。第一类是针对无法解决自身住房需求的农村经济困难群体，例如农村五保户、最低生活保障家庭和一些优抚对象，基层政府以及村集体帮助他们解决最基本的住房需求，为他们修建房屋或提供安置房。第

---

① 班固．汉书．北京：中华书局，1999：247.

二类是针对因自然灾害而住房受损的农村人口，既包括困难户也包括非困难户，为其提供建房补贴。例如，2008 年年初的南方雪灾造成倒塌房屋约 22.3 万间，损毁房屋约 86.2 万间，同年，四川省汶川县发生的大地震中倒塌房屋约 778.91 万间，损坏房屋约 2 459 万间，为此，中央财政拟先安排 700 亿元用于灾后重建，其中 400 亿元专项用于补助汶川地震房屋倒损农户重建住房。[①] 第三类是农村危房改造，政府优先帮助住房最危险、经济最贫困的农村居民解决最基本的住房安全，供给方式通常是提供危房改造补贴或采用“交钥匙工程”等方式。

案例 7–11

中国农村的危房改造

安徽农村危房改造资金以农户自筹为主，政府补助为辅，多渠道筹集改造资金。政府将中央财政补助对象限定为四类人员，即建档立卡贫困户（未脱贫）、低保户、五保户、贫困残疾人。非以上四类人员，或为已脱贫的低保/五保/残疾人的，均不可享受中央财政资金补助。补助标准为修缮加固 6 000 元，重建 2 万元。

江西新建房屋的补助标准为：建档立卡贫困户中需兜底解决的特困户，列为重点帮扶对象，进一步提高补助标准，或采用“交钥匙工程”等方式，切实解决其最基本的住房安全问题；建档立卡贫困户中的其他贫困户和分散供养五保户，每户补助不得低于 1.8 万元；低保户、贫困残疾人家庭、原中央苏区国家重点优抚对象、革命烈士家庭的对象，每户补助不得低于 1.45 万元；低收入贫困户，每户补助 1.1 万元。对于房屋进行修缮加固即可安居的困难农户，不区分经济困难类型，每户补助 3 500 元。

湖南实施差异化危改补助政策，将补助标准分成 3 000 元至 4 万元多档，切实避免普惠制和平均主义。优先支持特困农户实施危房改造，开展重点帮扶，将分散供养的五保户、贫困残疾人、低保对象、重大疾病家庭列为重点帮扶对象，重点帮扶对象补助标准最高可达到每年 4 万元。

资料来源：根据相关网络资料等整理。

2. 保障性租赁房

保障性租赁房是给无力购买住房的民众提供的租赁福利项目。日本的公共租赁住房有公营住宅、公社租赁住宅及都市再生机构租赁住宅等类型，旨在向遭遇住宅困难的低收入者提供租金价格低廉的租赁性住宅。法国也向那些合法居住在法国并且收入符合申请低租金住房的人提供社会租赁住房。中国的保障性租赁房经历了由廉租房、公共租赁房分轨供给到廉租房与公共租赁房并轨供给的过程。

廉租房是为了保障城镇低收入住房困难家庭获得最基本的居住条件。中国 1998 年首次提出建立廉租房的政策。廉租房的供给主体最初为政府和单位，后逐步明确

① 王洪春．住房社会保障研究．合肥：合肥工业大学出版社，2009：353－354.

为地方人民政府，覆盖对象由最初的城镇常住最低收入家庭扩大为城镇低收入住房困难家庭。廉租房既可以采用货币补贴也可以采用实物配租方式。货币补贴是指地方政府直接向符合申请条件的城镇低收入住房困难家庭发放租房补贴，租房补贴根据低收入住房困难家庭现住房面积与保障住房面积的差额按照每平方米的补贴标准进行补贴，由低收入困难家庭自行租赁住房；实物配租是政府直接向符合条件的城镇低收入住房困难家庭提供廉价住房，配租面积为低收入住房困难家庭现居住面积与保障居住面积之间的差额，并按照政府规定的价格收取租金。

公共租赁住房是为了保障既不符合廉租房申请条件又买不起商品房的中等偏下的城镇“夹心层”群体的住房需求。2007 年厦门市率先推出建立社会保障性租赁房，2009 年国务院首次提出“公共租赁住房”概念，并于次年发布《关于加快发展公共租赁住房的指导意见》，规范公共租赁住房建设要求。公共租赁住房的覆盖对象初期有严格的户籍限制，后逐步扩大至新就业人员、高层次引进人员以及外来务工人员。公共租赁住房通常是政府主导、专业机构进行市场化运营。公共租赁住房以低于市场价格的租金租给“夹心层”群体，价格通常介于廉租房与商品房之间，要求该项目只能用于自住不能转租、出借和闲置，且有一定的租赁期。

为了促进救助型住房的建设，2013 年住房城乡建设部等部门发布《关于公共租赁住房和廉租住房并轨运行的通知》，要求“各地公共租赁住房和廉租住房并轨运行，并轨后统称为公共租赁住房”①。公共租赁住房福利覆盖最低收入群体、低收入群体以及中等偏下收入群体中的住房困难群体。对于社会投资建设的公共租赁住房以低于市场的价格收取租金，由政府对低收入保障对象给予适当补贴，对于政府投资建设的公共租赁住房可以直接减免租金。公共租赁住房按照家庭收入水平减免租金，收入相对较高的家庭减免租金少一点，而收入相对较低的家庭减免租金则多一点，这不仅减轻了住房困难家庭的住房压力，还有利于住房退出，体现了福利供给的公平性。

（二）援助型住房

援助型住房是针对购房能力不足的家庭提供的特定购房援助项目。覆盖对象主要是中低收入群体。中国的援助型住房包括经济适用房和限价房等两种类型项目。

1. 经济适用房

经济适用房是一种带有福利性质的商品房项目，政府提供政策优惠限定套型面积和销售价格，按照合理标准建设后面向城市低收入住房困难家庭供应，具有保障性质。②

1994 年国务院发布《关于深化城镇住房制度改革的决定》正式提出建立经济

---

① 关于公共租赁住房和廉租住房并轨运行的通知．（2013－12－02）［2021－10－23］. http://www.mohurd.gov.cn/wjfb/201312/t20131206_216468.html.

② 关于印发《经济适用住房管理办法》的通知．（2007－11－19）［2021－10－23］. http://www.mohurd.gov.cn/wjfb/200712/t20071201_157795.html.

适用房的要求，1995年开始实施“安居工程”推动经济适用房的发展。经济适用房覆盖对象是家庭、收入、住房状况等符合市、县人民政府规定的住房困难家庭，通常是一些中低收入住房困难家庭。经济适用房有三种不同的供给方式：一是以厦门为代表的政府直接参与经济适用房的建设与销售；二是以北京为代表的政府指导企业建设和销售；三是单位自行建设与销售。经济适用房福利是通过提供销售价格较低的住房来满足中低收入家庭的购房需求，符合中低收入家庭的经济承受能力，单套住房面积在60平方米左右，满足民众基本的住房需求，另外具有有限产权，不满5年不得上市交易。经济适用房的供给可以降低中低收入家庭因为购房陷入贫困的风险，减轻社会排斥。但是，在实际执行过程中由于覆盖对象宽泛、政策成本高以及建设超标等问题，经济适用房一直受到“非议”。

2. 限价房

为了解决那些不符合救助型住房申请条件又买不起高价商品房的中低收入群体的住房问题，减轻他们因为持续上涨的住房价格而产生的经济压力，2006年《关于调整住房供应结构稳定住房价格的意见》指出，土地的供应“应在限套型、限房价的基础上采取竞地价、竞房价的办法，以招标方式确定开发建设单位”，2007年北京、南京、青岛等城市开始探索限价。限价房面向中低收入家庭，包括具备一定购房能力但无力负担高价商品房的人群以及拆迁户，由政府按照“以房价定地价”思路招标并选择建设单位，在土地出让时即确定好建设标准、出售价格以及出售对象，建设成特定户型和特定价格的住房后向符合申请条件的家庭销售。政府出让了部分的土地收益，并对购房者进行补贴，购房者购房后取得房屋的完全产权，因此，限价房具有福利属性。限价房在平抑房价以及满足购买力不足的家庭的住房需求中发挥了重要作用，但在实际执行中会出现偏差，例如房价上涨会导致住房不公平，而房价下跌又会导致退房问题等。

限价房与经济适用房在土地来源、销售价格确定等方面存在差异，是中国探索援助型住房过程中建立的符合本国国情的住房福利项目。实际上，国外也曾探索过援助中低收入家庭购房政策，美国1961年致力于解决那些不符合公共住房申请条件但又难以在市场中获得合适住房家庭的住房问题。德国1995年颁布《住房产权税法资助新规》要求对私有住房进行补贴和税收减免，以提高住房的自有水平。英国撒切尔夫人上台后改革《住房法》鼓励私人购买住房，规定凡社会租赁住房租户住满两年后有权优先以优惠价格购买其所租住的公房，居住期越长折扣越多，折扣幅度以房价的70%为上限，同时政府还改造一些旧房并以更大的优惠鼓励购买。[①]瑞典早在1920年便成立了住房合作社，居民可以缴纳会费加入合作社，然后以低于市场价的价格购买住房的居住权，居民在购买家庭所有住房时可以享受贷款补贴，政府还通过减免征收不动产税等形式鼓励获得私人住房。

① 潘小娟，吕洪业，等．外国住房保障制度研究．北京：国家行政学院出版社，2014：6.

（三）互助型住房

互助型住房是政府通过政策支持使购房者相互帮助的项目。新加坡最早提供中央公积金并涉足住房领域，专门成立公积金管理局负责公积金的征缴、支付、保值等，设立建屋发展局负责公积金的发放和信贷。中央公积金有效地解决了新加坡民众的住房问题。此外，韩国1981年建立国民住宅基金制度用于公共租赁房、公售房补贴或给予中低收入家庭购房贷款。中国的住房公积金是借鉴新加坡的中央公积金制度发展起来的。1991年上海市借鉴新加坡的经验率先进行住房公积金试点，1994年国务院发布了《关于深化城镇住房制度改革的决定》，要求在全国开展住房公积金建设。自此，中国正式建立住房公积金制度。

作为一项互助型住房供给项目，住房公积金增强了不同购房主体的购房能力，有利于解决民众的住房需求。全国各地的《住房公积金管理条例》详细规定了住房公积金的管理机构及职责、公积金的缴存等内容，成立公积金管理委员会负责公积金的管理和运营。住房公积金主要覆盖城镇在职职工，城镇个体工商户及其雇佣人员以及自由职业者也可以通过缴存公积金而享受住房公积金。在职职工按照个人上年度月平均工资的一定比例缴费，单位按照同等数额给职工缴纳住房公积金，单位和个人的缴存金额共同存入职工的个人公积金账户，住房公积金账户金额即为个人享受的福利保障水平。住房公积金可以用于购房、建房、修房、租房等，在购房时可以使用住房公积金贷款，贷款利率要明显低于商业贷款利率。由于住房公积金的缴费额与个人工资挂钩，因此在收入差距不断扩大的情况下，住房公积金实际上更有利于高收入者，这降低了原有的互助性，甚至造成新的社会问题。此外，住房公积金的覆盖面不够，在一些私营企业，为了降低生产成本，员工很难享受住房公积金这一福利。

案例 7-12

为什么80%的新加坡民众住在政府建造的公寓里

新加坡建屋发展局（HDB）成立于1960年。该机构最初打算为贫困家庭建造出租房，后来转而建造公寓出售给民众。政府利用其权力收购了大部分土地（拥有新加坡约90%的土地），并逐渐将新加坡民众从低矮的村庄转移到高层混凝土建筑中。

每年政府都会面向首次购房者出售尚未建成的公寓，虽然申请成功需要三到四年，但公寓的租赁期为99年，且价格低于市场价格。无论他们购买的是新房还是旧房，第一次和第二次购房者都可以获得政府补助资金。新加坡民众在购买建屋发展局的房屋时现金部分由中央公积金（CPF）支付，这是一项强制性的国民储蓄计划，要求处于工作年龄的公民将其月薪的20%存入其中（雇主必须再缴纳17%）。公民有权提取一部分储蓄用于支付租屋款项，许多人还有权获得HDB提供的廉价抵押贷款，并使用他们的CPF供款来支付部分或全部月供。

资料来源：Why 80% of Singaporeans live in government-built flats. The economist，2017－07－08 (Asia).

复习思考题

1. 教育福利涉及哪些项目？
2. 就业福利涉及哪些项目？试述这些项目如何保障劳动者的就业权益。
3. 健康福利涉及哪些项目？试述这些项目如何促进民众的身心健康。
4. 养老福利涉及哪些项目？试述这些项目如何实现老有所养。
5. 住房福利涉及哪些项目？试述这些项目的优点和缺点。

推荐阅读书目

1. 景天魁，等．福利社会学．北京：北京师范大学出版社，2010.
2. 中国发展研究基金会．构建全民共享的发展型社会福利体系．北京：中国发展出版社，2009.
3. 仇雨临．社会保障国际比较．北京：中国人民大学出版社，2019.
4. 周弘．国外社会福利制度．北京：中国社会出版社，2002.

第八章

社会福利治理

本章要点

社会福利治理概念的内涵与外延是历史传承性与现代发展性的统一，随着时代的发展不断演变，治理手段及目标也不断丰富。

社会福利治理解答了福利为什么需要治理、应该如何治理、最终达到何种治理目的等一系列问题。

基本概念

社会福利治理内涵；社会福利治理手段；社会福利治理目标

第一节　社会福利治理的内涵

本末不足相供，则民安得不饥寒？饥寒并至，则民安能无奸宄？奸宄繁多，则吏安能无严酷？严酷数加，则下安能无愁怨？愁怨者多，则咎征并臻。下民无聊，而上天降灾，则国危矣。[①]

——《后汉书·王充王符仲长统列传》

将治理理念引入社会福利领域是社会福利事业题中应有之义。早在先秦时期，古人就从家国治理角度讨论社会福利。《尚书》记载帝尧民生治理成效，“克明俊德，以亲九族。九族既睦，平章百姓。百姓昭明，协和万邦”[②]，描述大禹治水则用“随山刊木，奠高山大川”[③]。这两句话表明了我们的祖先对民生福利的设计与安排、责任与担当、做法与成效，以及对百姓安居乐业这一治理目标的追求。尽管当时的人们尚未使用“福利”“治理”概念，但却进行了相应的表达与实践。这种表现形式还存在于古代社会的乡规民约及家训族规中，体现出当时社会的福利治理理念及

① 范晔．后汉书．北京：中华书局，1973：1633.

② 尚书．慕平，译注．北京：中华书局，2012：2.

③ 同②52.

行动。

古希腊时期，城邦在城市公共设施及其他社会事务方面的安排同样体现了“治理”要素。柏拉图将城邦描述为“我们每个人为了各种需要，招来各种各样的人。由于需要许多东西，我们邀请许多人住在一起，作为伙伴和助手。这种公共住宅区，我们叫它做城邦”[①]。在此，城邦是作为满足民众各种需要而进行聚居的安排。近代以来，随着欧洲社会的转型，政府加强了福利供给与治理。第二次世界大战以后，特别是20世纪70年代以来，石油危机的爆发使得福利国家面临诸多危机，随之而来的一系列改革福利国家的措施推动了福利治理发展，为今天的社会福利治理提供了现实依据。

一、社会福利治理的演变

20世纪90年代，“治理”（governance）概念被政治学家、经济学家、社会学家等赋予更加丰富的内涵，从而成为一个“时髦用语”[②]。那么，究竟什么是治理？罗西瑙（J. N. Rosenau）将治理定义为一系列活动领域里的管理机制，它们虽未得到正式授权却能够有效地发挥作用。“治理是只有被多数人接受才会生效的规则体系。”[③] 罗茨（R. A. W. Rhodes）将治理定义为“统治的含义有了变化，治理是一种新的统治过程，意味着有序统治的条件已经不同于以前，或是以新的方法来统治”[④]。1995年全球治理委员会在《我们的全球伙伴关系》中对治理做了如下定义：“治理是各种公共的或私人的个人和机构管理其共同事务的诸多方式的总和。它是使相互冲突的或不同的利益得以调和并且采取联合行动的持续的过程。它既包括有权迫使人们服从的正式制度和规则，也包括各种人们同意或以为符合其利益的非正式的制度安排。”[⑤] 这意味着，治理不再是自上而下的单向政府权威的体现，治理虽然需要权威，但权威不一定来自政府，它可以来自其他主体，甚至网络、舆论及其场域。治理过程是一个上下互动的过程，体现出强制性与非强制性的统一，以保证社会秩序和集体行动。

早期社会福利治理实践中更多地强调朝廷对福利建设与治理的责任，如《尚书》记载“民可近不可下，民惟邦本，本固邦宁”[⑥]，孟子提出“民为贵”，西汉贾

---

① 柏拉图．理想国，郭斌和，张竹明，译．北京：商务印书馆，1986：58.

② 杰索普，漆燕．治理的兴起及其失败的风险：以经济发展为例．国际社会科学杂志（中文版），2019（3）：52-67.

③ ROSENAU J N. Governance，order，and change in world politics//ROSENAU J N，CZEMPIEL E. Governance without government：order and change in world politic. Cambridge：Cambridge University Press，1992：1-29.

④ 罗茨．新的治理．马克思主义与现实，1999（5）：42-48.

⑤ The Commission On Global Governance. Our global neighborhood：the report of the commission on global governance. Oxford：Oxford University Press，1995：23.

⑥ 《十三经注疏》整理委员会．十三经注疏·尚书正义．北京：北京大学出版社，1999：177.

谊认为“闻之于政也，民无不为本”①。唐代柳宗元的“吏为民役”等民生治理思想，为以民为本、执政为民进而采取休养生息治理方略奠定了思想根据。例如，为保障边防官兵百姓生计，宋朝设置经制边防财用司，主要掌管筹措钱帛、粮草，以供边防之用，“凡榷易货物、根括耕地及边部弓箭手等事，皆奏而行之”。宋徽宗年间，更设提举兵马、提辖兵甲二职，要对各营军人“较其壮怯而赏罚之”②。当然，应该看到，中国古代的福利治理思想多是劝谏帝王，主张朝廷要承担最基本的福利供给责任。中华人民共和国成立之初，政府立即着手社会福利体系及社会福利制度的建设与完善，1953 年修正的《劳动保险条例》明确规定劳动保险由单位缴费，不得在工人与职员工资内扣除，不得另行收取，以确保员工的基本福利待遇。

改革开放以后，随着社会主义市场经济体制的建立，为适应人民群众日益增长的物质文化生活需求，政府加大社会福利供给，激发社会供给活力，人民群众的获得感不断增强。21 世纪初，政府强调要推进社会管理体制创新，不断提高构建社会主义和谐社会的能力，维护社会稳定，促进社会团结与社会凝聚。进入新时代，政府站在推进国家治理体系和治理能力现代化的高度，将福利作为社会治理的核心议题，一些福利事业的主管部门，如民政部、教育部、国家卫生健康委员会等制定福利政策，经由执行机关与各行业管理局进行细化落实与监管，国家审计署直接审计有关社会保障基金、社会捐赠资金和其他基金、资金的财务收支以及国际组织和外国政府援助、贷款项目等，强调要紧紧围绕保障和改善民生、促进社会公平正义深化社会体制改革，“加快形成科学有效的社会治理体制”，强调通过“治理”引入各类主体参与福利治理，强化政府的兜底、托底、规制与引导以及社会的参与，提升治理水平与效能。

二、社会福利治理的含义

社会福利的演变历程表明，当社会福利作为一种制度、政策或任务时，就具有了治理属性。我们可以从治理出发点、治理主体、治理对象、治理手段以及治理结果等方面去剖析社会福利治理的基本内容。

（一）治理出发点

从治理出发点看，社会福利治理首先是为了解决民众生活特别是最基本的生活需要，以确保社会稳定，这是福利治理的起点。早在汉代，每逢盛大庆典或天降祥瑞时，皇帝就下旨赐予鳏寡孤独者粮食和衣服，遇到灾祸则实施救济以保证灾民的基本生存。如建武二十九年（426），因日食影响，汉光武帝赐“鳏、寡、孤、独、笃癃、贫不能自存者粟，人五斛”③。南北朝时期，救济对象从鳏寡孤独扩展到高

① 贾谊．新书校注．阎振益，钟夏，校注．北京：中华书局，2000：338.
② 倪其心．宋史：第五册．上海：汉语大词典出版社，2004：3284.
③ 范晔．后汉书．北京：中华书局，2012：64.

龄、儿童等弱势群体。元嘉三年（153）五月，南朝宋文帝下诏“高年、鳏寡、幼孤、六疾不能自存者，可与郡县优量赈给”①。由此可见，中国古代通过对困难群体施行救助，以满足其最基本的生存需求，维护社会秩序稳定，这里的社会福利就已经呈现出治国安邦的重要意涵。

一般而言，治理模式要能够与经济发展相适应，协调社会福利供给与分配问题，以保障民众的基本生活。例如，低下的生产力使得社会福利治理具有临时性为主、稳定性为辅的特征。随着经济社会飞速发展，社会福利治理具有了制度性、全面性以及规范性的特征。以最低生活保障制度为例，计划经济时代的农村实行集体经济，残障人士获得一定的劳动就业机会，城市地区则要求各单位承担救济贫困职工的责任。20世纪80年代，农村集体经济面临解体，城市单位体制进一步弱化，给整个社会救助体系带来了挑战。② 为此，上海市率先建立最低生活保障制度，为全国其他城市所仿效，助推国家出台《城市居民最低生活保障条例》。21世纪初，国务院颁布《农村五保供养工作条例》，为城乡居民最基本的生活提供了制度保障。进入新时代，政府从人民群众最关心最直接最现实的利益出发积极开展福利治理，补齐民生短板，扩大福利制度覆盖面，提升福利水平，积极提升社会组织在社会福利领域的参与度与活力，织牢民生网络，夯实民生底线，促进社会福利治理能力及治理水平的现代化。

在西方发达国家，不同政党有着不同的纲领，直接影响国家的福利政策及其福利治理。一些政党在竞选中会为了获得更多选票而提出福利主张，形成对选民的政治承诺。他们执政后往往对前任的福利政策加以否定，或者用新的福利政策取代原有的政策主张，这样的福利治理随意性有余而科学性不足、临时性有余而持续性不足，自然难以获得民众认同。有的选举期间的福利主张执政后并未兑现，直接制约整个福利治理成效。例如，受持续债务危机引发的长期紧缩政策影响，以“反对紧缩”为竞选纲领的希腊激进左翼联盟胜选，但之后却迟迟无法兑现自己的福利目标，直至2019年败选。

（二）治理主体

从治理主体上看，“谁来治理”是社会福利治理领域面临的重大问题，不同的社会福利治理主体决定了不同的福利治理理念、手段、工具等。中国古代大致形成了以王朝及宗族两类为代表的福利治理主体，其中王朝代表着朝廷对整个国家的福利设计、安排、实践及监管与问责，而宗族意味着民众自组织对自身生活的保护，比如宋代的宗族义庄，通过宗族福利治理，确保族人生存下去，这表明多主体参与社会福利治理在中国早已出现。从总体上看，古代的福利治理主体包括朝廷（官府）、宗族、邻里以及家庭等。其中，朝廷（官府）更多地将福利治理作为稳定社

---

① 沈约．宋书．北京：中华书局，2013：75.

② 王思斌．转型中的中国社会救助制度之发展．文史哲，2007（1）：121-126.

会的一种手段，因此，它所提供的福利多以救济为主，往往以常平仓、义仓、福田院、养济院、慈幼局、漏泽园等载体向社会提供福利，以解决社会问题，避免社会矛盾激化；宗族、邻里、家庭作为社会福利治理主体的重要组成部分，以地缘、血缘关系为纽带组织各种形式的福利活动，协调宗族内部成员的社会关系，强化内部成员的宗族认同与秩序认同，同样起到稳定社会的作用，宗族福利治理方式与工具主要有义庄、族田等，而“提留祭产”存在于福建一带。

进入现代社会，工业化将社会团结建立在不同主体的专业化分工基础上，社会福利治理主体可以超越空间限制，由此衍生了不同政府间、地区间以及跨国合作等新形式，多主体合作治理已经成为各国共识。

（三）治理对象

从治理对象上看，社会福利治理对象具有历史性与发展性。早期官府的福利治理对象主要是灾民，每逢灾荒，朝廷会下令让地方衙门开仓放粮，从相邻地区调集物资进行救助，同时对救灾所引发的问题进行治理，防止社会动荡不安，处理救灾救济中各种腐败或渎职问题，形成社会震慑。在民间，宗族承担长期稳定的敬老爱幼等福利活动，对宗族的福利活动加以规范，而宗教的福利治理通常基于传教目的。20 世纪五六十年代，政府的福利治理对象更多地具有选择性而非普遍性，城市通常针对各种类型的单位职工及其家人，福利治理项目涉及生老病死、教育、就业等方面，而农村的福利治理对象主要是“五保户”。20 世纪 90 年代，政府的福利治理对象发生了较大变化，逐步将下岗失业人员、各类企业职工、城镇居民等群体纳入进来，形成了福利治理对象的广覆盖乃至全覆盖；进入 21 世纪，农村则由原来的“五保户”拓展到农村居民，体现出社会福利治理对象由选择性向普遍性转变的特征。

应当看到，福利治理对象的历史性与发展性还包括与人类共生的环境治理。先秦时期，老子就提出“人法地，地法天，天法道，道法自然”[①]“人之本在地，地之本在宜，宜之生在时，时之用在民，民之用在力，力之用在节”[②] 等论断，将百姓生计与社会和谐法则紧密相连。所以治理河道、山林及农田，为民众的福利提供最基本的保障成为朝廷及官府的重要任务。20 世纪 90 年代以来，联合国通过《生物多样性公约》《世界环境公约》，将社会环境作为治理对象。

（四）治理手段

从治理手段上看，社会福利既是增进民生福祉的目的，更是解决民生问题的重要手段。庄子提出“四海之内共利之之谓悦，共给之之谓安”[③] 就是试图用福利实现社会安定有序，展现出治国理政理念及方法。后来，历朝历代都重视民生，把人

---

① 谷斌，张慧姝，郑开注，译．黄帝四经注译·道德经注译．北京：中国社会科学出版社，1996：127.

② 同①15.

③ 王叔岷．庄子校诠，北京：中华书局，2007：414.

民富足、安居乐业当作实现长治久安的手段。宋太祖赵匡胤在位期间朝廷下设县令，“掌总治民政、劝课农桑、平决狱讼”，对于灾害的福利治理则“有水旱则有灾伤之诉，以分数蠲免；民以水旱流亡，则抚存安集之，无使失业”；对于民间孝悌者，“具事实上于州，激劝以励风俗”，而对于在这方面做出政绩的县令“则与升擢”，嘉定十二年（1219）更有诏令“有政声无过犯、举员及格”者，“许受签判或干官”[①]。同时这也有除官情况。如绍兴年间，士大夫多流难，吏部准允无官职者破格担任岳庙官，这本为一项安抚士大夫的福利制度，然而此后冗官泛滥多呈弊端，最终还是严格按照资格处理。[②] 实际上，工业社会以来，西方国家逐步意识到福利作为治理手段的有效性，19 世纪 80 年代德国首相俾斯麦通过建立社会保险制度解决相关社会问题与社会矛盾，这一治理手段为世界各国所效仿，影响深远。

改革开放特别是进入 21 世纪以来，我国政府日益重视福利事业，把社会福利特别是那些具有托底性、基础性的民生制度作为基层治理的重要手段[③]，为调节基层社会成员关系、维护社会稳定、夯实执政之基发挥积极作用，体现出社会福利事业治国安邦的功能性特质。此外，随着信息化发展，我国在福利监管、评估上拓宽了有关福利信息收集与反馈的形式与手段，将信息化、智能化引入福利治理中，有力提升了福利治理水平与治理能力的现代化。

（五）治理结果

社会福利治理的结果可以从两个维度来看。一是社会治理是否推动福利事业的发展，治理是否提升社会福利的可获得性、及时性，拓展社会福利来源与输送渠道。二是社会福利治理是否有利于社会秩序的维护。就前者而言，开展社会治理就是要形成相对稳定的社会关系及结构，理顺各阶层之间的关系，促进形成合理的收入结构与分配结构。因此，所谓的社会福利治理就是治理社会福利项目、福利制度、福利待遇，形成更为科学合理的福利体系，促进社会长治久安。就后者来说，通过社会福利治理能够解决一些民生问题，缓解乃至化解社会矛盾，形成较为合理的社会预期，推进社会和谐发展。例如，针对社会贫困问题，政府及社会各界通过教育、医疗、收入、组织参与乃至精准扶贫等措施，实现了近一亿贫困人口的全面脱贫，有力地促进了社会公正发展。再如，因应社会服务不足问题，各地实施了以政府购买服务为主的社会组织参与方式，满足了民众多样化、精细化的福利需求。

三、社会福利治理的特性

社会福利治理是通过对民众生活秩序的安排实现国家治理目标的过程，社会福利治理具有鲜明的特性。

---

① 倪其心．宋史：第五册．上海：汉语大词典出版社，2004：3288－3289.

② 同①3372.

③ 贺雪峰，刘勤．农村低保缘何转化为治理手段．中国社会导刊，2008（3）：26－27.

第一，社会福利治理具有引导性。通过福利治理，引导各类主体树立责任意识与规范意识。就政府而言，“爱人不亲，反其仁；治人不治，反其智；礼人不答，反其敬。行有不得者皆反求诸己，其身正而天下归之”[①]。执政者的福利态度与行为对福利对象会产生引导和推动作用，进而引导民众选择是依赖政府还是依靠自身，是各安其分还是巧取豪夺地拥有福利。同时，执政者的福利治理理念引导社会福利其他主体的行为，影响这些主体供给的福利项目、范围及质量。对家族、宗族而言，福利治理表现在以身示范上。“古人治家之道，惟以身教为先。为家长者，必先躬行仁义，谨守礼法，以率其下。”[②] 这就强调自身对长者孝敬，以引导后辈承担相应的福利责任。西方福利治理的引导更强调权利与义务的对等关系所产生的规范与责任，使得社会福利的产生与递送、管控与问责等依据一定的法律关系，而法律范围之外则更多地依靠宗教所承担的慈善救济得以施行。

第二，社会福利治理具有秩序性。社会福利治理秩序性是治理的优先性表达。社会福利治理优先着眼于个人，满足个体的福利需求，“君子慎其独”[③]，兼具仁爱之心亦可长寿，进而服务于家庭、社会。在前述主体无法回应自身需求的情况下，国家治理才会施行，以回应个人的基本生活需要。当然，它也是秩序的表现，如强制性法律制度、约定俗成的道德规范等，由此形成了早期社会的“情理法”合一或是现代社会的德治、法治相结合的治理局面。比如，在中国一个饿昏的人偷窃粮食更容易得到社会的宽容，较少地追究其民事责任。这种治理理念其实就是“仁莫大于父子，义莫大于君臣”[④] 在现实福利领域的表现，它要求福利治理注重平等、讲求仁义、尊尊亲亲，遵循“天理”。例如，家规族范作为福利治理与分配的依据，强调“孝”是德本，要优先实现长者的福利需求，对不孝者予以惩处，“今之孝者，是谓能养。至于犬马，皆能有养”[⑤]，要优先保障老年人的福利权益。

第三，社会福利治理具有补充性。社会福利作为国家治理的重要手段，在治理手段、结果上产生补充政治、经济及文化或社会等领域的治理功能，也就是说它是一种柔性的政治治理、补充性的经济治理、辅助性的社会及文化治理。就柔性的政治治理来说，它可以通过民生制度的制定与完善实现治理效能，古人讲“德惟善政，政在养民”[⑥]，《吕氏春秋·适威》记载“古之君民者，仁义以治之，爱利以安之，忠信以导之，务除其灾，思致其福”[⑦]，就是这个道理。所以，古人采取监管、评估与问责等手段加强福利治理，就是确保政治稳定，实现长治久安。福利治理完善有助于政治统治，助力经济建设。早期社会，朝廷通过抚恤、赈济使百姓能够维持社会生计，而至现代社会中依然通过最低生活保障制度等托底性制度保障

① 孟子．万丽华，蓝旭，译注．北京：中华书局，2007：149.
② 曹端．曹端集．北京：中华书局，2003：186.
③ 《十三经注疏》整理委员会．十三经注疏·礼记正义．北京：北京大学出版社，1999：734.
④ 朱熹．晦庵先生朱文公文集．上海：上海古籍出版社，2010：633-634.
⑤ 杨伯峻．论语译注．北京：中华书局，1980：14.
⑥ 同③89.
⑦ 吕不韦．吕氏春秋新校释．陈奇猷，校释．上海：上海古籍出版社，2002：1290.

民众的基本生活所需。可见福利治理安定了社会生活，为政治统治提供了良好的社会基础。就福利治理结果而言，福利治理不仅保障了社会秩序的平稳运行，同时还优先保障了民众安居乐业。福利为民众基本生活提供了物质基础，这就为其进一步投身于社会建设、在更大程度上创造物质财富提供了稳定的前提条件。

第四，社会福利治理具有自发性。自发性源于人类早期就意识到福利若不加以治理，就会产生一种失序，甚至当个体的福利无法得到回应与满足时就会产生社会暴动与犯罪，所以历代王朝都十分重视赈灾救荒治理，这是因为救灾及时与否直接关乎王朝的治理兴替。因此，朝廷会主动、直接介入，进行及时治理。而对于鳏寡孤独废疾者，朝廷更多地将他们的福利治理责任交由基层社会承担。另外，不同群体与群体之间、群体内部在进行福利治理、分配时需要自发形成一套适用于群体自身的规范。在民间社会，宗族、家庭主动分配、管理族内福利资源。于是“管摄天下人心，收宗族，厚风俗，使人不忘本”①，宗族或家族内部形成一套自发的福利治理方式。例如，范仲淹在吴、常两县设义庄，供诸房宗族衣食、婚嫁丧葬之用，而且义庄福利对象统计是“五岁以上人数”，“逐房计口给米，每口一升”“冬衣每口一匹，十岁以下五岁以上各半匹”② 等。对于违反规则的宗族成员，则由宗族进行自发惩治。“义庄事惟听掌管人依规处置，其族人虽是尊长，不得侵扰干预。违者许掌管人申官理断。”③ 可见福利治理在不同群体范围内的主动性。

第五，社会福利治理具有公正性。福利治理的公正性实际暗含整个国家的治理目标。这在早期社会表现为“大同”社会的追求，而今蕴含着全面建成小康社会以及实现中华民族的伟大复兴，这就要求缩小社会阶层之间的福利差距，实现人人享有发展成果。这表明，福利治理的公正性需要回应整个国家的需要，兼具整体性与群体性面向，而非某一个体的福利权益。因此，通过福利治理要能够解决“该有的都有”这一问题，这是基于满足社会成员最基本生活需要的一致性实现。④ 此外，福利治理的公正性亦是国家治理规范的体现。韦伯认为，治理者都需要为自身权力的正当性辩护，治理者要想呈现治理的正当性，福利治理就需要具备正当性，以支撑其正当性需求。为此，古人提出了德主刑辅的治理方式，以确保福利治理过程与结果的规范与监管，强调在治理过程中要受到来自法律及道德规范的约束与监管。“故刑者德之辅。阴者阳之助也”⑤，治理者采用德教与刑罚相结合的方式，保障政策、制度得以有力施行，使得以政策、制度为依托的福利治理能够得到规范。

---

① 张载．张载集．北京：中华书局，2012：259.

② 范仲淹．范文正公文集：二．北京：商务印书馆，1937：98.

③ 同②101.

④ 景天魁．底线公平：和谐社会的基础．北京：北京师范大学出版社，2009：133.

⑤ 苏舆．春秋繁露义证．钟哲，点校．北京：中华书局，1992：336.

第二节 社会福利治理的手段

寄治乱于法术，托是非于赏罚。①

——《韩非子·大体》

手段是指为达到某一目的采取的方法与措施，社会福利治理手段则是指为保证社会福利目标的实现而采取的方法与措施，它包括市场手段、监管手段以及问责手段。

一、市场手段

运用市场手段开展社会福利治理，对社会福利主体行为进行调控，以提升民众社会福利水平，保障社会福利的有效生产及输送，这是工业社会以来人们普遍采取的治理手段。通常，如果政府承担福利的生产、输送、分配及管理，那么政府就会形成管理者与生产者身份的叠加，政府既是福利治理规则的制定者又是福利治理的实施主体，还是福利供给的主体，显然会降低其公正性与效率性。运用市场手段可以将政府从双重主体身份中分离出来，政府专门从事社会福利制度的制定及项目管理，生产及输送则交给那些有能力提供专业化的公共部门、民间组织以及营利性组织，政府通过对产品及服务的质量与创新性的比较做出最优选择。市场手段使福利供给从卖方市场转变为买方市场，政府转变为福利客体的代理人，福利资源的生产及输送从碎片化转变为集中化与精准化，实现福利资源的合理配置。市场机制能够帮助政府了解民众的福利诉求，给予民众及时回应，避免民众因长期无法得到回应采取极端行为所造成的不利影响，提升社会福利的有效性、可及性与公开性。

运用市场手段治理福利可以提升社会福利的公平性。一些学者认为，使用市场手段会对社会福利的公平性产生冲击，比如在教育与医疗等领域允许营利机构参与，高收入群体可以选择更高水平的教育与医疗，在社会保险筹资机制中引入市场化等，退休后由于高缴费基数，其养老金水平具有较高替代率。事实上，即使没有市场手段，福利差异仍然无法完全消除。在社会福利领域，政府作为出资人具有较强控制力，政府购买服务、引入竞争机制、根据服务提供者绩效进行拨款、限制市场中福利供给上限，可以增强福利供给的公平性。

运用市场手段治理福利可以明晰各福利供给主体之间的边界，将需要一定专业技能的福利交由能够提供的市场福利主体，形成市场机制对福利资源的调控。20世纪80年代末以来，发达国家将市场机制广泛引入社会服务供给中。社会服务的

---

① 王先慎．韩非子集解．钟哲，点校．北京：中华书局，2003：209.

提供开始向市场中的民间组织与营利组织转移，政府通过资金援助、购买与拨款的方式委托民间组织提供社会福利，甚至直接委托代理机构选择社会服务的供给方，这就意味着竞争机制的引入可以促进不同的民间组织通过提升服务质量、创新服务项目以增强自身的竞争力。比如，政府以招投标方式，使公共机构、民间组织与营利机构产生竞争关系，这样有利于提升就业培训服务质量，增加服务对象的选择权，减少了暗箱操作、寻租等问题的发生。

这表明社会福利领域的市场化治理是一种趋势。英国撒切尔政府对养老金与医疗方面的改革目的就是明确政府与市场的责任边界，限制政府在社会福利中的责任范围。再如，英国 1982 年的社会保障法规定养老金津贴标准仅根据物价水平决定。智利在 1981 年建立了以个人账户为基础，实行完全基金积累、市场化投资运营、政府统一监管的强制性私营养老金制度。这些改革均体现出市场机制对社会福利治理的作用。中华人民共和国成立初期，企业职工的养老、医疗、教育等社会福利缴费均由国家承担，改革开放后转变为国家、雇佣单位与个人共同承担缴费义务，养老金从单一的劳动保险发展成集合企业年金、个人补充养老金，覆盖城乡的多支柱多层次养老金制度。当然，单纯依靠市场手段进行社会福利治理具有局限性，需要相应的监管与问责手段与之配套。

二、监管手段

采取监管方式开展福利治理古已有之。早在汉代，就有“比岁不登，民多饥穷，又有水旱疾疫之困”。朝廷下令：“大司农绝今岁调度徵求，及前年所调未毕者，勿复收责。其灾旱盗贼之郡，勿收租，余郡悉半入。”[①] 可见政府采用宏观调控手段开展福利治理，政府公信力确保了监管效力，由此形成监管依赖。隋唐以后，不仅官府对福利供给及福利分配予以监管，民间社会也对自己所分配的福利资源进行一定程度的监管。监管者要克己奉公、遵守礼法，认真审查与监督。家庭要符合孝老爱亲规范，接受家训族规对社会福利的约定。家庭宗族对于福利治理监督的自发性理念在隋唐时期逐渐兴盛，稍具规模的家庭宗族内部都存在各自开展福利治理的准则。例如，隋唐时期开展祭祀或丧葬，需要接受来自乡里百姓的监督，观察该家族是否为先祖求得“福田”，由此判断该家族是否获得福报、福业。对先祖不敬或不善其终者，视为不孝。对官府而言，要选派廉吏持续稳定保障人民生计，课农励桑以厚民生，同时，严格选用官员以公正执行律令，保证公正公平。

而在西方，福利监管主要发生在近代以来的欧洲国家。“监管”对应的英文单词是 regulation，强调制度对于运行秩序的保证。早期的监管行为主要出现在经济领域，例如美国 1839 年罗得岛法设立州管制委员会，1887 年建立州际商业委员会

① 范晔．后汉书．北京：中华书局，1973：317.

对市场秩序进行监管。[①] 这表明监管的出现是政府为主体对于社会、市场秩序的干预与规范。第二次世界大战以后，福利作为公共物品供给需要具有权威性的部门施行监管职能，凯恩斯主义将国家带回了福利供给管制环节的重要位置，各行各业依据《国家工业复兴法》制定生产与市场分配准则，体现出监管的力量。

20 世纪 80 年代，福利供给呈现市场化和自由化态势，监管的职责逐渐由政府、市场拓展至整个社会，其中源于社会的、具有专业性与独立性的第三方监管成为主流，伊恩・艾尔斯（Ian Ayres）等学者提出了回应性监管理论。[②] 这一理论从政治与法律角度提出，政策与法律监管具有一定程度的滞后性与约束性，而市场与社会的监管则表现出灵活性与补充性。这种监管效力源于基于参与治理的主体范围的拓展。当然，福利监管涉及治理过程。戈勒尔（Bruce F. Goeller）对于公共政策的监测提出分析、应用、结果三段评估，而不仅使用一个指标。[③] 这在福利治理监管中需要兼顾治理前对福利治理目标、问题、主体、对象等进行识别，对治理机制与方法进行监管，治理结束后对治理效能涉及可持续性、有效性、正义性等指标进行监管，以衡量其与治理之初所设定的治理目标是否匹配，同时验证治理的效率与质量。

福利监管要审查治理的结果。监管最初就是对治理的金钱、财务管理开展监督，这决定了监管首先要保证福利治理的科学性与规范性，避免资源与权力的滥用。以我国社保基金为例，在《社会保险基金财务制度》《企业年金试行办法》《全国社会保障基金投资管理暂行办法》等制度约束下，2006 年山东省审计厅对社会保险基金征用情况进行审计，发现 2000—2006 年挤占挪用社保基金用于弥补财政或违规借出等金额高达 1.91 亿元。为此，山东省政府下发通知督促各地市在相应期限内严格纠察整改。[④] 此外，需要考量福利治理程序的合法化认同与治理效率之间的平衡。福利治理的合法化认同是给予治理主体治理行为正当性的有效解释，同时也是对于治理结果的程序正当的最终确认。

福利治理在依据合理、合规、合法的过程中必定会产生对于人力、物力、时间等各种资源的损耗之间的矛盾，需要在监管中进行及时干预，协调福利治理的结构，对福利治理对象的过分同质性内容进行调整，进而有效地使用福利治理成本。例如，宋朝设置的监察机制对福利治理主体加以监察。首先，台谏合一，精简监督控制机构。宋朝将具有监察、弹劾职能的御史台与谏院二者合一，以明确监察的责任主体，地方则设置路、州、县各级考察地方官员、监督财政使用、参与地方灾害救治等。以田地税租为例，五代以来，历朝对垦田税租开展检视时都曾发现官吏多徇私舞弊，“繇是百姓失业，田多荒芜”。宋太祖以后，朝廷下诏准许百姓开辟土

① 史普博．管制与市场．余晖，何帆，钱家骏，等译．上海：上海人民出版社，2008：86.

② 刘鹏．西方监管理论：文献综述和理论清理．中国行政管理，2009（9）：11－15；徐鸣．跨学科视角下西方监管理论的演变研究．中共南京市委党校学报，2019（5）：78－86.

③ 帕顿，沙维奇．公共政策分析和规划的初步方法．孙兰芝，胡启生，译．北京：华夏出版社，2002：278.

④ 山东审计发现：社保基金欠缴、挤占挪用现象突出．（2008－07－31）［2021－12－25］．http：//www.gov.cn/zfjg/content_1061150.htm.

地，州县不得查田收税，仅以租佃数额为税收，并选派官员至京畿粮库，前往各路，收缴百姓租税，发现有增加税收的州县官则马上治罪，“多入民租者或至弃市”[①]，用田地税收监管确保百姓福祉。

案例 8–1

社保基金案

作为老百姓的安身立命钱，社保基金对安全性有着强烈的要求。曾几何时，社保基金被挪用、被侵吞的案件层出不穷。2006 年曝光的上海市社保基金案便是其中之一。当时，原上海劳动和社会保障局局长祝君一被揭发在 2002 年违规拆借上海社保基金 32 亿元人民币给投资公司，用于收购沪行高速公路的权益，使社保基金承受巨大风险，由此揭开这起巨大贪污案的序幕。2004 年陈良宇违规帮助某公司，从上海市劳动和社会保障局融资，动用 10 亿元社会保险基金。据统计，除上海社保基金外，1998 年以来我国清理回收挤占挪用的社保基金已达 160 亿元，2001 年以来追缴的社保基金已达到 95 亿元。不经意间，老百姓的“养命钱”被蒸发，或者神秘消失。

资料来源：冯果，李安安．滥用与规制：我国社保基金的监管缺失及其补救．当代法学，2007 (4)：25－32.

三、问责手段

问责手段是指问责主体综合运用某种方式进行问责，手段既是工具也是途径。社会福利供给主体包括政府、市场与民间组织，因此针对不同的主体需要不同的问责工具。针对政府部门的行政问责制、针对市场的公司问责制以及针对民间组织的问责，均属于社会福利问责的范畴。问责是福利治理过程中的必要手段。问责处于整个福利过程的末端，其重要性在于问责的结果可以直接影响福利制度制定、制度执行以及福利治理结果的评价。有了问责，可以规范福利主体按照既定制度达成预期目的，如果没有达成既定目的，或执行过程中出现问题，问责可以及时发现，并及时纠正和给予惩罚；有了问责，福利主体与客体之间的沟通桥梁更加稳固，并且使问责的回应性被加强。福利问责制度的形成使得福利主体无法忽视福利客体的福利诉求，当对一项福利制度存在怀疑时，福利主体必须依法依规进行回应，如果解释无法被接受，则需要采取强制手段进行控制，反之福利主体则应受到褒奖。问责就像一把利剑，使福利治理的市场手段与监管手段得以真正被实施。问责在中国具有久远的历史基础。先秦时期，朝廷就对福利输送特别是对那些不作为或乱作为的官员予以问责，如《尚书大传》载：“沟渎壅遏，水为民害，田广不垦，则责之司

① 倪其心．宋史：第六册．上海：汉语大词典出版社，2004：3478.

空。百姓不亲，五品不训，则责之司徒。蛮夷猾夏，寇贼奸宄，则责之司马。”①

传统问责更多地呈现事后性，问责主体要求问责对象对其过失行为进行解释与回应，并给予惩罚。传统问责带有自上而下的强制性。存在两种主要的问责方式：其一，行政问责，即官员被要求对其法律授予的职位范围内的行为或其社会范围内的行为负责。② 这更多的是强调事后的回应性以及惩罚性。其二，社会问责，是“一种依靠公民参与加强行政问责的问责途径，通过普通市民或公民社会，采取直接或间接的方式推进行政问责”③。它可以弥补行政问责的一些不足之处。不过，这两种问责方式都有局限，我们应以综合的眼光看待福利治理的问责事宜：从输送主体角度看，福利治理的问责是政治领域的行政问责、市场中的公司问责与社会领域的民间组织问责的综合，是由多种问责制度形成的复杂社会福利问责体系。各福利供给主体除受到自身内部问责机制的监督外，还同时受到来自其他相关主体的监督与问责，并且因为网络化的形式能使自上而下的传统问责形式的强制性与权威性受到约束，并加强惩罚性与回应性。现代社会中，社会福利问责措施主要有绩效问责、信息公开与社会评估三种。

绩效问责是政府部门从对过程的把控转变为对结果导向的评估，这种评估有助于明晰政府部门的职责范围及履责情况，推动社会福利事业的发展。绩效问责的核心是绩效指标，例如实现再就业人数多少等，如果未完成指标，就需要对责任单位及责任人启动问责程序加以问责。绩效问责在先秦时期就已出现，《睡虎地秦墓竹简》记载“发弩啬夫射不中，赀二甲，免，啬夫任之。驾驺除四岁，不能驾御，赀教者一盾，免，偿四岁徭戍”④。绩效问责在当时业已形成一套清晰的制度，并且聚焦于对失责对象的惩罚。《商君书》记载“而官爵者，所以劝功也。……论荣举功以任之，则是上下之称平。上下之称平，则臣得尽其力，而主得专其柄”⑤。古人明白问责的目的不在于惩罚而在于预防，《韩非子》载：“爵禄生于功，诛罚生于罪，臣明于此，则尽死力而非忠君也。”⑥ 现今福利领域的绩效问责成为行政问责的主要方式。2005 年湖南省提出为人民做“八件实事”，明确考核指标以及各部门责任，其中规定考核结果达标与未达标时将采取必要的奖惩措施。绩效问责的优势在于职责清晰，评判标准简单明了，能够直指问题本质。当然，绩效问责也有一定的局限性，如社会福利公平性、社会组织活力、社会稳定性等方面的指标难以量化，绩效指标的设定不合理等。

信息公开是问责的基础，信息不对称影响民众对政府福利部门的信任。政府福利事业主管部门需要定期向监管部门及公众就其决策、实行过程、结果等予以公

① 伏胜．尚书大传．郑玄，注．北京：商务印书馆，1937：40.

② SHAFRITZ J M. The facts on file dictionary of public administration. New York：Facts On File Publications，1985：9.

③ 世界银行专家组．公共部门的社会问责：理念探讨及模式分析．宋涛，译．北京：中国人民大学出版社，2007：13.

④ 睡虎地秦墓竹简整理小组．睡虎地秦墓竹简．北京：文物出版社，1990：79.

⑤ 蒋礼鸿．商君书锥指．北京：中华书局，1986：50.

⑥ 王先慎．韩非子集解．钟哲，点校．北京：中华书局，2003：330.

开，以此告知公众各有关福利项目的实施情况。就企业和民间组织来说，它需要向利益相关者披露组织情况、业务活动、资金来源、使用明细以及绩效等。随着自媒体的发展，人们更多地采取自媒体方式予以发布，以便为问责主体提供客观的评判依据。

然而，完全透明的信息公开、完全的问责很难做到，这就需要开展社会评估以敦促福利主体进行信息公开，促进问责实施。例如，2003 年孙志刚意外死亡后社会舆论及社会监督发挥了功能，《提请全国人大常委会就孙志刚案及收容遣送制度实施状况启动特别调查程序的建议书》最终推动收容遣送制度被废止。由此可见，广泛的社会参与促进信息公开力度，推动绩效问责。

社会福利治理的落脚点是提升民众的获得感与幸福感，因此民众的主观判断至关重要。社会保障项目的供给、公共服务设施的投入、生活环境的改造等，究竟在多大程度上提升了民众的幸福感与获得感？这需要广泛的社会参与，收集民众最真实的评价才能回答。民众参与问责既能够加强制度问责，又能推进政府部门的绩效问责。

民众参与问责途径主要有三种：一是大型社会评估活动，其结果能够帮助福利供给主体了解福利需求，为问责主体提供自下而上的评判标准。二是投诉与建议。渠道如信访制度、消费者协会等。其中，信访制度为民众参与问责提供了合法渠道。然而，信访周期长且伴随大量的不确定性，是否听取民众声音仍然取决于福利主体，一些民众由于迟迟无法得到回应而采取极端行为，造成不良影响。三是舆论。新闻媒体、微博、抖音、微信等社交平台的兴起，提升了信息传递速度及广度，对问责主体与对象形成舆论压力。2020 年国务院办公厅发布的《关于征集新型冠状病毒感染的肺炎疫情防控工作问题线索及意见建议的公告》中着重提出："国务院办公厅将对收到的问题线索和意见建议进行汇总整理，督促有关地方、部门及时处理。对涉及缓报、瞒报、漏报疫情，落实防控措施不力，导致疫情扩散等严重后果的重要问题线索，国务院办公厅督查室将直接派员进行督查。经查证属实的，将依法依规严肃处理。"随后，微信、支付宝等软件上线抗疫服务督查上报窗口，窗口信息直接关联国务院办公厅"互联网＋督查"平台。截至 2021 年 4 月，"互联网＋督查"平台公开回应调查结果 150 余篇，曝光典型问题 300 余个，通过中央主要媒体曝光问题 110 余个。再如 2021 年山东单县"脑中风村"事件，到媒体介入前共计 2 000 余村民的医保账户出现脑中风报销结算记录，媒体介入以后单县政府才开始调查并启动问责程序。

第三节　社会福利治理的目标

周违道以干百姓之誉，罔咈百姓以从己之欲。无怠无荒，四夷来王。①

——《尚书·大禹谟》

① 《十三经注疏》整理委员会．十三经注疏·尚书正义．北京：北京大学出版社，1999：88.

社会福利治理采用市场化、监管与问责等手段优化福利资源配置，达到促进福利精准供给、化解社会矛盾、提高民生福祉水平、实现社会善治的目标，以此推进治理体系及治理能力现代化的进程。

一、促进福利精准供给

福利是维系个人生活、促进其发展的手段，社会福利最初被政府用来解决鳏寡孤独及遭受天灾人祸的群体最基本的生存救济问题，保障其最基本的生存需要。工业社会以来，随着生产力的发展，社会福利朝向全面化发展，项目覆盖民众日常生活各个方面，待遇水平从保基本生存到促基本发展，这就要求社会福利在制度设计、项目实施、待遇确定、实施监管等方面做到精准供给。在制度设计方面，要广泛使用大数据技术，通过算法筛选出民众福利诉求并进行研判，以便精准了解民众的福利诉求，实施精准的福利供给，避免福利悬崖及福利依赖现象的出现，以提升社会福利供给的效率。

在精准确定福利供给对象方面，通过大数据可以筛选出目标群体。例如，保障性住房的申请需要个人（家庭）满足多项条件，以往部门间信息闭塞，易出现违规操作。大数据技术将多个部门的数据库进行关联，能够直接审核申请人信息是否满足条件，实现精准供给。同时，清晰透明的信息能够减少寻租行为，减少福利资源错配现象的发生。

在福利项目实施方面，可以运用大数据技术对福利客体进行精准的条件筛选。如大数据寻亲，利用全国救助管理信息系统、全国救助寻亲网以及人像识别、精准地域弹窗等技术开展寻亲。另外，可以通过信息技术对可能存在的执行不力、寻租等行为进行监管与问责，以保障项目的顺利实施，促进社会服务质与量的提升，及时纠正福利项目供给中出现的不足，满足民众越发专业化与多样化的福利需求。

在精准确定福利待遇方面，可以从民众日常生活所需资料出发，待遇水平要与当地物价相挂钩，实行动态调整，托住民众生存底线。通过明晰供给主体的责任边界、规制福利输送系统、监督福利供给主体行为、问责福利供给主体责任，保证社会福利精准供给，避免民众福利诉求无法得到满足的现象，遏制酿成影响社会稳定的不利因素。以低保标准为例，现行低保标准确定方式为基本生活费用支出法与恩格尔系数法两种，均是以消费品市场价格为计算基础。以往采取的市场调研方式容易出现信息不精准以及遗漏现象，致使低保标准不能满足民众最低生存需要，而大数据技术的运用则能够提高福利待遇水平的精准性。

在精准确定福利服务供给方面，运用大数据可以对就业困难群体进行个体信息分析并加以分类，形成属性更为明显的小群体，然后匹配适合的就业类型，有针对性地为小群体提供合适的就业培训服务。

二、化解社会矛盾

社会矛盾产生的部分原因在于制度设计与执行缺乏对现实社会问题的精准研

判，特别是对民众的福利诉求没有很好地回应并加以解决。早期农业社会发生天灾人祸时，朝廷会给予救济以保证社会稳定。欧洲的圈地运动迫使农民与土地分离，危及社会秩序及社会稳定，于是诞生了《伊丽莎白济贫法》。19 世纪德国首相俾斯麦实施社会保险改革，目的在于缓和劳资关系，进而维护社会稳定。在中国，政府借鉴从古代一直延续下来的互助共济思想，针对集体经济与单位制度的弱化，制定了最低生活保障制度，解决了民众因经济体制改革所带来的生存问题，为经济社会改革提供了稳定的社会基础。

近年来，社会各界扎实推进社会福利有效治理工作，努力化解社会矛盾。为应对农民工因大龄、老人及子女照料而不得不返回家乡、收入及福利中断等问题，安徽省作为劳务输出大省，自 2020 年出台《安徽省农民工稳就业职业技能培训计划》，将返乡农民工纳入职业技能和创业培训重点对象。建设农民工创业孵化园，将就业帮扶、技能培训与创业孵化等功能融为一体，带动农民工就业创业、增加收入。

三、提高民生福祉水平

社会福利治理在于综合运用通过市场、监督与问责等手段掌握民众福利诉求与福利制度或政策是否契合，即现有福利制度供给、项目实施与待遇水平是否起到保障民众更好的生存与发展的作用，进而通过必要的治理加以完善。例如，中华人民共和国成立初期仅单位职工可以享受福利待遇，在当时的经济社会发展条件下这样的福利制度安排有其合理性与必要性，但随着经济社会的发展，这种将大部分群体排斥在外的福利制度容易产生社会矛盾。为此，社会福利治理就要从扩大社会福利覆盖面开始，增加其他群体的福利，通过调整缴费制度缩小福利差距，最终实现覆盖全体民众，实现福利待遇的普遍享有。

社会福利治理要根据不同阶层采取不同策略。如对鳏寡孤独废疾者采取福利制度兜底，对有劳动能力但就业竞争力较弱的群体采取就业培训增加其人力资本，对有能力就业的群体采取市场手段，同时对福利生产与输送过程中的渎职行为及时启动问责机制。这些措施的实施有力地保障了民生，提高了民生水平。例如，据民政部统计，2010 年第三季度各省（区/市）平均城、乡最低生活保障标准分别为 256.69 元/月、120.08 元/月，这一标准到 2021 年第三季度分别上升到 743.82/月及 579.92 元/月。其中，农村平均低保标准 11 年增长了 3.8 倍，城市低保标准增长了 1.9 倍。2011 年民政部颁布《关于进一步规范城乡居民最低生活保障标准制定和调整工作的指导意见》中规定了低保标准动态调整的要求。再如，2003 年劳动与社会保障部通过了《最低工资规定》，规定将最低工资标准与平均工资、社会保险等因素相挂钩，使之不断向平均工资靠近，这不仅大大提高了最低工资标准的合理性，而且提升了社会治理效能，减少了社会矛盾冲突。

四、实现社会善治

社会福利治理是以社会福利为核心要素的社会治理，社会福利治理可以促进福利水平与效率的提升，缓解社会紧张所造成的社会矛盾，进而理顺社会关系。

一方面，通过福利治理，可使各阶层的民众都能获得与之相称的福利，满足不同阶层的基本生活诉求，增强其抵御社会风险的能力，增进民众的社会认同。另一方面，福利治理能够促进各阶层有序流动，特别是民众的正向流动，实现社会阶层差距的缩小。当然，作为国家治理的重要组成部分，福利治理的重心应逐渐转向福利的精准供给，及时回应民众的福利需求，化解因经济社会发展的不均衡所引致的社会对立。同时，政府应借助工业化、信息化、城镇化、市场化进程，制定社会福利供需规则，促进社会福利合理与可持续发展，增强民众对国家与社会的认同，优化社会结构，理顺社会关系，调节利益冲突，夯实更高质量发展所需的社会基础，推进治理体系及治理能力现代化。

复习思考题

1. 简述社会福利治理的必要性。
2. 简述社会福利治理的演进逻辑。
3. 试思考社会福利治理的理论渊源。
4. 试思考是否还有其他社会福利治理的手段。

推荐阅读书目

1.《十三经注疏》整理委员会．十三经注疏·尚书正义．北京：北京大学出版社，1999.

2. 杨伯峻，论语译注．北京：中华书局，1982.

3. 景天魁，等．普遍整合的福利体系．北京：中国社会科学出版社，2014.

4. 世界银行专家组．公共部门的社会问责：理念探讨及模式分析．宋涛，译．北京：中国人民大学出版社，2007.

5. 史普博．管制与市场．余晖，何帆，钱家骏，等译．上海：上海人民出版社，2008.

第九章
英国的福利政策

本章要点

英国在第二次世界大战中全民福利供给和《贝弗里奇报告》的影响下，逐渐形成福利共识，进而建成福利国家。

撒切尔夫人、梅杰、布莱尔、布朗和卡梅伦政府在面对不断变化的社会需求时都进行重大福利改革，这些改革对英国乃至整个世界的福利制度产生了深远影响。

基本概念

福利国家；《贝弗里奇报告》；福利私有化；大社会

1948 年，英国正式宣布建成世界上第一个福利国家。经历近 80 年的政策改革与实践，英国对福利建设的探索影响了许多国家。总的来说，英国的福利政策演变呈现出以下特点：国家的社会保障职能逐渐转移到私人部门、志愿部门、社区和家庭；福利支出不断缩减；福利供给形式由经济补贴转向就业支持和人才培养；不断强化个体社会责任。

第一节　福利国家的建立

伟大的一天已经到来。你曾希望国家为每位公民承担更大的责任。你曾想要社会保障。从今天起，你拥有了它。①

——1948 年 7 月 5 日英国《每日镜报》

英国福利国家的建立经历了一段漫长的历史过程，其萌芽可以追溯至 1601 年颁布的《济贫法》。然而，真正成为英国社会政策转折点的是工业革命。面对新工业社会所带来的公共卫生、就业、贫困和教育等问题，人们找不到先例来指导他

① Daily Mirror. This day.（1948 - 07 - 05）[2021 - 08 - 31]. https://www.britishnews paperarchive. co. uk/viewer/BL/0000560/19480705/013/0002.

们。一些人以当时盛行的个人主义和自由主义为指引，认为所有人都应当依靠个人力量寻找自我救赎；另一些人则认为，国家的存在是为了人民的福利，国家需要提供个体没有能力组织的公共福利。在政策辩论的同时，英国的政治权力结构也随着社会结构的变化而不断调整，表现为国家为化解城市工人阶级对持续恶化的生活环境与质量的不满，避免潜在的社会革命，被迫进行政治让步，社会政策对象及选举权得到进一步扩大。[①]

直到20世纪初，人们对国家社会职能的定位仍未达成共识，政策改革呈现出间断性与不均衡特点。再加之阶级利益冲突、制度依赖与行政复杂性等导致不同社会政策领域的发展十分被动且艰难。在政策制定中，政府不得不试图调和教会、贵族、各主要党派、地方当局、职业协会等社会群体之间的矛盾。这一现象直到第二次世界大战结束后才迎来了根本性的转变。

一、战时团结与普遍主义实践

第二次世界大战中，英国政府遵循全面战争的福利逻辑（warfare-welfare），强调全面战争的胜利依赖于政府对全民福利的供给，社会福利模式由选择性转向普遍性。[②] 丘吉尔上台后，英国政府不惜一切代价赢得战争胜利。这场全面战争是英国历史上第一次的“人民战争”，完全依赖全体人民（而不仅是军队）的努力和支持。[③] 广泛的战争动员扩大了政府职权，引起了社会对全体公民健康和福利的关注。

相较于第一次世界大战，身处全面战争的英国需要一个更强有力的政府来充分整合社会资源。这让国家“被动地”学习并实践了凯恩斯主义，加强了国家对经济和社会领域的控制：实行粮食补贴以避免过度通货膨胀，制定食物配给制以应对食品短缺；统一疏散受轰炸的民众；根据国家需要组织生产；等等。在国家的计划和引导下，大幅增加的产量让人们看到了凯恩斯主义的有效性及其在战后实践的可能。[④]

除了政府职权的转变，全面战争还给社会带来了普遍主义的信念与政策实践。枪炮面前，无论穷人还是富人都需要住所和保护；在食物的普遍短缺下英国王室也不得不吃垃圾食品；超额利润税让商人无法像第一次世界大战那样发战争财；生产也在政府的控制下完全以国家需要为导向。在此背景下，人们开始改变对曾经专属于穷人的福利和救济态度，敦促政府提供面向全民的福利供给。例如，针对母婴的“国家牛奶计划”取消了令人反感的个人经济情况调查，到1944年已有超过95%的

① FRASER D. The evolution of the British welfare state. Basingstoke：Palgrave Macmillan，2009：1，7-9.

② OBINGER H，PETERSEN K，STARKE P. Warfare and welfare：military conflict and welfare state development in western countries. Oxford：Oxford University Press，2018：200-230.

③ CALDER A. The people's war：Britain 1939—1945. Random House，2012：17.

④ 同①208-209.

人有资格参与该计划。[①] 除此之外，得益于营养学家约翰·奥尔（Sir John Boyd Orr）的饮食调查，战时食品政策也得到有效执行。奥尔表明，工人需要健康才能承担战时生产需求责任，而此时只有收入前50%的群体才能享有健康的饮食。因此，他主张为工人提供足够的食物，因为“战争需要福利”[②]。

“战争需要福利”的逻辑还被应用到劳动和医疗领域。原失业救济委员会（The Unemployment Assistance Board）更名为援助委员会（The Assistance Board），该委员会的职能从专业的失业救济转向全能的福利供给，并用家庭调查的方法代替严格且敏感的个人经济情况调查。为促进就业，国家开办了公共托儿所，使年轻母亲也能够工作，工厂也为残疾人提供便利，让他们尽可能地就业。医疗方面，战时政府动员全国超过三分之二的医生开展紧急医疗服务，并将服务对象扩大到越来越多的人。自此，许多人享受到了萌芽中的国家医疗服务。这不仅促进了公立医院服务的发展，更向社会展现了一个国家医疗系统可能带来的便利与福利。[③]

案例 9-1

校园餐食与牛奶的供应

第二次世界大战以前，英国的校园餐食和牛奶通常是专为贫困儿童提供的，由慈善机构的公共资金供款。然而，战争使得所有孩子都面临食物短缺。正如一份内阁备忘录所说：“儿童日常饮食的质量和数量出现了不足的危险……这不存在支付能力的问题：无论富人还是穷人的孩子都因无法获得所需要的食物而受苦。”[④] 在此背景下，内阁授权增加该部分支出，提高校园餐食的供应，并将该计划扩展到私立学校，使得该政策的性质发生了巨大变化。1940 年，只有约 3%的孩子在学校吃饭，而 1945 年这个数字达到三分之一。喝校园牛奶的孩子也从一半左右增加到约四分之三。自此，一个专为穷人服务的慈善机构项目变成了一个为所有人服务的公共供给项目。

资料来源：FRASER D. The evolution of the British welfare state. Basingstoke：Palgrave Macmillan，2009：211.

这些基于普遍主义的社会政策改变了人们对战后生活的愿景。《泰晤士报》1940 年的一篇文章引发了人们对战后美好社会的想象：

> 我们那些众所周知的共同价值观是珍贵的，但我们不要用 19 世纪的话语来定义它们。当我们谈论民主时，我们要的不是仅仅保留投票权而抛弃工作权

① FRASER D. The evolution of the British welfare state. Basingstoke：Palgrave Macmillan，2009：208-213.

② ORR J B. Food health and income：Report on a survey of adequacy of diet in relation to income. London：Macmillan and Co. Ltd.，1936：21.

③ 同①208-213.

④ TITMUSS R M. Problems of social policy. HM Stationery Off，1950：511.

和生活权的民主；当我们谈论自由时，并不排斥社会组织和经济规划；当我们谈论平等时，我们并不是要建立在社会和经济特权之上的所谓政治平等。当我们谈论经济重建时，考虑的不是生产最大化（尽管这项工作也是必需的），而是公平分配。①

人民战争的结束应当伴随人民生活的安宁。正如贝弗里奇所揭示的那样，英国公众并不把战争胜利本身作为奋战的目标，他们看得更远。② 尽管1942年《贝弗里奇报告》出台时，胜利仍看似遥遥无期，但这份报告在很大程度上反映了战争年代人们对战后安宁生活的向往，并对之后整个世界社会保障制度的建设产生了深远影响。

二、《贝弗里奇报告》与社会福利构想

1942年12月，《贝弗里奇报告》在英国一经出版立即成为畅销书，并且被许多人视为西方福利国家的蓝图。③ 贝弗里奇在报告中明确了社会福利体系建立的目标是消除贫穷、疾病、愚昧、肮脏和懒散“五大严重社会问题”，让公民获得真正的自由，从而将普遍主义的愿望具体化，使人们从对贫困的恐惧中解放出来。坚持充分结合国家和个人职能的原则，发挥个体的主动性。针对调查中发现的家庭规模与贫困呈现正相关及大多数贫困家庭面临的主要问题是“收入能力的中断或丧失”等现象，该报告阐述了缴费型社会保险的合理性，提出扩大覆盖面，建立向所有人提供应对收入中断或损失的生活补贴。同时，建立家庭儿童津贴制度及综合医疗服务体系。此外，该计划的成功实施有赖于失业率低于3%的充分就业的实现。④

这项计划与战争年代流行的普遍主义思想非常契合。所有抚养两个及以上子女的家庭都能获得津贴，所有公民都能享受国家的医疗服务，所有人都将参加保险计划而无须经历个人经济情况调查。另外，个人权利与义务的统一也得到了充分体现。例如，在维持生计的补助计划中，采用统一费率的全民缴代替统一费率的生活补贴，建立国家最低标准。这种最低生活补助既提供了一定的经济保障，又迫使个人节俭以弥补最低生活标准的不足，从而巧妙地将个人和国家的福利责任结合起来。贝弗里奇还多次强调了消除大规模失业与个人长期失业的重要性。⑤ 事实证明，人们想要的安全感并非来自慈善，而是来自权利。⑥ 贝弗里奇的计划正是基于对人民生活保障权利的赋予因而受到了人们的普遍欢迎。

尽管公众热情高涨，战时政府却认为《贝弗里奇报告》是一种不切实际的乌托邦构想。首先，英国内阁对贝弗里奇的报告十分冷淡，丘吉尔怀疑贝弗里奇的提议

---

① CARR E H. Editorial；the new Europe. The Times，monday，1 July，1940.

② BEVERIDGE W H. The pillars of security，1943：107－108.

③ LOWE R. The welfare state in Britain since 1945. Basingstoke：Macmillan Press，1998：1.

④ BEVERIDGE W H. Report on social insurance and allied services，1942：5－7，120－122.

⑤ BOYER G R. The winding road to the welfare state. Princeton：Princeton University Press，2018：266.

⑥ 同③132.

是否真的可行，担心激起公众“危险的乐观情绪”和“虚假的希望”①。其次，财政部也警告称，战后重建的优先事项应当是恢复贸易，且政府应确保工业生产不因任何额外的成本而负担过重。一些官员在内阁辩论中就这项社会保险的供款能力、可能的滥用和统一费率问题对该报告的可行性提出质疑。②

值得一提的是，尽管战时内阁搁置了这份报告，但丘吉尔政府自 1943 年起便发动了大量的社会改革，发表了多个与卫生、就业、保险、教育等相关的白皮书，详尽地展示了一系列社会重建计划。另外，贝弗里奇于 1944 年末出版的《自由社会中的充分就业》（*Full Employment in a Free Society*）再次成为畅销书。在《自由社会中的充分就业》中他再次强调了政府对社会就业的责任：

> 如果不扩大中央政府各部门的权力和责任，社会就不可能实现充分就业。只有国家才有能力确保在任何时候都有足够的总支出，只有国家才能从总体利益出发控制工业的选址和土地的使用。要求充分就业的同时却反对国家扩大行动是一种不切实际的纸上谈兵。这就像在大声呼喊全面战争胜利的同时，反对强制兵役和配给制。③

此外，贝弗里奇对充分就业的定义比经济学家的定义更进一步。他不接受空缺职位少于失业人口的定义，他阐述道：

> 本报告中的充分就业强调两个要点。首先，充分就业意味着空缺职位总是比失业人口更多，而不是更少。这意味着这些空缺岗位的工资是合理的，故而可以预期失业者能够合理地接受这些工作。这也就意味着，人们失去一份工作与找到另一份工作之间的时间间隔将非常短……劳动力市场应该始终是卖方市场，而不是买方市场。④

这一雄心勃勃的定义也成为该书最有争议的问题之一。尽管如此，民众仍对这一就业政策的指导原则非常欢迎。⑤

随着和平的到来，传统的政治竞争也回来了。一方面，尽管丘吉尔早已在第三份白皮书《社会保险》中与贝弗里奇几乎达成共识，但人们仍记得他对《贝弗里奇报告》最初的反应，并对此感到恐惧。另一方面，工党抓住机会，表明工党是支持《贝弗里奇报告》的。最终，工党在 1945 年大选中取得压倒性的胜利。

三、福利国家的最终建立

1945 年上台的工党政府参照《贝弗里奇报告》，经过三年时间的筹备，最终于

---

① CHURCHILL W. The Second World War：triumph and tragedy. Vol. 6. London：Reprint Society，1954：861.

② SAXTON C C. Beveridge report criticised. London：George G. Harrap & Co.，1943：31 - 32.

③ BEVERIDGE W H. Report on full employment in a free society. London：Allen and Unwin，1944：36.

④ 同③18 - 19.

⑤ SMITHIES A. Full employment in a free society. The American Economic Review，1945，35（3）：355 - 356.

1948 年宣布，英国建立了有史以来比任何国家都更全面的社会保障体系。这个体系由四大法案支撑，为每一位公民提供了从医疗、就业到家庭、生活的基本保障。①

首先，1945 年的《家庭补助法》（The 1945 Family Allowances Act）、1946 年的《国民保险法（工业工伤法）》（The 1946 National Insurance and Industrial Injuries Acts）和 1948 年的《国民救济法》（The 1948 National Assistance Act）织起了一个让所有人免于贫困的社会保障安全网。《家庭补助法》规定，国家将无条件地对抚养两个或两个以上子女的家庭提供补贴。②《国民救济法》取代了已实施 300 多年的《济贫法》，规定国家援助委员会（The National Assistance Board）有责任帮助所有在英国缺乏资源来满足其需求的人，这意味着在确定救济对象时，国家援助委员会对申请者的资本和收入均将放宽审查。③

其次，在社会保险方面，各方就实施贝弗里奇的提案达成了一致。国家为所有人提供统一的最低生活补贴，由 1944 年成立的国民保险部（Ministry of National Insurance）对养老保险、医疗保险、失业保险和工人津贴进行统一管理。1946 年 7 月出台的《国民保险法（工业工伤法）》规定了特定行业（如采矿业和建筑业）的高事故风险由基本保险的风险共担原则来解决。不过，工党政府与贝弗里奇就养老金待遇水平产生了分歧。贝弗里奇认为，未来 20 年内养老金待遇都应保持在一定水平内，而工党决定从一开始就提高养老金，并于 1946 年 10 月起实施新的支付标准。这个决定的结果并不尽如人意：很多社区难以负担庞大的养老金规模，上涨的养老金并没有为工党带来更多选票。此外，通货膨胀使得这批退休人员并未受益。④

最后，在医疗方面，1944 年《国家医疗服务》（*A National Health Service*）白皮书计划向所有人提供免费且全面的医疗服务⑤，但问题是如何整合各种医疗和公共卫生要素来组织国家卫生服务。1946 年 11 月出台的《国民卫生保健服务法》（The 1946 National Health Service Act）确定了新的服务结构：一个由医院、医疗服务组织以及地方保健和福利服务组织三方组成的行政机构。地方的医疗服务和私立非营利医院均被国有化，并由 20 个地区医院委员会控制。该委员会成员一半是专业人员，一半是非专业人员，均由卫生部部长任命。⑥

然而，《国民卫生保健服务法》受到超过一半医生群体的反对。他们主要担忧四个问题：私人诊所的出售、解雇程序的公平性、劳动方向的可能性以及对固定工资的恐惧。通过卫生部一系列的让步，最终在 1948 年 5 月的英国医学协会会议上

---

① ATTLEE C. PM Clement Attlee—new social services and the citizen（The beginning of NHS）-4 July 1948. https：//www. youtube. com/watch？ v=9rqyzWzDONQ.

② CROSS R. The family allowances act，1945. The modern law review，1946，9（3）：284.

③ CHAMBERS R. The national assistance act，1948. The modern law review，1949，12（1）：71.

④ FRASER D. The evolution of the British welfare state. Basingstoke：Palgrave Macmillan，2009：226－229.

⑤ WEBSTER C. The national health service：a political history. Oxford：Oxford University Press，USA，2002：23.

⑥ National Health Service Act，1946. 9 & 10 GEP. 6 CH. 81.（1946－11－06）［2021－09－03］. https：//www. legislation. gov. uk/ukpga/1946/81/pdfs/ukpga_19460081_en. pdf.

超过50万医护人员同意加入国家医疗服务体系（NHS）。[①]

1948年7月5日，一个为福利国家服务的庞大机构开始运作。除了已于1946年开始实施的《家庭补助法》外，《国民保险法（工业工伤法）》《国民救济法》及《国民卫生保健服务法》均全面启动，保险计划运行良好，成本远低于预期，第一年结余9 500万英镑。然而，医疗卫生服务的开销远远超过预期，第一年的花销就超过了4亿英镑。例如，政府根据1944年的眼科服务情况估计每年将配出100万副眼镜，而改革后的第一年NHS就配出了525万副眼镜。[②]

为此，蒂特姆斯直言福利国家是个“无法定义的抽象概念”（indefinable abstraction）[③]。有学者认为，与其说福利国家是一套特定的社会政策实践，不如说它仅仅是发生在一段特定历史时期的政策实践。[④] 它并非1948年英国自发创造的产物，而是国家在经历了一段漫长的历史进程后发展到了最新阶段。福利国家根植于工业革命带来的社会结构变革，通过第二次世界大战填补了空缺的政治意愿，综合了过去的实用主义和对未来的愿景，代表了20世纪中叶英国的社会共识。

英国福利国家制度的重要意义在于，它是一个所谓无差别的、跨阶级的契约，致力于满足全体公民最基本的生活需求，体现了国家对个体自我实现需要的尊重与支持。面对社会环境的变化，一个全面的社会保障体系能够有效减少各社会阶级、群体因资源、身份、种族等不同而遭受到的社会排斥，并为他们提供融入社会的机会，有效增强了弱势群体的归属感。1948年英国宣布建成福利国家后，许多西欧和北欧国家纷纷效仿，战后的20年成为资本主义国家社会保障事业蓬勃发展的“黄金时代”[⑤]。

第二节　撒切尔夫人的福利改革

公共支出问题是英国目前经济困难的核心。[⑥]

——1979年撒切尔政府《公共支出》白皮书

福利国家的发展并不是停滞不前的，其演变取决于国家在不同时空约束下做出的选择。第二次世界大战后工党政府的经典福利国家模式以《贝弗里奇报告》和凯

---

① WEBSTER C. The national health service：a political history. Oxford：Oxford University Press，USA，2002：25－28.

② FRASER D. The evolution of the British welfare state. Basingstoke：Palgrave Macmillan，2009：237－238.

③ TITMUSS R M. Commitment to welfare. Crows Nest：Allen & Unwin，1968：124.

④ 同②239.

⑤ 邓大松．社会保障概论．北京：高等教育出版社，2019：77.

⑥ CABINET. Public Expenditure White Paper 1979（Cmnd. 7746）. London，1979：1.

恩斯主义为特征，在意识形态上被认为是一种基于国家、家庭和工作的三角模式。[①]遗憾的是，该模式似乎未能及时跟上此后半个多世纪的经济和社会变化：全球化的兴起减少了政府的控制空间，凯恩斯主义似乎不再是可行的政策选择，人口老龄化的同时，单身家庭、职业女性的出现让家庭结构也发生了转变。[②] 既然经典福利国家模式已经不适合了，那么是否需要一个新的政府来打造一个新的福利国家呢?

一、福利共识的瓦解

尽管取得了历史性的成就,英国福利国家在 20 世纪 70 年代中期因经济衰退陷入危机。1973 年阿以战争后，石油价格翻了两番，经济增长速度放缓，国内生产总值下降，失业人数自第二次世界大战以来首次超过 100 万。英国被迫大量举债，这反过来破坏了外国对英镑的信心，英镑在 1976 年 10 月 28 日跌到了历史低价 1.57 美元。政府几乎没有能力满足日益增长的（尤其是庞大失业群体的）福利需求。[③]

然而，比起外部经济的冲击，福利国家内部更是危机重重，人们开始质疑国家干预主义的有效性。自 20 世纪 60 年代起，政府的经济管理及各类福利改革记录并没有起到促进经济增长的作用。1962 年英国经济发展委员会（National Economic Development Council）成立以来，经济管理变得越来越具有社团主义特征：成员对政策制定很少采取政府所呼吁的负责任的态度，他们也无法解决经济的结构性问题。英国经济发展委员会连续出台的价格政策、收入政策和 1973—1974 年冬季实行的每周三天工作制均被认为是失败的。[④]

除了国家干预的失败，广泛的社会及阶级冲突导致大众开始质疑政府的权威。例如，在工党政府与工会合作的社团主义背景下，国有化行业的工人开始变得越来越政治化（尤其是矿工在 1974 年帮助推翻了希思政府之后）。越来越多的公共部门雇员开始诉诸罢工行动来反对政府已出台的政策，最终导致 1978—1979 年的“不满之冬”（Winter of Discontent）。政府未能果断地处理这种行为，导致公众产生了进一步的不满：这似乎证实了英国是“无法治理的”[⑤]。此外，受到 20 世纪 60 年代末其他国家的影响，获得了更多教育机会的大学生群体开始挑战教育系统，通过各种政治参与形式表达对课程设置、教学方法、学术资源及行政结构中缺乏学生代表

---

① POWELL，MARTIN. New Labour，new welfare state? The third way in British social policy. Bristol：Policy press，1999：2.

② Commission on Social Justice. Social justice：strategies for national renewal：the report of the commission on social justice. Vintage/Ebury，1994.

③ LOWE R. The welfare state in Britain since 1945. Basingstoke：Macmillan Press，1998：305.

④ YOUNG H. One of us. London：Pan Macmillan，2013：294.

⑤ 同③306.

的不满。①

同样严峻的是，作为福利国家的两个关键组成部分，国家与家庭的未来似乎也面临着直接威胁。在家庭方面，离婚率和非婚生子女率不断上升；在国家方面，英国于 1973 年加入了欧洲经济共同体，1979 年苏格兰和威尔士就权力下放并创建苏格兰议会及威尔士议会提案举行了全民公投。这些变化对英国的家庭结构与政治结构产生了不容忽视的影响。许多人开始认为，福利国家不仅是在政治和经济上而且是在制度上破产了。②

这种广泛的不满情绪促使越来越多的人开始对福利国家进行根本性的重新评估：是否存在一种可行的替代经典福利国家模式的办法？其中，新右翼势力日益崛起，他们以自由派和保守派的名义出现，主张政府应该表现得像负责任的父母一样，为那些暂时依赖他们的人争取最终的独立。如果鼓励那些需要帮助的人被动地向国家寻求帮助，他们将永远无法获得自助及家庭、社区关怀。③ 正如撒切尔夫人的导师基思·约瑟夫（Keith Joseph）所说："我们能给予穷人的唯一帮助是帮助他们自助；相反，制造更多的依赖，就是在道德上摧毁他们，同时给社会带来不公平的负担。"④

二、"缩小国家边界"：福利紧缩与私有化的争议

1979 年撒切尔夫人上台执政时，坚信英国的经济表现不佳和社会失范都归因于福利国家的发展。福利国家大量的政府干预取代了必要的市场规则，破坏了投资与工作激励，鼓励了非生产性公共官僚机构的迅速发展，并通过国家供给的垄断巩固了公共部门工人及工会的地位，使他们能够控制工资增长水平。她认为，尽管政府投入了巨大的资源，福利国家仍未能实现其政策目标：它不仅没能消除贫困，反而取代了传统的以社区和家庭为基础的支持形式，使最贫穷的人陷入"依赖循环"，从而使情况变得更糟。⑤

因此，撒切尔夫人认为只能通过"缩小国家边界"来扭转颓势，恢复经济激励和市场约束，将大幅削减的福利预算用于真正需要的人，同时推动公共服务私有化，降低管理成本。⑥ 撒切尔夫人的第一任期和第二任期并未进行重大的福利改革，而是将工作中心放在经济建设上，从第三任期起撒切尔政府才开始实行一系列较为重大的福利制度改革。这些改革总的来说遵循三大策略。

---

① THOMAS N. Challenging myths of the 1960s：the case of student protest in Britain. Twentieth Century British History，2002：286.

② LOWE R. The welfare state in Britain since 1945. Basingstoke：Macmillan Press，1998：306.

③ 同②307.

④ JOSEPH K. Speech at Edgbaston："Our human stock is threatened". Grand Hotel，Birmingham，1974.

⑤ LUDLAM S，MARTIN J S. Contemporary British conservatism. Basingstoke：Macmillan Press，1995：205.

⑥ THATCHER M. The Bruges speech. The College of Europe at the Belfry of Bruges，Belgium，1988.

第一个策略是减少各类补贴和福利。首先，冻结、推迟或只是部分地发放补贴，并停止根据通货膨胀提高补贴水平的做法。例如，1981 年和 1988 年的儿童津贴被冻结，1981 年至 1983 年间短期补贴的增幅比物价增幅低 5%。最引人注目的是 1982 年的养老金待遇改革，养老金待遇水平开始与物价（而非收入）挂钩，导致养老金的相对价值从英国男性平均收入的 23%下降到 1995 年的 15%。其次，1982 年政府取消了所有与个人收入相关的短期补贴（如失业金）的发放，却保留了与之相关的缴款，导致人们本应由缴款所确保的“权利”第一次被剥夺。① 最后，实现最大节约的策略是完全取消福利。1986 年，死亡补助和生育津贴被取消。②

第二个策略是限制领取补助的人数。1978 年后领取失业补助的资格不断收紧，到了 1986 年 25 岁以下的人群很难真正拿到补助，至 1993 年，领取期限减半到 6 个月。这一变化也反映在其他补助政策上。例如，1993 年，更严格的医疗检查使得 20 万人丧失了病残津贴的领取资格；1986 年，根据修订后的补充福利政策，年龄在 16 至 18 岁之间的人无法再领取收入补助，同时，他们的母亲也无法再为家庭中未接受全日制教育的孩子领取儿童津贴。③

第三个策略是福利私有化。撒切尔政府与欧洲大陆接轨的一个重大改革是要求雇主分别在 1982 年及 1986 年后自行管理雇员的疾病和生育津贴，其目的是减少公共服务的成本并更有效地打击欺诈行为。最初，雇主只需要实施该计划 8 周，其费用可以得到政府报销；但他们的责任很快被增加到 28 周，且费用不能得到报销。另一个重大变化是 1988 年后，撒切尔政府将提供公共服务的责任下放给执行机构。到了 1996 年，除了 3%的卫生和社会事务部（Department of Health and Social Services）工作人员外，其他所有相关人员都受雇于这些执行机构。④

然而，撒切尔夫人的福利改革被认为是不成功的。例如，公共部门的行政效率不但没有得到提高，反而经常陷入混乱。撒切尔夫人领导下的政府以即兴、临时、果断的决策而被世人所熟知，但这些决策经常忽视形势的复杂性，导致行政混乱；有的政策甚至被称为“福利国家历史上最大的行政失败”⑤。再如，通过更细致的经济状况调查将福利目标锁定在最需要帮助的人身上的做法，实际上与降低行政成本的目标相矛盾，因为细致的经济状况调查需要投入大量的人力、物力和财力，这导致超过 40%的社会基金被用在行政管理上。而对比普遍的儿童津贴制度，其行政管理支出仅为 2%。⑥

---

① HILLS J. The state of welfare. The welfare state in Britain since 1974. Oxford：Oxford University Press，1990：284.

② LOWE R. The welfare state in Britain since 1945. Basingstoke：Macmillan Press，1998：322.

③ TIMMINS N. The five giants：a biography of the welfare state. London：Harper Collins，1995：405.

④ 同②322－323.

⑤ Anatomy of a bureaucratic bungle. 1984－01－21. The Times：1984.

⑥ HILLS J. The future of welfare. New York：Joseph Rowntree Foundation，1993：39.

案例 9-2

对官僚作风的剖析

今天，英国各地的几十家住房委员会的办公室将提前关门，一些人在寒冷的户外排起了长队。住房管理部门将下令取消电话服务，限制工作时间，以解决更紧急的问题……

这件事的罪魁祸首是自去年 4 月以来实施的一项新的社会福利制度。当时，这项制度被社会保障咨询委员会（The Social Security Advisory Committee）以十分克制的说法称为“一个麻烦的诞生”。事实上，这项制度已逐渐被认为是福利国家历史上最大的行政失败……

排队中有穷人，也有不那么穷的；有在职的，也有失业的；有获得资格的，也有无资格者。有些人已经被抛弃了几周甚至几个月，他们没有钱付房租，一些人因此被驱逐。还有一些人用原本用于购买食物、天然气或水电的钱来支付房租。许多人拖欠了数百英镑的房租，而他们之前从未欠债。这些人都是一项即将实施的改革——住房福利的受害者。

地方议会也是受害者。他们被说服进行改革，理由是这将减少他们拖欠的租金，尽管地方议会发现租金还在不断上涨……一些私人住房协会尽管受到政府的支持，但却深陷困境。私人房东的收入一片混乱……

住房福利的引入不是一个贫穷的游说团体的悲情故事。这是撒切尔政府为实现所谓制度公平，让受益人更容易理解，并结束不同政府部门责任碎片化而实施的改革……这是一个不顾一切地削减公务员数量的计划；这是社会服务部门和环境部门之间的斗争；而作为裁判的财政部对其细节不感兴趣，只要财务报表最后一条线上的数字显示为零……

住房福利改革展现了相当的政治勇气。1978—1981 年，部长们被警告称，这样一个精简的计划需要很多钱。但部长们既不准备去找额外的钱，也不准备把相当可观的利益损失强加给某些人，导致他们受到政治谴责。

改革实施后，各种问题迅速接踵而来。向申请者支付的款项开始被遗漏……现计划与原来的两项住房援助政策冲突不断；住房委员会的办公室被包围，不止一次不得不叫来警察以平息骚乱……保守党政府说，原则上，得到的比失去的多。实际上，其中的受害者包括许多退休人员，尤其是那些领取工作养老金或职业养老金的人。这个改革展现出保守党政府在惩罚这些一辈子都厉行节俭的人的景象。

资料来源：Anatomy of a bureaucratic bungle. The Times，1984 - 01 - 21.

除了行政混乱，社会福利的总成本实际上也大幅上升，但在一定程度上反映了政府将更慷慨的福利给予了弱势群体。例如，1979—1996 年期间，针对残疾人的福利支出翻了两番。当然，福利成本的增加反映出社会需求的增加。有学者认为，除了社会变化的影响（如单亲家庭的急剧增长和人口老龄化），更重要的是不成功的经济变革导致了失业率的上升和劳动力的临时工化（意为就业从占优势的全职或长期职位转变为临时工或合同工的过程），因此福利总成本不降反升。①

还有学者认为改革方案与改革目标矛盾。通过从社会保险转向私人保险来鼓励人们自立并不一定能够节省成本。保险公司和雇主均不愿承担更大的责任，且市场应对风险的能力不如政府。为了鼓励这种转变，政府必须给企业支付巨额补贴。改革手段与目标的矛盾还体现在对所谓真正需要福利的群体的慷慨救助上。这一主张被批判为进一步制造了失业和贫困，减少而不是增加了对该群体的工作激励。②

三、撒切尔政府的改革对英国福利制度的影响

尽管撒切尔政府的福利紧缩与私有化改革并未达到理想效果，这一时期实施的一系列政策及其背后蕴含的福利国家运行逻辑仍对英国产生了深远的影响。无论是撒切尔夫人的继任者梅杰或是之后的工党政府，都或多或少地延续了撒切尔主义。

（一）福利供给市场化和多元化

国家、私营部门、志愿部门、家庭和个人均是福利国家建设的重要参与者。第一个将这一观点确立为英国福利制度核心原则的是撒切尔政府，撒切尔夫人积极推动混合经济的发展以淡化国家在福利供给中的重要性。③ 例如，经过一年多对社保体系的审查，政府于 1985 年 6 月发表了一份绿皮书，概述了社会保障改革的具体政策建议，其中包括：

（1）废除与个人收入挂钩的国家养老金计划（The State Earnings Related Pension，SERPS），并由私人养老金计划取代。

（2）家庭收入支持（Family Income Support）将由一项新的基于经济状况调查的福利取代，并更名为低工资家庭信贷（Family Credit for Families on Low Wages）。

（3）取消死亡补助，代之以向低收入者支付的可收回款项（recoverable payment）。④

志愿部门的福利供给也受到了政府的大力支持。志愿部门能享受到税收优惠及公共财政对其活动的支持。此外，政府非常重视家庭作为公民美德的摇篮和福利的来源。政府加强家庭功能的战略是增强其责任意识。对年轻人的收入补助以及学生的资助开始由家庭承担。⑤ 1987 年 1 月发表的《儿童保育和家庭服务法》（*The Law on Child Care and Family Services*）白皮书加强了家庭对儿童福利的责任，其内容包括：

---

① LOWE R. The welfare state in Britain since 1945. Basingstoke：Macmillan Press，1998：324.

② DEACON A. Spending more to achieve less? //GLADSTONE，D. British social welfare：past，present and future. UCL Press，London：91.

③ WILDING P. The welfare state and the Conservatives. Political Studies，1997，45（4）：718.

④ SAVAGE S P，Robins L J. Public policy under Thatcher. Basingstoke：Macmillan Press，1990：163－164.

⑤ 同③719.

（1）虽然国家可以帮助父母，但养育子女的首要责任在于父母。

（2）受地方当局照顾的儿童（children in care）应尽可能与其父母保持联系，尽快回家。

（3）只有在儿童受到伤害或有受到伤害的风险时，才能由法院授权将父母的合法权利转让给地方当局。这种转让必须是经法院认定后作为保护该儿童利益的最佳做法时，才能进行。[①]

（二）地方当局权力的被削弱

在住房、教育和社区服务等领域，地方当局的作用被大大削弱。住房方面，1988年《住房法》（The 1988 Housing Act）的目标是迫使地方当局尽可能快地撤出建筑、房屋所有权和房屋管理领域。地方当局被迫变卖了大量房屋，由他们管理的小部分房客也被鼓励尽快退出地方当局的控制："地方当局不再自主采取行动以满足新的或不断增加的需求。未来地方当局将扮演的是确定住房需求的一种战略性角色……地方应最大限度地利用私人融资，并协助发展独立租赁部门（independent rented sector）。"[②]

在教育方面，《教育改革法》（The Education Reform Act）鼓励学校脱离地方当局的控制，并通过开放性入学（open enrolment）和公式拨款（formula funding）给予家长更多权力。在社区服务方面，1990年出台的法案将地方当局降低到了一个协助性角色。他们不再承担医疗服务提供任务，而变成了融资者和合同制定者。另外，地方政府也失去了地方税收水平的决定权。到1995年，地方对中央预算的自由裁量权下降到5%。[③]

撒切尔夫人的福利改革标志着国家福利供给时代的结束。当然，社会福利总支出并没有得到削减。"缩小国家边界"只在少数几个领域体现：最具代表性的是国家养老金改革和地方政府失去的房屋控制权，福利国家的基本结构仍然相对稳定。这一阶段的民意变化发出了一个明确的信号：除非出现更大的压力，否则英国福利国家不太可能发生根本性转变。为此，撒切尔夫人的继任者、同为保守党的约翰·梅杰在上台以后很快调整了撒切尔政府的某些不受欢迎的社会政策。[④]

值得一提的是，20世纪70年代后的世界经济衰退使得几乎所有西方福利国家都经历了类似的危机。马克思主义将这场危机视为资本主义不可避免的危机，使其再次受到人们的关注。西方各国的社会民主党派渐渐地失去了选民的认可，甚至在斯堪的纳维亚半岛，自第二次世界大战前便一直执政的社会民主党派均在20世纪

---

① Her Majesty's Stationery Office（HMSO）. The Law on Child Care and Family Services（Cmnd. 62）. London，1987.

② Her Majesty's Stationery Office（HMSO）. White Paper on Housing（Cmnd. 214）. London，1987：14.

③ 同①721.

④ PIERSON P. Dismantling the welfare state? Reagan，Thatcher and the politics of retrenchment. Cambridge：Cambridge University Press，1994：182.

70年代后期至80年代纷纷下台。各国政府纷纷放弃或修改建立在凯恩斯主义经济学基础上的福利政策。①

正如撒切尔夫人在1984年1月19日告诉《泰晤士报》的那样，她希望人们记住她的政府断然打破了“家长式政府”及“人民依赖于国家”这两个曾经的共识。②她对自由市场体系的信念使得英国的私营部门变得越来越强大，工会的影响力受到削弱，人们被迫开始接受普遍的失业。对于民众来说，撒切尔夫人的福利削减和具有破坏性的住房政策似乎加剧了贫富差距并导致了更多不必要的痛苦：1978年，英国最富有的0.01%的人的收入是全国平均收入的28倍，而到了1990年该数字达到了全国平均收入的70倍，贫困率也从1975年的6.7%上升到1985年的12%。③

第三节　梅杰的福利政策

公共服务应该属于公民，而不是政府。《公民宪章》就是这样的：它将公共服务还给公众。它的首要目标是为公民创造更多的选择和权力。④

——1991年11月7日公民宪章小组新闻公告

1990年11月，年仅47岁的约翰·梅杰继任撒切尔夫人当上英国首相。他曾担任党鞭、国务大臣、卫生与社会保障大臣、外交大臣和财政大臣，对政府的运作和福利国家事务都非常熟悉。相较于撒切尔夫人，梅杰被视为保守党的温和派，更善于回应民众的需求。⑤

梅杰的福利政策延续了撒切尔主义的指导思想。他在第一份新年致辞中提到他的目标是“使英国成为一个机会社会……所有人都将接受教育并获得其他支持以实现自身的发展，而不是依赖政府”。此外，他对于那些没有从撒切尔主义中受益的失业者和低收入人群表示特别关注，并颁布了旨在提高公共服务质量的《公民宪章》。他后来说：“我想建立一个不同的国家，并埋葬英国南北之间、蓝领和白领之间、理工学院和综合性大学之间存在已久的差异。”⑥

---

① LOWE R. The welfare state in Britain since 1945. Basingstoke：Macmillan Press，1998：3.

② KAVANAGH D. Thatcherism and British politics：the end of consensus？. London：Oxford University Press，1987：248－249.

③ BAMBRA C. Thatcher’s policies condemned for causing “unjust premature death”.（2014－02－12）[2021－09－03]. https：//www. dur. ac. uk/news/newsitem/？itemno＝20097.

④ COOPER D. The citizen's charter and radical democracy：empowerment and exclusion within citizenship discourse. Social & Legal Studies 2. 2，1993：149.

⑤ REITAN E A. The Thatcher revolution：Margaret Thatcher，John Major，Tony Blair，and the transformation of modern Britain，1979—2001. Lanham：Rowman & Littlefield，2003：117.

⑥ BUTLER D，KAVANAGH D. The British general election of 1992. Basingstoke：Springer，1992：102.

一、对撒切尔夫人改革成果的巩固

尽管在上台之初就抛弃了撒切尔夫人一些不受欢迎的政策(例如撒切尔夫人对“人头税”的征收)，梅杰政府基本上还是延续了撒切尔夫人的新自由主义政策方针和福利改革议程。[①] 甚至到了1997年，梅杰仍然在大选宣言中强调对“撒切尔革命”的承诺，如自由市场、私有化、放松管制、限制公共支出、低通货膨胀、工会改革等。[②]

面对不断增长的社会保障支出（见表9-1），梅杰政府并没有进行重大的制度性改革，而是在不偏离撒切尔政策主旨的前提下细心寻找着各种控制福利支出的方法。其中，私人养老金、失业补助、住房福利和单亲家庭等政策领域在梅杰政府的福利改革中占有突出地位。

表9-1　**社会保障支出1992—1997年**　单位：百万英镑

	1992—1993	1993—1994	1995—1996	1996—1997	1997—1998
养老金（供款）	27 413	28 937	30 750	32 824	34 363
寡妇补助	1 044	1 076	1 051	1 016	1 045
失业补助（周期性）	1 801	1 690	1 131	615	16
失业、丧失工作能力及其他福利（非周期性）	7 555	8 414	8 292	8 094	7 789
工伤补助	688	707	753	765	776
家庭福利（供款）	484	467	572	393	540
养老金（非供款）	53	54	54	49	48
战争抚恤金	1 158	1 286	1 258	1 351	1 281
残疾人津贴	4 874	6 127	8 019	9 214	10 158
收入支持（周期性）	11 499	12 648	13 327	13 336	12 762
收入支持（非周期性）	3 860	4 086	4 032	3 959	3 912
社会基金	212	234	268	239	201
家庭福利（非供款）	7 148	7 826	8 691	9 361	9 469
住房福利	8 484	9 855	11 633	12 135	12 519
行政和杂项事务	3 182	3 395	3 335	3 463	3 678
社会保障总支出	79 455	86 802	93 165	96 813	98 558

资料来源：HM Treasury. Public Expenditure（Cm. 3901），1998—1999：Tables 3. 5. https：//webarchive. nationalarchives. gov. uk/ukgwa/20091012032149； http：//www. archive. official-documents. co. uk/document/cm39/3901/tbl-3-5. htm.

---

① GARNETT M，LYNCH P. The conservatives in crisis. Manchester：Manchester University Press，2003：107-124.

② Conservative Central Office. You can only be sure with the conservatives：the conservative manifesto 1997. London：Conservative Central Office，1997：29.

（一）加强对私人养老金行业的管控

在撒切尔政府的推动下，私人养老保险行业蓬勃发展。然而，在这个过程中发生了麦克斯韦养老金丑闻，促使梅杰政府加强了对私人养老金行业的管控。政府随即成立古德委员会（The Goode Committee）来调查私人养老金行业存在的乱象。该委员会最终建议完善上诉机制，通过引入第三方机制加强对私人养老金行业的监管；建议雇主公开信息，让雇员自由选择私人养老金的缴费比例。[①] 这些建议被写入 1995 年的《养老金法案》（Pensions Act 1995）。不过，许多人认为古德委员会回避了民众关于建立政府担保制度的诉求。

案例 9-3

麦克斯韦养老金丑闻

1991 年 11 月 5 日，报业大亨罗伯特·麦克斯韦（Robert Maxwell）意外去世。此后，他所在公司的财务状况出现了严重问题。经调查，麦克斯韦欺诈性地挪用了三一镜报集团（Mirror Group）3 万多名员工的养老基金，共计 4.5 亿英镑。

麦克斯韦因数次失败的收购而陷入财务困境。随后，他在未经授权的情况下将三一镜报集团员工养老基金的资金转移到他的私人公司，并将其用作银行贷款的抵押。在他死后，麦克斯韦通信公司（Maxwell Communication Corporation）和镜报报业公司（Mirror Group Newspapers）共有超过 13 亿英镑不知所终。

资料来源：SPALEK B. Exploring the impact of financial crime：a study looking into the effects of the Maxwell scandal upon the Maxwell pensioners. International review of victimology，1999，6（3）：214 - 215.

案例 9-4

1995 年《养老金法案》主要内容

设立职业养老金监管局（Occupational Pensions Regulatory Authority）；

设定最低资金要求（minimum funding requirement），以确保所有养老金计划都有最低金额的资金；

在养老金计划中设立一个赔偿基金（a compensation fund）以应对可能出现的欺诈现象；

保护现有的养老金计划福利，使其在未经成员同意的情况下不会减少；

养老金计划必须有成员提名的受托人（trustees）；

向成员公开更多信息；

---

① Goode Committee. Report of the Pension Law Review Committee，Cmnd. 2342 - 1/2. London：HMSO，1993.

引入明确的文件，说明应缴费用，并监督这些缴费；

设定养老金最低增长率。

资料来源：The UK Parliament. Pensions Act 1995. London，1995.

（二）"求职者津贴"和"无工作能力者津贴"

持续的高失业率和其他形式的经济劣势对梅杰政府的公共支出及社会保障政策产生了重要影响。其中，政府用"求职者津贴"（jobseeker's allowance）取代了"失业补助"（unemployment benefit），以强调对失业者积极寻找就业的期望。根据新政策，所有津贴申请者必须签署一份求职者协议，要说明自己将采取哪些行动寻找工作。求职者津贴的领取资格包括：本人在英国且可以就业，已签订求职者协议，正在积极寻找工作，没有从事有报酬的工作，并非只有有限的工作能力，尚未接受相关教育，未满领取退休金年龄。领取 6 个月的津贴后，他们必须重新接受一次个人经济状况调查。未满 18 岁的求职者津贴申请者可获得每周 28.85 英镑的津贴，年满 18 岁但未满 25 岁的每周 37.90 英镑，年满 25 岁的每周为 47.90 英镑。[①]

此外，1994 年《社会保障（丧失工作能力）法》［The Social Security（Incapacity for Work）Act 1994］以"无工作能力者津贴"（incapacity benefit）取代"病残津贴"（invalidity benefit），申请者要证明他们不适合从事任何工作。对此，政府建立了一个所谓"客观"的测试系统。所有申请者必须通过该测试才能获得无工作能力者津贴。时任社会保障大臣（secretary of state for social security）的彼得·利利（Peter Lilley）辩护称："尽管国民的健康状况正在改善，但在过去 10 年中，领取病残津贴的人数翻了一番。我们将对工作能力的丧失进行更客观的医学检验。"[②] 据就业和养老金部统计，病残津贴领取人数从 1984 年的约 100 万人增加到 1994 年的约 200 万人。[③] 但是，民众发现，所谓"客观"的医学测试独立于任何真实的工作环境。这项政策导致很多老龄工人都必须去寻找工作，无论是否有工厂愿意雇用他们。[④]

（三）对自住房购买者的福利削减

英国的住房福利政策鼓励人们购买自住房同时实际上抑制了低收入人群的工作动机，因为它规定只有在失业状态下住房按揭贷款才能获得一定的政府补贴。20 世纪 90 年代初，英国房地产市场的低迷导致许多低收入新近购房群体出现了负资

① The UK Parliament. The Jobseeker's Allowance Regulations 1996. London，1996.

② LILLEY P. Social security：a lecture to the social market foundation. London，1995.

③ BEATTY C，FOTHERGILL S，GORE T. The real level of unemployment 2017. Sheffield：Sheffield Hallam University，2017：7.

④ DOREY P. The Major premiership：politics and policies under John Major，1990—1997. Basingstoke：Springer，2016：171.

产状况。[①]

面对这一形势，梅杰政府并没有向这部分人群提供更多的福利，相反，政府减少了对失业购房者的支持。1995 年 10 月以后，领取求职者津贴和收入补贴的 60 岁以下自住房拥有者在其申请住房按揭贷款补贴的前 8 周无法获得任何补贴；8 周过后，只有那些已经领取了 6 个月以上的收入补助的申请者才能获得仅一半的按揭补贴。[②]

（四）单亲家庭中“缺席父母”的抚养费改革

在寻求削减公共支出的方法时，梅杰政府还将目光转移到了单亲家庭福利上。一种方法是增加对单亲父母寻找工作的激励，但在失业率居高不下的情况下，政府很难做出行动。另一种是提高单亲家庭中“缺席父母”（absent parents）的抚养费标准。对此，梅杰政府于 1991 年颁布《儿童抚养法》（The Child Support Act）并设立了儿童福利机构（child support agency），由这个机构全权负责评估和收取“缺席父母”的儿童抚养费。为了建立一致性，政府还公布了一个用于计算抚养费水平的全国通用公式 MR＝AG－CB。[③] 其中，MR 为抚养要求（maintenance requirement，抚养一个或多个儿童的最低金额要求），AG 为允许支付给儿童和看护人的总抚养费（aggregate amount），CB 为儿童福利支付的金额（child benefit）。

然而，儿童福利机构的工作遭到了反对，原因在于曾经为了获得较低抚养费标准而放弃一部分家庭住房权益的“缺席父母”也必须重新接受评估，“责任父母”（parent with care）如果同时申请了收入补助，则他们从“缺席父母”那里获得的抚养费会从其补助中扣除。另外，《儿童抚养法》的公式并没有考虑到那些定期与孩子接触的“缺席父母”。例如，他们带孩子出去旅游的开销并不会被认定为抚养费支出。《泰晤士报》评论称：“家庭关系变得异常紧张……罪魁祸首是儿童福利机构……它的运作似乎不是为了儿童，而是为了财政部的最大利益。”[④] 面对争议，梅杰政府于 1995 年修订了《儿童抚养法》，给予儿童福利机构一些有限的自由裁量权，如考虑离婚协议中“缺席父母”在家庭住房中失去的份额。[⑤]

二、《公民宪章》的出台

尽管梅杰大力削减福利支出，但他也很善于回应民众的需求，1991 年 7 月政府发表了《公民宪章》（The Citizen's Charter）。

梅杰将《公民宪章》称为英国“20 世纪 90 年代政策的核心”，并对此投入了大

---

① DOREY P. The Major premiership：politics and policies under John Major，1990—1997. Basingstoke：Springer，2016：174.

② 同①174－175.

③ The UK Parliament. Child support act 1991. London，1991：11－13.

④ JONES S. The Child Support Act 1991. The Liverpool Law Review，Vol. XVI（1），1994：97.

⑤ 同①173.

量政治资本。[①] 其出发点是确保公共服务的高质量发展，让“那些拥有足够资源的人也不一定会自动地选择私营部门的服务”[②]。《公民宪章》确定了公共服务的质量、选择、标准和价值等四大目标[③]，它强调应收集有关服务成本和运行的信息，界定作为公共服务消费者的公民权利，制定服务标准和绩效目标，并在独立检查机构的监督下引入更严格、更有效的投诉机制[④]。政府还设立了“宪章热线”（charter-Line），通过电话直接处理公民的问题或投诉；设立“宪章奖章”（charter mark）以表彰符合规定的公共部门。有学者认为，《公民宪章》满足了梅杰政府提出一个“大想法”（Big Idea）的政治需要。[⑤]《公民宪章》不是一份单一的文件，而是一个不断被增添的项目计划，到 1996 年共出版了 42 份国家章程（如纳税人章程、租户章程、家长章程、病人章程和求职者章程）以及 1 万多份地方章程。[⑥]

案例 9–5

《公民宪章》家长章程（Parent’s Charter）

父母有权：

为他们的孩子获得上学的名额；

为家长总督（Parent Governor）投票；

参与家长总督竞选；

参与年度家长会；

参与投票决定学校是否应该申请（维持拨款的）自治；

对已做出的决定提出上诉；

对考试成绩提出疑问。

资料来源：Department for Education. Our children’s education：the updated parent’s charter. London：HMSO，1994.

案例 9–6

《公民宪章》病人章程（Patient’s Charter）

病人有权：

在一年内加入医院的等候者名单（waiting list），等待接受心脏搭桥收治以及

---

① THANE P. Divided kingdom：a history of Britain，1900 to the present. Cambridge：Cambridge University Press，2018：397.

② PATTEN C. Speech to policy studies institute. Independent，1991－02－06.

③ Cabinet Office. The Citizen’s Charter：Raising the Standard，Cmnd. 1599. London：HMSO，1991：4－5.

④ 同③.

⑤ DOERN G B. The UK Citizen’s Charter：origins and implementation in three agencies. Policy & Politics，1993，21（1）：17－29.

⑥ DOREY P. The Major premiership：politics and policies under John Major，1990—1997. Basingstoke：Springer，2016：31.

相关治疗；

提前获得入住男女混住病房的入院通知（尽可能尊重病人对入住同性别病房的偏好）；

使用医院提供的财物保管安全设施；

获得医院提供的多样且足量的餐食；

获得写有食物相关营养信息的菜单。

资料来源：Department of Health. The Patient's Charter & you. London：HMSO，1995.

具体来说，《公民宪章》旨在通过以下方式改善英国的公共服务：以客户为中心，以公开和易于理解的方式确保公民的信息权及信息透明度，提高公务员的绩效，采用利益相关者激励方法。《公民宪章》规定，所有公共服务，从医院到监狱、从地方政府办公室到消防部门，都必须公布明确的服务水平目标。例如，国家医疗服务体系（NHS）需保证为患者提供一定的问诊和治疗时间，学校将推出考试成绩和旷课率的排名表，天然气和电力公司将提供家访预约服务，乘客将获得一定的火车晚点或班次取消赔偿。《公民宪章》称，政府将确保纳税人的价值，所有公民都将获得有一定质量保障的公共服务和多样化选择。[①]

不过，《公民宪章》受到了很多质疑。有人认为它对公民的理解过于狭隘，把公民简单地等同于消费者。不仅如此，《公民宪章》还过于强调公民的个体需求，而没有考虑到社区或社会更广泛的需求。更重要的是，《公民宪章》没有承诺会增加公共服务资源。因为在现有资源范围内改进公共服务意味着公共部门需要提高效率和支出效益，但在实际运行中，大幅削减的运营成本和人员编制往往无法让福利机构提供更优质的服务，从而导致投诉从 1989 年的 677 起增加到 1996 年的 1 920 起。[②] 对此，有民众认为，政府试图用《公民宪章》规避公共服务的失败和公共服务资金不足的责任。

三、《公民宪章》的影响

20 世纪 70 年代末到 80 年代，西方国家坚信需要引入私营部门的管理模式来解决福利问题。《公民宪章》可以被看作英国的解决方案，其本质是一种行政管理范式的转变："一个更小的国家，做更少的事情，但做得更好。"[③] 继英国之后，美国于 1993 年大张旗鼓地发起了国家绩效评估活动（NPR）以全面改革公务员制度，

① MULLEN J. John Major's Citizens Charter：Fifteen years later//ESPIET-KILTY R.（eds.）Citoyen ou consommateur：Les mutations rhétoriques et politiques au Royaume-Uni. Clermont-Ferrand：Presses Universitaires Blaise-Pascal，2006：33-53.

② DOREY P. The Major premiership：politics and policies under John Major，1990—1997. Basingstoke：Springer，2016：32.

③ Conservative Central Office. You can only be sure with the conservatives：the conservative manifesto 1997. London：Conservative Central Office，1997：29.

加拿大也发起了以新公共管理模式作为行动纲领的公共服务改革，宣称它要“让政府做对”[①]。意大利、南非、印度等国也纷纷发布了自己的《公民宪章》。

尽管梅杰政府宣称《公民宪章》对国内和国际社会都具有重要意义，但政策执行的经验数据并不支持这一观点：仅有10%的民众看过《公民宪章》的内容，2%的民众对《公民宪章》表示满意，三分之二的受访者将该宪章描述为一种“公关手段”[②]。民意调查显示，《公民宪章》发布两年后对提高服务水平几乎没有什么作用。[③] 工会联盟（Trades Union Congress）秘书长约翰·蒙克斯（John Monks）说：“《公民宪章》是一个昂贵而无关紧要的东西。它对提供高质量的公共服务没有任何作用。绝大多数英国公民对它看不见、读不到、用不着。”[④] 可以说，《公民宪章》是梅杰政府希望从根本上改变公共服务活动及其文化的一次尝试。尽管遭到民众的漠视，但这种范式转变罕见地获得了当时在野党工党的认同，并被随后上台的布莱尔政府延续了下来。

《公民宪章》强调的公民身份是单一的消费者身份，它较少地考虑到个体的社会权利。虽然《公民宪章》赋予的许多公民权利在形式上似乎是中立的，但实际上每个个体受益的能力是不平等的。随着就业形势的恶化和公共供给的减少，公共服务的私有化可能导致更大的社会差距。此外，阶级、种族、性别和宗教等社会问题完全被忽视。例如，在《公民宪章》家长章程中，政府没有承诺向所有儿童传授多样的文化或者制定反性别歧视、反种族主义的课程。再如，《公民宪章》租户章程只针对已有住房者，而未来可能拥有住房的人群尤其是无家可归的人完全被忽视。尽管如此，这些章程中一些措辞的改变似乎暗示着保守派的政治转型。例如，用“求职者”取代“失业者”，用“客户”取代“补助金领取者”，展现了一个更加温和的、包容的、弱化个人主义伦理的保守党。[⑤] 更重要的是，这些用词暗示了更具有流动性的社会阶层。

第四节　布莱尔的福利政策

1997年是一个新的开始，是一个扫除过去一切碎片的时刻。期望值太高了，太高了……然而，自1945年以来，只有一个政府能够达成以下所有的成就：就业的增加、失业的减少、健康和教学成果的改善、犯罪率的降低以及每个季度的经济

---

① SAVOIE D J. What is wrong with the new public management? comparative public administration. Bingley：Emerald Publishing Limited，2006：112.

② ICM Research. Citizen’s charter customer survey：research report. London：ICM Research，1993.

③ OWEN D. Public services rapped. Financial Times，1993-08-26.

④ WILSON J. Citizen Major? The rationale and impact of the citizen's charter. Public Policy and Administration，1996，11 (1)：56.

⑤ COOPER D. The citizen's charter and radical democracy：empowerment and exclusion within citizenship discourse. Social & legal studies，1993，2 (2)：149-171.

增长。[1]

——布莱尔

20 世纪 80 年代，许多发达国家的政治和经济主要由保守势力主导。与 70 年代相比，这一时期的生产率增长相当缓慢，收入不平等愈发严峻，失业率居高不下，政治和经济上的弱势群体与主流社会渐行渐远，人们对国家能力的信任度不断下降。社会分化的加剧让民众开始对增加税收以资助政府支出感到厌恶。[2] 在英国，围绕一个进步政府（progressive government）的讨论变得越来越热烈。

自 1994 年托尼·布莱尔（Tony Blair）当选工党领袖以来，由他领导的新工党（New Labour）声称他们为进步主义的实现提供了一种新的方法，这种方法不仅适用于英国，还适用于其他发达资本主义国家，非常适合当代经济和社会发展的环境。这个方法叫作“第三条道路”（The Third Way）[3]。这是一个不同于旧左派和新右派的方针，是一种现代化的社会民主形式。有学者认为，“第三条道路”的出现超越了“头脑发热的政治”，是一种非意识形态的、务实的政策实践。[4] 那么，“第三条道路”是什么？它是否满足了民众的需求呢？

一、作为“投资者”的福利国家

“第三条道路”的思想来源于社会正义委员会(The Commission on Social Justice) 1994 年提交的报告。该报告提出，在社会福利领域存在三种不同的政治思想（见表 9-2），分别对应三种国家角色：第一种，旧左翼的“平均主义者”，它关注财富分配和福利以实现社会公正，但忽视了财富的生产。第二种，新右翼的“去监管者”，它主张通过减少公共服务和开放市场来实现社会正义，但容易产生极端贫困。第三种，也是委员会首选的方案，是国家作为“投资者”的“中间道路”，这一方案认为社会公平必须通过对机会的分配，而非收入的再分配来实现。福利国家在经济困难时期也许是一张安全网，而在当下需要把福利国家转变为让人们获得机会的跳板。摆脱贫困最安全和可持续的方法就是获得一份提供合理报酬的工作。[5] 为了达到这一目标，政府必须改善人们获得教育和培训的机会。这与吉登斯关于“第三条道路”的观点类似：“尽可能投资于人力资本，而不是直接提供经济支持。我们应该

---

① BLAIR T. Blair's speech：full text. The Guardian. （2007-05-10） [2021-10-22]. https：//www. theguardian. com/politics/2007/may/10/labourleadership. labour2.

② GLYN A. The assessment：economic policy and social democracy. Oxford Review of Economic Policy，14 (1)，1998：1-18.

③ WHITE S. New Labour：the progressive future? Basingstoke：Palgrave Macmillan，2001：xi-xii.

④ POWELL M. New Labour，new welfare state? the third way in British social policy. Bristol：Policy Press，1999：13.

⑤ Commission on Social Justice. Social justice：strategies for national renewal. London：Vintage，1994.

将福利国家建设成社会投资型的积极福利国家。”①

表 9-2 不同的政治思想

	旧左翼	“第三条道路”(新左翼)	新右翼
国家角色	平均主义者	投资者	去监管者
结果	平等	包容	不平等
对公民身份强调	权利	权利和义务	义务
福利经济主体	国家	公民社会、公共部门、私营部门	私营部门
公共开支	高	实用主义	低
意识形态	左	中左/后意识形态的	右
责任主体	国家	国家和市场	市场
福利水平	高	较低	低

资料来源：Powell M. New Labour and the third way in the British welfare state：a new and distinctive approach? Critical social policy，2000，20（1）：42.

作为“投资者”的福利国家主要有四个特点：它是一个积极的、预防性的福利国家，以工作为中心，注重权利与义务的平衡，进行机会而非收入的分配。

首先，预防性福利体现了从被动福利国家向主动福利国家的转变。例如，在医疗方面，卫生部强调一个更健康的国家首先关注的是确保人们不会生病，也即积极地预防疾病，而非传统的治疗疾病。② 再如，在社会排斥方面，社会排斥小组（The Social Exclusion Unit）强调应关注社会问题和社会排斥产生的原因，而非仅仅在事后处理这些问题。③ 社会保障部在《我们国家的新雄心》（New Ambitions for Our Country）这一提案中写道：“福利不仅仅是在事件发生后采取行动。福利制度应该是积极主动的，通过确保人们获得正确的教育、培训和支持来预防贫困。”④

其次，新工党将工作作为福利改革的核心任务：“新的福利国家应该帮助并鼓励适龄劳动人口在他们有能力的岗位工作。政府的目标是围绕工作重建福利国家……改变福利领取者、雇主和公务员的想法——各方都有权利和义务。那些正在从领取福利转向积极工作的人将得到更多的帮助，而不仅仅是补贴。”⑤

工作和福利之间的联系并不新鲜。在理论上，英国福利国家一直是积极主动的。而“第三条道路”的创新在于寻求“胡萝卜”与“大棒”之间的平衡。旧左翼关注高福利的“胡萝卜”，新右翼主要关注最低福利的“大棒”，“第三条道路”则

① GIDDENS A. The third way. （Cambridge）：Polity Press，1998：117.

② Department of Health. Our healthier nation. London：HMSO，1998.

③ Social Exclusion Unit. Bringing Britain together：a national strategy for neighbourhood renewal-report by the Social Exclusion Unit. London：The Stationery Office，1998.

④ Department of Social Security. A new contract for welfare：new ambitions for our country（Cm 3805）. London：The Stationery Office，1998：20.

⑤ 同④23-34.

聚焦于以教育和培训为基础的最低工资保障，其特点是强制性的工作和较低的福利水平。在“让工作有报酬”（Making Work Pay）的口号下，最低工资制度与税收和福利制度的结合确保了从福利领取转向工作的群体在经济上更加富裕。[①]

由此可见，新工党的“第三条道路”强调个人权利和义务的平衡，福利模式也从无条件福利转向有条件的福利。根据工党新《宪法》第四条的规定“我们享有的权利反映了我们应承担的义务”[②]，这一义务主要反映在工作义务上。

最后，“第三条道路”重新定义了平等概念，认为机会平等才是真正的平等。[③]福利国家应为公民提供终身机会的平等，而不是利用税收和福利的二次分配达到结果平等。“从社会平等到社会包容”有效地概括了“第三条道路”思想的范式转变：将平等定义为包容，将不平等定义为排斥，而贫困是一种社会排斥现象。在一个流动性强的社会，每个人都有机会获得与其才能和付出相匹配的经济和社会地位。[④]1996年，工党议长戈登·布朗强调：“太长时间以来，我们一直用税收和福利来补偿人们的贫困，而不是做一些更根本的事情——解决贫困和不平等的根源。机会平等的道路不是从税率开始，而是从就业、教育和福利国家改革以及有效、公平地重新分配现有资源开始。”[⑤]

二、提升人力资本与消除儿童贫困

提升国家的人力资本是布莱尔社会政策议程的核心，具体表现在发展以工作为中心的福利以及多样化的教学体系来为国家培养各类技能人才，所有社会成员都“有义务开发自己的人力资本”[⑥]。就业能力和终身学习被视为对国家安全和繁荣的最佳投资。对成年人专注于提高其技能与竞争力，同时，政府在幼儿教育、消除儿童贫困和儿童保育安排方面做出了新的努力。

1997年大选期间，布莱尔多次表示教育是新工党政府的优先事项。教育对福利国家的贡献传统上是通过“为经济生产做准备”和“促进社会正义和个人权利”来衡量的。[⑦] 然而对于如何通过教育实现社会正义，布莱尔政府顺应了民意，认为教育成就平等应当让位于获得教育的机会平等，并改革了综合教育体系（comprehensive education），通过发展多样化的学校类型来发展学生不同的潜力。例如，政府发展了城市技术学院、灯塔学校项目（beacon schools programme，推广部分学

① POWELL M. New Labour，new welfare state? The third way in British social policy. Bristol：Policy Press，1999：16.

② Labour Party. Constitution. London：Labour Party，1995.

③ LE GRAND J. The third way begins with CORA. London：New Statesman，1998：26.

④ SHAW E. The Labour Party since 1945. Oxford：Blackwell，1996：228.

⑤ OPPENHEIM C. The post-conservative welfare state. Paper presented at the Social Policy Association Annual Conference，University of Lincolnshire and Humberside. 1997 - 07 - 16.

⑥ ELLISON N，BAULD L，POWELL M. Social policy review 16：analysis and debate in social policy. Bristol：Policy Press，2004：75.

⑦ POLLARD A. Reflective teaching in the primary school. London：Cassell，1997：364.

校良好、特色的教学实践，以缩小最好和最差学校之间的差距）、教育行动区（education action zones，将学校、家长、志愿部门、社区、公共部门和企业聚集在一起，旨在集思广益，推出创新的教学方式和其他项目来提高学生的成绩和综合能力，吸引私营部门的赞助和投资）和信托学校（the trust schools，由慈善基金会或信托基金支持并任命学校理事会的学校）。同时，布莱尔政府将幼儿教育视为终身学习的基础，大力发展了幼儿早期课程和个性化的入学评估。①

新工党的另一个举措是发展以工作为中心的福利。从 1997 年执政伊始他们就明确社会政策改革的目标是将人们从福利部门转移到工作部门，以解决社会排斥问题。布莱尔坚信，就业是摆脱排斥与贫困的最佳途径。为此，布莱尔通过改善从福利转向工作的经济激励，尽可能降低在职贫困的风险，并发展职业指导、就业培训和国家儿童保育战略（national childcare strategy）来为公民提供实际支持，以便利其向工作过渡。

在这方面，工党 2001 年的大选宣言中阐明了建立“现代福利国家”计划：促进所有劳动年龄人群的就业，为太年轻而无法工作的人提供机会，以及为超过退休年龄的人群提供保障，重点是提供“全民就业机会”②。对此，政府不仅致力于为 150 万已登记失业人员寻找工作，同时要将那些既没有工作又没有登记为失业者、处在劳动年龄的人群转移到劳动力市场。这一部分人群被分类为年轻人、50 岁以上的单身父母、病人、残疾人以及生活在贫困地区的人，共计约 400 万人。③ 政府强制所有处在劳动年龄的福利申请者在申请时都将进行一次围绕工作的面试，讨论可获得的工作机会，并酌情降低他们的补贴水平。④

激励工作的另一项措施就是让工作在经济上更有价值。在“让工作有报酬”的口号下，布莱尔政府于 1999 年 4 月引入国家最低工资标准并逐渐提高，1999 年 10 月引入工薪家庭税收抵免（working families tax credit）政策并于 2003 年将其拓展为工作税收抵免（working tax credit），为所有进入劳动力市场的低收入人群提供经济支持。⑤

与此同时，布莱尔政府重新重视贫困（而非保守党使用的“低收入人群”⑥）问题，尤其是儿童贫困，并承诺到 2010 年将儿童贫困减少一半。其战略是减少失业家庭的数量，并提供更多的儿童保育福利。为鼓励父母重返劳动力市场，政府除了出台工薪家庭税收抵免政策，还为其提供额外的在职福利作为就业的经济激励。在

---

① POWELL M. Modernising the welfare state：the Blair legacy. Bristol：Policy Press，2008：92 - 93.

② Labour Party. Ambitions for Britain. London：the Labour Party，2001：24 - 29.

③ HM Treasury. Opportunity and security for all：investing in an enterprising，Fairer Britain：New Public Spending Plan 2003—2006. London：The Stationery Office，2002：36.

④ HM Treasury and Department of Work and Pensions. The changing welfare state：employment and opportunity for all. London：The Stationery Office，2001：32.

⑤ LUDLAM S，SMITH M J. Governing as New Labour：policy and politics under Blair. Basingstoke：Macmillan Press，2017：153.

⑥ 同①55.

2001—2004 年期间，政府为贫困地区的儿童划拨了额外的保育资金。此外，政府还创新性地建立了儿童信托基金（child trust funds）。[①]

案例 9-7

儿童信托基金

儿童信托基金由布莱尔政府于 2002 年创建，旨在为所有儿童，尤其是处境最不利的儿童在其成年时提供经济支持。在 2002 年 8 月之后出生的人在出生时会以代金券（voucher）的形式获得不低于 250 英镑、用于投资的各种基金。如果代金券在 12 个月内未被激活则会自动地被投资于 14 家基金公司中任意的一家。父母可以每个月向孩子的信托基金存入 10～364 英镑，而在孩子 7 岁生日时，他们还会收到由政府发放的 250 英镑额外补贴。年收入不满 16 190 英镑的家庭的儿童在出生时和年满 7 岁时都会收到 500 英镑。在孩子成年之前，该基金的存款将被锁定。政府还鼓励孩子的亲友投资这些基金，这样当孩子长大成人后，就有大量可用于“学习、买房或创业”的资金。

资料来源：Labour Party. Ambitions for Britain. London：The Labour Party，2001：27.

三、布莱尔政策的影响

布莱尔政府执政10 年（1997—2007）英国失业率显著下降（见图 9 - 1）。其中就业人数增加了 270 万，到 2007 年，处于劳动年龄的人口 75%都拥有了固定工作。[②] 让人们重返工作岗位也帮助英国降低了贫困率，儿童贫困率从 1997 年的 34. 1%下降到 2005 年的 28. 4%。然而，政府提高的是穷人中“较富有的一半”的收入，而更贫穷的一半家庭（收入低于中位收入 40%）的收入增长一直十分缓慢。后者的许多福利待遇（如求职者津贴和无工作能力者津贴）未能跟上相对贫困线上升的步伐，其人口比例较布莱尔执政前基本保持不变（扣除住房成本前，该群体占总人口 5%，扣除住房成本后占 8%）。[③] 因此，布莱尔的改革仅促进了有限的社会流动，最底层人民的生活未得到根本改善。

有学者将布莱尔的现代福利国家视为一种社群主义，这种社群主义对福利政治的吸引力源于它试图在个人选择和集体责任之间建立联系，应用了社群主义中加入小型社团的互惠原则，将其转化为实现国家这个大社区的共同利益。[④] 埃斯平-安德森认为，福利国家保护主义的“黄金时代”显然已经过去。所有改革方案都需要限

---

① LUDLAM S，SMITH M J. Governing as New Labour：policy and politics under Blair. Basingstoke：Macmillan Press，2017：154.

② DRIVER S. Work to be done? Welfare reform from Blair to Brown. Policy studies，2009，30（1）：71.

③ BREWER M，GOODMAN A，MURIEL A，et al. Poverty and inequality in the UK：2007. London：Institute for Fiscal Studies，2007：29.

④ JORDAN B. The new politics of welfare：social justice in a global context. London：Sage，1998（2）.

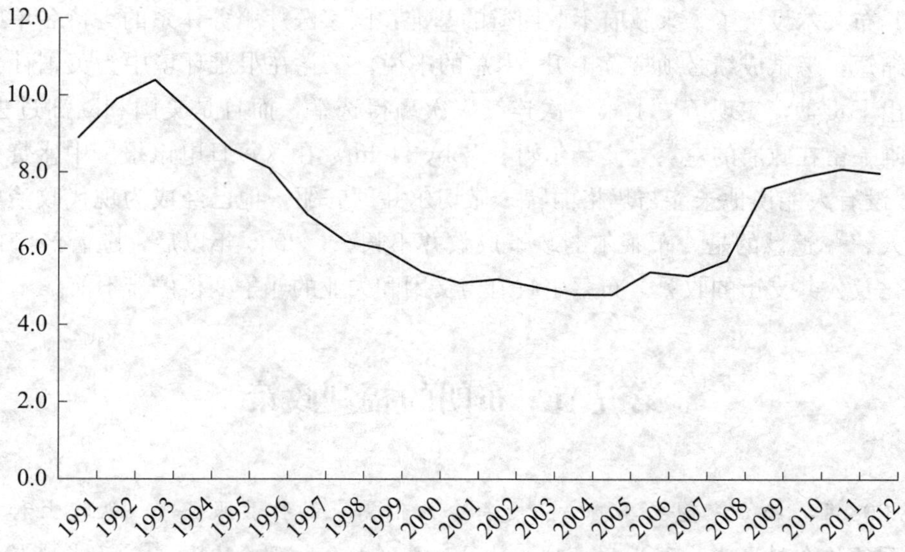

图 9-1　英国 16 岁及以上人口的失业率

资料来源：Office for National Statistics. Unemployment rate（aged 16 and over，seasonally adjusted）.［2021-09-09］https：//www. ons. gov. uk/employmentandlabourmarket/peoplenotinwork/unemployment/timeseries/mgsx/lms.

制公共支出并维持劳动力市场的灵活性①，没有无条件的公民权，公民获得的福利权利必须严格反映他们对社会责任的承担情况，这在一定程度上有助于构建良好的社会秩序。

还有学者认为，布莱尔以社会正义的名义扩大了对“越轨”群体的监督和控制，如强迫失业人员、单亲父母和残疾人进入劳动力市场。在这方面，新工党遵守功利主义哲学家杰里米·边沁 19 世纪所倡导的监管原则，也即为实现更大的利益而进行强迫。② 新工党的思想与米德一致，后者认为社会政策的目标应该是促进“平等公民权”。在这一过程中，“不要求弱势群体‘成功’，这不是每个人都能做到的。它只要求每个人履行共同的义务，包括像工作这样的社会义务。所有有能力的成年人都应该工作并展现出英语读写能力，就像每个人都应该纳税或遵守法律一样”③。

新工党的福利改革使得英国的福利建设向更加社会民主的方向转变。根据吉登斯的说法，新工党成功地改变了英国政治的框架。保守党不得不从根本上改变其意识形态立场，以便再次受到民众的重视。④ 马丁·鲍威尔（Martin Powell）认为，布莱尔之后，如果不支持工党的进步社会政策，任何政党都无法当选。所有这些政党都必须承诺在医疗、学校、养老金、儿童保育和家庭方面做出慷慨的支出。在这

① ESPING-ANDERSEN G. Welfare states in transition. London：Sage，1996：1-31.

② POWELL M. New Labour，new welfare state? The third way in British social policy. Bristol：Policy Press，1999：223.

③ MEAD L. Beyond entitlement：the social obligations of citizenship. New York：Free Press，1986：12.

④ GIDDENS A. Over to you，Mr. Brown. Cambridge：Polity Press，2007（3）：23-24.

方面，布莱尔设定了未来政府不敢回避的基准：国家医疗服务体系的等待名单必须持续缩短，考试成绩必须持续上升。[①] 总的来说，工党在艰难环境中为英国社会福利做出了贡献，实现历史上第一次连续三次赢得选举，而且是美国和欧洲过去10年中唯一留在政府的左翼党。赫尔姆（Toby Helm）在《每日电讯报》中盛赞布莱尔："没有人能说他未能与玛格丽特·撒切尔并驾齐驱，他已经成为现代政治史上的巨人。"[②] 遗憾的是，布莱尔的政策成效并不长久。2005年以后，随着经济前景的恶化及公共支出的收紧，布莱尔政府与贫困和失业的斗争变得停滞不前。

第五节　布朗的福利政策

2008年，公众期望更高质量、更符合他们需求的公共服务——从晚上和周末均可预约的全科医生，到儿童一对一补习，再到社会护理个人预算以及当地居民熟悉的警察。因此，改革不能倒退，不能放慢脚步，也不能轻易妥协。事实上，为了满足这些新的需求，现在是时候更进一步进入改革的第三阶段了。[③]

——布朗

布莱尔政府"以工作为中心"的福利制度改革初期获得了就业率持续上升，贫困率不断下降。[④] 然而自2005年以来，劳动年龄人口中不活跃在劳动力市场的比例停留在21%左右。布朗上台后，在经济下行的环境中强化了"就业优先"福利政策的艰难改革[⑤]，进一步收紧福利领取资格，扩大私人部门在福利供给方面的作用。这导致工党内部出现了新的政治紧张局势。

一、紧缩时代的公共服务现代化

在布莱尔执政的最后几年里，公共服务改革主导了福利政策的讨论。其中的一个问题涉及国家与公共服务提供者（如医生、护士、教师等）之间的关系。另一个问题有关公共服务的选择和竞争机制。布朗政府对这些问题做出了哪些决策呢？

---

① POWELL M. Modernising the welfare state：the Blair legacy. Bristol：Policy Press，2008：258 - 259.

② HELM T. Tony Blair announces date of his resignation. The Daily Telegraph.（2007 - 05 - 10）[2021 - 09 - 11]. https：//www. telegraph. co. uk/news/uknews/1551093/Tony-Blair-announces-date-of-his-resignation. html.

③ BROWN G. Time for the third act in public sector reform. Financial Times.（2008 - 03 - 09）[2021 - 09 -15]. https：//www. ft. com/content/c96a2baa-edfc-11dc-a5c1-0000779fd2ac.

④ POWELL M，BAULD L，CLARKE K. Social policy review 17：analysis and debate in social policy. Bristol：Policy Press，2005：15 - 32.

⑤ DRIVER S. Work to be done? Welfare reform from Blair to Brown. Policy studies，2009，30（1）：69 - 71.

（一）权力集中还是下放

相比起布莱尔坚定地实行权力集中，布朗在两种关于公共服务行业的观点之间徘徊。一方面，布朗声称，最了解如何运营公共服务的是专业人士，而非中央政府。专业人员拥有专业知识和技能，知道如何更好地配置资源。他们是保护公共利益的“骑士”而非自私的“无赖”①。为此，布朗在上任初期进行了“目标文化”改革，取消110项政府强制实施的公共服务“目标”中的大部分。②

另一方面，布朗仍然认为自上而下的目标设定是必要的。他提出，应当“纠正几十年来的忽视，建立一个学校或医院都不会低于基本标准”③。然而，这种自上而下的做法已经引起了许多医疗卫生专业人员对“过度集中”所导致的士气低落的不满。④ 例如，为了达到患者等待时间的指标，布里斯托的眼科服务延后甚至取消了门诊预约服务。据估计，这至少导致25名患者失去了视力。⑤

布朗在集权和放权之间的徘徊导致新工党与专业组织谈判的质量受到质疑。典型的例子便是政府与全科医生就工资和工作时长的谈判。一方面，布朗既希望降低全科医生的工资涨幅，又希望增加他们的工作时长。另一方面，他同时想获得医疗人员中许多传统左翼人士的选票。这使得他几乎没有谈判空间。⑥ 自由民主党领导人文森特·凯布尔（Vincent Cable）就布朗行政管理的混乱嘲讽他在短短几周内就从“斯大林变成了憨豆先生”⑦。

（二）选择与竞争

自1944年颁布《教育法》和1948年建立国家医疗服务体系后，国家对卫生和教育的供给几乎形成了垄断，（除了富人可以选择私营服务供给）大多数公民只能通过发声机制（voice mechanisms）来改善公共服务，将自己的意见反馈给服务提供者，或者用投票的方式敦促提高公共服务质量。⑧

为提高公共服务质量，梅杰的保守党政府和布莱尔的新工党政府就提供公立医疗服务和教育的“选择”机制做出了尝试。1991年，保守党首次引入NHS内部市

---

① LE GRAND J. Motivation，agency，and public policy，of knights and knaves，pawns and queens. Oxford：OUP，2003.

② GRIFFITHS S，HICKSON K. British party politics after New Labour. London：Palgrave，2009：195－207.

③ BROWN G. Time for the third act in public sector reform. Financial Times. （2008－03－09）［2021－09－15］. https：//www. ft. com/content/c96a2baa-edfc-11dc-a5c1－0000779fd2ac.

④ FINLAYSON B. Counting the smiles：morale and motivation in the NHS. London：King's Fund，2002：6.

⑤ BEVAN G，HOOD C. Have targets improved performance in the English NHS? Bmj 332. 7538，2006：419－422.

⑥ GRIFFITHS S. The public services under Gordon Brown—similar reforms，less money. Policy Studies，2009，30 (1)：59－59.

⑦ GIBSON A. From Stalin to Mr Bean. （2007－11－29）［2021－09－11］. https：//www. theguardian. com/politics/2007/nov/29/politicalcolumnists. gordonbrown.

⑧ 同⑥60.

场，对医疗卫生服务的购买者（地方卫生当局）和服务提供者进行了明确的划分。医疗卫生服务建立在购买者和提供者之间签订的合同基础上，服务提供者之间相互竞争。1997 年新工党上台后引入了一种以市场为基础的医疗服务模式，使患者能选择医疗服务提供者并按实际提供的治疗内容付费。在教育方面，布莱尔推出了多样化的学校体系和排名表供家长为孩子进行选择性入学。

案例 9–8

NHS 的转型："公共利益公司"

NHS 信托基金会（NHS Foundation Trusts）是一种新型 NHS 组织，目的是移交 NHS 部分权力，使 NHS 服务与地方社区建立更紧密的联系。该组织根据 2003 年《健康与社会护理（社区卫生与标准）法案》［Health and Social Care (Community Health and Standards) Act］创建，并于 2008 年修订的《健康卫生与社会关怀法》(Health and Social Care Act 2008) 中被确立为一种"公共利益公司"(public benefit corporation)。它不受中央政府的直接控制，不再是政府财政预算的管理单位，能够自主进行商业贷款并留用结余，自主决策医院发展战略；其活动由一个独立的监管者监督。基金会的成员来自他们所服务的社区，包括当地居民、病人、护理员等。由成员选举出理事会：理事会成员来自初级保健信托基金（primary care trusts）、地方当局、大学和其他组织的利益相关者。理事会与董事会合作，确保有效监督 NHS 信托基金会的工作，并就其长期发展方向提出建议。根据伯明翰大学的报告，NHS 信托基金会更加关注财务风险、战略和合作伙伴关系问题，拥有更明确的问责制和决策透明度。NHS 信托基金所采用的混合治理模式是有效的。

资料来源：HAM C，P HUNT. Membership governance in NHS foundation trusts：a review for the Department of Health. University of Birmingham，MUTUO，London，2008：2，37.

然而，公共服务引入选择和竞争引起了许多左翼人士的愤怒，他们认为商业化扭曲了公共服务的普遍性和公平性。科林·克劳奇（Colin Crouch）认为，将商业技术引入公共服务会损害公民身份。商业组织只针对那些对商业有利的社会阶层，商品化扭曲了公共产品普遍可用的性质。克劳奇以教育领域的选择为例，认为通过公布排行榜来引导家长对入学的选择扭曲了教育，排行榜制度鼓励教师将资源集中在他们被考核的那些方面，甚至还将导致教育不公：最好的学校吸引最好的资源（特别是教职工），而其他学校则获得剩余的资源。①

作为新工党中更左的一派，布朗同样支持私人部门参与公共服务，但他不像布莱尔那样相信竞争的好处。布朗政府的福利私有化改革是通过合作，如建立公私合作伙伴关系（public-private partnerships，PPP）进行的。这种合作形式被广泛应

① CROUCH C. Commercialisation or citizenship：education policy and the future of public services. London：Fabian Society，2003.

用在布朗政府上台初期建设新学校和新医院当中。[①] 在卫生方面，卫生大臣艾伦·约翰逊（Alan Johnson）宣布将缩减私人部门提供的日常手术和扫描检查。他说，这是因为私人部门的服务并不代表物有所值。[②] 总的来说，布朗并不完全认同亚当·斯密所说的“看不见的手”（市场机制）能创造的奇迹。对布朗来说，道德伦理包括“积极公民”“睦邻关系”“公民自豪感”等，是公共领域更重要的因素。[③] 这种对私人部门在公共服务中的作用的不同态度标志着布朗和布莱尔之间的一个重要分歧。

二、《弗洛伊德报告》：工作福利改革的深化

尽管布朗与布莱尔在公共服务政策领域意见不一，但在就业方面布朗延续了布莱尔“从福利到工作”的政策，承诺将资源从福利转移到教育和就业激励。然而，随着金融危机的蔓延和经济前景的恶化，公共支出受到更严格的控制，维持就业计划、活跃劳动力市场也消失了。在此背景下，布朗上任前发布的《弗洛伊德报告》与新工党推崇的思想非常契合。

《弗洛伊德报告》由投资银行家大卫·弗洛伊德（David Freud）组织撰写。他于 2006 年 12 月受工作和养老金部（Department for Work and Pensions）委任负责对英国 1997 年以来“从福利到工作”方案的进展情况进行审查，并就政府如何继续降低非经济活动率、减少工作贫困、实现 80％的就业率提出政策建议。[④] 为此，他于 2007 年 3 月发表了一份独立报告《减少依赖，增加机会：未来工作福利的选择》（Reducing Dependency，Increasing Opportunity：Options for the Future of Welfare to Work，又称《弗洛伊德报告》）。该报告共有八节：英国社会福利迄今为止的成绩、向着 80％就业率、为难以帮助的人群提供支持、基于结果的合同模型、权利和义务、福利改革——迈向单一制、就业中心的角色以及执行计划。

《弗洛伊德报告》认为，政府在“从福利到工作”议程上已取得重大进展，但 80％就业率的目标非常具有挑战性，为此：

（1）扩大私人和志愿部门的工作福利供给，强调他们对于“困难案例”（“困难案例”包括残疾人、单亲父母、少数族裔以及那些被描述为缺乏技能的人群）的帮助。弗洛伊德假设只有三分之一的无工作能力福利申请者确实不能工作，他鼓励专业服务提供者为“困难案例”提供密集的、创新的、个性化的帮助。政府可以通过

① GRIFFITHS S. The public services under Gordon Brown-similar reforms，less money. Policy Studies 2009，30（1）：53.

② ORR D. The NHS is suffering from reform fatigue.（2007 - 12 - 05）［2021 - 09 - 16］. http：//www. independent. co. uk/opinion/commentators/deborah-orr/deborah-orr-the-nhs-is-suffering-from-reform-fatigue-762828. html.

③ MCLEAN I. Adam Smith：radical and egalitarian. Edinburgh：Edinburgh University Press，2006：ⅸ.

④ FREUD D. Reducing dependency，increasing opportunity：options for the future of welfare to work. London：DWP，2007：1.

公私合作伙伴的形式将这一服务承包给私人与志愿部门。

（2）创造市场激励机制以实现更有效的“福利到工作”转移。只有在福利领取者被安置并留在工作岗位后，私人部门的服务提供者才能获得报酬（从而将风险转移到私人部门）。

（3）工作和养老金部应当开发一个模型，计算出不同群体进入工作岗位的成本和收益，以便进行早期干预。同时，需要使用复杂的业绩管理工具，对于没有按时履约的服务提供者应解除合同。

（4）逐渐用单一的劳动年龄福利制度（a single working age benefit payment）取代住房福利、求职者津贴和所有其他针对劳动年龄人口的福利。福利制度的复杂性阻碍了人们的就业，而设计不当的制度往往造成失业和贫困陷阱。应改变福利领取者的“工作是没有报酬的”观念。①

对于“困难案例”，弗洛伊德设计的“个人就业行程”如下（见图9-2）。

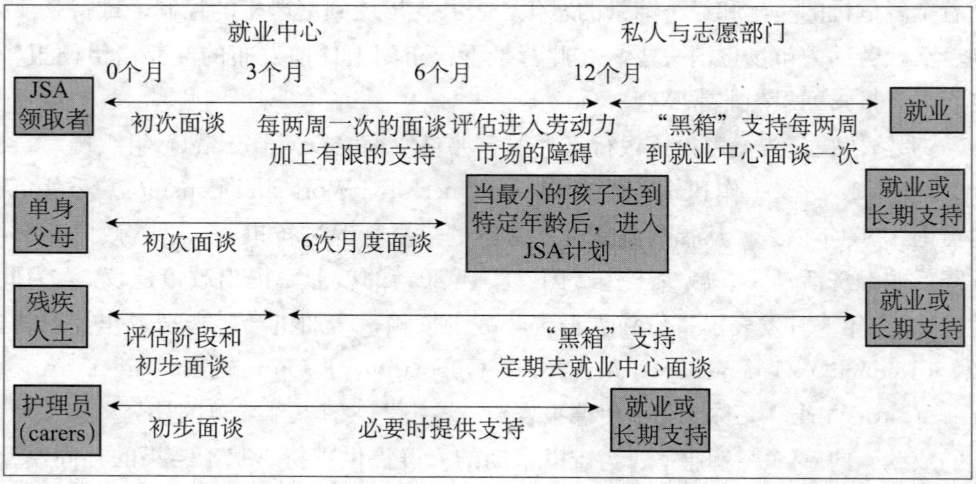

图9-2 弗洛伊德设计的“个人就业行程”

注：“黑箱”支持指黑箱交付模式，即国家允许服务提供者完全自由地进行干预、设计个性化的方案，政府按结果向提供者付费。

资料来源：FREUD D. Reducing dependency，increasing opportunity：options for the future of welfare to work. London：DWP，2007：118.

三、《弗洛伊德报告》的实施

布朗执政时期面临经济高度不活跃以及极端贫困与不平等等因素的挑战。② 那些“被困在工作和福利的旋转门中的人”以及长期依赖社保的人所面临的问题是多

① FREUD D. Reducing dependency，increasing opportunity：options for the future of welfare to work. London：DWP，2007.

② DRIVER S. Work to be done? Welfare reform from Blair to Brown. Policy studies，2009，30（1）：74.

方面的、不断强化的以及跨越代际的。劳动力市场的技能需求不断变化，而贫困地区教育水平低、健康状况差、吸毒成瘾、犯罪记录高，导致人们更加缺乏工作能力和意愿。[①] 对此，布朗政府综合《弗洛伊德报告》后发布了以下法案和文件。

2007 年 7 月生效的《福利改革法》（Welfare Reform Act 2007）发出了收紧福利待遇的信号。该法案以就业和支持津贴（employment and support allowance，ESA）取代了无工作能力者津贴，它要求非豁免的福利领取者努力寻找工作并参加与工作相关的评估，定期与顾问会面，不遵守规定的领取者将被减少福利待遇。此外，该法案规定将住房福利直接发放给房东而非租户，以培养租户（尤其是吸毒成瘾者和有心理健康问题的人）的责任感。

在 2007 年 12 月发布的《准备工作》（Ready for Work）白皮书中布朗政府承诺将提供更多的灵活新政。保守党社会政策专家劳伦斯·米德（Lawrence Mead）将这些新政描述为“帮助和麻烦”：“帮助”来自更多的技能筛选服务，以制定更综合的就业方案，为福利领取者提供符合“个人需求”的培训；“麻烦”来自更频繁的出勤要求和更多的培训课程（尤其针对年轻人）。[②] 该白皮书还建议引入一个“大门”（gateway）机制：所有参加计划 6 个月后仍失业的申请人都将接受更密集的求职活动和技能筛选；如果 12 个月后仍失业，则转介给专业提供者。[③]

2008 年 7 月工作和养老金部发布《无人注销：改革福利以奖励责任》（*No One Written Off：Reforming Welfare to Reward Responsibility：Public Consultation*）绿皮书，进一步阐述了政府的福利改革想法。[④] 该文件建议将申请福利到领取福利的等待时间由 4 个星期延长至 6 个月，让长期失业者在社区工作，到 2013 年时完全废除无工作能力者津贴。其中因健康状况暂时无法工作的人（属于“不适合工作但适合从事工作相关活动”类）参与就业和支持津贴计划，而有能力工作的人（“适合工作”类）参与求职者津贴计划。

第六节　卡梅伦的福利政策

社会是存在的。它和国家不是一回事。[⑤]

——英国保守党 2010 年大选宣言

① DRIVER S. Work to be done? Welfare reform from Blair to Brown. Policy studies，2009，30（1）：74.

② MEAD L M. Toward a mandatory work policy for men. The Future of Children Princeton University，2007，17（2）：43.

③ DRIVER S. Work to be done? Welfare reform from Blair to Brown. Policy studies，2009，30（1）：78.

④ Department for Work and Pensions. No one written off：reforming welfare to reward responsibility：public consultation. London：The Stationery Office，2008.

⑤ Conservative Party. Invitation to join the government of Britain：the conservative manifesto 2010. London：Conservative Party，2010：xii.

2010年，保守党领袖卡梅伦担任英国首相，他对社会底层采取更加温和、包容的态度，将新工党在减少贫困等相关问题上的失败归因于过多的国家干预。由此，他提出了建设“大社会”（Big Society）理念：志愿部门、社区和社会企业应当成为变革的主体，国家应转变为一个组织者，负责激励、催化和鼓动社区参与和社会更新，让那些能够为社区和社会付出的公民做出相应的贡献。①

一、摆脱撒切尔主义：“进步”的保守党

自1997年起，保守党经历了前所未有的三次大选失败。卡梅伦意识到要赢得选举不能仅仅抓住保守党的“核心选民”，还必须表明保守党是社会问题中“自由主义共识”的一部分②，它不再是撒切尔主义主导的一个想要将医疗和教育私有化、对社会底层困难缺乏理解的“令人讨厌的党”③。卡梅伦需要尽快表明保守党支持国家医疗卫生服务、家庭与同性恋的权利平等④。由此，卡梅伦在2005—2006年强调要建立一个“现代化、富有同情心的保守党”⑤。例如，对于贫困问题，卡梅伦在2006年的斯卡曼演讲中说：

> 过去，我们习惯于从绝对角度来看待贫困，即直接的物质剥夺。这还不够。我们需要从相对的角度来看待贫困，即一些人缺乏社会上其他人认为理所当然的东西。因此，我希望这一信息能够响亮而清晰地传达出来：保守党认识到了相对贫困，将对其进行衡量并采取行动。⑥

保守党还于2005年成立了六个政策审查小组来评估由新工党主导的社会政策的实施情况。在社会福利方面，由社会正义政策小组（Social Justice Policy Group）负责审查家庭破裂、经济依赖、成瘾和志愿部门等主题。该小组于2006—2009年陆续发布了三份报告，这成为卡梅伦建立“大社会”福利改革的源头。

二、建立“大社会”

卡梅伦的建立“大社会”理念源于修复破碎社会的需要。在2006年《破碎的

---

① CAMERON D. The big society. （2009-11-10）［2021-09-25］. https：//conservative-speeches.sayit.mysociety.org/speech/601246.

② LILLA M. The Tea Party Jacobins. New York review of books，2010，57（9）：53.

③ BBC News. Tories must change or face slaughter. （2002-10-07）［2021-09-25］. http：//news.bbc.co.uk/2/hi/uk_news/politics/2304181.stm；FIELDING S. Introduction：Cameron's conservatives. The Political Quarterly，2009，80（2）：168-171.

④ NORTON P. David Cameron and Tory success：architect or by-stander? The conservatives under David Cameron. Basingstoke：Palgrave Macmillan，2009：39-40.

⑤ GANESH J，NORMAN J. Compassionate conservatism. What it is. Why we need it. London：Policy Exchange，2006.

⑥ CAMERON D. Tackling poverty is a social responsibility. Scarman Lecture，2006-11-24.

英国》(Breakdown Britain) 报告中，社会正义政策小组指出英国福利依赖和贫困问题的来源是下层阶级的失业、经济依赖、家庭破裂、成瘾、教育失败和负债。[①]造成这一现象的部分原因是工党建立的破碎福利体系，因为它抑制了工作意愿，惩罚了亲社会行为，阻碍了个人储蓄和房屋购买。[②] 正如保守党员大卫·威利茨 (David Willetts) 指出的那样，一项成功的反贫困战略应该认识到贫困现象的多个方面，而不仅仅是经济上的工作激励：

> 如果一个获得额外收入的家庭因为公寓内楼道间有吸毒者的注射器而不能让孩子出去玩该怎么办？如果他们的孩子因当地学校不断更换老师而无法学习该怎么办？如果他们来自一个破碎的家庭，没有稳定和爱呢？保守党明白这就是贫困。[③]

除此之外，社会破碎还体现在社会责任感的缺失中。从街头虐待残疾人到吸毒和自杀，从恶作剧电话到对消防队员人身安全的威胁，从长期失业者的绝望到2011年伦敦骚乱……所有这些都使得卡梅伦意识到，英国社会的分裂源于社会责任的缺失，“好的社会”是一个人人为其行为负责任的社会。工党的“大政府”从个人手中夺走权力和责任后，人们越来越依赖政府，曾经存在于人与人之间的自然权责纽带被国家的监管和官僚机构所取代[④]，社会变得“原子化”了[⑤]。

由此，卡梅伦提出建设“大社会”的主张，鼓励公民承担社会责任，并将“互助主义”(mutualism) 作为一项新的政治原则。[⑥] 卡梅伦阐述到，应以社区和地方行动为基础鼓励所有成年人成为社区团体成员，帮助个人、家庭、慈善机构和社区联合起来共同解决社会问题，从而建设一种基于互助和义务的大众文化，使公民能够更多地控制自己的生活。[⑦] 具体有三条途径：

首先，赋予地方议会和社区更多的决策权，让他们自主塑造社区。改革城市规划系统，使民众能够参与到其社区的未来规划中；赋予第三部门购买和竞购社区资产的权利。此外，地方当局需要公布当地超过500英镑的所有支出信息，包括合同、招标、赠款等，并向志愿组织、慈善机构和社会企业公开社区相关的重要信息。

其次，向第三部门开放公共服务的管理权，鼓励慈善机构、合作社、社会企业

---

① Social Justice Policy Group. Breakdown Britain. London：Social Justice Policy Group，2006.

② Centre for Social Justice. Dynamic benefits：towards welfare that works. London：Centre for Social Justice，2009.

③ WILLETTS D. Modern conservatism. Harmondsworth：Penguin，1992：6.

④ CAMERON D. The big society.（2009 - 11 - 10）[2021 - 09 - 25]. https：//conservative-speeches. sayit. mysociety. org/speech/601246.

⑤ CAMERON D. Speech to the conservative party conference.（2006 - 10 - 01）[2021 - 09 - 25]. http：//news. bbc. co. uk/2/hi/uk_news/politics/5407714. stm.

⑥ CAMERON D. Civility and civil progress. The royal society.（2007 - 04 - 23）[2021 - 09 - 25]. https：//conservative-speeches. sayit. mysociety. org/speech/599860.

⑦ 同④.

和私营公司间的竞争，让民间社会组织在医疗保健、司法服务、就业支持等方面发挥更大的作用，为当地居民提供更具创新性、多样性和响应性的公共服务。

最后，鼓励人们在社会中发挥更积极的作用，推动志愿活动和慈善事业的发展。对约 5 000 名社区组织者进行统一培训，使其尽快建立地方关系网络，推动社区变革。鼓励人们付出时间、专业知识和金钱来参与志愿组织和社区活动，依据支出审查结果，为贫困地区提供额外的动员资金。①

凯西·埃文斯（Kathy Evans）认为，“大社会”很好地协调了政府公共支出大幅削减以及对公共服务承诺这两个看似矛盾的目标。

“大社会”的目标是帮助修复“财政崩溃”的英国：它能取代过度支出、臃肿的公共部门，帮助失业者重新从事有收入、有生产效益的活动。“大社会”通过培养利他主义、奉献精神以及对自我生活的主导意识来修补“破碎的”英国。②

案例 9-9

海菲尔德中心

作为英国最具文化多样性的城市之一，莱斯特（Leicester）在应对歧视现象、争取种族平等和社会正义方面采取了坚定而积极的立场。莱斯特早在 1974 年便创建了海菲尔德中心（Highfields Centre）。该中心的使命是：“为莱斯特的居民服务，成为一个家庭导向的社区教育和发展中心，推动社区更新，特别强调其作为该地区的倡导组织和支柱。”③

自成立以来，海菲尔德中心将不同阶层、宗教、种族和国籍的人聚集在一起，让每个人平等地参与该地区的管理和决策。中心创建了食物银行，为陷入危机的低收入家庭分发食物；海菲尔德商业协会为当地企业提供经验交流、共同开展业务的平台，每周举办工作俱乐部和成人教育班为失业者提供技能、执照考试培训和雇主联系的服务，举行海菲尔德户外音乐节，邀请来自不同背景的音乐家艺术家表演，庆祝社区的多样性和团结。④ 在远大目标的鼓舞下，海菲尔德中心成员努力打造良好的社区生态，展示了一种成功的“大社会”模式。⑤

然而，有人质疑“大社会”仅仅是政府削减福利支出的“烟幕弹”⑥。对此，卡梅伦回应道：

---

① HM Government. Building a stronger civil society. London：Office for Civil Society，Cabinet Office，2010：3.

② EVANS K. Big society in the UK：a policy review. Children & Society，2011，25（2）：165.

③ Highfields Centre. About Us. ［2021-09-25］ https：//highfieldscentre. ac. uk/about/.

④ Highfields Community Association. Highfields community association news. ［2021-09-25］. https：//highfieldscentre. ac. uk/news/.

⑤ STOTT M. The big society challenge. Thetford：Keystone Development Trust Publications，2011：94.

⑥ UNISON. Mutual benefit? should mutual，co-operatives and social enterprises deliver public services?. London：UNISON，2010.

> 这不是什么掩护。不管公共支出发生了什么，努力建设一个更大、更强大的社会是件好事。我的观点是：无论是谁现在站在这里当首相，都将不得不削减公共开支。既然如此，在不得不削减公共开支的同时，努力建立一个更大更强的社会不是更好吗？如果国家负担不起一些公共服务和设施，我们难道不应该鼓励那些愿意站出来的社区帮助管理这些公共设施吗？[①]

为此，卡梅伦上台后出台了一系列政策来发展“大社会”。例如，建立了“大社会”银行（The Big Society Bank）为志愿组织提供贷款；创建了公民社会办事处（Office for Civil Society）负责委任不同志愿部门来提供卫生、教育等方面的公共服务，并在该办事处下设了社会成果基金会（The Social Outcomes Fund），提供2 000万英镑的基金以应对那些较为复杂的社会问题。[②] 此外，卡梅伦政府创建了国家公民服务（The National Citizen Service），鼓励15～16岁的青少年在暑假加入这项计划，与同龄人一起参与地方社区组织的摄影、戏剧、领导力培训、体育、志愿服务等不同项目，以便培养出有社会责任感的、可以为社区服务并与不同背景的人相处的“理想公民”[③]。

三、对“大社会”的批判

尽管“大社会”的构想看似美好，但其政策实践受到了不少质疑与阻碍。一些学者认为“大社会”是卡梅伦对志愿主义（voluntarism）天真的信仰。一方面，集体行动的逻辑、有限理性等都表明纯粹的志愿主义和互助精神是难以持续的。在现代国家的消费主义与实用主义影响下，英国出现了人际疏离、道德冷漠的社会失范现象。政策交流智库（Policy Exchange）曾于2014年提议对自愿清洁公园的人给予奖励，并对居住在公园附近的人征税（因为他们享受更好的环境与更高的房价收益）。这些提案侧面反映了志愿主义逻辑的局限性，包括志愿行动需要的经济激励以及人的自私性。[④]

另一方面，“大社会”政策忽略了社区团体在大量公共资金被削减的情况下如何资助、组织和维持服务的问题，这导致“大社会”被视为国家转移责任而非权力的工具。越来越多的志愿机构报告说，由于政府补助金的削减，它们不得不减少其活动。[⑤] 这些压力导致“大社会”顾问韦鸣恩（Nathanael Ming-Yan Wei）2011年

---

① CAMERON D. Speech on public service reform. (2011-01-27) [2021-09-25]. https://www.theguardian.com/politics/blog/2011/feb/14/politics-live-blog.

② SMITH M, JONES R. From big society to small state: conservatism and the privatisation of government. British Politics 10.2, 2015: 234.

③ BULLEY D, SOKHI-BULLEY B. Big society as big government: Cameron's governmentality agenda. The British Journal of Politics and International Relations, 2014, 16 (3): 457.

④ 同②235.

⑤ CORBETT S, WALKER A. The big society: rediscovery of "the social" or rhetorical fig-leaf for neoliberalism? Critical Social Policy, 2013, 33 (3): 461.

6月辞职。2015年，公民交流组织（Civil Exchange）对“大社会”进行了第三次审计并得出结论：

> 越来越少的人认为他们有能力影响地方决策，社区的能力越来越弱，人们对政治制度的信心也逐渐消失。以市场为基础的公共服务将权力集中在新的“准垄断”私人部门而非当地社区和居民手中，这进一步降低了透明度，弱化了问责机制。尽管历届政府都做出了努力，但公共服务仍未能有效满足最需要它们的群体的需求。最富有者和最贫穷者之间的教育水平差距和健康不平等程度越来越大。社会行动没有为最弱势群体的生活带来改善。①

有学者认为，“大社会”忽视了政府、社区、志愿组织和邻里之间在福利供给的动机和能力方面的关键差异。② 卡梅伦严重高估了民间组织和公民社会解决需求的能力。他就“大社会正在运行”提到了九个“P领域”——人、权力、规划、公共服务、慈善事业、酒吧、邮局、游乐场和公园，所涉及的具体内容大多是高度地方性、微观层面的项目，这与涉及全英国的公共服务和福利相比完全不同。在这方面，卡梅伦用“大社会”这一概念为政府20世纪20年代以来最大规模的公共支出削减做了口头掩护（2011—2014年间，地方政府支出削减了27%）。③

地方和志愿部门自主权的扩大还可能加剧地区不平等现象。截至2014年6月13日，英格兰较富裕的东南部每百万居民中有3 400个慈善机构（共29 238个机构），而东北部每百万居民仅有1 966个（共5 112个机构）。④ 贫困地区的社会资源很少，而富裕地区也极少帮助其边界内的弱势社区。在失业率和贫困率较高的地区，志愿部门活动极大地受到经济危机的影响。有学者认为，“大社会”使得在富裕地区和贫穷地区之间重新分配资源变得非常困难。随着公民和地方团体相互竞争，社区凝聚力将减弱，利益更加两极分化，社会不和谐也将加剧。⑤

对“大社会”的批判还来自它可能导致的社会排斥。自1997年新工党执政以来，英国政府就推动一种建立在权利和义务基础之上的积极公民身份，卡梅伦对这一身份的推动则是通过强调志愿服务的参与，然而志愿服务是一项阶级活动。据英国全国志愿组织委员会2011年9月发表的报告，志愿活动参与主要取决于人们的经济地位和社会资本。参与慈善工作的大多数公民是拥有一定技能、受过教育、非少数族裔的白人。其中典型的正式志愿者形象更可能是“社会等级较高、担任管理职务、受过大学

---

① Civil Exchange. Whose society：the final big society audit. London：Civil Exchange，2015：7.

② RANSOME P. The big society：fact or fiction? A sociological critique. Sociological research online，2011，16（2）：162.

③ CORBETT S，WALKER A. The big society：back to the future. The political quarterly，2012，83（3）：490-491；RANSOME P. The big society：fact or fiction? a sociological critique. Sociological research online 2011，16（2）.

④ ESPIET-KILTY R. David Cameron，citizenship and the big society：a new social model? Revue Franäaise de Civilisation Britannique. French journal of british studies，2016，21. Ⅻ-1：8.

⑤ STOTT M. The big society challenge. Thetford：Keystone Development Trust Publications，2011：86.

教育的中年女性”，她们拥有足够的资源来建立与他人交往的必要信心。① 而那些身处条件恶劣的社区的群体将面临更大的社会排斥风险，因为他们没有志愿服务所需的财富和资源。②

复习思考题

1. 简述全面战争的福利逻辑。
2. 简述《贝弗里奇报告》的内容。
3. 比较贝弗里奇和撒切尔夫人福利制度的差异。
4. 试述英国社会福利制度的发展历程。
5. 分析布莱尔和卡梅伦的福利理念。

推荐阅读书目

1. 贝弗里奇．贝弗里奇报告：社会保险和相关服务．北京：中国劳动社会保障出版社，2008.

2. 吉登斯．第三条道路：社会民主主义的复兴．北京：北京大学出版社，2000.

3. 罗杰斯，吴万伟．大西洋的跨越：进步时代的社会政治．南京：译林出版社，2011.

4. BEVERIDGE W H. Report on full employment in a free society. London：Allen & Unwin，1944.

5. TITMUSS R M. Essays on the welfare state（reissue）. Bristol：Policy Press，2019.

6. FRASER D. The evolution of the British welfare state. Basingstoke：Palgrave Macmillan，2009.

---

① National Council for Voluntary Organisations. Pathway through participation：what creates and sustains active citizenship?. Briefing paper，2011（3）：3 - 5.

② RANSOME P. The big society：fact or fiction? a sociological critique. Sociological research online，2011，16（2）：163.

第十章

美国的福利政策

本章要点

在经济下行的环境中，里根确立了新联邦制，加强州政府的自由裁量权，并收紧福利资格要求，强调受助者的工作责任。布什延续了福利紧缩方针，使得弱势群体的处境进一步恶化，加剧了社会分裂与排斥。

克林顿改变了民主党的福利理念，取消了对穷人的现金援助担保，强化了工作福利。小布什对教育和医保进行重大改革，分别旨在提高学生成绩，提高低收入群体的药品福利。

面对金融危机带来的经济萧条和高失业率，奥巴马迅速采取经济刺激政策以帮助民众维持生计。这一时期通过的《平价医疗法案》前所未有地扩大了医疗保障的覆盖面，让更多低收入群体能享受联邦医疗保险。特朗普在新冠肺炎疫情暴发后也签署了一系列援助法案，但这些计划大多是应急的、暂时的。

基本概念

福利紧缩；新联邦制；福利依赖；州政府豁免；《平价医疗法案》

尽管美国在20世纪初已经成为世界第一大工业强国，但受自由主义的影响，其福利立法明显落后于许多西方国家。20世纪30年代，面对日益严重的失业和贫困问题，罗斯福签署《社会保障法》(The Social Security Act of 1935)，确定了以失业保险、养老保险和社会救济为主要内容的福利制度框架。该法案的最初版本曾提出建立国家健康保险制度，但由于保守派特别是医学界的抗议而最终删除了相关内容。

20世纪50年代，民权运动的兴起推动了美国社会福利的发展。1964年，约翰逊总统提出“向贫困宣战”(War on Poverty)的主张，将反贫困的政策重心从补贴转向工作福利，试图解决深层次的结构性贫困问题。同年通过的《经济机会法案》(Economic Opportunity Act)旨在向所有人提供教育、培训、工作和社区发展机会，消除贫困陷阱。这一时期还建立了联邦医疗保险(Medicare)和联邦医疗补助

(medicaid) 制度，为老年人和穷人提供更全面的医疗保障。遗憾的是，这一福利扩张计划并没能实现其目标：官僚机构的膨胀和联邦资金的浪费甚至造成了一定程度的社会动荡。

20 世纪 70 年代，尼克松总统推行新联邦主义（new federalism），下放权力，加强了州政府的责任。同时，联邦政府整合了对老年人、盲人和残疾人的补助，创立了由联邦管理、统一补助标准的补充收入保障计划（supplemental security income）。总的来看，社会危机和联邦制对美国社会福利政策的发展有着重要意义。

第一节 里根和布什时代的福利政策

数千亿美元的反贫困项目[①]实施之后，穷人变得更加痛苦。但美元的浪费比起人类精神和潜力的罪恶的浪费是相形见绌的。我们不能再忽视这个可怕的事实。正如 51 年前富兰克林·罗斯福警告的那样：“福利是一种麻醉剂，是人类精神的破坏者。”我们现在必须摆脱依赖的蜘蛛网……我指的是真正而持久的解放。我们应该根据有多少受助者能够不再依赖福利来判断福利制度的成功。[②]

——1986 年里根总统的国情咨文

20 世纪 70 年代，“滞胀”给美国福利制度带来了严峻挑战。1981 年里根总统上台后，联邦政府通过增加税收、削减对福利计划的财政支持以及权力下放来应对经济危机。里根政府认为，联邦政府用于社会福利的支出应是最小化的，只有“真正有需要的人”才应该得到福利，因此，福利应是短期的。[③] 里根时代的紧缩政策延续到了布什政府。布什主张发挥志愿机构、宗教团体和社区的作用，共同解决社会问题。

一、里根时代的福利政策

美国自20 世纪 40 年代以来就由凯恩斯主义主导，主张通过扩张性的经济政策以增加需求，促进经济增长。到了 70 年代，经济增长动力消失，滞胀的出现让人们对刺激政策的效用产生怀疑。作为保守主义者，里根认为美国经济的停滞和不断增加的财政赤字是由维持福利支出所需的高税收和生产性贡献不足引起的。在担任加利福尼亚州州长时他就曾批评政府为身体健康的穷人提供福利的做法。里根认

① 此处的反贫困项目指 1964 年约翰逊政府发起的“向贫困宣战”活动（War on Poverty）。

② REAGAN R. Address before a joint session of congress on the state of the union. The American presidency project. (1986-02-04) [2021-10-04]. http://www.presidency.ucsb.edu/ws/index.php?pid=36646.

③ KARGER H K, STOESZ D. American social welfare policy: a pluralist approach. New York: Pearson, 2018: 41.

为，福利领取者未做出生产性贡献，政府为那些并非真正有需要的群体提供补贴破坏了社会秩序，鼓励了福利依赖。①

对此，里根政府希望通过收紧福利资格要求，迫使贫困家庭的父母自主抚养子女以终结福利浪费、福利滥用和福利欺诈。同时，他主张把行政、资金筹措乃至福利政策设计的责任交还给州政府，以解决不断增加的联邦赤字和官僚机构臃肿问题。在里根执政的八年里，1981 年《综合预算调整法案》（The Omnibus Budget Reconciliation Act of 1981）、1983 年《社会保障法修正案》（Social Security Amendments of 1983）以及 1988 年《家庭支持法案》（The Family Support Act of 1988）三项法案的出台大大缩小了美国的福利体系规模。除了里根的亲自游说，国内的经济下行促成国会和两党很快达成共识，这三项法案均得到顺利通过。②

1981 年《综合预算调整法案》标志着“新联邦制”（new federalism）的确立，原来的联邦分类拨款被更灵活的整笔拨款制度所取代，由于获得一次性大额补助金的发放权力，各州在分配联邦福利资源方面拥有了更大的发言权。此外，该法案还减少了福利制度三个主要组成部分的支出：(1) 基于经济状况调查的福利计划（如减少食品券和医疗补助的发放），(2) 社会保险计划，(3) 人力资本项目（如取消公共服务就业计划）③。

随着 1981 年《综合预算调整法案》在众议院获得初步通过，白宫提出了削减老年和遗属保险（old-age and survivors insurance，OASI）（美国俗称社会保障计划）的支出，以缓解联邦政府财政压力。1983 年，国会通过了《社会保障法修正案》。该法案主要有三个内容：

一是增加社会保障收入，逐步将雇员和雇主的工资税税率由 1983 年的 6.7%增加至 1984 年的 7.0%，并逐步提升到 1990 年的 7.65%④；将自营职业者的个人所得税税率水平等同于雇员和雇主的合并税率；将联邦非营利组织和免税的私人非营利组织雇员纳入强制保险范围。当时预计该条款实施后，政府税收将在 1983—1989 年增长 580 亿美元。⑤

二是减少社会保障支出。社保待遇水平将与工资或物价的最低涨幅挂钩，取消从非固定就业中获得意外收入福利（windfall benefit）政策，对短期从事高薪职业的工人采用新的福利计算方法：按照普通公式，个人社会保障福利或主要保险金额（primary insurance amount）由终生收入根据其指数化月均收入［average indexed

---

① O' CONNOR J. US social welfare policy：the Reagan record and legacy. Journal of social policy，1998，27 (1)：39.

② CLOWARD R，PIVEN F. The fraud of workfare. The Nation，1993：693 - 696.

③ CHAMPAGNE A，HARPHAM E. The attack on the welfare state. Illinois：Waveland Press，1984. //O' CONNOR J. US social welfare policy：the Reagan record and legacy. Journal of social policy，1998，27 (1)：41.

④ Social Security Administration. Social security & medicare tax rates. ［2021 - 10 - 09］. https：//www. ssa. gov/oact/progdata/taxRates. html.

⑤ OZAWA M. The 1983 amendments to the social security act：the issue of intergenerational equity. Social work，1984 (29)：131 - 137.

monthly earnings，等于个人收入最高部分 35 年的总收入除以 420（35 年的月数）]水平而定。就处在最低档的指数化月均收入而言，个人一般能够获得月均收入的 90%作为保险金。而对于这些短期从事高薪职业的工人，最低档对应的 90%这一系数被减少为 40%（见图 10-1）。[①]

三是逐渐降低退休率。自 2009 年起，每过一年退休年龄就推迟 2 个月，直到 2022 年，退休年龄由当时的 65 岁提高到 67 岁。同时放宽对退休后收入的限制，加大对延迟退休人员的信贷支持。[②]

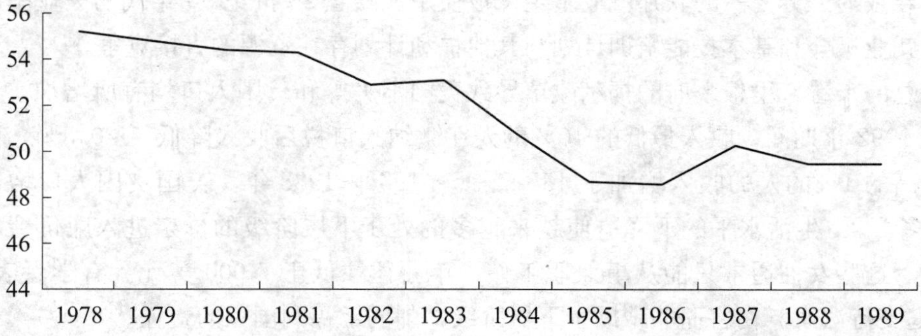

图 10-1　联邦政府社会福利支出占总支出的比重

资料来源：BIXBY A K. Overview of public social eelfare expenditures，fiscal year 1990. Social Security Bulletin 55，1992：56.

注：社会福利支出包括社会保险、公共援助、医疗和保健、退伍军人计划、教育、住房和其他福利支出。

除了经济上增加税收与减少福利，里根政府还强化了家庭责任和个人的就业义务。在离异、晚婚和未婚单亲家庭数量不断增加的背景下，民众和学界就家庭问题进行了广泛的辩论。1987 年第 100 届国会会议后，政府强调福利改革应该基于政府和福利领取者之间的共同责任，家庭破裂和城市教育系统的不完善导致了一个依赖福利的下层阶级的形成。因此，各州应该在福利政策方面拥有更大的自由裁量权。[③]

在此背景下，美国国会于 1988 年通过了被里根总统称为"真正的福利改革"的《家庭支持法案》。[④] 该法案由儿童抚养、就业和培训、家庭支持服务、抚养未成年儿童家庭援助计划（Aid to Families with Dependent Children，AFDC）的变更和福利示范项目等五个部分组成。例如，在儿童抚养方面，该法案要求父母必须对子女承担经济责任。各州需设立儿童抚养执行办公室，扣留"缺席父亲"的工资作为

① Social Security Administration. Social Security Amendments of 1983 H. R. 1900/P. L. 98-21（Enacted April 20，1983）.（1983-04-20）[2021-10-09]. https：//www. ssa. gov/history/1983amend2. html.

② O' CONNOR J. US social welfare policy：the Reagan record and legacy. Journal of social policy，1998，27（1）：44-45.

③ HACKER A. Farewell to the family? New York review of books，1982，29（4）；HACKER A. The lower depths. New York review of books，1982，29（13）.（1982-08-12）[2022-01-05]. http：//www. nybooks. com/articles/archives/1982/aug/12/the-lower-depths/.

④ REAGAN R. Remarks on signing the family support act of 1988. The American presidency project.（1988-10-13）[2021-10-04]. http：//www. presidency. ucsb. edu/ws/index. php? pid=35013.

儿童抚养费。在有争议的亲子鉴定案件中，当事人必须接受基因测试。[①]

在“就业计划”部分，所有州需要实施工作福利计划，建立就业机会和基本技能培训计划（Job Opportunities and Basic Skills，JOBS）。除了拥有 3 岁（有些州为 1 岁）以下孩子的母亲外，所有母亲都被要求参加工作。没有高中文凭的 20 岁以下的福利领取者必须努力获得高中文凭。未参加工作福利计划的受助人将面临福利削减，就业计划的参与率还将影响各州获得的联邦资金。[②] 然而，就业计划的实施并不令人满意。由于经济和就业机会的不足，很多州在工作福利方案上的支出减少，导致约三分之一的联邦就业基金未被使用。随着 20 世纪 90 年代初失业率的上升，就业机会和基本技能培训计划与其他福利计划存在资源的直接竞争。[③]

总的来看，里根政府的福利改革导致美国不平等和贫困人口均有所增加。1977 年至 1992 年期间，收入最低的 10%的人在缴纳人口税后收入降低了 20.3%，而收入最高的 1%的人的收入增加了 135.7%。[④] 1980—1988 年，美国贫困人口增加了 300 多万。[⑤] 生活水平的下降迫使越来越多的处于下层阶级的母亲进入廉价劳动力市场。这些女性通常只能从事兼职工作，年薪往往低于 7 000 美元。有学者表示，《家庭支持法案》伤害而非帮助了下层阶级，削弱了福利国家的责任。[⑥]

二、布什时代的福利政策

作为保守主义者，里根的继任者布什延续了福利紧缩方针。由于布什在 1990—1993 年提出的削减福利预算提案均以压倒性多数票被国会否决，他将福利改革内容转向呼吁志愿组织和宗教团体来共同提供社会福利。该改革被称为“千点光明”（Thousand Points of Light）。

案例 10-1

“千点光明”

在 1988 年共和党全国代表大会上，布什在接受总统提名的演讲中首次使用了“千点光明”一词。他将美国的俱乐部和志愿组织比作“灿烂的多样性像星星一样

① BERMAN M. The eighties in America. Pasadena：Salem Press，2008：1038 - 1041.

② 100th Congress. Family support act of 1988. Public law 100 - 485.（1988 - 10 - 13）[2021 - 10 - 04]. https：//www.govinfo.gov/content/pkg/STATUTE-102/pdf/STATUTE-102 - Pg2343.pdf.

③ General Accounting Office. Welfare to work：states begin JOBS，but fiscal and other problems may impede progress. US Government Printing Office，Washington DC，1991. //O' CONNOR J. US social welfare policy：the Reagan record and legacy. Journal of social policy，1998，27（1）：48.

④ PIVEN F，CLOWARD R. Regulating the poor. Vintage Books，New York，1993. //O' CONNOR J. US social welfare policy：the Reagan record and legacy. Journal of social policy，1998，27（1）：52.

⑤ PLOTNICK R. Changes in poverty，income inequality，and the standard of living in the United States during the Reagan years. International journal of health services，1993（23）：347 - 358.

⑥ ABRAMOVITZ M. Social disservices：why welfare reform is a sham. The Nation，1988，247（7）：240.

散落，如同广阔而和平的天空中的一千个光点”[①]。1989 年 1 月，布什在就职演说中再次援引了“千点光明”的愿景：“所有的社区组织像星星一样遍布全国，做善事……我将要求政府的每一位成员都参与到这个计划中。这一看似旧的想法再次变得新潮，因为它并不是旧的，它是永恒的：责任、牺牲、承诺，以及在参与和投入中表现出来的爱国主义。”[②]

1990 年，布什总统设立了“每日光点奖”（The Daily Point of Light Award），以表彰做出突出贡献的个人，并正式认证 1 000 多名志愿者为“光点”。同年，布什带头创立了一个独立的、无党派的非营利组织“光点基金会”（The Points of Light Foundation），目标是针对社会问题提出私人部门的、非政府的解决方案。布什表示：“政府能做的是有限的，但美国人民的潜力是无限的。”2012 年，光点基金会动员了 400 万名志愿者进行超过 3 000 万小时的志愿服务，总价值约 6.35 亿美元。作为对“千点光明”系列计划的肯定，奥巴马总统于 2011 年授予布什“总统自由勋章”。

资料来源：Points of Light. History. [2021－10－04]. https://www.pointsoflight.org/history/.

除了对志愿组织的重视，布什追随里根的“新联邦制”，鼓励各州申请豁免《家庭支持法案》中部分法规的限制，进行创新性的地方政策试验，为福利改革提供多样化的政策借鉴。[③] 1992 年，布什政府批准将威斯康星、马里兰、新泽西、密歇根和弗吉尼亚等作为首批政策创新试验州。

其中，新泽西州的几个创新项目引起了联邦政府的关注。该州发起了家庭发展倡议（Family Development Initiative），明确了“负责任的育儿”原则：穷困家庭需要对自己的生育决定负责，领取福利救济的母亲在生下另一个孩子后无法获得额外的现金补贴。[④] 州长詹姆斯·弗洛里奥（James Florio）认为，普通工薪家庭“根据家庭收入做出生育决定，并对其行为的后果负责”；同样，接受福利的家庭应当被视为负责任的家庭。这一改革将“终结穷人无法做出负责任决定的说法”[⑤]。根据试验数据，福利受助家庭的出生率下降了 16%。[⑥] 此外，新泽西州还扩大了儿童日托服务和职业培训范围，对尚未找到合适其工作岗位的福利领取者进行职业培训。[⑦]

---

① BUSH G. Address accepting the presidential nomination at the Republican National Convention in New Orleans. (1988－08－18) [2021－10－04]. https://www.presidency.ucsb.edu/documents/address-accepting-the-presidential-nomination-the-republican-national-convention-new.

② BUSH G. George Bush inaugural address. (1989－01－20) [2021－10－04]. https://www.bartleby.com/124/pres63.html.

③ BOEHNEN E, CORBETT T. Welfare waivers: some salient trends. Focus, 1996, 81 (2): 34－37.

④ BRYANT W R. New Jersey's different approach: its package goes farthest, fastest. Public welfare, 1992, 50 (2): 8－10.

⑤ O' CONNOR J. US social welfare policy: the Reagan record and legacy. Journal of social policy 1998, 27 (1): 40.

⑥ 同③34－37.

⑦ 同④.

1990年，布什总统签署了《残疾人法案》（The Americans with Disabilities Act）。该法案禁止在所有公共生活领域（包括工作场所、学校及向公众开放的公共和私人场所）歧视残疾人的行为，保障残疾人在就业、公共设施、交通、电信和公共服务方面与其他人享有同样的权利和机会。例如在就业方面，雇主必须为合格的残疾人申请者或雇员提供便利服务，包括对工作及工作环境的调整，使其能够参与申请流程或履行工作职责。在公共设施方面，需要对公共设施和商业设施进行改造以便为残疾人清除障碍。在电信方面，要求通信和互联网公司提供州际和州内服务，允许有听力和语言障碍的人通过电话进行交流。① 这项法案有助于残疾人群体的正向社会流动。

值得一提的是，在布什政府期间，就业机会和基本技能培训计划的弊端逐渐开始凸显。首先，AFDC家庭的参与率只有11%，这在很大程度上归因于有限的联邦资金及各州提取资金的不足。② 其次，在许多州，由于就业机会和基本技能培训计划的自愿自选性质，很多年轻父母、长期福利领取者等最贫困群体并未得到就业帮助。最后，约有一半的就业计划参与者选择以其他形式满足与工作相关的政策要求，真正的工作福利计划只吸引了3%的参与者。例如，美国南部的“20小时”政策允许将每月210美元的补贴转化为每周10小时的工作，以满足就业计划一半的工作要求。在许多福利待遇低的州，福利领取者并未参与就业计划，一些州甚至直接放弃了工作福利的要求。③

三、里根和布什时代的改革意义

里根和布什政府通过质疑美国福利体系的效率和效用，重新定义了“福利政策空间”的各项参数。④

首先，改变福利改革的方向。在20世纪80年代以前，美国的福利改革通常意味着扩大福利和公共服务供给。⑤ 里根上台以后，两党逐渐就福利改革方向达成新的共识：降低福利成本，限制福利领取资格，改变福利接受者的行为。继任布什的克林顿政府并没有逆转这一趋势，而是通过发起“结束我们所知道的福利”的改革，采取更强硬的措施，迫使福利领取者履行更多的义务。⑥

其次，重组福利体系的组织基础。对公共服务进行市场化改革，涉及机构包括

① ADA National Network. What is the Americans with Disabilities Act（ADA）? [2021-10-09]. https://adata.org/learn-about-ada.

② OFFNER P. JOBS：How are we doing? where are we going? Public Welfare，1992，50（3）：11-12.

③ O' CONNOR J. US social welfare policy：the Reagan record and legacy. Journal of social policy，1998，27（1）：40.

④ 同③52.

⑤ STOESZ D，KARGER H. Reconstructing the american welfare state. Lanham：Rowman and Littlefield Publishers，1992，75-99.

⑥ 同③56-57.

养老院、医院和儿童保育院，通过“新联邦制”下放权力。①

最后，转变对福利问题的认知。将结构性的贫困问题转变为个体的福利依赖问题，强调福利与种族和性别的关系，使用“福利女王”（welfare queen）和“下层阶级”（underclass）等术语强化了少数族裔和领取福利的女性生活破败、道德沦丧的形象，强化了种族主义和性别歧视观点。②

随着福利政策讨论空间的改变，里根和布什政府成功地缩小了美国的福利体系规模。由于政府大部分行动都针对经济状况调查的项目，弱势群体受到的冲击最大。许多重返就业市场的底层群体并未摆脱贫困，而是被困在底层职业，生活更加困苦。基于种族和性别的刻板印象也不断被深化，加剧了社会分裂与排斥。

值得一提的是，里根政府从关注贫困到反对福利依赖的转变并非建立在严谨的实证研究基础之上，这一转变似乎只是一种建立政策合法性的工具。有研究表明，尽管依赖福利的贫困阶层是存在的，但这个阶层很小：贫困人口的流动性很大，大多数贫困群体的贫困期在三年以内③，且家庭使用福利服务的时间一般不超过两年④。里根和布什政府夸大并利用了“福利依赖”的概念来为其削减福利支出进行辩护。尽管如此，“福利依赖”的概念在此后的几十年里逐渐深入人心，影响了许多西方国家尤其保守党政府的福利政策制定。

第二节　克林顿和小布什时代的福利政策

虽然改革成本很高，但处方药福利计划为保守派提供了一个试验场，他们相信竞争、消费者选择和市场力量可以比联邦政府更好地管理医疗保险。⑤

——乔纳森·奥伯兰德

20世纪90年代的民意调查显示，民众对经济自由市场的意识形态日益接受，并对联邦政府反贫困行动的看法越来越消极，只有不到六分之一的人对联邦政府有信心。⑥ 此外，民众尤其中产阶级对福利领取者持有强烈的负面看法。社会心理学领域的研究一致表明，非贫困者通常将贫困问题归因于贫困群体自身的不诚实、依

---

① SCHRAM S F，et al. The third level of US welfare reform：governmentality under neoliberal paternalism. Citizenship Studies，2010，14（6）：739 - 754.

② O' CONNOR J. US social welfare policy：the Reagan record and legacy. Journal of Social Policy，1998，27（1）：56.

③ DANZIGER S，et al. Confronting poverty. Cambridge：Harvard University Press，1994：85 - 108.

④ RANK M. The dynamics of welfare use：how long and how often？. //TOMASKOVIC-DEVEY D.（ed.）. Poverty and social welfare in the U. S. Westview Press：Boulder，1988.

⑤ OBERLANDER J. Through the looking glass：the politics of the Medicare Prescription Drug，Improvement，and Modernization Act. Journal of Health Politics，Policy and Law，2007，32（2）：202.

⑥ NYE J S. Introduction：the decline of confidence in government. Why people don't trust government，1997：1 - 18.

赖、懒惰、对教育的消极态度及滥交。[①] 在此背景下，克林顿以较为保守的“新民主党”意识形态延续了里根以来的福利改革方向，回应了社会的“反福利文化”[②]。

小布什上台后的福利改革经历了几次僵局。尽管他希望建立一个“富有同情心的政府”，但党派政治、利益集团的施压与有着多个否决点的政治体系使得小布什的福利立法难以取得进展。除了延续之前的社会政策，小布什任期内最重要的立法成果是《医疗保险处方药、改进和现代化法案》（Medicare Prescription Drug，Improvement，and Modernization Act，又称《医疗保险现代化法案》）。虽然联邦政府为此在预算上做出了重大让步，支出骤增，但该法案有效推动了共和党通过私有化重塑美国福利体系的意识形态目标。此外，小布什政府还进行了教育改革，签署了旨在增进教育公平的《不让一个孩子掉队法案》（No Child Left Behind Act）。

一、克林顿的福利政策：结束众所周知的福利

20 世纪 80 年代和 90 年代初，保守派主导了有关福利政策的政治讨论，最有力的论据便是福利依赖。另外，自由主义者对彼时城市内部社会混乱的兴起并未提出令人信服的解释，且对福利依赖也未能做出判断[③]。在此背景下，作为民主党总统候选人克林顿扭转了党内传统的福利政治观念，将自己定义为“新民主党人”。他在 1991 年 10 月 23 日乔治敦大学的演讲中表明“我们将结束众所周知的福利”[④]。

克林顿上台后主持了福利政策的“无声革命”，批准 40 多个州试验自己的福利改革方法，并于 1996 年签署了《个人责任和工作机会协调法案》（The Personal Responsibility and Work Opportunity Reconciliation Act），最终兑现了“结束众所周知的福利”的承诺。《个人责任和工作机会协调法案》取消了 AFDC 计划，将重点放在个人责任和工作上，结束了 61 年来联邦政府对穷人现金援助的担保。[⑤]

首先，该法案用贫困家庭临时援助计划（Temporary Assistance for Needy Families Program，TANF）取代 AFDC、JOBS 计划和紧急援助计划（Emergency Assistance，EA）。联邦政府将根据各州在 AFDC、JOBS 和 EA 计划的前期支出发放固定的整笔现金援助，由各州决定如何使用这笔补助金，允许各州将未使用的补

---

① LOTT B，MALUSO D. The social psychology of interpersonal discrimination. New York：Guilford Press，1995：125.

② CARCASSON M. Ending welfare as we know it：president Clinton and the rhetorical transformation of the anti-welfare culture. Rhetoric & Public Affairs，2006，9（4）：655.

③ WILSON W J. The obligation to work and the availability of jobs：a dialogue between Lawrence M. Mead and William Julius Wilson. Focus，1987，10（2）：14.

④ DEPARLE J. From pledge to plan：the campaign to end welfare—a special report；The Clinton welfare bill：a long，stormy journey. The New York Times.（1994 - 07 - 15）［2021 - 10 - 04］. https：//www. nytimes. com/1994/07/15/us/pledge-plan-campaign-end-welfare-special-report-clinton-welfare-bill-long-stormy. html.

⑤ O'CONNOR J. US social welfare policy：the Reagan record and legacy. Journal of Social Policy，1998，27（1）：21.

助金结转至下一个财政年度。AFDC 确保个人只要符合条件就可以享受福利，而 TANF 没有明确要求对个人福利的保障。

其次，该法案对家庭福利领取资格规定了 5 年的终身限制，即当一个家庭接受联邦援助累计时间超过 5 年后，它将失去领取联邦现金援助的资格。各州可以选择制定更严格的时间限制。

最后，领取福利的成年人必须在两年内参加工作或提供社区服务，否则将可能失去福利。个人求职期最多为 6 周（对于失业率高于全国平均水平的 50%的州最多可放宽至 12 周）。双亲家庭的工作参与率计划于 1999 年达到 90%，单亲家庭计划于 2000 年达到 50%，两种家庭每周的工作时间分别须达到 35 小时和 20 小时。未能达到工作参与率要求、未提交相关报告和滥用资金的州会被扣除一定的联邦补助金，而超额完成工作要求的州能获得一定奖金。

与 AFDC 不同的是，TANF 追加了对以下群体的限制：合法移民将无法享受大多数政府福利；毒犯自判决生效之日起终身不得申请 TANF 和食品券计划的福利；未婚青少年父母需要和至少一名成年人生活在一起，并继续完成学业或技能培训，以获得福利领取资格。[①] 此外，TANF 条款还反映出美国基督教右翼的政治影响力。例如，联邦政府将向非婚生育率与堕胎数量下降的州发放奖金，州政府在向非政府机构购买服务时需将教会作为服务提供者进行考虑。这些规定标志着宗教组织和公共福利之间建立了新的伙伴关系。[②]

随着《个人责任和工作机会协调法案》的全面实施，福利申请人数开始逐渐减少。从 1996 至 2001 财年，有 8 个州的福利申请数量下降了 70%以上，另外有 35 个州的数量下降了 40%以上，这一期间全美国有约 720 万人离开了福利名册。[③] 该法案在颁布后的 6 年内大约为联邦政府节省了 550 亿美元。[④]

此外，单亲母亲的就业率从 1995 年的 64%上升至 2000 年的 75.5%，儿童贫困率从 1995 年的 22.2%下降至 2000 年的 15.6%。[⑤] 作为最难进入劳动力市场的群体，未婚母亲的就业率在 1993 年到 1999 年期间上升了 50%。[⑥] 这一趋势一直持续

---

① CAPUTO R K. US social welfare reform：policy transitions from 1981 to the present. New York：Springer Science & Business Media，2011：51-55.

② CARLSON-THIES S. Charitable choice：bringing religion back into American welfare. Journal of Political History 2001，13（1）：109-132.

③ BÉLAND D，WADDAN A. The politics of policy change：welfare，medicare，and social security reform in the United States. Washington，DC：Georgetown University Press，2012：63.

④ O'CONNOR J. US social welfare policy：the Reagan record and legacy. Journal of social policy，1998，27（1）：57.

⑤ FALK G，GISH M，SOLOMON-FEARS C. Welfare reauthorization：an overview of the issues. Congressional research report for congress，2005：3.

⑥ HASKINS R，SAWHILL I，WEAVER K. Welfare reform：an overview of effects to date. Washington，DC：Brookings Institution Press，2001. //BÉLAND D，WADDAN A. The politics of policy change：welfare，medicare，and social security reform in the United States. Washington，DC：Georgetown University Press，2012：64.

到 2008 年经济危机爆发。[①] 这些成果除了与新法案的实施有关，部分还归因于 20 世纪 90 年代末美国强劲的经济发展势头。尽管有学者担心那些离开福利名单的家庭可能面临收入不足问题[②]，但当时美国更普遍的观点是，强制的工作要求让福利接受者拥有更多的自尊，让他们成为子女的榜样[③]。

二、小布什的福利改革

小布什总统拒绝了“大政府”与“冷漠政府”的旧观点，主张政府应该积极作为并贴近民众。在国内福利政策中，教育和贫困问题成为小布什改革的重心。小布什政府除了延续此前的福利政策外，还推动了《不让一个孩子掉队法案》《医疗保险现代化法案》两项影响深远的立法改革。

（一）《不让一个孩子掉队法案》

小布什总统称，公立学校是美国最大的希望，让公立学校为每个孩子服务是政府的重大责任。[④] 他于 2002 年 1 月签署了《不让一个孩子掉队法案》。该法案规定，所有接受联邦资助的公立学校每年需要让学生参加一次全国性的标准化考试，这些学校须在考试成绩上取得“一定的年度进步”（Adequate Yearly Progress，AYP）。例如，每年四年级学生的考试成绩必须比前一年的四年级学生更好。政府将对未达到要求的学校采取以下改善措施：

连续两年未实现 AYP 的学校将被标记为“需要改进”，学校需要针对成绩不佳的科目制定两年的改进计划。连续三年未达标的学校必须为有困难的学生提供免费辅导和其他补充性教学服务。连续四年未达标的学校会被标记为需要采取“纠正措施”（corrective action），这可能涉及大规模的教职工更换、新课程的引入以及学时的延长。连续五年以上的教学失败将导致整个学校的重组，包括允许学生转学到本州的另一所学校、关闭学校、将学校转变成特许学校（charter school）、聘请私人

---

① U. S. Department of Labor. Bureau of labor statistics. （n. d.）. [2021 - 10 - 14]. https://data. bls. gov/timeseries/LNU04000000? years_option＝all_years&periods_option＝specific_periods&periods＝Annual＋Data.

② PARROT S. Welfare recipients who find jobs：what do we know about their employment and earnings? Washington，DC：Center on Budget and Policy Priorities，1998. //BÉLAND D，WADDAN A. The politics of policy change：welfare，medicare，and social security reform in the United States. Washington，DC：Georgetown University Press，2012：64.

③ ROGERS J. Statement of J. Jean Rogers，Administrator Wisconsin Department of Workforce Development，Madison，Wisconsin. Testimony before the subcommittee on human resources of the House Committee on ways and means，hearings on the effects of welfare reform，27，1999//BÉLAND D，WADDAN A. The politics of policy change：welfare，medicare，and social security reform in the United States. Washington，DC：Georgetown University Press，2012：64.

④ Office of the Press Secretary. Fact sheet：compassionate conservatism.（2002 - 04 - 30）[2021 - 10 - 17]. https://georgewbush-whitehouse. archives. gov/news/releases/2002/04/20020430. html.

公司经营学校或要求州教育办公室经营学校。①

此外，该法案规定各州需自行制订计划，确保在 2005—2006 学年结束前所有核心学科的教师都是“高素质的”，如他们在大学主修该学科，或通过了相关国家考试。学校需给家长提供关于孩子表现和进步的信息，让他们也成为孩子教育中的积极参与者。

根据 2005 年美国发布的《全国教育进步评估》（National Assessment of Educational Progress），学生在阅读和数学方面的成绩提高很大：9 岁儿童在阅读方面取得的进步比过去 28 年的总和还要多，他们的阅读和数学成绩分别达到自 1971 年和 1973 年以来的历史最高水平。同时，在这一群体中，白人和黑人以及白人和西班牙裔在阅读和数学方面的成绩差距缩小到了历史最低水平。②

尽管《不让一个孩子掉队法案》似乎取得了重大的成就，但批评者指出，为了在不严重侵犯州政府权力的情况下推动教育政策，联邦政府将 AYP 的严格标准与评估的宽松监管结合起来，很可能是不可行的妥协。例如，该法案允许各州自由创建评分系统，这将鼓励各州降低标准、简化考试，进而导致更大程度的阶级分化。③

（二）《医疗保险现代化法案》

自 1965 年美国联邦医疗保险项目创建以来，处方药在患者护理中的作用逐渐增加。然而随着新药和昂贵药品的使用，患者尤其是医疗保险针对的老年群体更难负担处方药费用，2000 年总统大选中候选人均提出了改革医疗保险药品福利的主张。

然而小布什上台后，由于 2001 年的经济衰退、同年颁布的数万亿美元减税政策以及 2003 年伊拉克战争造成的干扰，医疗保险改革再次陷入党派政治。④ 直到 2003 年 6 月，参议院财政委员会提出了一项“两党”协议，帮助打破了处方药福利改革长达四年的僵局。2003 年 12 月，《医疗保险处方药、改进和现代化法案》正式颁布。该法案建立了一个新的 D 部分自愿保险（又称处方药福利计划），通过税收减免和补贴为所有老年人和残疾人提供处方药福利，其主要内容有：

（1）参与 D 部分自愿保险的人将支付每月 35 美元的保费以及每年 250 美元的

---

① DILLON E，ROTHERHAM A J. States' evidence：what it means to make adequate yearly progresss under NCLB.（2007 - 07 - 24）［2021 - 10 - 17］. http：//www. educationsector. org/research/research_show. htm? doc_id=511096.

② RICHMOND G. No child left behind's test and improve model is working.（2015 - 07 - 13）［2021 - 10 - 17］. https：//www. washingtonpost. com/opinions/no-child-left-behinds-test-and-improve-model-is-working/2015/07/23/72de61c2 - 2fe7 - 11e5 - 8f36 - 18d1d501920d_story. html.

③ RYAN J E. The perverse incentives of the no child left behind act. NYUL，2004，79：987 - 989.

④ TONER R. Political memo；Weapon in health wars：frist's role as a doctor.（2003 - 01 - 11）［2021 - 10 - 14］. https：//www. nytimes. com/2003/01/11/us/political-memo-weapon-in-health-wars-frist-s-role-as-a-doctor. html.

免赔额。他们由此可以使用药品折扣卡获得大部分药物10%～25%的折扣。预计该保险10年内能为所有投保人节省约350亿美元。然而，该计划还存在一个“甜甜圈洞”：当投保人每年在处方药的花销上高于2 250美元而低于5 100美元时，该投保人需要负担该部分的所有费用。

（2）储蓄和收入在联邦贫困水平的135%以下的老年群体（年收入低于12 123美元的个人和年收入低于16 362美元的夫妇）将不需要支付任何保费、免赔额，且只需支付很低的共同付款（仿制药为2美元，品牌药为5美元）。储蓄和收入在联邦贫困水平的135%～150%的老年群体（年收入低于13 470美元的个人和年收入低于18 180美元的夫妇）只需支付部分保费、50%的免赔额以及15%的共同付款。

（3）推出了新的健康储蓄账户（health savings accounts），扩大供款来源和雇主参与。健康储蓄账户类似于个人退休账户，个人可从中提取余额以支付医疗费用，无须纳税。如果账户资金在当年没有花掉就会被积累起来进行投资，用于支付未来的医疗服务。这将使个人更好地控制其医疗保健费用，允许人们个性化地决定其医疗需求。

（4）应美国退休人员协会要求，为雇主和工会提供860亿美元的补贴，以鼓励他们继续为退休员工提供处方药福利；应西部农村国会代表的要求，向农村地区医疗服务提供者额外提供250亿美元的医疗保险服务费。

（5）禁止联邦政府与制药公司进行药价谈判，禁止从加拿大和墨西哥进口相同但价格较低的药品，以确保国内制药公司的利润。①

案例10-2

处方药福利计划的“甜甜圈洞”

在处方药福利计划中，个人首先需自行支付药品费用，该费用部分又称免赔额。当支付金额超过免赔额后，他们投保的保险计划就会参与供款。然而，当保险计划支付达到一指定限额时，该投保人就会到达“甜甜圈洞”。此时，投保人必须再次自行负担其药品费用，直到该费用达到另一个指定金额。在此之后，保险公司将再次参与供款（见图10-2）。

“甜甜圈洞”的问题在于，许多人在到达“甜甜圈洞”时就停止服药，因为他们负担不起高昂的处方药费用。一旦“穿过甜甜圈洞”，他们就会进入“灾难性承保范围”，此时投保人只需要支付5%的药品费。然而对于许多人来说，跨过“甜甜圈洞”而进入灾难性承保范围几乎是不可能的。②

① 108th Congress. H. R. 1 - Medicare prescription drug, improvement, and modernization act of 2003. (2003-06-25) [2021-10-14]. https://www.congress.gov/bill/108th-congress/house-bill/1.

② NALL R. What is the medicare donut hole? medical news today. (2020-03-04) [2021-10-14]. https://www.medicalnewstoday.com/articles/what-is-the-medicare-donut-hole#definition.

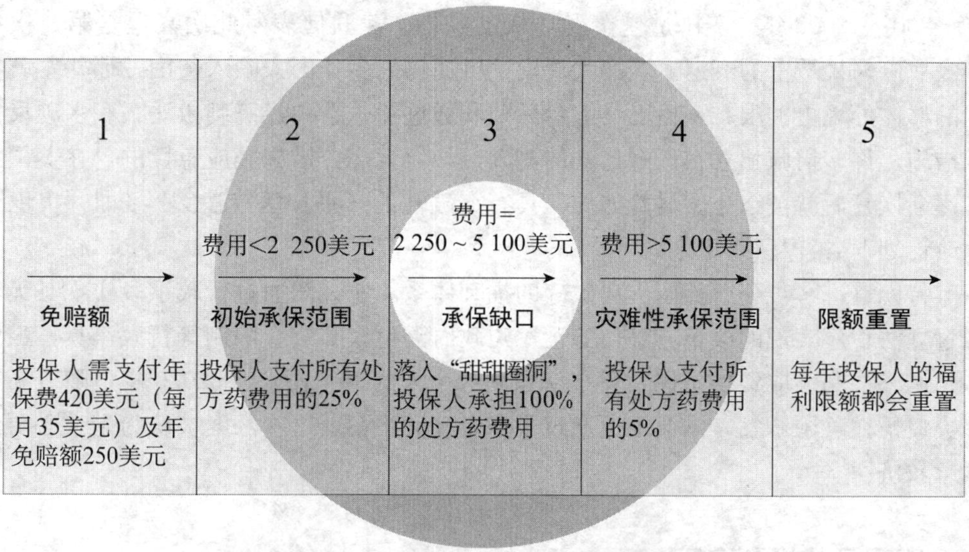

图 10－2　处方药福利计划的“甜甜圈洞”

资料来源：BRINCKERHOFF J，COLEMAN E A. What you need to know about the prescription drug act. Family practice management，2005，12（3）：49.

该法案最直接的受益人是低收入的联邦医疗保险投保人，此前他们无法从退休人员福利、补充性医疗保险计划（Medigap）或联邦医疗补助（Medicaid）中获得任何补充性保险。此外，制药公司也收获了巨大的利益：法案没有规定明确的成本控制措施，联邦政府无法直接管理该福利，且药品再进口未被合法化。① 制药行业的利润回报估计为 1 390 亿美元。② 雇主、农村医疗服务供应商和教学医院将获得超过 1 250 亿美元的短期补贴。③ 由于私营部门管理该计划，因而它成为赢家。④

第三节　奥巴马和特朗普的福利政策

我们是一个国家。我认为对整个国家来说，确保密西西比州而不仅仅是马萨诸塞州的穷人是健康的，是很重要的。⑤

——奥巴马

① HARRIS G. Drug makers move closer to big victory.（2003－11－25）［2021－10－14］. https：//www.nytimes.com/2003/11/25/us/drug-makers-move-closer-to-big-victory.html.

② KRYZANEK M. Debates，differences and divisions：the 25 issues that shape American politics. Abingdon：Routledge，2015：67.

③ GOLDSTEIN A. Medicare bill would enrich companies.（2003－11－24）［2021－10－14］. https：//www.washingtonpost.com/archive/politics/2003/11/24/medicare-bill-would-enrich-companies/23cae1d2－9dde-45c3－8708－9b22de5354b7/.

④ KRYZANEK M，KARRETH A K. The 25 issues that shape American politics. New York and London：Routledge，2018：66.

⑤ REMNICK D. Going the distance：on and off the road with Barack Obama.（2014－01－27）［2021－10－25］. http：//www.newyorker.com/magazine/2014/01/27/going-the-distance-david-remnick.

2007—2008 年，美国遭受金融危机的重创。美联储表示此次衰退是第二次世界大战以来最严重的衰退。这场大规模危机使得许多美国人陷入贫困，那些本就贫困的群体处境更加艰难。奥巴马上台后顺利通过了一系列经济刺激法案和多项反贫困措施。许多措施建立在已有计划的基础上，但大部分措施是应急性的，在美国经济逐渐恢复后就被终止。尽管如此，具有突破性的《平价医疗法案》（即“奥巴马医改计划”）被保留了下来。

特朗普进一步分解美国支离破碎的福利体系。他试图通过行政手段实现其无法通过立法程序实现的改革方案，如运用州政府豁免权和资金限制等行政工具，鼓励各州调整福利领取资格条件，并重新强调对个人的工作要求。① 2020 年，随着新冠肺炎疫情在美国暴发，国会迅速通过了多个援助法案，这些法案被认为是“必要的紧急救济”②。

一、奥巴马的福利政策

（一）《复苏与再投资法案》

奥巴马上台后，国会通过了《复苏与再投资法案》（The American Recovery and Reinvestment Act，ARRA）。该法案是一项大规模的经济刺激计划，其中包括一系列将额外资源分配给贫困群体的措施。

首先，所得税抵免政策（Earned Income Tax Credit）的惠及人群扩大。此前该计划只针对失业群体，目的是鼓励其参与劳动力市场，减少福利依赖。政策扩大后，所有两个以上孩子的家庭以及低收入且有孩子的家庭也能享受税收抵免。收入低于联邦贫困线的家庭还能享受更高的可退还税金。此外，ARRA 还建立了劳有所得税收抵免计划（Making Work Pay Tax Credit），抵免额度为劳动收入的 6.2%，个人最高为 400 美元，已婚者最高为 800 美元。③

其次，为提高失业保险金水平，ARRA 增加了各州可用的联邦资金额度。此前失业保险金的领取期限最长为六个月，该政策实行后各州在支付六个月的失业保险金后仍然能继续获得联邦资金补贴。此外，联邦政府前所未有地为失业保险受益人每周额外发放 25 美元。

再次，ARRA 增强了补充营养援助计划（Supplementary Nutrition Assistance Program，SNAP）。2008—2013 财年，联邦政府的 SNAP 支出翻了一番，2013 年

① DAGUERRE A，CONLAN T. Federalism in a time of coronavirus：the Trump administration，intergovernmental relations，and the fraying social compact. State and Local Government Review，2020，52（4）：288.

② SNELL K. What's inside the Senate' s ＄2 trillion coronavirus aid package.（2020-03-26）[2021-10-27]. https：//www. npr. org/2020/03/26/821457551/whats-inside-the-senate-s-2-trillion-coronavirus-aid-package.

③ WADDAN A. President Obama，poverty，and the scope and limits of social policy change. Journal of international and comparative social policy，2019，35（1）：102.

达到79.7亿美元。[①] 同时，政府还鼓励行政人员向符合条件的家庭主动伸出援助之手，以消除人们申请补充营养援助的耻辱感。[②]

最后，ARRA提升了已有福利的水平。2009年5月，所有社会保障和补充收入保障计划（Supplemental Security Income）受益人都获得了250美元的补贴。2008—2009财年，联邦政府对低收入群体的福利补贴从5 610亿美元增加到7 070亿美元。国会研究处（Congressional Research Service）的研究表明，作为一种"现金注入式"福利计划，ARRA在2008—2009年期间为低收入福利方案的支出增长贡献了近60%。[③]

（二）《平价医疗法案》

除了《复苏与再投资法案》，奥巴马时期的另一项福利是2010年通过的《患者保护与平价医疗法案》(Patient Protection and Affordable Care Act，又称《平价医疗法案》，俗称"奥巴马医改计划")。它扩大了联邦医疗补助的保障范围。在《平价医疗法案》颁布以前，联邦医疗补助是美国联邦和州政府共同出资和管理、为低收入家庭提供的医疗补助保险。联邦医疗补助与儿童健康保险计划（The Children's Health Insurance Program）在《平价医疗法案》颁布前就已经覆盖了6 000多万人。然而，各州的申请资格条件存在很大差异。除了五个州外，美国其他州都禁止身体健全且无子女、处在工作年龄的成年人享受医疗补助，不论其收入是否低于贫困线。事实上，尽管联邦医疗补助本应是针对低收入群体的，但在《平价医疗法案》生效前超过一半的收入低于联邦贫困线的非老年人口没能享受医疗补助保险[④]。

《平价医疗法案》设定了一个新的申请条件，即收入低于联邦贫困线的138%，进而扩大了联邦医疗补助的覆盖范围。首先，更多贫困家庭将获得政府资助的医疗保险。2014—2016年所有新的受益人的保险费用将由联邦政府承担，随后联邦份额逐渐下降，并在2020年后固定为90%，其余由各州承担。其次，138%的国家基线将缩小各州间覆盖水平的差异。正如奥巴马所解释的那样："对整个国家来说，确保密西西比州而不仅仅是马萨诸塞州的穷人是健康的，是很重要的。"[⑤] 最后，尽管申请者仍需通过经济状况测试来确定资格，但该测试取消了关于福利发放"是否值得"的判断。只要申请者的收入低于联邦贫困线的138%，无论其致贫原因是什

① SPAR K，FALK G. Federal benefits and services for people with low income：overview of spending trends，FY2008 - FY2015. Congressional research service，2016：9.

② DEPARLE J，GEBELOFF R. Food stamp use soars，and stigma fades. (2009 - 11 - 29) [2021 - 10 - 25]. https：//www.nytimes.com/2009/11/29/us/29foodstamps.html.

③ 同①3.

④ Kaiser Commission on Medicaid and the Uninsured. Medicaid：a primer. Kaiser Commission on Medicaid and the Uninsured，2013：8.

⑤ REMNICK D. Going the distance：on and off the road with Barack Obama. (2014 - 01 - 27) [2021 - 10 - 25]. http：//www.newyorker.com/magazine/2014/01/27/going-the-distance-david-remnick.

么，该申请者都将有资格获得医疗补助。因此，《平价医疗法案》在一定程度上打破了福利依赖的理念。[①]

(三)奥巴马的改革受阻

在金融危机影响下，国会顺利通过了上述两个法案。然而，当共和党 2010 年赢得众议院多数席位后，奥巴马的福利改革空间被严重缩小，有的提案甚至还未引起关注就消失了。在奥巴马执政的后 6 年内共和党至少控制了两院中的一个，分裂的国会和政府让福利领域内的立法举步维艰。例如，2014 年，奥巴马曾试图将联邦最低工资从 7.25 美元/小时提高到 10.10 美元/小时，但被国会否决；2016 年年初，奥巴马政府提出放宽失业保险金领取资格认定标准，并提高补贴水平[②]，但该计划没取得任何进展。

党派的斗争导致奥巴马无法推进政策改革尝试，其上台初期实行的福利计划难以产生长期影响。例如，ARRA 明确规定向补充收入保障计划受益人提供的一次性补贴和劳有所得税收抵免计划有两年期限。此外，联邦政府明确为 SNAP、失业保险和所得税抵免政策提供的额外资金的截止时间。当 SNAP 和失业保险扩展计划于 2013 年到期时，尽管奥巴马呼吁延长它们，然而占众议院多数的共和党人还是否决了这一提议。[③]

此外，《平价医疗法案》关于扩大联邦医疗补助的内容引起了许多州政府的反对。为了确保该计划的实施，该法案在某种程度上几乎剥夺了州政府拒绝参与该计划的自由裁量权。如果一个州配合联邦扩展现有的医疗补助计划，联邦政府将承担所有新的受益人补助费用；如果该州没有配合扩展联邦医疗补助，联邦政府将撤销该州所有的现有资金。2012 年，最高法院裁定联邦政府对《平价医疗法案》过度行使权力，因此不能成立。[④] 这一裁决引发了很多政治家开始阻止州加入扩展计划，特别是在共和党势力主导的州阻碍尤其成功。[⑤] 到了 2017 年秋，仍有 19 个州没有加入联邦医疗补助扩展计划，这使得 400 万本应符合资格的低收入群体被排除在联

---

① WADDAN A. President Obama，poverty，and the scope and limits of social policy change. Journal of international and comparative social policy，2019，35（1）：103.

② White House. The Obama administration and community health centers.（2012-05-01）[2021-10-25]. https：//obamawhitehouse. archives. gov/sites/default/files/05-01-12_community_health_center_report. pdf.

③ DEAN S，ROSENBAUM D. SNAP benefits will be cut for nearly all participants in November 2013.（2013-08-02）[2021-10-26]. https：//www. cbpp. org/research/snap-benefits-will-be-cut-for-nearly-allparticipants-in-november-2013.

④ WADDAN A. Health care reform after the supreme court：even more known unknowns. Health Economics，Policy and Law，2013，8（1）：139-143.

⑤ BÉLAND D，ROCCO P，WADDAN A. Obama care wars：federalism，state politics，and the affordable care act. Lawrence：University Press of Kansas，2016. //WADDAN A. President Obama，poverty，and the scope and limits of social policy change. Journal of international and comparative social policy，2019，35（1）：104.

邦医疗补助计划之外。[①]

尽管存在这些障碍，白宫和民主党为帮助经济最脆弱群体而做出的政策努力还是确实改善了许多美国人的生活。有研究表明，2009—2010 年，ARRA 使 1 490 万人摆脱贫困。[②] 截至 2016 年年底，近 1 200 万符合条件的人新加入联邦医疗补助计划，收入在贫困线下以及刚刚超过贫困线的家庭的无医疗保险率下降了近 50%。[③] 此外，联邦政府大幅提高对社区卫生中心（Community Health Centers）的支出水平，为偏远的农村和城市贫困社区提供了更多的初级保健服务。

二、特朗普的福利政策

特朗普上台后积极加强各州的行政自由裁量权，利用行政命令和豁免等工具为各州偏离国家标准提供更多的机会，改革了基于经济状况调查的福利政策，重新强调个人的工作责任。[④] 2020 年新冠肺炎疫情暴发后，国会通过了一系列紧急救助法案，旨在“帮助企业和个人在生活受到前所未有的冻结期间维持生计”[⑤]。

（一）鼓励各州申请豁免

1962 年出台的《社会保障法》（Social Security Act）第 1115 条允许联邦和州一级的行政人员在不修改基本法规的情况下自主进行政策试验。这一豁免条款自里根时代起就被广泛应用于试验福利计划的工作要求和医疗补助的资格条件中。特朗普试图利用这一条款推进保守的社会政策，尤其针对联邦医疗补助和 SNAP 计划。他敦促国会废除《平价医疗法案》并大幅削减联邦医疗补助，但该提议被国会和法院驳回。因此，特朗普转向鼓励各州根据自由市场和个人责任原则重组医疗补助计划。

例如，特朗普政府强调对福利领取者的工作要求。医疗保险和医疗补助服务中心（Centers for Medicare & Medicaid Services，CMS）于 2018 年年初向联邦医疗补助计划的州主管发布了一封信并宣布：“CMS 承诺支持各州的试点项目，要求符合条件的成年受益人参加工作或社区活动（如技能培训、教育、求职、护理和志愿

---

① GARFIELD R，ORGERA K，DAMICO A. The coverage gap：uninsured poor adults in states that do not expand Medicaid.（2021-01-21）[2021-10-25]. https：//www. kff. org/uninsured/issue-brief/the-coverage-gap-uninsured-poor-adults-in-states-that-do-not-expand-medicaid/.

② SHERMAN A. Obama's，and the safety net's，anti-poverty achievement.（2016-12-19）[2021-10-25]. https：//www. cbpp. org/blog/obamas-and-the-safety-nets-anti-poverty-achievement.

③ THOMPSON D. Thanks，Obama.（2016-09-26）[2021-10-25]. https：//www. theatlantic. com/business/archive/2016/09/obamas-war-on-inequality/501620/.

④ THOMPSON F J，WONG K K，RABE B G. Trump，the administrative presidency，and federalism. Washington，DC：Brookings Institution Press，2020.

⑤ SNELL K. What's inside the senate's $2 trillion coronavirus aid package.（2020-03-26）[2021-10-27]. https：//www. npr. org/2020/03/26/821457551/whats-inside-the-senate-s-2-trillion-coronavirus-aid-package.

者服务），以确定这些工作要求是否有助于受益人获得可持续的就业或其他生产性的社区参与，以及这两种活动是否会带来健康的改善。”[①] 2018—2019 年期间，阿肯色州成为唯一实施医疗补助工作要求的州。据估计，该政策导致 18 000 多名受保人失去保险。[②] 截至 2020 年 10 月，最高法院批准了八个州的工作要求豁免，七个州尚在等待结果，另有四个州的豁免申请被法院驳回[③]。

新冠肺炎疫情暴发前，美国多项福利计划的在册人数减少。2017 年 12 月至 2019 年 12 月期间，联邦医疗补助和儿童健康保险计划的在册人数下降了 3%，从 7 430 万下降到 7 110 万人。但由于新冠肺炎疫情的暴发，医疗补助计划的注册人数再次大幅增加。

案例 10-3

特朗普的健康计划

2019 年 10 月，特朗普政府发布了关于在私人医疗保险市场中推广健康计划（Wellness Programs）的公告。此前《平价医疗法案》禁止私营保险公司依据投保人的健康状况而收取保费，而特朗普政府邀请各州取消这一对投保人的保护。

健康计划鼓励私营保险公司对没有达到某些健康指标的人收取更高的保费，目的是激励人们“参与有益健康的活动”，进而让他们“收获健康”。例如，保险公司可以向没有将胆固醇降低到规定指标的人收取高达 30%的保费。如果涉及烟草的使用，该比例可以提高到 50%。这一计划破坏了《平价医疗法案》对有健康问题的群体，尤其是患有先天性疾病的群体的保护。[④]

有学者表明，该计划并没有降低医疗成本，也没有让人们更加健康。健康计划不仅将医疗成本转移给更多病人，还向那些不需要这一计划的人提供了好处。有研究发现，最热衷于参加健康计划的是那些已经开始戒烟、注意体重并尝试健康饮食的人，该计划最大的受害者是那些已患有疾病且面临着较高医疗支出的群体。

资料来源：Centers for Medicare & Medicaid Services. Trump administration announces opportunity for states to participate in wellness program demonstration project. (2019 - 09 - 30) [2021 - 10 - 31]. https: //www. cms. gov/newsroom/press-releases/trump-administration-announces-opportunity-states-participate-wellness-program-demonstration-project.

---

① Centers for Medicare & Medicaid Services. CMS announces new policy guidance for states to test community engagement for able-bodied adults. (2018 - 01 - 11) [2021 - 10 - 26]. https: //www. cms. gov/newsroom/press-releases/cms-announces-new-policy-guidance-states-test-community-engagement-able-bodied-adults.

② WAGNER J, SCHUBEL J. States' experiences confirm harmful effects of medicaid work requirements. (2020 - 11 - 18) [2021 - 10 - 26]. https: //www. cbpp. org/research/health/states-experiences-confirm-harmful-effects-of-medicaid-work-requirements.

③ GUTH M, HINTON E, MUSUMECI M, et al. The iandscape of medicaid demonstration waivers ahead of the 2020 election. Issue Brief. (2020 - 10 - 30) [2021 - 10 - 25]. https: //www. kff. org/medicaid/issue-brief/the-landscape-of-medicaid-demonstration-waivers-ahead-of-the-2020 - election/.

④ HILTZIK M. Column: Trump runs dry on healthcare ideas, promotes wellness programs known to be useless. (2019 - 10 - 04) [2021 - 10 - 31]. https: //www. latimes. com/business/story/2019 - 10 - 04/hiltzik-trump-wellness-programs.

（二）新冠肺炎疫情暴发后的福利政策调整

新冠肺炎疫情使美国面临经济和公共卫生危机，迫使特朗普政府放弃其关于联邦医疗补助的工作要求。美国劳工部公布的数据显示，2020 年 4 月美国在册职工人数减少了 2 050 万，失业人口达到 2 300 万，另有 660 万美国人完全离开了劳动力市场（既没有就业也没有寻找工作），失业率从 3 月份的 4.4%飙升至 14.7%，达到自 2008 年大萧条以来的最高水平。因此，当特朗普提出削减粮食援助时，一名联邦法官正式驳回并指出："鉴于全球疫情可能带来严重的健康风险，食品福利至关重要。"①

2020 年 3 月 18 日，经特朗普签署成为法律的《家庭第一冠状病毒应急法案》（The Families First Coronavirus Response Act）对疫情下的带薪病假、新冠检测、营养援助和失业福利做出了新规定。在医疗方面，免费提供新冠病毒核酸检测。在联邦拨款方面，提高 SNAP、紧急食品援助计划、妇婴及儿童的补充营养计划等多个福利项目的可用资金额度。在儿童营养方面，确保公立学校学生在学校关闭期间也能获得午餐。在工作方面，要求雇员不超过 500 人的雇主向有资格获得新冠休假福利的雇员提供 14 周的带薪病假，雇主支付的病假工资可用于抵扣工资税，自由职业者病假的税收抵免额度为每日 200 美元或其平均日薪的 67%，以较低者为准。联邦政府还将为各州提供无息贷款，协助后者支付失业补偿金。②

一周后，国会又通过了一项 2.2 万亿美元的《冠状病毒援助、救济和经济安全法案》（The Coronavirus Aid，Relief，and Economic Security Act）。该法案是美国历史上最大的经济刺激计划，占美国国内生产总值的 10%。③ 该法案规定，为收入低于 75 000 美元的个人提供高达 1 200 美元的补贴，为年收入不超过 15 万美元的家庭提供每个孩子 500 美元的补贴，并为失业人群额外提供每周 600 美元的失业救济金（持续四个月）。参议院多数党领袖米奇·麦康奈尔（Mitch McConnell）表示："此法案并不是一揽子经济刺激计划，而是紧急救济计划。"④

在奥巴马和特朗普执政时期，美国均经历了经济危机。国会和政府暂时搁置党派纷争，迅速做出反应刺激经济、帮助民众维持生计，但这些福利政策大多是应急的、暂时的。当经济复苏、民众生活基本恢复正常后，国家便回归传统的福利项目

---

① PICCHI A. Trump administration still wants to cut food stamps. (2020-05-15) [2021-10-26]. https://www.cbsnews.com/news/food-stamps-record-trump-fights-usda/.

② MOSS K, et al. The families first coronavirus response act: summary of key provisions. (2020-03-23) [2021-10-27]. https://www.kff.org/coronavirus-covid-19/issue-brief/the-families-first-coronavirus-response-act-summary-of-key-provisions/.

③ KAMBHAMPATI S. The coronavirus stimulus package versus the Recovery Act. (2020-03-26) [2021-10-27]. https://www.latimes.com/politics/story/2020-03-26/coronavirus-stimulus-package-versus-recovery-act.

④ SNELL K. What's inside the senate's $2 trillion coronavirus aid package. (2020-03-26) [2021-10-27]. https://www.npr.org/2020/03/26/821457551/whats-inside-the-senate-s-2 - trillion-coronavirus-aid-package.

和保障水平。然而，奥巴马医改提高了美国的医疗保障水平，为更多低收入群体提供了医疗保险（尽管各州可能选择不加入联邦医疗补助扩展计划或利用豁免权调整申请人资格要求）。最高法院在共和党多次施压下仍然保留《平价医疗法案》，使得奥巴马医改成为一个较持久的改革遗产。

复习思考题

1. 20 世纪 80 年代以后美国福利国家的发展有何趋势？
2. 处方药福利计划是什么？
3. 简述《平价医疗法案》的内容。
4. 美国福利政策的演变对我国有何借鉴意义？

推荐阅读书目

1. 经济合作与发展组织秘书处．危机中的福利国家．梁向阳，等译．北京：华夏出版社，1990.
2. 谢若登．资产与穷人：一项新的美国福利政策．北京：商务印书馆，2005.
3. 费德里科．当今世界的社会福利．北京：法律出版社，2003.
4. 莫里斯．福利、政府激励与税收．北京：中国人民大学出版社，2012.
5. HACKER J S. The divided welfare state：the battle over public and private social benefits in the United States. Cambridge：Cambridge University Press，2002.

第十一章
社会福利的挑战

本章要点

全球化具有两种截然不同的范式，社会福利制度在从简单全球化走向世界主义全球化的过程中，将会面临截然不同的挑战。

未来人工智能的发展将完全改变人、劳动与生活，对社会福利制度提出新的要求。

工业社会以来形成的核心家庭模板将会走向多样化，长远未来的宗族与家庭都将衰落，届时将会形成新的家庭形式和家庭福利。

基本概念

全球化；人工智能；家庭、宗族福利变革

现代社会以降，人类经历了越来越快的社会变革，社会福利随着这些变革而不断调整。作为一项时代性的产物，社会福利必须立足人类的基本生活未雨绸缪，考虑日益逼近又互相联系的巨变。在未来，强大的人工智无所不在，彼时的人类社会与生活将会发生怎样的颠覆？社会福利制度又会因此发生怎样的改变以及面临怎样的挑战？

第一节　全球化时代的社会福利

在全球化加速发展的情况下，民族国家对于生活中的大问题来说太小了，对于生活中的小问题来说又太大了。[①]

——吉登斯

全球化是现代社会中影响最广、讨论最多的现象之一。全球化不仅影响经贸和金融，也给社会福利事业带来了新机遇和新挑战。20 世纪 90 年代以来的全球化推

---

① GIDDENS A. The globalizing of modernity//HEID D，MCGREW A. The global transformations reader：an introduction to the globalization debate. Cambridge：Polity，2003：60 - 61.

动了福利国家的变化，深刻影响了当今社会的福利制度及其未来走向。

一、两种全球化范式中的社会福利

全球化如何影响社会福利，会给社会福利带来怎样的挑战？这首先取决于我们如何理解全球化。从总体上看存在两种基本的全球化范式，由此形成相应的社会福利观点。

（一）简单全球化及其社会福利

在第一次现代性的“简单全球化”（simple globalization）范式中，国家、政治、社会和文化是在领土范围内进行解释的，即“在封闭的相互隔绝的民族国家以及与之相适应的民族社会领域里生活和行动的观念”①。这意味着只有在民族国家的框架下，包括民主、国家行为的合法化、福利国家和法治国家（rechtsstaat）等基本成就，才“有望成真并蓬勃发展”②。此种观点将全球化看作第一次现代性的附加现象，尚未将其当作时代整体转向。其中，发达国家自视为现代性的标杆和榜样，并垄断了现代性的解释权，而其他民族国家把全球化视为一个外来过程。③ 由于带来的外来冲击，全球化甚至在国内政治中都变成了负面形象。相应地，由于经济文化交流的需要，以国家为单位的社会福利展开合作，形成国际区域性的福利标准。然而，国家利益和国际竞争使社会福利无法达到全球普惠的状态。

这时的社会福利是全球主义（globalism）的社会福利。全球主义指的是用世界市场消除或取代政治行动，即便提到全球化的生态、文化、政治、社会等也只应置于世界市场体系的支配下。并且，全球主义者试图用企业的方式去运作国家事务，这就混淆了政治与经济的区别。④ 由于劳动与资本的移动并不对称，容易拉大地域之间的差距，而社会福利越来越受到来自资本自由移动的压力，因此，这一范式中的全球化主要是一种压力⑤，它以经济逻辑塑造着社会福利，社会福利为经济发展服务，成为经济发展的工具，以保证某国在国际竞争中胜出。20世纪80年代以来的新自由主义的福利改革就很能代表这种思路，它希望政府能够减少社会福利的责任，并削减福利项目，为社会福利的获取设置更加苛刻的条件。

---

① 贝克．什么是全球化?：全球主义的曲解—应对全球化．常和芳，译．上海：华东师范大学出版社，2008：24.

② BECK U. The cosmopolitan perspective：sociology of the second age of modernity. The British journal of sociology，2000（1）：79－105.

③ 同②79－105.

④ BECK U. What is globalization?．Cambridge：Polity，2000：9－13.

⑤ 武川正吾．福利国家的社会学全球化、个体化与社会政策．李莲花，李永晶，朱珉，译．北京：商务印书馆，2011：88－89.

（二）世界主义全球化及其社会福利

在第二次现代性的“反思性世界主义化”（reflexive cosmopolitization）范式中，全球化改变了民族国家之间、国家与社会之间的相互联系，人们怀疑领土、集体和边界的原则，经济与社会行为、工作与生活方式不再局限于国家。西方无法继续垄断对现代性的解释，非西方则不再被视为现代性的对立面或其缺失，西方社会与非西方社会共享同一时空视域，任何人都必须将自己定位在同一个全球空间中，并面临着相似的挑战。[①] 用中国的传统文化予以解读，它就是“和而不同”全球化，体现出天下大同的愿景。

此时的社会福利是世界主义的社会福利。它具有更积极的和更理想的一面，力图在自由贸易规则中追加社会性条款，并追求超越民族国家的区域性共同社会政策。比如公共养老金全球最低限（global minimum）的倡议[②]，与中国的底线公平理论颇有相通之处。现实中，欧盟等区域性政治经济组织已经在这方面进行了探索，联合国积极倡导全球范围内的最低生活标准。世界社会（world society）愈加现实，而其中的社会关系已经不是民族国家的政治范畴可以容纳或决定的事物。[③] 也就是说，社会福利取决于它在世界社会中的位置，而不会有过多人为的边界；社会福利将具有更强的流动性，以适应和支持人口的加速流动，全球范围内将建立起共通的福利标准。

全球化的未来面临着愈发复杂的不确定性，然而在全球风险业已形成的 21 世纪，人类并未构建起有效的应对举措，未能回应生活状态的变化，世界社会与世界主义的社会政策任重道远，社会福利的价值、观点、政策亟须积极调整。显而易见，未来的社会福利不能再单纯以本国经济优势地位、国内就业率等经济手段应对全球化压力，而会落脚到现代社会本质与人的生活方式的转变，落脚到人类的生活境况。吉登斯指出：“全球化并不是我们今天生活的附属物。它是我们生活环境的转变。它是我们现在的生活方式。”[④] 毫无疑问，未来的全球化将更加潜移默化地融入人们的生活，而非一种立足于民族国家本位的外来事物。

二、全球化与社会福利的关系

在20 世纪 90 年代的大讨论中，全球化的各种后果常常是作为社会福利的挑战而存在。疾驰的全球化马车仿佛要碾碎一切，人们甚至开始怀疑全球化能否与后工

---

① BECK U. The cosmopolitan perspective：sociology of the second age of modernity. The British journal of sociology，2000（1）：79－105.

② 武川正吾．福利国家的社会学全球化、个体化与社会政策．李莲花，李永晶，朱珉，译．北京：商务印书馆，2011：106－107.

③ BECK U. What is globalization?．Cambridge：Polity，2000：9－13.

④ 吉登斯．失控的世界全球化如何重塑我们的生活．周红云，译．南昌：江西人民出版社，2001：15.

业时代的资本主义制度相容。[①] 当然，这些讨论主要还是以经济与财政事务为前提，并在民族福利国家的框架下进行。

案例 11-1

全球化与东亚金融危机

20 世纪末 21 世纪初，民众切身体会到全球化的美好幻想是如何转变成洪水猛兽的。全球主义承诺自由贸易必然会增进福利的基本信念常常被误解为全球化自身的承诺。不过它在很大程度上已被经济危机的一系列连锁反应推翻，从而失去了经济定律的地位。20 世纪最后 10 年被约瑟夫·斯蒂格利茨（Joseph E. Stiglitz）称为“咆哮的 90 年代”（the roaring nineties），这一时期看似经济繁荣、通胀下降、贫困减少、就业充分以及技术跃进，但却潜伏着巨大危机：美国政府与金融机构走得过近，对自由市场不加批判地接受以至于无法摆脱这种意识形态，尤其是对能源、电信和金融行业的管制存在严重缺陷，CEO、会计师和投行们竞相逐利并未带来经济效率，反而导致了大规模的泡沫，长远来看必将引发经济衰退。[②]

动荡的年景终于来临，1997—1998 年的东亚金融危机使一些最成功的发展中国家遭遇了巨大挫折。然而，世界银行（WB）、国际货币基金组织（IMF）和世界贸易组织（WTO）等并没有尽其所能地帮助这些国家。[③] 就 IMF 而言，它从为全球经济利益服务变成为全球金融利益服务，解决问题的视角局限于金融界的意识形态。[④] 它相信保持自由市场良好状态的重要性，相信通过自由而自律的资本市场可以帮助穷国发展。

事实告诉人们，当企业一门心思追求利润最大化时，不会自然地带来社会福利的最大化[⑤]，奉金融自由为圭臬的 IMF 帮助计划最终加剧了东亚金融危机，发达工业国家并没有承担起自己的责任。

不过，全球化本身就包含着许多因素与后果，它对社会福利的影响有多大至今无法定论。但许多观点把社会福利遭遇的困难都归因于全球化，难免是基于对全球化的误解。比如欧洲国家资本主义模式出现了趋同，而全球化进程在其中发挥的作用并没有欧洲一体化进程的作用大。[⑥] 另有观点在把诸挑战与全球化现象联系起来

① DIAMOND P. Globalisation and welfare states//GREVE B. Routledge handbook of the welfare state. Routledge，2019：340 - 352.

② STIGLITZ J. The roaring nineties：a new history of the world's most prosperous decade. New York：WW Norton & Company，2004.

③ STIGLITZ J. Making globalization work. New York：WW Norton & Company，2007：Ⅹ.

④ STIGLITZ J，et al. Globalization and its discontents. Vol. 500. New York：WW norton，2002：207 - 208.

⑤ 同③190.

⑥ HAY C. Common trajectories，variable paces，divergent outcomes? models of European capitalism under conditions of complex economic interdependence. Review of international political economy，2004（2）：231 - 262.

时，未能拆解、分析现象下隐藏的真正因素。对于不同的国家，全球化的影响程度亦有轻重之分，甚至有正向、负向之分。实际上，全球化本身只是起到“间接作用”①，它与社会福利之间存在许多重要的中介变量，比如国际政治、军事和经济地位、国内经济环境、国内社会政治结构、话语与观念等变量。②

尽管全球化不断侵蚀民族国家的边界，但是民族国家依然有明确的领土边界与主权，它是进行社会福利标准谈判、协商与合作的前提。因此，无论持有哪种态度，民族国家作为社会福利的边界以及互相比较的单位，仍然是学术界的共通做法。在以全球化—福利国家关系为框架的争论中，菲利普·根舍尔归纳出互补的三派理论。③

一是全球化导致福利国家危机理论。这个理论在20世纪90年代最先兴起，支持者认为全球化是福利国家长期危机的根源。经济全球化促使资本主义经济发生根本转变，它使福利国家受到国际竞争的市场压力，从而不可避免地削弱其生存能力和有效性。随着国家经济向国际市场开放，政府被迫适应全球竞争的需要，这意味着必须削减成本密集型的福利项目。那么，全球各地的福利国家会渐渐倒退，变成极简的“竞争国家”架构，社会福利只在必要的情况下才会供给。

二是全球化与福利国家危机无关论。支持者否认全球化对福利国家的任何重大影响，即无论福利国家危机的原因是什么，这些原因都肯定不包含全球化。无论是理论上的理由还是经验上的证据，均无法表明国家政策自主性随着经济相互依赖性的增强而下降。全球化中参与角逐的单位不仅有政府，还有各家资本，全球化无疑会加剧资本所有者之间的竞争，从而压低信贷利率和风险溢价。事实上，各国政府仍然是关键角色，因为它们参与了调控和协调经济活动④，如政府可以推动在贸易协定中附加有关最低生活标准、工资标准的社会性条款。因此，公众的恐惧并无多少确凿根据。

三是福利国家危机促进全球化理论。这个理论在20世纪90年代末期兴起，支持者认为全球化非但没有造成福利国家的困境，反而是这些困境的后果。并且，全球化原本就是福利国家为了解决自身矛盾而采取的办法的一部分。这个理论的支持者对全球化的力量比较乐观，认为国际市场的纪律性力量有助于政府遏制福利政策的恶性循环，从而拯救福利国家。

与这种派别分类类似，根据影响的程度大小与方向，皮特·阿尔科克（Pete Alcock）、玛格丽特·梅（Margaret May）、凯伦·罗林森（Karen Rowlingson）等就全球化对社会福利的影响这一议题还提出四种代表性观点，具体如表11-1。

---

① 吕建德．从福利国家到竞争式国家：全球化与福利国家的危机．台湾社会学，2001（2）.

② MARSH D，SMITH N J，HOTHI N. Globalization and the State. The state：theories and issues，2006：172-189.

③ GENSCHEL P. Globalization and the welfare state：a retrospective. Journal of European Public Policy，2004（4）：613-636.

④ GIDDENS A，DUNEIER M，APPELBAUM R P，et al. Introduction to sociology. New York and London：WW Norton，Incorporated，2018：698.

表 11-1　　全球化对社会福利影响的四种观点

<table>
<tr><td colspan="2">观点一：由于资本主义的统治地位，全球化导致福利紧缩</td></tr>
<tr><td>代表人物</td><td>拉梅什·米什拉（Ramesh Mishra）</td></tr>
<tr><td>要点</td><td>世界经济国际化意味着民族国家自主权丧失、各国政府政策选择空间萎缩和劳工运动削弱，换言之，福利国家的主要根基被彻底削弱了；
全球资本主义的发展是失业和不平等增加的罪魁祸首，使福利国家陷入泥潭中；
国际贸易和技术变迁大大削弱了对非熟练工、半熟练工和传统行业的熟练工的需求；
各国竞争世界市场的需要，要求减少政府和私营企业的社会支出；
所有这些迫使集体主义的社会民主主义福利意识形态转向个人主义的新自由主义福利意识形态——福利国家的全面收缩。</td></tr>
<tr><td>评价</td><td>全球化对各国的影响是不同的，且国家政策与制度发挥着必要作用。</td></tr>
<tr><td colspan="2">观点二：全球化对福利国家影响甚微</td></tr>
<tr><td>代表人物</td><td>保罗·皮尔森（Paul Pierson）</td></tr>
<tr><td>要点</td><td>世界经济的变迁并没有全球化论者所认为的那样广泛和迅速；
即使真的发生了全球化，福利国家仍然可以与全球化共存——全球化的经济需要提供一定的社会福利和政治力量，以抵消经济变迁的影响；
“全球化威胁”与其说是一种无法逃避的经济力量，不如说是意欲改革福利体制的各国政府的意识形态阴谋；
福利国家的确在变迁，但其起因并非全球化，而是其他因素（如人口老龄化、技术发展、家庭结构的变动、新风险的出现）。</td></tr>
<tr><td>评价</td><td>国际经济因素并非不值一提，它同样影响着国内社会政策的变迁。</td></tr>
<tr><td colspan="2">观点三：全球化对福利国家的影响受制于国家政治形势</td></tr>
<tr><td>代表人物</td><td>埃斯平-安德森（Gosta Esping-Andersen）</td></tr>
<tr><td>要点</td><td>全球的外部力量影响着福利国家的变化；
某些福利国家更能兼容经济竞争力的要求，更能适应新环境；
世界范围内的经济竞争意味着如果不加以节制，高薪国家的就业机会将会流失到工资（较）低的国家；
此前的政治制度安排的特质（如福利国家的形态）会极大地影响各国对全球化的反应；
因此，不同福利国家将会有不同的变化，而不是单纯的福利紧缩。而且，不同支持者（工会、政治家、选民）的支持也确保福利国家将会以某种形式继续存在下去。</td></tr>
<tr><td>评价</td><td>不同（类别）的福利国家回应全球化的方式具有各自的路径依赖，并且福利国家回应、适应全球化的方式将是缓慢的、零星的。</td></tr>
<tr><td colspan="2">观点四：福利国家引起了全球化，并限制着全球化的发展方向</td></tr>
<tr><td>代表人物</td><td>艾玛·里格（Elmar Rieger）和史蒂芬·雷布弗里德（Stephan Leibfried）</td></tr>
<tr><td>要点</td><td>全球化在很大程度上是发达的民主福利国家的副产品；
发达福利国家对社会权利的保障使得各国对经济放宽管制，国际经济自由化并重新调节，即全球化成为可能；
各国政府为实现特定的目标而推行了各种社会政策举措，全球化是这些举措所带来的出乎意料的后果；
在经济和福利决策中，核心决策者仍然是国家，而不是国际组织；全球化与各福利国家之间关系的未来走向取决于各国政府的决策。</td></tr>
<tr><td>评价</td><td>这种观点最没有“盖棺定论”的色彩，从根本上讲，我们应该为各种反应和政策举措做好准备，否则整个相互依存的体系也许会崩溃。</td></tr>
</table>

资料来源：阿尔科克，梅，罗林森．解析社会政策（上）：重要概念与主要理论．彭华民，等译．上海：华东理工大学出版社，2017：329-332.

三、全球化时代的挑战

近30年来，由于简单全球化中金融方面的强势主导对各国的社会福利政策造成了压力，它们纷纷寻求转型突破。从长远来看，世界主义的全球化将对社会福利带来新的挑战。

第一，全球化削弱了福利经济基础，降低了福利供给可持续性，推动了福利削减。全球化不仅削弱了各国政府通过通货紧缩政策追求充分就业、实现经济增长的能力，使一国的凯恩斯主义不再是可行的选择，而且把减少赤字和债务以及降低税收作为国家政策的主要目标，从而对社会福利支出体系施加下行压力。[①]由于全球的资本、原料、商品能够自由流动，资本具有更强的话语权且“用脚投票”，发达国家选择将大量劳动密集型的工业生产岗位外移，使本国国内失去大量的就业机会，它们的商品与服务失去了价格上的竞争优势，各国选择减少企业税负时减少了财政收入，福利支出难以为继。[②] 各国为了吸引全球流动的资本，将会展开福利削减的“逐底竞争”（race to the bottom），这并不利于以服务业为主的大部分发达国家的社会福利维持。[③] 需要注意的是，全球化并不必然是社会福利逐底竞争的主要因素，也不会必然造成福利削减的现实结果[④]，可能只是带来这方面的压力。比如在一些欧盟成员国中，低生育率、人口老龄化等挑战也在阻碍社会福利的进一步削减。[⑤]

第二，全球化促进了福利供给私有化，使市场原则在社会福利领域盛行。我们知道，金融全球化是近30年全球化最重要的一个方面，而在各国社会福利制度的转型上表现出一种“不同的趋同性”（divergent convergence），即普遍采纳混合性的福利经济。也就是说，这一趋势采取了更符合市场的行动，“包括更高程度地依赖私人供给和融资”。有学者认为它兼顾了包容性和可行性，比如在丹麦，其公共服务的外包并没有减少服务，而是提升了服务水平。[⑥] 然而，混合福利经济这一趋同性是从对资本全球化之经济逻辑的顺应中寻找“出路”，本质上仍是福利制度未能摆脱金融资本绑架的结果，2008年世界金融危机充分暴露了这些解决之法的不稳定性。这个趋势的影响也不具有一致性，它在一些北欧国家取得成功，在另一些国家则不尽然。混合经济在20世纪80年代以来的另一种说法是“再私有化”，这

---

① MISHRA R. Globalization and the welfare state. Cheltenham：Edward Elgar，1999：15－16.

② 仇雨临．社会保障国际比较．北京：中国人民大学出版社，2019：248.

③ 吕建德．从福利国家到竞争式国家全球化与福利国家的危机．台湾社会学，2001（2）：263－313.

④ GIZELIS T I. Globalization，integration，and the European welfare state. International Interactions，2005（2）：139－162.

⑤ BRADY D，BECKFIELD J，SEELEIB-KAISER M. Economic globalization and the welfare state in affluent democracies，1975—2001. American Sociological Review，2005（6）：921－948.

⑥ 瑟勒博-凯泽：多样化与多维度的福利国家变迁//瑟勒博-凯泽．福利国家的变迁：比较视野．文姚丽，主译．北京：中国人民大学出版社，2020：253.

在经济合作与发展组织成员国的失业保险项目中尤为明显，并且资格规则变得越来越严格，不再像以前那样慷慨。[①] 可以说私有化和福利削减是相伴而生的。

更重要的是，福利经济过度私有化必定会使“多缴多得、长缴多得”的市场原则在各国占据主导地位，即便福利供给在总量和质量上有所上升，也并不意味着它是普惠的、缩小收入差距的。市场原则会对一些托底型社会保障造成冲击，并逐渐拉大不同阶层之间的福利待遇差距。比如在北欧国家，为了维持社会福利和公民权，它们率先向“社会投资国家”转型，也即从“为了福利而增长”转向“为了增长而福利”。这种模式转变带来了对“非生产性公民”的污名化与边缘化、弱势群体与富裕群体福利待遇上的分化、地区之间的福利收入不平等等问题。[②]

第三，全球化滋长了反福利政治势力与福利民粹主义。全球化对社会福利的挑战只有在考虑一国国内政治运作的情况下才能得到充分考量。[③] 比如，金融和贸易的全球化是否造成削减还应考察竞争国家的政治逻辑在某国是否得到贯彻。全球化通过将报酬不平等合法化，削弱了社会保障尤其是托底型保障的意识形态基础。在劳动者、国家与资方的权力平衡中，全球化天然地偏向资方，削弱了原本存在的伙伴关系，破坏了社会团结。[④] 这就使得社会福利支持势力的选举联盟难以维持，以至于自 20 世纪 90 年代末以来，欧洲社会民主主义政党的选举表现持续弱化。[⑤] 又由于中间偏左的政治势力被压制，劳工的政治谈判能力亦大不如前。[⑥] 这会使资方持续地占据优势，压制了社会福利的发展。与之相对的是右翼政党与民粹主义越演越烈。它们反对全球化，刺激种族民族情绪，扩大社会撕裂，支持极端化的政治行动，甚至主张不顾社会现实的高福利和福利均分。拉美与东南亚的一些经验表明，福利民粹主义无法在公平分配与经济增长之间实现平衡，反而使社会福利走向极端化道路，不利于社会福利稳定和长远的发展。[⑦]

第四，全球化将使社会福利责任边界难以划清。如果民族国家的边界在未来彻

---

① HORN A. Government ideology, economic pressure, and risk privatization. Amsterdam: Amsterdam University Press, 2017: 11 - 12, 25.

② 彼得森：为福利而增长还是为增长而福利？北欧国家经济发展和社会保障之间的动态关系．陶治，华颖，译，社会保障评论，2019 (3): 24 - 32.

③ RUDRA N, HAGGARD S. Globalization, democracy, and effective welfare spending in the developing world. Comparative Political Studies, 2005 (9); BRADY D, BECKFIELD J, SEELEIB-KAISER M. Economic globalization and the welfare state in affluent democracies, 1975—2001. American Sociological Review, 2005 (6); HORN A. Government ideology, economic pressure, and risk privatization. Amsterdam: Amsterdam University Press, 2017: 11 - 12, 29; DIAMOND P. Globalisation and welfare states//GREVE B. Routledge handbook of the welfare state. Routledge, 2019: 340 - 352.

④ DIAMOND P. Globalisation and welfare states//GREVE B. Routledge handbook of the welfare state. London and New York: Routledge, 2019: 340 - 352.

⑤ MISHRA A. Globalization and the welfare state. Cheltenham: Edward Elgar, 1999: 15 - 16.

⑥ 同⑤.

⑦ 赵聚军．福利民粹主义的生成逻辑及其政策实践．政治学研究，2015 (6): 59 - 75; 林红．威权、福利与庇护：民粹主义在非西方世界的激荡之旅．世界政治研究，2020 (2): 98 - 121.

底被打破，甚至国家不再存在，那么谁来负起福利供给、监管和制度运转的责任呢？此时，也许一些宗族组织、地区性社会组织还可以发挥社会福利供给的作用，但是并不具有全球意义；行业协会推动该行业全球劳动报酬与福利标准的建立，却在服务人群上具有较大的限制；全球性的社会保险公司能够疏解各类人群的生活风险，却无法提供全过程、普惠性和所有层次的社会福利。未来在福利领域有可能会出现新型福利责任主体，即全球性的世界政府，它将出台普遍整合的福利制度。但是这种最高的权力中枢在运行过程中会不会造成难以负担的福利成本？是否能够及时有效地监管、处理福利制度出现的漏洞？如果不能，则容易造成地方人群抵制或集体退出社会福利参与。

在世界社会蓝图中，财货充分流通，经济欣欣向荣，人类普遍享有高福利生活。然而，由于全球宽广的地理空间，世界政府可能会遗漏一些需要救助的人群，不能确保所有人参与统一的福利制度，都享受一定的福利待遇。对于一些已经被识别出来的人群，也许他们原本享有高福利，但是由于全球范围内的频繁流动，福利供给可能无法及时地跟随，或者根据当地的状况进行等价转换。福利制度如何适应这种高速的流动，如何灵活地转换待遇水平和项目，将是一个严峻的挑战。

第五，全球化将使社会福利项目的更新无比困难和混杂。福利项目要应对快速变化中的福利需求、文化与价值取向，而福利制度具有路径依赖特性，无法轻易地在全球范围内进行改革。比如，由于世界各地的交往前所未有的紧密、人口的高度流动性，出于学习、旅游、探亲、工作等需求，人们的长距离外出甚至是跨越大洲的外出都成为常态，相应地，学习几门外语就成为人们的基本需求。因此，在未来物质福利供给充裕的情况下，制度性的福利供给还要将这些适合全球化生活的需求囊括其中。

另外，社会福利项目将要面临复杂的文化交融问题。原先民族福利国家框架下缺乏文化视角，比如跨国流动带来的文化与价值冲突、宗教激进主义的冒头、消费主义等[①]，但是此刻这些矛盾却爆发出来。如果社会福利的建构持续脱离生活世界与社会文化的需要，便会沦为简单的物质供给，脱离了塑造人们幸福生活的本性，更无法反哺经济子系统。不同种族、民族、宗教、地域的人具有不同的文化背景，形成了特定的福利需求偏好，而这些偏好难以随着人的高速流动而有所改变。那么各地社会福利部门如果要吸引人才、提高本地的生活质量，就必须应对这种复杂性，比如特色的餐饮、规避文化禁忌、展现多元色彩的基础设施等。

第六，全球化将使福利待遇在全球尺度中两极分化。无论时代如何变化，社会福利的互帮互助与维护公平的本性都不会变。如果世界社会中团结不能维持、公平无法保障、人与人之间的关系冷漠疏离，那么这个社会将有名无实。现阶段跨国合作的福利制度中，覆盖面、便携性、稳定性、认可度与执行效果均有所不足[②]，远

① 张世雄．理解福利国家：结构和制度的双元竞争，以及文化的遗落．台湾社会福利学刊，2011，10（1）：255－268.

② 邓大松，杨晶．社会保障国际化：研究缘起、典型样态与路径选择．东岳论丛，2018（2）：42－48.

远不能满足投资与劳动力的加速跨国流动，先发国家与后发国家也未形成真正互相尊重的全球合作①。即便在世界主义全球化下，地域间的发展差距仍是客观存在的。地方企业乘着世界主义全球化的东风，面向的是全球市场，从而实现更快速的发展。那么财富将会越来越集中于这些有全球经营能力的企业所在城市，这在地球上表现为一个个散点，而其他地区的财富积累相对来说十分缓慢，这就使全球财富差距出现极化局面。相应地，未来全球的福利水平会随着经贸发展而有所提升，但是却面临着极端福利待遇不平等的情况，各种阻止福利流动的人为壁垒、地域之间的赢者通吃行为仍然会存在，这种福利分化的状况将比历史上的任何时期都更加严重。世界主义全球化时代的社会福利制度最需要一种融入人心的命运共同体意识，将“老吾老以及人之老，幼吾幼以及人之幼”的同情心不分血缘、种族、身份、地域地进行拓展，如此才能在价值基础上摆脱根深蒂固的竞争逻辑。

案例 11-2

全球仍有超过 40 亿人缺乏任何社会保护

国际劳工组织发布的《2020—2022 年世界社会保护报告》（World Social Protection Report 2020—2022）称，尽管在新型冠状病毒危机期间社会保护在全球范围内史无前例地扩大，但目前全世界仍有超过 40 亿人完全没有任何社会保护。社会保护包括获得医疗保健和收入保障，特别是在老年、失业、疾病、残疾、工伤、生育、失去主要收入以及有子女的家庭的情况下。国际劳工组织总干事莱德（Guy Ryder）表示，有效和全面的社会保护不仅对社会正义和体面工作至关重要，而且对创造可持续和有抗御力的未来也至关重要。他说：“各国正处在一个十字路口。这是利用新冠病毒大流行应对措施建立新一代基于权利的社会保护体系的关键时刻。这可以带来缓冲，让人们免受未来危机的影响，并为工人和企业提供安全感。”

目前，全球人口中只有 47％得到至少一项社会保护福利的有效覆盖，而 41 亿人（53％的人口）根本无法从其国家社会保护体系中获得收入保障。按地区划分，欧洲和中亚社会保护福利的覆盖率最高，84％的人至少享有一项福利。美洲也高于全球平均水平，为 64.3％。亚洲和太平洋地区为 44％、阿拉伯国家为 40％，非洲仅有 17.4％。

政府在社会保护方面的支出也有很大差异。平均而言，各国将其国内生产总值（GDP）的 12.8％用于健康之外的社会保护，但高收入国家在社会保护上的支出占其 GDP 的 16.4％，而低收入国家仅占其 GDP 的 1.1％。

社会保护的三个重要方面同样表现出巨大差异：

妇女儿童：在世界范围内，绝大多数儿童仍然没有得到有效的社会保护覆盖，只有约四分之一的儿童（26.4％）能够获得社会保护福利；只有 45％的新妈妈能够

① MILLER R W. Globalizing justice：the ethics of poverty and power. New York：Oxford University Press，2010.

获得现金生育津贴；只有三分之一的重度残疾人能获得残疾福利。

失业救济：失业救济金的覆盖面甚至更低。全世界只有18.6%的失业工人得到有效保护。

退休金：虽然77.5%的退休年龄以上的人能获得某种形式的养老金，但地区之间、农村和城市地区之间以及男女之间仍然存在显著差异。

资料来源：联合国新闻．[2021-09-01]．https：//news.un.org/zh/story/2021/09/1090372；2020—2022年世界社会保护报告．https：//www.ilo.org/wcmsp5/groups/public/@dgreports/@dcomm/@publ/documents/publication/wcms_817572.pdf.

总而言之，新近的全球化是一种普遍现象，它具有不可逆性。[①] 无论是现阶段还是长远的未来，全球化造成的挑战都不能“通过全球化的倒退”而得到解决。[②] 技术与社会加速可能会提前带来物质极大丰富的时代，使人类面临着更加应接不暇的巨大挑战。即便一些国家的封闭、强烈的民族主义、全球疫情、国际性制裁等原因使全球化的交流密度有所下降，但是并不会逆转这种潮流，直至人类探索出在全球范围内实现普遍整合的社会福利制度。

第二节 人工智能时代的社会福利

我不认为人类智能是人类永远无法理解的东西。[③]

——约翰·麦卡锡

从提出“人是机器”到现实情景中的“AI换人”不过区区二百来年。跟随技术加速的步伐，人工智能（artificial intelligence，AI）给人类带来一场时代性变革。社会福利受益于此，也要应对AI的挑战。

“人工智能”概念之父[④]约翰·麦卡锡（John McCarthy）认为，作为一项事业的AI是制造智能机器，尤其是智能计算机程序的科学和工程。[⑤] 有学者从系统论的角度进行界定，认为AI是研究人类智能行为规律（如学习、计算、推理、思考、规划等），构造具有一定智慧能力的人工系统，以完成往常需要人的智力才能胜任的工作。[⑥] 安德烈亚斯·卡普兰（Andreas Kaplan）和迈克尔·海恩林（Michael

① BECK U. What is globalization？. Cambridge：Polity，2000（11）.

② 武川正吾．福利国家的社会学全球化、个体化与社会政策．李莲花，李永晶，朱珉，译．北京：商务印书馆，2011：108.

③ MCCARTHY J. What is AI？.（2007-11-12）[2021-09-15]. http：//jmc.stanford.edu/articles/whatisai/whatisai.pdf.

④ 马尔科夫．与机器人共舞．郭雪，译．杭州：浙江人民出版社，2015：105-109.

⑤ 同③.

⑥ OWEN T. Artificial Intelligence by Patrick Henry Winston.（2nd ed.）. Massachusetts：Addison-Wesley Publishing Company，1984.

Haenlein）将 AI 定义为“一种系统的能力，它可以正确解释外部数据，从这些数据中学习，并通过灵活的适应来运用这些知识，以达成特定目标和任务”①。综合来看，AI 是人类创造的通过机器完成一定任务乃至实现自主思考和认知的智能主体。

一、AI 时代的福利变革

人类正在迈入 AI 社会，这对整个社会的福利事业会产生广泛而深远的影响。

（一）AI 时代的人

社会福利的所有内容都围绕人展开，人们对 AI 的想象也不例外。在 AI 时代，“人”本身将会发生变化。

1930 年芒福德（Lewis Mumford）提出：“机器本身不提出任何要求，也不保证做到什么。提出要求和保证做到什么，这是人类的精神任务。”② 芒福德不相信机器将会有独立的学习能力，甚至是审美和趣味，但他敏锐地发现这种意义上的“机器”不再是物，拥有人格的“机器”自然远超自动化水平，完全可以被看作人。50 年后，约翰·塞尔（John Searle）提出两种不同的 AI 概念，即弱 AI 与强 AI。弱 AI 是一种能够聪明、严谨又精确地解决问题、实现任务的强大工具，但其程序并不被等同于人的心智活动；而强 AI 本身就可以被当作大脑，它如同具有人类的心智一样可以自主思考和认知。③ 塞尔的初衷在于明辨 AI 概念，而非区分 AI 能力上的强弱。尽管如此，他的观点仍持久地启发了 AI 时代“人是什么”的问题。

案例 11-3

AI 对“人”的法律地位的挑战

2017 年 10 月 26 日，沙特阿拉伯授予“女性”机器人索菲亚公民身份，索菲亚成为人类历史上首个获得公民身份的机器人。2016 年 2 月，美国国家公路安全交通管理局认定谷歌无人驾驶汽车采用的 AI 系统可以被视为司机。“2016 年，欧盟委员会法律事务委员会向欧盟委员会提交动议，要求将最先进的自动化机器人的身份定位为‘电子人’，除赋予其特定的权利和义务外，还建议为智能自动化机器人进行登记，以便为其开设纳税、缴费、领取养老金的资金账号。”此外，韩国政府起草的《机器人伦理宪章》中规定禁止人类违法使用机器人、防止虐待机器人。

法学者在试图大胆突破传统限制赋予 AI 主体地位的同时，也认识到 AI 区别于

---

① KAPLAN A，HAENLEIN M. Siri，Siri，in my hand：who's the fairest in the land? On the interpretations，illustrations，and implications of artificial intelligence. Business Horizons，2019：62（1）.

② 芒福德．技术与文明．陈允明，王克仁，李华山，译．北京：中国建筑工业出版社，2009：9.

③ SEARLE J R. Minds，brains，and programs. Behavioral and brain sciences，1980：3（3）.

一般法律主体的特殊性，主张对AI的主体资格做出特别的限制。例如，有学者提出AI具有法律人格，但仅是有限的法律人格。还有学者提出，AI所享有的权利具有区别于人类权利的特殊性，如法律拟制性、利他性以及功能性等。这些限制实际是为了克服理论证明上的障碍。单纯从法律技术的角度看，创设一类新主体不存在绝对的障碍，却存在合理性的问题。法人作为自然人之外的主体，就是法律技术创造的产物。不过，法人作为一种组织体和团体人格，本质上仍是人之集合。也就是说，尚不存在彻底割裂于人之外的法律主体。AI则是完全脱离于人的外部存在，不具备人的“心性”与“灵性”，只是具有类似于人的功能。

资料来源：田野．劳动法遭遇人工智能：挑战与因应．苏州大学学报，39（6）：9.

当AI技术性能累积为质变后，社会福利将会有更多关注对象。古德（Irving John Good）与库兹韦尔（Raymond Kurzweil）认为存在一个技术“奇点”，只要超越它技术就会发生革命性变化，从而带来难以估量的经济效益。[①] 由于技术进步速度飞快，库兹韦尔更是指出“奇点”在未来几十年就会来临，届时人机融合便会是一个主要方向。所谓人机融合，是指生物智能与机器智能的融合、物理现实与虚拟现实的融合，未来大多数“人类”智能将会以非生物智能为主，以至于推动人机共同进化[②]，人将会变成“超人”。就机器而言，一旦“它”形成了独立性格、情感、认知与学习能力，就具备了作为人被对待的资格。那么，未来将形成三种人：其一是生物人，他与传统的社会福利制度充分匹配，AI对他而言是外在的人或事物；其二是人机融合的共生人，AI是他身体、行动乃至心理的一部分，他需要满足人机共同需求的综合性福利；其三是机器人，他具有独立的人格，具有远超生物人的一些能力，这种人工生命甚至可以是无形的，仅靠数字形式存在[③]，因此需要有高科技属性的特殊福利。

（二）AI时代的劳动

工作福利是传统社会福利体系的核心，到了全面AI时代，超人智能成为常态，工作对于绝大部分生物意义上的人来说将不再重要。这是由于全面AI时代是物质极为丰裕的时代，人们不需要工作就可以维生，“钱不再是人们工作的唯一理由”[④]；更重要的是，没有足够的工作岗位供人选择，传统的工作福利完全失去了它的意义。

人类之所以发明机器，除了保护自己和提高生产力，还是为了减轻工作的压力

---

① GOOD I J. Speculations concerning the first ultraintelligent machine. In Advances in computers. Elsevier, 1966：6（6）；KURZWEIL R. The singularity is near//SANDLER R. Ethics and emerging technologies. London：Palgrave Macmillan，2014：393－406.

② KURZWEIL R. The singularity is near//SANDLER R. Ethics and emerging technologies. Basingstoke：Palgrave Macmillan，2014：393－406.

③ BEDAU M A. Artificial life//FRANKISH K，RAMSEY WM. The Cambridge Handbook of Artificial Intelligence. Cambridge：Cambridge University Press，2014：276－315.

④ 卡普兰．人工智能时代．李盼，译．杭州：浙江人民出版社，2016：178.

与繁杂，机器的发明使我们可以不改变生物体而增强自身可以实现的机能。AI与以往机器最大的不同就是与人的疏离，这也是人们发明它的目的所在：创造一种能够自主学习并灵活、精准、正确地实现各项功能的机器（无论它最终是否具有人格），从而使人们不再费心操作，彻底免于劳作。也就是说，在减轻工作压力这件事上，人类希望自己完全被机器替代。特拉坦伯格（Manuel Trajtenberg）将AI技术上的创新划分为人类增能型创新与人类替代型创新[①]，这两种应用在现实中是并存的，未来能够替代人类生物智能的技术将会占据主导地位。同人的能力相比，安德烈亚斯·卡普兰（Andreas Kaplan）与迈克尔·海恩林（Michael Haenlein）将AI划分为三个阶段（见表11-2）。

表11-2　AI的各个阶段

弱人工智能	通用人工智能	超人智能
弱，低于人类AI水平	强，人类水平的AI	有意识/自我意识，高于人类水平
仅将AI应用于特定区域 无法自主解决其他领域的问题 在特定领域优于/等于人类	将AI应用于多个领域 能够自主解决其他领域的问题 在许多领域都优于/等于人类	适用于任何领域 能够即时解决其他领域的问题 在所有领域都优于人类
Siri可以识别您的声音，但无法执行其他任务，如驾驶汽车	Siri发展成为一种具有广泛功能的仿人机器人，包括语音识别、咖啡准备和写作技能	Siri发展出超人的能力，如即时解决复杂的数学问题，或在俯仰之间时写出畅销书

资料来源：KAPLAN A，HAENLEIN M. Siri，Siri，in my hand：who's the fairest in the land? On the interpretations，illustrations，and implications of artificial intelligence. Business Horizons，2019，62（1）.

当超人智能普及后，不仅一些重复性的、危险的、重体力的工作会被取代，就连那些最需要创造性的工作也要被取代，这包括文艺创作和科学研究。因此，可供人们选择的工作岗位极少，比如AI系统的维护工作。这会对现行的社会福利产生多方面影响：首先，一个没有退休的时代来临了，工业社会中的退休观念与退休金制度不再适用，富裕的社会使人可以随时随地地领取生活资源。其次，人们可以充分自由地选择适合自己的福利项目。如果有工作需求，人们便能够完全自主地择业，并得到政府的积极培训和帮助，而不是设置各种门槛。再次，人们可以在其他形式的劳动中获得生活的意义，比如培养艺术兴趣、参加体育比赛、知识学习等方面，政府需要据此更新社会福利项目。最后，由于人力资源被普遍闲置，社会福利部门可以吸纳更多的人进行公共服务，提升福利项目中的情感关怀水平和人性化服务。

① TRAJTENBERG M. AI as the next GPT：a political-economy perspective. National Bureau of Economic Research，2018.

案例 11-4

AI 时代的工作需求

未来，如果有些人在不工作的情况下仍然有足够的收入养活自己，他们可能会决定整天玩游戏。但是大多数人不会满足于此，他们不想停留在社会最底层，他们仍然会想勤恳地从事工作，而这只是为了提升生活水平、社会地位，或是对配偶的吸引力。这些本能不会消失。但是对于其他人来说，常规的工作可能只是一种逃避的借口，一种获取更多却不愿做出回报的利己主义做法。所以，有些人可能会选择兼职工作或者不工作，但是他们会自愿参与由政府认证的能够提高退休储蓄金的公共服务项目。

人们并不会整天钓鱼和打高尔夫，他们也会学学弹钢琴、画画、写诗，种种花草，售卖自制手工艺品，或在家教育孩子。所有这些事情并不仅仅是爱好，也会为社会带来真正的好处。

解决工作资源减少这一问题的关键并不是依靠政府法令来创造虚假的工作机会，而是重新平衡经济驱动型劳动者的数量和能提供薪酬的工作资源。我们可以通过激励的方式来引导人们花时间做更有成效的事。

资料来源：卡普兰．人工智能时代．李盼，译．杭州：浙江人民出版社，2016：179.

（三）AI 时代的生活

机器替换人，不仅是替换掉人原本的身体、原本的意义追求，还替换掉人的工作、人的诸多社会活动，将引发一场深刻的社会革命。

AI 不是单一的机器，它背后有极其复杂的技术体系，集成了计算机科学、认知科学、语言学、哲学和数学等领域的知识。用芒福德的话来说，AI 可被视为最新的“机器体系”或“技术综合体”[①]。因此，它将有无数种形态、广泛的产业链以及无所不包应用场景，改变许多传统行业的生产与销售的方式。同时，AI 还开拓了互联网产业的新方向，人们结合其他技术得以享受电影、电视与游戏中更好的视觉效果，购物平台更懂得每个消费者的喜好而不用做繁复的调研，残疾人则获得更贴心和更安全的机械辅助。AI 的技术性能日臻完善，这是人们的生活得以发生如上改变的前提。

在 AI 时代，智能生活必将涉及更多领域，更加颠覆人们的体验。[②] 同时，AI 给人类生活带来多重悖论：当 AI 作为劳动工具，它与人愈发疏离时，人们希望 AI 可以脱离自己而灵活高效地完成任务；当 AI 作为提供服务的劳动力、融入人体的部件时，人们与它们的关系更加亲近，甚至心存感恩，悉心维护；当 AI 具有人格时，人们在担心这个异类的同时却要以平等和尊重的态度与它们交往，从而形成更

① 芒福德．技术与文明．陈允明，王克仁，李华山，译．北京：中国建筑工业出版社，2009：13.
② 高和荣．人工智能时代的社会保障：新挑战与新路径．社会保障评论，2021，5（3）：3-11.

多元的社会交往。

AI时代的社会福利还在于提供智能化的衣食住行保障，人们会获得许多前所未有的生活体验。然而，高科技的福利供给、人类自身的多样化不能完全满足自古以来人们对生活意义的追求。由于生活的颠覆性，社会福利还会关注人们的生活节奏和精神状态，提升人的适应能力，比如通过野生公园、自然保护区、虚拟现实设备、精神灵修的开发，满足人们对自然环境、心灵宁静的向往，在智能环境和城市高楼丛林之外提供质朴的生活。

二、AI时代的福利景象

AI时代的人、劳动和生活都将发生颠覆性变化。随着超人智能的进步，这些新的技术、经济成果可以把社会福利制度提升到新的层次，并使之展现出新的特征。

第一，物质福利极大丰富。经济为福利供给提供物质基础，而技术可以提供质量更高的福利项目及服务。AI技术是经济发展的强劲动力，AI与经济社会各领域相结合，推动国民经济各领域各部门高质量增长。从长远来看，在AI技术体系的引领下，人们的收入水平大大提高，经济的高速增长与高质量增长将为物质福利提供深厚的基础，项目最全、推助共同富裕、享有美好生活、促进社会善治的富裕型民生将会全面实现。

第二，福利系统充分实现普遍整合。AI的技术体系天然具有渗透性和协同性，它试图通过互联网平台、大数据、生物信息识别的手段将社会管理得井井有条，打破各种制度设置之间的壁垒。一方面，AI技术将推动人社信息的整合。过去分散在政府与市场各部门的户口、学历、就业、参保情况、信用状况、财务水平乃至购物偏好、病历、兴趣爱好等信息将被AI系统充分整合，从而实现社会福利供给与需求的精准匹配，个人不仅能够享受更加符合自身情况的福利标准，还会得到许多个性化的物质供给和服务。另一方面，AI技术将推动不同福利项目的整合。现行的社会福利项目各有各的运作方式、服务对象和待遇标准，无法配合起来提供更完善的社会安全网和生活助力。更重要的是，失业、工伤等项目会因行业与工作的减少、社会的富裕而趋于消失，AI系统将所有社会福利项目整合起来，对这些项目进行删除、归类与调整。另外，由于AI技术可以最大限度地整合原来分布于各部门、各项目中的信息与资源，电子化的福利系统便可以根据部分信息推测出其他信息，把握未来越来越灵活的人口流动，恰当地处理各种特殊人群的福利申请和特殊的福利安排。

第三，闲暇生活普遍获得。在全面AI社会中，生产力水平更高，社会十分富裕，用以解决基本生活需求的物质性福利几乎不再有匮乏问题。此时，绝大多数的工作（包括社会救助与服务）由AI代劳，人们适应无工作的生活状态，并通过其他劳动形式获得意义、尊严与认可，充分享受闲暇生活。一方面，AI技术正在使越来越多的人不依靠工作而谋生，工业化所造就的专业性有偿工作即将日薄西山，大量的工作不需要人类劳动力。原本依靠地方保护主义可以使劳动者无须高技能和教育水平也能从事体面工作，从而获得与之相对的社会福利，而随着 AI 时代的发展，绝大多数的工作将不复存在。另一方面，一些依靠繁重体力、重复性的、有一定危险性的工作都将由 AI 代劳，比如公交车驾驶员、货运司机、海员、飞行员等交通运输类的工作岗位将由更智慧更安全的机器人代替，从而规避因疾病、路况、天气、疲劳等因素造成的风险，特别是那些与危险相伴而生的消防员、矿工、地质勘探队队员、高空作业人员、自然环境与动物保护者的工作也将由 AI 机器人来进行，而对于专业要求较高的工作，如动辄几个小时的外科手术，AI 机器人也能大大降低医生的辛苦程度，甚至微型机器人还可以直接进入人体作业，AI 的效率使得人们不必在相关事务上耗费多少时间就能完成任务。同时，人们有大量的时间享受闲暇生活。在工业社会中，闲暇对劳苦大众来说是奢侈品，随着生活水平的提高，社会福利制度渐渐通过休假、额外津贴的方式给予人们一定的休闲时间，这些支持主要是在物质福利的范畴内。然而完全 AI 社会休闲时间的多少不再有限制，社会福利也不仅仅提供物质上的支持，还通过一系列的智能技术手段使人们更好地享受闲暇，满足人们在培养兴趣爱好、提升自身能力、追求时尚生活方式等方面的追求。

第四，智能型服务福利普及。由于有了更智能的 AI 系统、更灵敏的传感器和更优质的材料，社会福利能够提供相应的设备，使盲人看得见，使义肢更加适合人们的身体，从而灵敏行事，并且还在公共场所为残障群体安装便利配套设置，无障碍社会将成为现实。老年人、婴幼儿群体能够享受更智能的照顾型服务，社会大众能够享受更智能的伴侣型服务。独居的日常生活、社会原子化持续发展的未来，超人 AI 可以满足人类的情感需要，与人进行娱乐互动，以缓解精神空虚的状态；还能够制定日程安排，规划集体活动，积极推动人与人的交往。在 AI 时代，社会服务的智能化将使每个人都受益，是社会福利制度不可或缺的重要部分。

案例 11-5

智能陪伴

人们经常有这种观点，如果智能陪伴能以较低的成本给老年人带来满意的服务，它们就会变得更受欢迎。这种观点是对的，并让人备受鼓舞，特别是对于那些拥有大量高龄人口的国家，比如日本和欧洲的部分国家。然而，我们应当谨记，未来的老年人口并不会成为“电子移民”，而会是数码时代的子孙。他们将属于 X 世代、Y 世代或 Z 世代。他们的需求和期望将与见证大众传媒快速发展的那一代人大相径庭。这里我借用游戏行业来说明我的猜想。2012 年，美国家庭平均拥有至少一个控制端口、电脑或智能手机来玩视频或电脑游戏，49%的美国家庭拥有专用的游戏控制端口。游戏玩家的平均年龄从 36 岁下降到了 30 岁，我猜原因大概是智能手机和平板电脑游戏的爆发式增长，其中年龄不到 18 岁的游戏玩家占到了 32%的比例，年龄在 18～35 岁的游戏玩家占到 31%，年龄在 36 岁及以上的玩家占到

37%，他们玩游戏的时间通常都在15年以上。当X世代和Y世代变得年老体弱时，也并不意味着他们已经丧失了使用信息与通信技术的能力，只是他们需要帮助，就像只要有眼镜，一个人还是可以毫无障碍地进行阅读一样。因此，他们应该会欢迎以智能陪伴形式出现的个人助手的帮助，智能陪伴可以作为他们同世界其他地方进行联系的一个界面。智能陪伴的开发应该更多地关注智力受损群体而不是电脑白痴。

资料来源：弗洛里迪．第四次革命．王文革，译．杭州：浙江人民出版社，2016：179-180.

三、AI时代的福利挑战

AI的来临改变了福利供求关系及输送方式，改变了社会福利的治理结构，对人类社会的福利事业提出了巨大挑战。

第一，福利不平等极端化。由于极高的技术门槛，AI产品具有不可替代性，它面向的用户却前所未有的广泛，因此，AI研发公司既能坐享源源不断的可观利益，又可以对其他行业形成极强的掌控力，并持续拉大盈利的差距，从而给研发人员、高科技公司管理层、高级技工带来更加丰厚的收入，而劳动密集型的产业工人、服务业从业者乃至一部分行业的白领都遭受着失业的威胁。鉴于“多缴多得，长缴多得”原则的客观存在，不同从业者之间得到的社会福利待遇标准也会严重分化。另外，AI产品与服务也许能够渗透到全球各个角落，而科研人员、生产设备、基础设施、服务器都集中在少数技术发达的国家，行业规则也由他们来制定，那么财富就会更迅速地流向这些国家，其他地区的人们可能只是纯粹的消费者，无法享受最便捷和最先进的数字红利。同时，尽管现有的技术条件已经能够把公安、人社、卫健、民政、工会、财税等原先分散的劳动就业信息有效结合起来，但是人们不能确保AI系统受到规范训练，如果偏见与歧视长期嵌入算法之中，那么必定使弱势劳动群体、社会边缘群体继续承受不公，性别、种族和健康状况等刻板印象也会在延续中不断加强。[①] 总而言之，在AI时代，“生活标准的巨大差异是一种公众性的耻辱，我们需要改变这种状况”[②]。

第二，社会福利资源的萎缩。如果基于AI产业长远发展的乐观预期，那么它有可能实现社会福利的帕累托最优。就现实情况而言，尽管AI技术保持快速发展的势头，但它对生产率提升的作用尚不显著，并未达到预期，这就是所谓的“新索洛悖论”（Modern Solow's Paradox）。AI技术从突破创新到应用落地，再到产生大规模经济效益需要一定的时间，互补性技术、基础设施、人员素质、制度环境等也

① 赵欣彤，杨燕绥．人工智能时代的劳动力市场综合治理：挑战与政策工具．中国行政管理，2020(3)：12-17.

② 卡普兰．人工智能时代．李盼，译．杭州：浙江人民出版社，2016：161.

要与之匹配。越是有突破性的技术，需要沉淀的时间越长。[①] 那么，在这段等待的时间中，AI 并不能达到对经济增长的预期贡献，反而先是耗费了大量的科研资源，排斥了诸多非创造性从业人员。如果 AI 产业创造或带动的岗位不足以弥补其所替代或消除的岗位，失业率便会节节攀升，领取社会福利的人数将超过创造财政资源的人数，社会福利支出的增长速率将会超过社会福利收入的增长速度，此时社会福利制度的可持续性就岌岌可危。在人们到达物质资源极大丰富的全面 AI 社会之前，有可能要度过一段资源匮乏的时代，这对于福利治理如何公平分配资源、提升资源可持续性来说，是一项十分严峻的考验。

第三，以往社会福利的制度难以适用。由于 AI 系统能够应用于暂存的各行各业，高效地整合行业发展、岗位设置、求职需求、技能培训等信息，这样便会形成前所未有的庞大平台经济。在此平台中，AI 能够有效地配置资源并满足双方需求，雇主与雇员都将隐于幕后，甚至雇主也无须存在，这意味着就业形式的多样化与灵活化。那么，劳动者可以在任意时间、任意地点接受平台的工作任务，进行短期或长期的工作，但是整个过程却没有明确的、今天意义上的雇佣关系，这样就很难确定就业保险的参保资格。另外，参保资格与缴费主体紧密相连，既然参保资格难以确定，那么缴费主体也会模糊不清，雇员的身份如何认定？缴费多少才算足额？缴费时段如何计算？由此使得整个社会保险制度在 AI 时代面临根本性变革。不仅如此，雇主与雇员身份的模糊性还会使社会福利待遇谈判虚化，AI 平台无与伦比的整合能力使其掌控绝对的选择权和定价权，挤压了劳动者的议价空间。[②]

第四，工作福利有可能完全取消。无论是济贫法时代，还是凯恩斯时代，抑或新自由主义时代，工作福利都是社会福利的中流砥柱，个人的工资水平和社会的就业率是人们关注的焦点。而未来 AI 技术在生产环节的普遍应用，必定导致农业、工业与服务业中大规模的失业现象，这一问题的严峻程度非以往几次技术革命中的相似现象可比。首先，机器换人加速，AI 替换人的现象前所未有的广泛，使得工作机会无限趋近于零。即便就目前具有超级算法的计算机而言，其理论上能够胜任发达国家中八成的工作岗位[③]，当 AI 技术继续发展，它甚至有能力替代许多依靠创新性的工作，并且丝毫不逊于人类。技术加速如此之快，以至于工作者们没有能力习得相应技能，这甚至对相关专业的学生群体、高技能人群也是一个不小的挑战。其次，AI 不仅替换人力，还取消技能、岗位乃至行业。这是一种“更微妙、更难预测的威胁”。当许多科技创新鼓动工厂和企业去重组运营方式、组织结构与生产流程时，不仅经常会淘汰工作岗位，也会淘汰技能。比如银行安装了 ATM 机之后

---

① 蔡跃洲，陈楠．新技术革命下人工智能与高质量增长、高质量就业．数量经济技术经济研究，2019，36（5）：20.

② 高和荣．人工智能时代的社会保障：新挑战与新路径．社会保障评论，2021，5（3）：3-11.

③ 托斯．人工智能时代．赵俐，译．北京：人民邮电出版社，2017：33.

会裁掉出纳员，并且更倾向于雇佣网络工程师以提升服务。[①] 再次，AI使工作性质发生改变。技术的更新迭代及其对行业不断施加的改变会使工作岗位快速地变动，从业人员也处于流动之中。工作灵活性大为提升，非正式的合作、临时的项目愈发常见，灵活就业的人越来越多，失业率也不再是一个可靠的指标[②]，但是周期性失业与结构性失业却实实在在地存在着[③]，那么我们如何准确地、即时地为这些灵活就业的人提供帮助？在我国，互联网平台经济蓬勃发展，从外卖员、网约车到家政服务、零工平台，再到网络博主和主播，这些灵活就业方式难以获得劳动法规的有效监管和福利保障。最终，AI时代工作性质与观念的巨变将催生大量无法适应又无所事事的"无用阶级"[④]，他们不再能有尊严地生活，也无法获得以往从工作中找到的实践意义，而生活异化问题正是物质丰裕后社会福利需要解决的首要问题。

案例 11-6

技术变革与创新的反对者

伊丽莎白一世时期曾颁布了一项规定，要求英国百姓佩戴针织帽。为了将人们从无休止的手工编织中解放出来，威廉·李（William Lee）于1589年发明了织袜机，并带着兴奋的心情去伦敦觐见伊丽莎白一世，向她展示这台机器的强大功能，并申请一项专利。但是女王坚决拒绝给李颁发专利，她对李说道："你想想这发明对我可怜的臣民会有什么影响吧。这肯定会毁了他们，使他们失去工作，沦为乞丐。"

技术创新不仅遭到贵族、统治者或上层阶级的反对，也会遭受劳工阶级的冲击。1779年英国的莱斯特一带，一位名叫内德·卢德（Ned Ludd）的织布工曾怒砸两台织布机，后人以讹传讹成所谓卢德将军或卢德王领导反抗工业化的运动，卢德分子（Luddites）遂得此名。约翰·凯（John Kay）是1733年发明梭子的英国人，他的房子就是在1753年被卢德分子烧毁的；珍妮纺纱机的发明者詹姆斯·哈格里夫斯（James Hargreaves）也遭遇了类似情形。19世纪的前30年见证了英国日益增长的社会动荡，比如1811年和1816年的卢德骚乱（Luddite Riots），工人们反对引进他们认为会降低其工资的新技术，随后又发生了明确要求政治权利的骚乱。在1830年的摇摆骚乱中，农业工人抗议生活水平的下降以及新技术的引进。同年，七月革命在巴黎爆发了。精英阶层开始形成一种共识，即不满情绪即将达到沸点，化解社会动荡、扭转革命的唯一途径是满足群众的要求并进行议会改革。

当今，科技以势不可挡之姿造成的伤害愈发清晰，而自动化只会增加这股焦虑。我们应该可以预期，人们将以直接的行动表现自己对脱机生活方式的青睐，甚

① 卡普兰．人工智能时代．李盼，译．杭州：浙江人民出版社，2016：127-131.

② 肖涵，葛伟．普遍基本收入：回应人工智能挑战的政策选择．江苏行政学院学报，2020（2）：111-117.

③ 同①131-135.

④ 赫拉利．未来简史．林俊宏，译．北京：中信出版社，2017：286.

至掀起反科技暴动，从而形成新卢德主义（Neo-Luddism）运动。一旦人们开始相信机器是压迫而非解放，这种念头就再也停不下来了。1978—1995 年，泰德·卡辛斯基（Ted Kaczynski）寄出 16 颗炸弹给大学和航空公司等目标，导致 3 人死亡和 23 人受伤。卡辛斯基是哈佛数学系神童，二十几岁时开始过起脱机的生活，因为相信科技变迁将摧毁人类文明、导向非人化暴政和控制时代而犯案，他在数字科技方面的写作，如今看来，其中的洞见似乎到了令人不安的程度。他预言具有超级智慧的机器将主宰社会，人们将因对科技的依赖产生心理病变，而由精通科技的精英运作的世界将出现令人咋舌的不平等。许多迹象显示，新卢德主义早已全面开展。2017 年 11 月，位于法国格勒诺勃的小型科技工厂“炮台”（La Casemate）遭捣毁焚烧。袭击者称该公司“是一家恶名昭彰的有害机构，散布数字文化”。同年法国南特一家类似的公司也遭人锁定。如果最近关于工作和 AI 的论述有那么一丝正确的话，那么很快地，新卢德分子将出现在政府定义的极端主义者名单里。

没有人希望机器被捣毁或者信件炸弹之类的事件发生。200 年前，破坏者无法阻止工业化的进程，如今也注定不会成功。但在生活中怀有一点点卢德主义之心无伤大雅，我们早该意识到科技变革并非总是有益的，也并非总是不可避免的。我们不必投弃所有现代科技带来的愉悦，觉得偶尔脱机对自己有益也不会让你变成老古板：你可不是机器呀！

资料来源：ACEMOGLU D，ROBINSON J A. Why nations fail：the origins of power，prosperity and poverty. London：Profile Books，2012：85－86，182－183，310－311；BARTLETT J. Will 2018 be the year of the neo-luddite？.（2018－05－04）［2021－09－13］. https：//www. theguardian. com/technology/2018/mar/04/will-2018－be-the-year-of-the-neo-luddite.

总而言之，AI 时代的人、劳动与生活都将发生天翻地覆的变革，这一变革既能够增益人们的福利享有，又会带来新的挑战。如果未来社会无法克服它们，那么后果将是灾难性的，甚至社会福利制度与科技创新本身都会遭到反噬。

第三节　未来社会的家庭福利

在过去的一个世纪里，世界上主要的家庭制度无不发生改变，但它们仍然存在。①

——戈兰·瑟伯恩

家庭是社会的基本单元，是国家与市场之外的重要福利供给主体。随着工业

① THERBORN G. Between sex and power：family in the world 1900—2000. London and New York：Routledge，2004：306.

化、城市化、全球化等进程的推进，工业国家首先会迎来家庭变革，推动家庭福利的改革，给家庭福利带来新挑战。

一、未来家庭与家庭福利

家庭普遍存在于人类社会中，不同地域、不同时间形成灵活多样的家庭结构。随着社会的发展，家庭结构处于不断变化中①，特别是后工业化以及后全球化时代的深化，使家庭模式与家庭福利显现出一些重要的变革方向。

（一）家庭模式的未来变革

现代核心家庭是依靠亲密关系、家庭隐私、养儿育女为纽带结成的群体，它在工业革命以来长期占据主导位置。就其关系基础而言，它从法律、义务和习俗的"制度形式"转变成一种追求共识、共同利益、民主关系以及家庭成员个人幸福的"陪伴形式"②，婚姻关系脱离父母与家族掌控，经过个人自由选择而结成，重视个人情感、性吸引力和浪漫爱情。家庭分工方面，从 20 世纪 50 年代的"丈夫工作养家，妻子负责家务"的分工方式转变成当今"夫妻共同参加工作，共同承担家庭责任"的分工方式，男女地位趋于平等。家庭功能方面，由于工作场所与家庭分离，家庭的消费功能大于生产功能。③ 家庭角色方面，父亲、母亲、孩子构成了稳固的三角关系④，夫妇双方的婚姻关系比较稳定。基于此，威廉·J. 古德（William J. Goode）在《世界革命与家庭模式》一书中预测，核心家庭将会成为未来人类社会更普遍的家庭模式。⑤

然而，古德无法预测深度全球化特别是深度智能化对家庭模式造成的冲击。⑥最近 30 多年来，现代化进程预示着家庭的颠覆式变革：非婚生子女数量增加，限制离婚的法律和规范开始放松，由浪漫关系塑造的非婚同居增加，第一次结婚和第一次生育的年龄越来越大，越来越多的人开始接受同性伴侣及家庭。⑦ 不仅如此，人工智能技术广泛应用于家庭，给家庭结构、家庭关系带来颠覆性影响。未来家庭的发展不仅会延续这些趋势，还将发生如下变革：

---

① 比尔基埃，等. 家庭史：第二卷：现代化的冲击. 袁树仁，等译. 北京：三联书店，1998：759；GERSON K，TORRES S. Changing family patterns. Emerging trends in the social and behavioral sciences：an interdisciplinary，searchable，and linkable resource，2015：1－15；GIDDENS A，DUNEIER M，APPELBAUM R P，et al. Introduction to sociology. New York and London：WW Norton，Incorporated，2018：478－480，488.

② BURGESS E W. The family in a changing society. American Journal of Sociology，1948：53（6）.

③ GIDDENS A，DUNEIER M，APPELBAUM R P，et al. Introduction to sociology. WW Norton，Incorporated，2018：485－488.

④ 弗思. 人文类型. 费孝通，译. 北京：华夏出版社，2002：83.

⑤ GOODE W J. World revolution and family patterns. New York：The Free Press，1963：6.

⑥ CHERLIN A J. Goode's world revolution and family patterns：a reconsideration at fifty years. Population and Development Review，2012：38（4）.

⑦ 同③489.

第一，家庭结构的多样发展。以往的核心家庭中夫妻首次结婚年龄较小，婚姻中期因养育儿女降低婚姻体验，之后的婚姻幸福则需要持续的互爱。未来的人们越来越倾向于晚婚晚育，这使首次结婚年龄范围拉大。更重要的是，在生物技术的推动下，试管婴儿、代孕[①]、精子或卵子冷藏将使夫妻的生育计划不再受年龄、对方身体状况的限制，使家庭代际、家族辈分状况层出不穷。这些因素打破了父亲、母亲、儿女的稳固三角，尤其是生育不再是成家的必然追求，这就挑战了人类现有的家庭观念。

诸如非婚同居的两人相伴到老的家庭、不生育的丁克家庭、养育孩子的同性家庭、长期不居住在一起的异地家庭、单身主义者独居成家、与智能化的机器人组成的家庭，等等，这些新的亲密关系形式将越来越多地出现在未来社会中。实际上，被传统观念排斥的同性婚姻、非婚同居家庭正得到越来越多国家与地区的法律保护，尤其是在斯堪的纳维亚国家，非婚同居家庭甚至成为年轻人中的主流。据2014年的一份调查，冰岛70%的新生儿是非婚生的，瑞典和挪威的比率略低，这些生育的人绝大多数都是在双方承诺长期同居的情况下做出之一选择。[②]面向未来，人们甚至可以把具有人格与情感的AI、仿生人、“思维克隆人”[③] 纳入自己的家庭中，这些特殊的人种将不再被当作物品或财产，而是享有法律承认和亲情依恋的家人。

第二，母系家庭的崛起。古代的宗法制度和家庭伦理均以父子关系为主轴，不过现代化的进程已经打破了这一关系：随着女性工作参与率的提升，她们在家庭中越来越被重视；在婚姻关系中，孩子冠母姓，甚至丈夫结婚后改为妻姓的案例屡见不鲜，一些传统的家庭文化规范将不再适用；结合人们对婚姻的忠诚和期许不断弱化、离婚率升高和非婚同居的趋势越来越明显，未来社会女性对子女越来越具有掌控权，女性获得孩子监护权的可能性远大于男性。当然，从另外一个角度看，随着科学技术的发展，未来的人类可以到全球任何一个地方居住、工作和生活，一部分人总是处于“漂泊”状态，跨国家庭成为社会常事，而夫妻的文化习惯冲突并不能轻易解决，单亲家庭会更加普遍。

总体而言，未来社会里，男性与孩子生活在一起的可能性在下降。[④] 男性对家庭与育儿投入的情感和精力原本就不如女性，父子关系的不佳不利于孩子情感需求的满足、社会化能力的培养以及健全人格的养成。从长远来看，母系亲族网络将会得到不断强化[⑤]，甚至成为父系家庭衰落、母系家庭崛起的重要标志。由于女性主义观念的普及、女性地位的提升、社会繁衍的需求、婚姻关系的不稳

① 代孕在当今绝大多数国家都不合法，且极易造成对女性的剥削，并引发一系列的伦理与法律问题。

② GIDDENS A，DUNEIER M，APPELBAUM R P，et al. Introduction to sociology. WW Norton，Incorporated，2018：489.

③ 所谓“思维克隆人”是指一个人的思维文件放进克隆体内，让此人获得新生。

④ GOLDSCHEIDER F K. Men，children and the future of the family in the third millennium. Futures，2000：32（6）.

⑤ 比尔基埃，等．家庭史：第二卷：现代化的冲击．袁树仁，等译．北京：三联书店，1998：755.

固，女性对于家庭与社会的作用愈发重要，家庭的这一转折对社会发展提出新的问题。

第三，家庭的存在危机。现代社会具有高速流动、变化莫测的特质，鲍曼称这种特性为“流动的现代性”，这使得当下的社会关系不如从前稳固，变动性成为未来社会的显著特性。一方面，未来社会的人们在自由自主地追求爱情与婚姻的同时对婚姻的忠诚和期许不断弱化，他们对婚姻的态度将更加开放，附加在婚姻之上的法律和文化限制将会十分宽松，从而可以真正自由而轻松地从一段婚姻关系中脱离，家庭将不再是稳定的社会单元，单亲家庭、收养家庭、无子女家庭的增多将会减弱传统家庭的血缘纽带。客观上，20 世纪以来发达工业国的离婚率节节攀升，而随着经济、社会的发展，包括中国在内的一些国家的离婚率也呈现增长趋势。另一方面，深度全球化与技术的跃迁给家庭带来存在危机。随着科学技术的发展，人类可以移民其他星球，或选择太空生活，届时家庭成员将面临以星际为尺度的分离，具有完全不同于当今社会的生活方式和生活节奏；超人 AI 的实现将使一些具有人格的机器人、仿生人乃至思维克隆人走进家庭，无论是他们之间还是他们与人类之间都不存在传统意义上的血缘关系特别是伦理关系，人类可以随时随地从超人 AI 那里获得一定程度的情感关怀与生活帮助。综合这些因素，血缘以及传统意义上的伦理不再是家庭延续的必备条件，人们开始思考传统的家庭是否还有必要存在，甚至会有新的词语描述生物人、机器人、仿生人、思维克隆人组建生活团体并形成亲密关系的现象，这种亲密关系团体可大可小，血缘纽带可有可无，完全不同于传统家庭或社区。

案例 11–7

虚拟人之家

一个 30 岁的单身消防员创建了一个内容丰富的思维文件，这一文件被思维软件激活并在克隆人体内运行，思维克隆人就这样与消防员建立了身份与记忆共享。假设，这位消防员在结婚前的一个月不幸在一场爆炸中失去了自己的身体。思维克隆人通过媒体和电话得知了这一消息，表现得像一个遭遇严重事故后在医院中苏醒的人——否认、愤怒、争辩、沮丧、接受。思维克隆人打电话给消防员的未婚妻，在几天反思后决定继续举办婚礼。他们计划将来自双方思维文件中的片段整合起来，制造一个新的网络人婴儿，以此创建一个新的家庭。这个家庭能够作为世界上的一个“基本的人类社会单元”得到相应的保护吗？我认为，答案是肯定的。

假设这个消防员的配偶同样拥有思维文件（人人都有虚拟存在，正如今天大多数 IT 用户都拥有思维文件一样），但是她还没有激活思维克隆人。未来，也会有虚拟妇产医生，专门研究如何创造新的网络生命这一独特的生命形式。但是，分享来自两个父母的网络存在——就像我们父母的基因遗传到我们体内一样神秘莫测——这个新的网络生命婴儿从出生到成年将需要数年时间。这是多平台夫妇将要承担的构建家庭的挑战。

他们会被批评对孩子不公平，因为孩子会面对类似跨人种夫妇或同志夫妻的孩子所面对的诋毁和歧视。不同能力人群之间的愉快结合，与这些不公平同时存在。如果血肉人类的结合是愉快的，那么一半的婚姻将不会离婚，但爱不仅限于血肉。

资料来源：罗斯布拉特．虚拟人：人类新物种．郭雪，译．杭州：浙江人民出版社，2016：215.

（二）家族与宗族的未来变革

始祖家庭持续延续、扩展后便形成家族或宗族，中国古代谈及更多的是宗族，谱系上枝繁叶茂的宗族可达数万人之多。除了生物繁衍与社会的推动，宗族功能的实现更在于宗族成员的积极活动，通过敬宗收族、聚族自保、互惠共赢和薪火相传等手段，防止个人及其小家庭的骤起骤落。宋代之后宗族的组织化更加鲜明，祭祀、族谱、族产、族规、族学等多项制度得到规范，其中范仲淹开始设立的义田和义庄就是族产制度的一项举措，用以救济宗族成员、凝聚亲情。中华人民共和国成立后，经济的发展、生活水平的提高使得宗族制度的经济功能有所弱化。改革开放后对土地限制的放松，以及近年对优秀传统文化的提倡，宗族得到一定程度的重建。然而，未来的宗族仍将持续衰落的趋势。

首先，宗族组织不断萎缩甚至出现解体。工业化与全球化进程加速，人地关系疏离，且传统农业收入不如进城务工收入高，农民纷纷进城谋求新生活，原属同辈的宗族成员分布到全球各地，这些因素毁坏了宗族血缘与地缘结合的纽带，使宗族不能再有效组织起来开展各项福利活动。即便一些海外的客属后裔常有寻根祭祖之举，但很多时候只是出于习俗规范与怀旧心态，宗族生活不再是所有人的生活重心。未来全球化的深度推进乃至太空生活的实现将继续提升人口的流动性，使原先的宗族成员更加分散地居住。而少子化、无子化的生育观念本身就与宗族人丁兴旺的追求相冲突，它将使宗族人口持续减少，姻亲网络也变得十分稀疏。

其次，宗族纽带联系的弱化。未来社会，劳动力、资本、交通、信息会继续高速流动，宗族成员无法继续共同居住、统一劳作，无论是社会分工还是生活方式都会呈现出多样性，甚至宗族成员之间常常“老死不相往来”，亲戚之间互不认识。无论是宗族集体活动的举办还是宗族成员对族内事务的参与都将大大减少。未来的人们更倾向于把自己的身份认同置于性别、职业、兴趣乃至世界社会的情境之中，而非自己来自哪一个宗族。由于社会福利水平的提升，人们对宗族不再有所索取，不会寄希望于宗族的救济，列维-斯特劳斯所言的宗族之类的亲属网对于社会存续的必要性将不复存在。[①] 这些因素势必促使宗族成员之间的亲情关系、人们对宗族的归属感愈发淡薄。

最后，宗族权力的弱化。在现代社会中，核心家庭显扬的是个人价值和自由选

① 比尔基埃，等．家庭史：第一卷：遥远的世界 古老的世界．北京：三联书店，1998：7.

择，成了反对“沉重的门第”和宗族束缚的象征。[①] 宗族成员与核心家庭在宗族中自主权的提升意味着长老制度、族规与家法将逐渐让位于民主规则和国家法律，个人身份趋于平等，宗法观念中的嫡庶、男女之分不再适用于未来社会。就政治制度中的基层治理而言，传统的宗族在某一地区聚居，形成较为封闭的权力体制。基层自治的发展代替了这种权力体制，尽管在人事上有重合，村庄聚落中的自治行为被悉数纳入国家正式制度之下，无论是个人权利、议事规则、行政系统都不同于以往，宗族不再具有政治上的掌控力。面向未来，宗族权力只能应用于一些特殊的族规与传统，它无法凌驾于法律之上，更没有正式的行政权力，将随着其组织的萎缩和解体而持续弱化。

（三）家庭福利的未来变革

尽管传统宗族和现代核心家庭将走向衰落，但是社会的现代化并不排斥家庭，而是和家庭的现代化一起实现的。[②] 同样，未来的社会福利制度不是要取消家庭福利供给，而是结合社会情境与家庭变革对家庭福利进行变革。

第一，宗族福利的地位将会持续下降。现代社会福利体系最初是为无家可归的穷人与走出家庭庇护的工人而设立的。首先，由于人们工作与生活方式的转变对社会福利产生工伤、医疗、生命保险等新需求，这些新需求由政府与商业保险工资满足，传统宗族并没有相应的福利供给方式与项目，在未来也是如此，它无法提供社会发展塑造的新需求。其次，现代社会福利制度的建立挤压了宗族福利的生存空间，前者在制度上有稳定回报预期，标准化流程，公开、平等和透明的谈判方式，可免于宗族福利的性别歧视、临时性救济、长老决定等固有弊端，未来宗族福利如果不能朝着稳定经营与民主透明的方向发展，则难以得到认同。最后，由于宗族本身都处于风雨飘摇中，传统以土地资源为载体的福利供给被现代工业所毁坏，难以确保福利供给的充足和稳定。

第二，家庭福利供给完全社会化。人类最初的家庭福利完全由父母或亲戚提供，属于家庭或家族内部供给，而现代社会保险制度建立之初是为了防止受伤或失业的工人无法谋生，客观上维持了家庭功能。20 世纪 50 年代以来，社会政策提供了越来越多的家庭福利项目，比如房屋补贴、生育补贴、儿童福利、家庭医生、居家养老福利等。未来社会，基于全球经贸发展与技术变革，输送到家庭的福利资源将得到极大丰富。这意味着，以“父母工作，养儿育女”为根基的家庭福利供给模式不再有必要。这个时候的人们无须工作即可谋生，并且获得相当水平的福利待遇。因为 AI 主导的产业变革将占据绝大部分工作岗位，社会财富十分富余，家庭绝大部分的福利享受可以由社会富足地供给。当社会中的家庭普遍衰落，“老吾老以及人之老，幼吾幼以及人之幼”的理想实现时，家庭成员不再是无法替代的情感

---

① 比尔基埃，等．家庭史：第二卷：现代化的冲击．袁树仁，等译．北京：三联书店，1998：756.

② 同①754.

寄托者，福利供给将打破公私的边界，完全由社会进行供给。

第三，家庭福利的智能化。家庭福利的智能化建立在AI技术主导了经济各个环节的基础上，届时将迎来无工作的福利时代，工作–生活的平衡都不再是奢望，此时的家庭福利具有以往时代无法企及的智能性。家庭将会拥有智能管家，他能够负责家庭成员的饮食起居、活动日程、健康服务及健康管理，从而把家长尤其是女性从传统家庭负责琐碎的日常劳务中解放出来。智能管家陪伴孩子成长，负责婴儿的安全，监控其身体状态，跟孩子玩耍，辅导其功课，培养其兴趣爱好，促进其人格养成。同样，智能管家还可以照顾家中的病人与老人，根据他们身体与心理的特殊状况、特殊需求实现特定功能。如此，智能管家能够像家人一样融入其服务的家庭。通过技术手段更能大大拓展家庭福利的空间，比如失独家庭或者丧偶的老人，可以将死者的记忆植入仿生人之中，这样就可以满足家人怀念死者的情感需求。

二、家庭福利的未来挑战

未来社会发展、家庭模式和家庭关系的变革使家庭原本的福利功能遭到削弱，同时供给家庭的福利会出现一些新的现象，给家庭福利带来挑战。

（一）家庭养老的挑战

总体上，在未来长寿化、老龄化与少子化叠加效应下，工业国家将形成深度老龄社会，传统的家庭养老模式将难以为继。老人与年轻子女常常是分离的，而没有子女的老人甚至体会不到亲情关怀，普通的家庭子女少，一对夫妻可能无法顾及双方父母的养老活动。在未来社会，家庭的物质福利可以轻易获得，剔除高度智能化的机器人或思维克隆人之外，并没有充足的当今意义上的人员为老年人提供精心照顾或护理，社会福利制度更倾向于将老人集中在护理院或疗养院进行照顾，分散的居家养老服务倾向于由机器人代劳，以实现一对一的照顾。未来智能机器是一种便宜的商品，必将广泛运用到福利领域增进民生福祉。但这些机器人也有缺陷，比如无法顾及老人生活起居全部细节，对紧急情况的处理不如经过培训的一般人类，更不用说机器人能够提供多大程度的私人化的情感关怀等。因此，尽管每位老人都容易得到一对一的照顾，但是照顾的个性化会普遍下降。另外，机器人养老的普遍应用容易导致子女在孝老敬老问题上的责任缺失，把许多陪伴和照顾的事项都推卸给机器人，使得老人无法感受到切实的亲情关怀，将本应安享晚年的时间变成冰冷的机器在侧的“度死日”。

（二）子女抚养的挑战

对现代核心家庭来说，养儿育女是一项必须要完成的任务。然而，未来的核心家庭走向多样化，由于婚姻关系不再稳固，势必不利于子女健全人格的养成。

未来社会，婚姻关系的不稳定将催生大量的单亲家庭，孩童不仅缺乏母亲或父亲一方的陪伴，而且家庭能够提供的福利也大打折扣，这些单亲家庭将对政府和社会的救济计划造成极大压力。对于一个完整的核心家庭来说，父母双方如何平等地支持和照顾孩子，权利与义务如何得到同等严格的执行，对于社会福利制度而言将是个巨大的挑战，未来关于福利制度中公、私领域的划分更将带来新的争议。

未来不仅有全球化的人口流动，人类生活的空间尺度也将超出星际，这可能会疏远父母与子女之间的关系。对一些跨国或跨民族婚姻，家庭文化是混杂而矛盾的，这对子女的身份认同也造成了严重挑战。而一旦家庭成员散居在全球各地乃至其他星球上，他们各自的时间观念、生活节奏都难以保持一致，更不用说亲情的维持。也许那时候的 AI 机器人能够代替父母对孩子进行抚养，但它有功能、程序上的限制，无法代替父母对孩子的呵护。并且，机器人本应加强家庭之间的情感联系，而完全由机器人代劳的子女抚育实际上将会造成家庭的瓦解，或者模拟家庭成员的仿生人代替真正的家庭成员。因此把握好 AI 技术的使用限度是应对这一挑战的关键所在。

（三）家庭教育的挑战

在传统文化中，孩子在家庭环境中接受教育。部分专长教育具有家庭的传承性，由此形成家学或者不外传的技艺。而在现代社会，孩子不仅在学校度过了大部分的受教育时间，而且能通过网络、大众传媒不断更新自己的知识体系。这样，家庭教育的地位将越发不重要，其功能主要集中于对孩子道德与品格的塑造上，而通俗知识、专长乃至兴趣培养都可以借助家庭之外的教育机构。

未来的家庭教育将面临巨大挑战。首先，父母失去了驾驭家庭教育的掌控力。AI 机器人完全可以代替父母对子女进行全阶段、高水平的教育，传授生活技能、社会准则与专业知识，但是道德品格和人生追求的培养仍然需要父母的言传身教。不过，如果失去了“术”方面的教育载体，那么“道”领域内的教育何以可能又如何可能？家长如何减少与 AI 教育的矛盾冲突？其次，家庭教育的刻板化和趋同化。AI 机器人擅长标准化知识的传递，不善于艺术体验活动，因为 AI 机器人本身就在通过不断的启发式学习来提升自己处理问题的能力。因此，AI 机器人容易采用同一种知识传递方法传授同一类知识，使孩子形成同一种思维方式，这显然不利于子女的创造力挖掘、培养与塑造。最后，由超人 AI、思维克隆人、仿生人组成的家庭，将会使教育问题变得更加复杂：这些家庭中的成员先天就具有海量知识与经验，或者预置了超人的计算能力，我们将为他们提供怎样的教育？他们需要与生物人在同一赛道竞争吗？这些都是难以解决的教育福利问题。

（四）家庭支持的挑战

在宗族组织瓦解、家庭规模缩小、婚姻关系不再稳固的发展趋势下，普通家庭所能提供的支持是十分有限的。在未来社会，家庭支持将面临前所未有的挑战。

就家庭的社会支持而言，由于少子化乃至无子化的生育观念，未来小家庭中连父母双方都缺乏联系紧密的亲戚关系，更不用说他们的后代还有什么庞大的亲族网络可以依靠。并且，家庭的不稳固会使许多关系断裂，普通家庭无法再为人们提供广泛的社会关系网。未来社会的家庭成员多分居在世界各地，乃至以星球为空间生活，这就使得人们具有不同的生活方式、节奏乃至文化习俗，再加上星际空间对社会关系的区隔，家庭成员无法进行社会关系的互相支持。

就家庭的资源支持而言，通过一群人的血缘关系凝聚资源的可能性微弱，普通家庭的资源有限，且高离婚率会导致家庭资源的内耗。更重要的是，未来的家庭组成涉及不同种族、不同星球、生物人与机器人的组合，显然难以为这些具有异质性的家庭成员提供各自所需的福利。

就家庭的情感支持而言，由于分居、无子化、高流动性的生活状态，许多家庭本就缺乏长久的感情连带，人们可以在网络中寻找志同道合之人的慰藉，或者把模拟亲朋好友的仿生人、思维克隆人或 AI 当作情感寄托，这样，传统意义上的人与人之间的互相支持就不再重要了，技术手段在满足情感需要的同时并没有使家庭重新凝聚起来。在生物人与机器人组成的家庭中，更要面临如何互相磨合、怎样互相支持的问题，这在以往的人际交流中找不到任何经验。

总而言之，未来社会经济、制度与文化的种种变化将交织起来影响家庭和家庭福利的变革。这既为新的美满家庭生活创造了机会，使得不同类型的家庭模式都有发展的空间，又给家庭福利带来了新的挑战。在未来，如果要确保家庭福利对家庭生活质量的提升作用，我们将面临祖辈难以想象的选择。

复习思考题

1. 除了全球化时代、人工智能时代，未来还将出现哪些影响社会福利变革的因素？

2. 在一个没有家庭这种基本单元的社会，福利享有将会发生怎样的变化？

3. 全球化（乃至太空生活）、超人 AI、家庭变革如何相互关联地发挥作用？

推荐阅读书目

1. 贝克．什么是全球化?：全球主义的曲解—应对全球化．常和芳，译．上海：华东师范学出版社，2008.

2. 吉登斯．失控的世界全球化如何重塑我们的生活．周红云，译．南昌：江西人民出版社，2001.

3. 武川正吾．福利国家的社会学全球化、个体化与社会政策．李莲花，李永晶，朱珉，译．北京：商务印书馆，2011.

4. 马尔科夫．与机器人共舞．郭雪，译．杭州：浙江人民出版社，2015.

5. 卡普兰．人工智能时代．李盼，译．杭州：浙江人民出版社，2016.

6. 罗斯布拉特．虚拟人：人类新物种．郭雪，译．杭州：浙江人民出版社，2016.

7. 比尔基埃，等．家庭史：第二卷：现代化的冲击．袁树仁，等译．北京：三联书店，1998.

参考文献

著作

艾哈德．大众福利．祝世康，穆家骥，译．北京：商务印书馆，2017.

安德森．公共决策．唐亮，译．北京：华夏出版社，1990.

安奈兹，等．解析社会福利运动．王星，译．上海：格致出版社，2011.

班杜拉．社会学习心理学．郭占基，等译．吉林：吉林教育出版社，2003.

班固．汉书．北京：中华书局，1999.

贝尔．后工业社会．北京：新华出版社，1997.

贝弗里奇．贝弗里奇报告：社会保险和相关服务．北京：中国劳动社会保障出版社，2008.

贝克．风险社会．南京：译林出版社，2018.

贝克．什么是全球化?：全球主义的曲解—应对全球化．常和芳，译．上海：华东师范大学出版社，2008.

比尔基埃，等．家庭史．袁树仁，等译．北京：三联书店，1998.

庇古．福利经济学．金镝，译．北京：华夏出版社，2017.

波罗．马可·波罗游记．梁生智，译．北京：中国文史出版社，1998.

波普诺．社会学．刘云德，王戈，译．沈阳：辽宁人民出版社，1987.

布莱克莫尔，沃里克-布思．社会政策导论．岳经纶，等译．4 版．上海：格致出版社，2019.

蔡鸿源．民国法规集成：第 72 册．合肥：黄山书社，1999.

曹端．曹端集．北京：中华书局，2003.

陈庆云．公共政策分析．2 版．北京：北京大学出版社，2011.

陈荣华，何友良．中央苏区史略．上海：上海社会科学院出版社，1992.

陈寿．三国志．北京：中华书局，1999.

陈真，姚洛．中国近代工业史资料：第一辑．北京：三联书店，1957.

戴伊．理解公共政策．彭勃，等译．10版．北京：华夏出版社，2004.

邓大松．社会保障概论．北京：高等教育出版社，2019.

邓恩．公共政策分析导论．谢明，等译．4版．北京：中国人民大学出版社，2011.

邓小平．邓小平文选：第二卷．北京：人民出版社，1994.

邓云特．中国救荒史．北京：商务印书馆，2011.

迪安．社会政策十讲．岳经纶，温卓毅，庄文嘉，译．上海：格致出版社，2009.

迪尼托．社会福利：政治与公共政策．杨伟民，译．7版．北京：中国人民大学出版社，2016.

蒂特马斯．社会政策十讲．江绍康，译．长春：吉林出版集团有限责任公司，2011.

范晔．后汉书．北京：中华书局，2012.

范仲淹．范文正公文集：二．北京：商务印书馆，1937.

费孝通．美好社会与美美与共：费孝通对现时代的思考．北京：生活书店出版有限公司，2019.

费孝通．乡土中国·生育制度·乡土重建．北京：商务印书馆，2011.

夫马进．中国善会善堂史研究．伍跃，杨文信，张学锋，译．北京：商务印书馆，2005.

弗思．人文类型．费孝通，译．北京：华夏出版社，2002.

伏胜．尚书大传．郑玄，注．北京：商务印书馆，1937.

格斯顿．公共政策的制定：程序和原理．朱子文，译，重庆：重庆出版社，2001.

关信平．社会政策概论．3版．北京：高等教育出版社，2014.

郭志超，林瑶琪．闽南宗族社会．福州：福建人民出版社，2008.

哈耶克．自由秩序原理：下．邓正来，译．北京：三联书店，1997.

韩愈．韩昌黎文集校注．马其昶，校注．上海：上海古籍出版社，1986.

何雪松．社会工作理论．上海：上海人民出版社，2007.

河连燮．制度分析：理论与争议．李秀峰，柴勇宝，译．2版．北京：中国人民大学出版社，2014.

赫拉利．未来简史．林俊宏，译．北京：中信出版社，2017.

侯寿昌．清代仓储制度//平准学刊：第四辑：下册．北京：光明日报出版社，1989.

胡大新．永定客家土楼研究．北京：中央文献出版社，2006.

淮南子．张燕婴，等译注．北京：中华书局，2012.

吉登斯．第三条道路：社会民主主义的复兴．北京：北京大学出版社，2000.

蒋礼鸿．商君书锥指．北京：中华书局，1986.

金登．议程、备案与公共政策．丁煌，方兴，译．北京：中国人民大学出版社，2004.

金斯伯格．福利分化：比较社会政策批判导论．姚俊，张丽，译．杭州：浙江大学出版社，2010.

景天魁，等．福利社会学．北京：北京师范大学出版社，2010.

景天魁，等．普遍整合的福利体系．北京：中国社会科学出版社，2014.

卡普兰．人工智能时代．李盼，译．杭州：浙江人民出版社，2016.

康有为．大同书．邝柏林，选注．沈阳：辽宁人民出版社，1994.

科尔奈，翁笙和．转轨中的福利，选择和一致性：东欧国家卫生部门改革．北京：中信出版社，2003.

克拉特．社区福利与公共福利．麦哲伦国际公司，译．长春：东北师范大学出版社，2008.

孔子家语．王国轩，王秀梅，译注．北京：中华书局，2011.

库恩勒，陈寅章，彼德森，等．北欧福利国家．上海：复旦大学出版社，2010.

老子道德经注校释．王弼，注，楼宇烈，校释．北京：中华书局，2008.

李华瑞．宋代救荒史稿．天津：天津古籍出版社，2014.

李文海，夏明方．中国荒政全书：第一辑．北京：北京古籍出版社，2002.

林万亿．福利国家：历史比较的分析．台北：台湾巨流图书公司，1994.

刘向．说苑校证．向宗鲁，校证．北京：中华书局，1987.

刘昼．刘子校注．杨明照，校注．成都：巴蜀书社，1988.

龙文彬．明会要．北京：中华书局，1956.

吕不韦．吕氏春秋新校释．陈奇猷，校释．上海：上海古籍出版社，2002.

吕大临，等．蓝田吕氏遗著辑校．陈俊民，辑校．北京：中华书局，1993.

马尔科夫．与机器人共舞．郭雪，译．杭州：浙江人民出版社，2015.

马克思恩格斯文集：第10卷．北京：人民出版社，2009.

马歇尔，吉登斯．公民身份与社会阶级．郭忠华，刘训练，编．南京：江苏人民出版社，2008.

芒福德．技术与文明．陈允明，王克仁，李华山，译．北京：中国建筑工业出版社，2009.

孟轲．孟子．朱熹，集注．上海：上海古籍出版社，2013.

孟子．万丽华，蓝旭，译注．北京：中华书局，2007.

米什拉．资本主义社会的福利国家．郑秉文，译．北京：法律出版社，2003.

莫斯．礼物：古式社会交换的形式与理由．汲喆，译．上海：上海人民出版社，2002.

墨子．方勇，译注．北京：中华书局．2011.

倪其心．宋史．上海：汉语大词典出版社，2004.

牛铭实．中国历代乡规民约．北京：中国社会出版社，2014.

诺思．经济史中的结构与变迁．陈郁，罗华平，等译．上海：三联书店上海分店，1991.

欧阳修，宋祁．新唐书．北京：中华书局，1975.

帕顿，沙维奇．公共政策分析和规划的初步方法．孙兰芝，胡启生，等译．北京：华夏出版社，2002.

帕尔默．福利国家之后．熊越，等译．海口：海南出版社，2017.

帕森斯．社会行动的结构．张明德，等译．南京：译林出版社，2012.

潘小娟，吕洪业，等．外国住房保障制度研究．北京：国家行政学院出版社，2014.

彭华民，等．西方社会福利理论前沿：论国家、社会、体制与政策．北京：中国社会出版社，2009.

皮尔逊．拆散福利国家：里根、撒切尔和紧缩政治学．舒绍福，译．长春：吉林出版集团有限责任公司，2007.

朴炳铉．社会福利与文化：用文化解析社会福利的发展．高春兰，金炳彻，译．北京：商务印书馆，2012.

瑞泽尔．当代社会学理论及其古典根源．杨淑娇，译．北京：北京大学出版社，2005.

萨拉蒙．公共服务中的伙伴：现代福利国家中政府与非营利组织的关系．田凯，译．北京：商务印书馆，2008.

塞尔斯．解析国际迁移和难民政策：冲突和延续．上海：格致出版社，2011.

赛恩斯伯里．福利国家和移民权利：包容与排斥的政治．萧易忻，译．上海：华东理工大学出版社，2019.

三字经·百家姓·千字文·弟子规·千家诗．李逸安，张立敏，译注．北京：中华书局，2011.

瑟勒博-凯泽．福利国家的变迁：比较视野．文姚丽，主译．北京：中国人民大学出版社，2020.

尚书．慕平，译注．北京：中华书局，2012.

沈约．宋书．北京：中华书局，2013.

史普博．管制与市场．余晖，何帆，钱家骏，等译．上海：上海人民出版社，2008.

司马光．资治通鉴新注．西安：陕西人民出版社，1998.

司马迁．史记．裴骃，集解．司马贞，索引．张守节，正义．北京：中华书局，2014.

宋晓梧．新中国社会保障和民生发展70年．北京：人民出版社，2019.

苏舆．春秋繁露义证．钟哲，点校．北京：中华书局，1992.

孙希旦．礼记集解．北京：中华书局，1989.

泰勒-顾柏．新风险新福利：欧洲福利国家的转变．马继森，译．北京：中国劳动社会保障出版社，2010.

汤普逊．中世纪经济社会史：上册．耿淡如，译．北京：商务印书馆，1961.

特纳．社会学理论的结构．邱泽奇，张茂元，等译．北京：华夏出版社，2006.

田毅鹏．中国社会福利思想史．北京：中国人民大学出版社，2017.

托斯．人工智能时代．赵俐，译．北京：人民邮电出版社，2017.

汪行福．分配正义与社会保障．上海：上海财经大学出版社，2003.

王充．论衡．上海：上海人民出版社，1974.

王洪春．住房社会保障研究．合肥：合肥工业大学出版社，2009.

王利器．盐铁论校注．北京：中华书局，2015.

王思斌．社会工作导论．2版．北京：高等教育出版社，2013.

王文涛．秦汉社会保障研究：以灾害救助为中心的考察．北京：中华书局，2007.

王先谦．荀子集解．北京：中华书局，2013.

威尔逊，盖姆．英国地方政府．张勇，等译．3版．北京：北京大学出版社，2009.

吴楚材，吴调侯．古文观止译注．上海：上海古籍出版社，2010.

武川正吾．福利国家的社会学：全球化、个体化与社会政策．李莲花，李永晶，朱珉，译．北京：商务印书馆，2011.

希尔．理解社会政策．刘升华，译．北京：商务印书馆，2003.

习近平．决胜全面建成小康社会 夺取新时代中国特色社会主义伟大胜利．北京：人民出版社，2017.

谢元鲁．唐代中央政权决策研究．北京：文津出版社，1992.

徐富海．从汤恩比馆到赫尔大厦：社区睦邻运动发展过程及启示．中国民政，2016(14)：2.

徐松．宋会要辑稿：第三册．北京：中华书局，1957.

徐元龙．永定县志（民国）．厦门：厦门大学出版社，2015.

盐铁论．陈桐生，译注．北京：中华书局，2015.

阎云翔．礼物的流动．李放春，刘瑜，译．上海：上海人民出版社，2000.

杨伯峻．论语译注（典藏版）．北京：中华书局，2015.

杨昌栋．基督教在中古欧洲的贡献．北京：中国社会科学出版社，2000.

杨天宇．礼记译注．上海：上海古籍出版社，2016.

杨团，葛道顺．社会政策评论：第1辑．北京：社会科学文献出版社，2007.

杨永杰，龚树全．黄帝内经．北京：线装书局，2009.

永定卫志．清康熙二十四年刻本.

元典章．陈高华，等点校．天津：天津古籍出版社；北京：中华书局，2011.

袁采，刘云军，校注．袁氏世范．北京：商务印书馆，2017.

袁孝政．刘子．北京：中华书局，1985.

扎斯特罗．社会工作与社会福利导论．孙唐水，等译．7版．北京：中国人民大学出版社，2005.

张廷玉．明史：卷七三：职官志二．北京：中华书局，1974.

张载．张载集．北京：中华书局，2012.

张载集．章锡琛，点校．北京：中华书局，1978.

张祖平．明清时期政府社会保障体系研究．北京：北京大学出版社，2012.

周秋光．中国近代慈善事业研究．天津：天津古籍出版社，2013.

朱谦之．老子校释．北京：中华书局，2000.

朱熹．晦庵先生朱文公文集．上海：上海古籍出版社，2010.

"中央研究院"历史语言研究所编．明实录附录15明太祖宝训．1967.

ESPING-ANDERSEN. 福利资本主义的三个世界．古允文，译．台北：巨流图书公司，1999.

NEIL G，PAUL T. 社会福利政策导论．黄晨熹，周烨，刘红，译．上海：华东理工大学出版社，2003.

ANDERSON J E. Public policy-making. New York：Praeger，1975.

BEATTY C，FOTHERGILL S，GORE T. The real level of unemployment 2017. Sheffield：Sheffield Hallam University，2017.

BECK U. What is globalization? . Cambridge：Polity，2000.

BEDAU M A. Artificial life//The Cambridge handbook of artificial intelligence. Cambridge：Cambridge University Press，2014.

BERMAN M. The eighties in America. Pasadena. Pasadena：Salem Press，2008.

BEVERIDGE W H. Report on full employment in a free society. Allen and Unwin，London，1944.

BEVERIDGE W H. Report on social insurance and allied services，1942.

BEVERIDGE W H. The pillars of security，1943.

BOYER G R. The winding road to the welfare state. Prinseton：Princeton University Press，2018.

BREWER M，GOODMAN A，Muriel A，et al. Poverty and inequality in the UK：2007. London：Institute for Fiscal Studies，2007.

BÉLAND D，ROCCO P，WADDAN A. Obamacare wars：federalism，state politics，and the affordable care act. Lawrence：University Press of Kansas，2016.

BÉLAND D，WADDAN A. The politics of policy change：welfare，medicare，and social security reform in the United States. Washington，DC：Georgetown University Press，2012.

CABINET OFFICE. The citizen's charter：raising the standard，Cmnd. 1599. London：HMSO，

1991.

CABINET. Public expenditure white paper 1979（Cmnd. 7746）. London，1979.

CALDER A. The people's war：Britain 1939—1945. Random House，2012.

CANNON T. Corporate responsibility. London：Longman Group UK Ltd，1992.

CAPUTO R K. US social welfare reform：policy transitions from 1981 to the present. New York：Springer science & business media，2011.

Centre for Social Justice. Dynamic benefits：towards welfare that works. London：Centre for Social Justice，2009.

CHURCHILL W. The Second World War：Triumph and tragedy. London：Reprint society，1954（6）：861.

Civil Exchange. Whose Society：The final big society audit. London：Civil Exchange，2015.

Commission on Social Justice. Social justice：strategies for national renewal：the report of the commission on social justice. Vintage/Ebury，1994.

Commission on Social Justice. Social justice：strategies for national renewal. London：Vintage，1994.

Conservative Central Office. You can only be sure with the conservatives：the conservative manifesto 1997. London：Conservative Central Office，1997.

Conservative Party. Invitation to join the government of Britain：the conservative manifesto 2010. London：Conservative Party，2010.

CROUCH C. Commercialisation or citizenship：education policy and the future of public services. London：Fabian Society，2003.

DANZIGER S，et al. Confronting poverty. Harvard University Press：Cambridge，1994.

Department for Education. Our children's education：the updated parent's charter. London：HMSO，1994.

Department for Work and Pensions. No one written off：reforming welfare to reward responsibility：public consultation. London：The Stationery Office，2008.

Department of Health. Our healthier nation. London：HMSO，1998.

Department of Health. The patient's charter & you. London：HMSO，1995.

Department of Social Security. A new contract for welfare：new ambitions for our country（Cm 3805）. London：The Stationery Office，1998：20.

DOREY P. The Major premiership：politics and policies under John Major，1990—1997. Basingstoke：Springer，2016.

ELLISON N，BAULD L，POWELL M. Social policy review 16：analysis and debate in social policy. Bristol：Policy Press，2004.

FALK G，GISH M，SOLOMON-FEARS C. Welfare reauthorization：an overview of the issues. Congressional Research Report for Congress. 2005.

FARELY O W. Introduction to social work. 5th edition. NewYork，Prentice Hall，Inc.，2000.

FINLAYSON B. Counting the smiles：morale and motivation in the NHS. London：King's Fund，2002.

FRASER D. The evolution of the British welfare state. Basingstoke：Palgrave Macmillan，2009.

FREUD D. Reducing dependency，increasing opportunity：options for the future of welfare to work. London：DWP，2007.

GANESH J，NORMAN J. Compassionate conservatism. What it is. Why we need it. Policy Exchange：London，2006.

GIDDENS A. Over to you，Mr. Brown. Cambridge：Polity Press，2007.

GIDDENS A，DUNEIER M，APPELBAUM R P，et al. Introduction to sociology. New York and London：WW Norton，Incorporated，2018.

GIDDENS A. The globalizing of modernity. The global transformations reader：an introduction to the globalization debate. Cambridge：Polity，2003.

GILENS M. Why Americans hate welfare：race，media，and the politics of a antipoverty policy. New Haven，CT：Yale University Press，1999.

Goode Committee. Report of the pension law review committee，Cmnd. 2342 – 1/2. London：HMSO，1993.

GOODE W J. World revolution and family patterns. New York：The Free Press，1963.

GREVE B. Routledge handbook of the welfare state. London and New York：Routledge，2019.

GRIFFITHS S，HICKSON K. British party politics after New Labour. London：Palgrave，2009.

HAM C，P HUNT. Membership governance in NHS foundation trusts：a review for the Department of Health. University of Birmingham，MUTUO，London，2008.

HARDIN，R. One for all：The logic of group conflict. Princeton，NJ：Princeton University Press，1995.

Her Majesty's Stationery Office（HMSO）. The law on child care and family services（Cmnd. 62）. London，1987.

Her Majesty's Stationery Office（HMSO）. White paper on housing（Cmnd. 214）. London，1987.

HILLS J. The future of welfare. New York：Joseph Rowntree Foundation，1993.

HILLS J. The state of welfare. the welfare state in Britain since 1974. Oxford：Oxford University Press，1990.

HM Government. Building a stronger civil society. London：Office for Civil Society，Cabinet Office，2010.

HM Treasury and Department of Work and Pensions. The changing welfare state：employment and opportunity for all. London：The Stationery Office，2001.

HM Treasury. Opportunity and security for all：investing in an enterprising，fairer Britain：new public spending plan 2003—2006. London：The Stationery Office，2002.

ICM Research. Citizen's charter customer survey：research report. London：ICM Research，1993.

JONESCO. A introduction to the study of public policy. 3rd ed. Monterey，California：Brooks/Cole Publishing Company，1988.

JONES C. The pacific challenge：confucian welfare states//C Jones. New perspectives on the welfare state in Europe. London and New York：Routledge，1993.

JOSEPH K. Speech at Edgbaston："Our human stock is threatened". Grand Hotel，Birmingham，1974.

Kaiser Commission on Medicaid and the Uninsured. Medicaid：a primer. Kaiser Commission on Medicaid and the Uninsured，2013.

KARGER H K，STOESZ D. American social welfare policy：a pluralist approach. New York：Pearson，2018.

KAVANAGH D. Thatcherism and British politics：The End of Consensus? London：Oxford University Press，1987.

KRYZANCK M. Debates，differences and divisions：the 25 issues that shape american politics. Abingdon：Routledge，2015.

KURZWEIL R. The singularity is near. In ethics and emerging technologies. Basingstoke：Palgrave Macmillan，2014.

LE GRAND J. Motivation，agency，and public policy，of knights and knaves，pawns and queens. Oxford：OUP，2003.

LE GRAND J. The third way begins with CORA. London：New Statesman，1998.

LILLEY P. Social Security：a lecture to the social market Foundation. London，1995.

LOWE R. The welfare state in Britain since 1945. Basingstoke：Macmillan Press，1998.

LUDLAM S，SMITH M J. Governing as New Labour：policy and politics under Blair. Macmillan International Higher Education，2017.

MARSH D，SMITH N J，HOTHI N. Globalization and the state. The state：theories and issues，2006.

MARSHALL T H. Citizenship and social class. Cambridge：Cambridge University Press. 1950.

MCLEAN I. Adam Smith：radical and egalitarian. Edinburgh：Edinburgh University Press，2006.

MEAD L. Beyond entitlement：The social obligations of citizenship. New York：Free Press，1986.

MIDGLEY J. Social welfare in global context. London：Sage，1997.

MILLER R W. Globalizing justice：the ethics of poverty and power. New York：Oxford University Press，2010.

MISER H J，QUSADE E S.（ed.）Handbook of systems Analysis：Craft Issues and Procedural Choices. Chichester，Eng.：Wiley，1988.

MISHRA R. Society and Social Policy：Theories and Practice of Welfare. London & Basingstoke：The Macmillan Press Ltd，1981.

MISHRA R. Globalization and the welfare state. Cheltenham：Edward Elgar，1999.

MULLEN J. John Major's citizens charter-fifteen years later. Citoyens ou Consommateurs? Les mutation rhethoriques et politiques au Royeaume-Uni，2006.

MURRAY，CHARLES. Losing ground：American social policy 1950—1980. New York：Basic Books，1984.

MANUEL P，GLATZER M. Faith-based organizations and social welfare associational life and religion in contemporary western Europe. Basingstoke：Palgrave Macmillan，2019.

OBINGER H，PETERSEN K，STARKE P. Warfare and welfare：Military conflict and welfare state development in western countries. Oxford：Oxford University Press，2018.

OECD. The Non-profit sector in a changing Economy. France：OECD Publications Service，2003.

ORR，J B. Food health and income：report on a survey of adequacy of diet in relation to income. Macmillan and Company Limited，London，1936.

OWEN T. Artificial Intelligence by Patrick Henry Winston. second edition. Addison-Wesley Publishing Company，Massachusetts，USA，July 1984.

PIERSON P. Dismantling the welfare state? Reagan, Thatcher and the politics of retrenchment. Cambridge: Cambridge University Press, 1994.

POWELL M. Modernising the welfare state: the blair legacy. Bristol: Policy Press, 2008.

POWELL M. New labour, new welfare state? the third way in British social policy. Bristol: Policy Press, 1999.

REITAN E A. The Thatcher Revolution: Margaret Thatcher, John Major, Tony Blair, and the transformation of modern Britain, 1979—2001. Lanham: Rowman & Littlefield, 2003.

ROSENAU J N. Governance, order, and change in world politics//J ROSENAU, E Czempiel. Governance without government: order and change in world politic. Cambridge: Cambridge University Press. 1992.

SAVAGE S P, ROBINS L J. Public policy under Thatcher. Basingstoke: Macmillan Press, 1990.

SAVOIE D J. What is wrong with the new public management? comparative public administration. Emerald Group Publishing Limited, 2006.

SHAFRITZ J M. The facts on file dictionary of public administration. New York: Facts On File Publications, 1985.

SHAW E. The Labour Party since 1945. Oxford: Blackwell, 1996.

Social Justice Policy Group. Breakdown Britain. London: Social Justice Policy Group, 2006.

SPAR K, FALK G. Federal benefits and services for people with low income: Overview of spending trends, FY2008 - FY2015. Congressional Research Service, 2016.

STOESZ D, KARGER H. Reconstructing the American Welfare State. Lanham: Rowman and Littlefield Publishers, 1992.

STOTT M. The Big Society challenge. Thetford: Keystone Development Trust Publications, 2011.

THANE P. Divided kingdom: A history of Britain, 1900 to the present. Cambridge: Cambridge University Press, 2018.

THATCHER M. The Bruges speech. The College of Europe at the Belfry of Bruges, Belgium, 1988.

The Commission On Global Governance. Our global neighborhood: the report of the commission on global governance. Oxford: Oxford University Press, 1995.

THERBORN G. Between sex and power: family in the world 1900—2000. Routledge, 2004.

THOMAS N. Challenging myths of the 1960s: The case of student protest in Britain. Twentieth Century British History, 2002.

THOMPSON F J, WONG K K, RABE B G. Trump, the administrative presidency, and federalism. Wwashington, DC: Brookings Institution Press, 2020.

TIMMINS N. The Five Giants: a Biography of the welfare state. London: Harper Collins, 1995.

TITMUSS R M. Commitment to welfare. Nest: Allen & Unwin, 1968.

UNISON. Mutual benefit? should mutual, co-operatives and social enterprises deliver public services? . London: UNISON, 2010.

VAN KERSBERGEN K. Social capitalism: a study of christian democracy and the welfare state. New York: Routledge, 1995.

WARREN W, et al. U. S. Philanthropic foundations: their history, structure, management, and record. New York：Harper & Row，1967.

WEBSTER C. The national health service：a political history. Oxford：Oxford University Press，USA，2002.

WHITE S. New labour：the progressive future? Basingstoke：Palgrave Macmillan，2001.

WILLETTS D. Modern conservatism. harmondsworth：Penguin，1992.

WIM VAN O，MICHAEL O，PFAU-EFFINGER B. Culture and welfare state：values and social policy in comparative perspective. Edward Elgar Pub，2008.

ZETTERHOLM S. Introduction：cultural diversity and common policies//STAFFAN Z. National cultures and European integration：exploratory essays on cultural diversity and common policies. Oxford：Berg，1994.

期刊论文

包刚升．反思波兰尼《大转型》的九个命题．浙江社会科学，2014（6）：12.

彼得森．为福利而增长还是为增长而福利？北欧国家经济发展和社会保障之间的动态关系．陶冶，华颖，译．社会保障评论，2019（3）：24－32.

毕天云．社会福利的文化透视：观点与简评．社会学研究，2004（4）：50.

蔡跃洲，陈楠．新技术革命下人工智能与高质量增长、高质量就业．数量经济技术经济研究，2019，36（5）：20.

陈婉婷．农村民间慈善的发展及其运作机制研究：以福建东南沿海金村为例．北京社会科学，2016（3）：120－128.

邓大松，杨晶．社会保障国际化：研究缘起、典型样态与路径选择．东岳论丛，2018（2）：42－48.

迪夫尼，丁开杰，徐天祥．从第三部门到社会企业：概念与方法．经济社会体制比较，2009（4）：112－120.

费孝通．试谈扩展社会学的传统界限．北京大学学报（哲学社会科学版），2003，49（3）：5－16.

高和荣，张爱敏．中国传统民间互助养老形式及其时代价值．山东社会科学，2014（4）：42－46.

高和荣．人工智能时代的社会保障：新挑战与新路径．社会保障评论，2021，5（3）：3－11.

高和荣．社会福利分析视角的转型：从政治、经济到社会．南京大学学报（哲学·人文科学·社会科学），2009（6）：132－136.

高和荣．中国社会福利体系责任结构的顶层设计．吉林大学社会科学学报，2012（2）：73－79.

高鉴国，杨克．论补缺型福利制度的特征．福建论坛（人文社会科学版），2011（10）：179.

关信平．新时期我国社会政策建构和发展的若干理论分析．江苏社会科学，2010，31（2）：38－45.

官有垣，杜承嵘，王仕图．工作整合型社会企业的社会影响：台湾家扶基金会的个案分析．“国家”与社会（台湾），2018（20）：1－52.

何平．论我国社会福利法律制度的构建模式：来自德国的经验启示．法商研究，2016，33（6）：95－101.

黄丽璇．最低工资制度之比较：台湾基本工资制度之省思．台湾劳工季刊，2016 (48).

江立华，张必春．社会政策的取向：多视角、文化与实践：从社会政策研究角度的考察．社会主义研究，2011，34 (3)：137-140.

景天魁．大力推进与国情相适应的社会保障制度建设：构建底线公平的福利模式．理论前沿，2007，21 (18)：5-9.

李泉然．西方家庭政策的改革：制度演进与福利意涵．社会建设，2020 (4)：51.

林卡．社会政策、社会质量和中国大陆社会发展导向．社会科学，2013，35 (12)：63-71.

刘军强．社会政策发展的动力：20 世纪 60 年代以来的理论发展述评．社会学研究，2010，25 (4)：199-221.

刘鹏．西方监管理论：文献综述和理论清理．中国行政管理，2009 (9)：11-15.

吕建德．从福利国家到竞争式国家全球化与福利国家的危机．台湾社会学，2001 (2)：263-313.

罗红光．"家庭福利"文化与中国福利制度建设．社会学研究，2013 (3)：158.

马新．论两汉乡村社会中的里社．文史哲，1998 (5)：90-94.

苗青，赵一星．社会企业如何参与社会治理？一个环保领域的案例研究及启示．东南学术，2020 (6)：130-139.

潘小娟．社会企业初探．中国行政管理，2011 (7)：20-23.

潘屹．社会福利思想和福利制度辨析．社会福利（理论版），2014 (7)：4.

潘泽泉．国外社会政策研究的最新动态及对我国的启示．理论探讨，2007，24 (4)：152-154.

彭华民．福利三角：一个社会政策分析的范式．社会学研究，2006 (4)：157-168.

彭劲松，黎友焕．社会企业商业模式研究：以广东残友集团为例．江西社会科学，2012 (4)：224-227.

平莎尼，雷戈．巴西的扶贫政策：家庭补助金计划对受益者的影响．高静宇，译．国外理论动态，2015 (8)：93.

秦永超．福祉、福利与社会福利的概念内涵及关系辨析．河南社会科学，2015 (9)：112-116.

沙勇．社会企业发展演化及中国的策略选择．南京社会科学，2011 (7)：49-54.

尚晓援．"社会福利"与"社会保障"再认识．中国社会科学，2001，22 (3)：113-121.

孙德超．地区医疗卫生服务均等化评价指标体系的构建．中国行政管理，2013 (9)：47-50.

王名．中国的非政府公共部门（上）．中国行政管理，2001 (5)：32-36.

王绍光．中国公共政策议程设置的模式．中国社会科学，2006 (5)：86-99.

王仕图，官有垣，陈锦棠．台湾社区型社会企业之资源连接与社会影响：兼论其可持续性发展．社会建设，2015 (3)：79-87.

王思斌．我国适度普惠型社会福利制度的建构．北京大学学报（哲学社会科学版），2009，55 (3)：58-65.

王耀东．中国迈向社会政策时代．政治与法律，2011，30 (2)：29-36.

肖涵，葛伟．普遍基本收入：回应人工智能挑战的政策选择．江苏行政学院学报，2020 (2)：111-117.

肖瑛．"家"作为方法：中国社会理论的一种尝试．中国社会科学，2020 (11)：172-191.

谢莉，冯亚芬．福建土楼形成发展的历史地理环境研究．湖南社会科学，2011 (1)：

212 - 215.

谢岳．中国贫困治理的政治逻辑：兼论对西方福利国家理论的超越．中国社会科学，2020，41 (10)：4 - 25.

杨敏，郑杭生．西方社会福利制度的演变与启示．华中师范大学学报（人文社会科学版），2013 (6)：28.

岳经纶，颜学勇．走向新社会政策：社会变迁、新社会风险与社会政策转型．社会科学研究，2014，36 (2)：92 - 100.

张世雄．理解福利国家：结构和制度的双元竞争，以及文化的遗落．台湾社会福利学刊，2011，10 (1)：255 - 268.

赵聚军．福利民粹主义的生成逻辑及其政策实践．政治学研究，2015 (6)：59 - 75.

赵欣彤，杨燕绥．人工智能时代的劳动力市场综合治理：挑战与政策工具．中国行政管理，2020 (3)：12 - 17.

郑功成．中国社会福利改革与发展战略：从照顾弱者到普惠全民，中国人民大学学报，2011 (2)：51

朱眉华．美国社会工作机构的发展经验．社会工作（实务版），2007 (7)：12.

ABRAMOVITZ M. Social disservices：Why welfare reform is a sham. The Nation，1988，247 (7)：240.

AVERY J M，PEFFLEY M. Voter registration requirements，voter turnout，and welfare eligibility policy：class bias matters. State politics & policy quarterly，2005，5 (1)：47 - 67.

BAKER D，NORTH K. Does employment improve the health of lone mothers? Social science & medicine，1999，49 (1)：121 - 131.

BECK U. The cosmopolitan perspective：sociology of the second age of modernity. The British journal of sociology，2000 (1)：79 - 105.

BEVAN G，HOOD C. Have targets improved performance in the English NHS? Bmj 2006，332. 7538：419 - 422.

BOEHNEN E，CORBETT T. Welfare waivers：Some salient trends. Focus，1996，81 (2)：34 - 37.

BRADY D，BECKFIELD J，SEELEIB-KAISER M. Economic globalization and the welfare state in affluent democracies，1975—2001. American sociological review，2005 (6)：921 - 948.

BRYANT W R. New Jersey's different approach：Its package goes farthest，fastest. Public welfare，1992，50 (2)：8 - 10.

BULLY D，SOKHI-BULLEY B. Big society as big government：Cameron's governmentality agenda. The british journal of politics and international relations，2014，16 (3)：457.

BURGESS E W. The family in a changing society. American journal of sociology，1948：53 (6).

BUSEMEYER M R，NEIMANNS E. Conflictive preferences towards social investments and transfers in mature welfare states：The cases of unemployment benefits and childcare provision. Journal of European social policy，2017，27 (3)：229 - 246.

BÁRCENA-MARTÍN E，BLANCO-ARANA，M C，PÉREZ-MORENO S. Social transfers and child poverty in European countries：pro-poor targeting or pro-child targeting? . Journal of social policy，2018（4）：1－20.

CARCASSON M. Ending welfare as we know it：President Clinton and the rhetorical transformation of the anti-welfare culture. Rhetoric & public affairs，2006，9（4）：655.

CARLSON-THIES S. Charitable choice：bringing religion back into American welfare. Journal of Political History，2001，13（1）：109－132.

CHAMBERS R. The national assistance act，1948. The modern law review，1949，12（1）：71.

CHERLIN A J. Goode's world revolution and family patterns：a reconsideration at fifty years. Population and development review，2012，38（4）.

CLOWARD R，PIVEN F. The fraud of workfare. The Nation，1993：693－696.

COOPER D. The citizen's charter and radical democracy：empowerment and exclusion within citizenship discourse. Social & legal studies，1993，2（2）：149－171.

CORBETT S，WALKER A. The big society：Rediscovery of "the social" or rhetorical fig-leaf for neo-liberalism? . Critical social policy，2013，33（3）：461.

CROSS R. The family allowances act，1945. The modern law review，1946，9（3）：284.

DAGUERRE A，CONLAN T. Federalism in a time of coronavirus：the Trump administration，intergovernmental relations，and the fraying social compact. State and local government review，2020，52（4）：288.

DOERN G B. The UK citizen's charter：origins and implementation in three agencies. Policy & politics，1993，21（1）：17－29.

DRIVER S. Work to be done? Welfare reform from Blair to Brown. Policy studies，2009，30（1）：78.

ESPIET-KILTY R. David Cameron，citizenship and the big society：a new social model? Revue Française de civilisation britannique. French journal of british studies，2016，21. XXI-1：8.

EVANS K. Big society in the UK：a policy review. Children & society，2011，25（2）：165.

GENSCHEL P. Globalization and the welfare state：a retrospective. Journal of European public policy，2004（4）：613－636.

GERSON K，TORRES S. Changing family patterns//Emerging trends in the social and behavioral sciences：an interdisciplinary，searchable，and linkable resource，2015：1－15.

GIZELIS T I. Globalization，integration，and the European welfare state. International interactions，2005（2）：139－162.

GLYN A. The assessment：economic policy and social democracy. Oxford review of economic policy，1998，14（1）：1－18.

GOLDSCHEIDER F K. Men，children and the future of the family in the third millennium. Futures，2000：32（6）.

GOOD I J. Speculations concerning the first ultraintelligent machine. In Advances in computers. Elsevier，1966：6（6）.

GÖÇMEN. The role of faith-based organizations in social welfare systems：a comparison of France，Germany，Sweden，and the United Kingdom. Nonprofit and voluntary sector quarterly，2013，42（3）：495－516.

HAY C. Common trajectories，variable paces，divergent outcomes? Models of European capitalism under conditions of complex economic interdependence. Review of international political economy，2004（2）：231－262.

JEAN-PAUL A. The redistributive state and conflicts in Africa. Journal of peace research，2001，38（4）：429－444.

JO N K. Between the cultural foundations of welfare and welfare attitudes：The possibility of an in-between level conception of culture for the cultural analysis of welfare. Journal of European social Policy，2011，21（1）：5－19.

JORDAN B. The new politics of welfare：social justice in a global context. London：Sage，1998（2）.

KAPLAN A，HAENLEIN M. Siri，Siri，in my hand：Who' s the fairest in the land? On the interpretations，illustrations，and implications of artificial intelligence. Business horizons，2019，62（1）.

LANCKER W V，GHYSELS J. Whoreaps the benefits? The social distribution of public childcare in Sweden and Flanders. Acta sociologica，2012，55（2）：125.

LINDBECKA. The end of the middle way? American economic review，1995（85）.

MEAD L M. Toward a mandatory work policy for men. The future of children，Princeton University，2007，17（2）：43.

OBERLANDER J. Through the looking glass：the politics of the medicare prescription drug，improvement，and modernization act. Journal of health politics，policy and law，2007，32（2）：202.

OFFNER P. JOBS：How are we doing? Where are we going? . Public welfare，1992，50（3）：11－12.

OZAWA M. The 1983 amendments to the social security act：the issue of intergenerational equity. Social work，1984（29）：131－137.

O' CONNOR J. US social welfare policy：The reagan record and legacy. Journal of social policy，1998，27（1）：39.

O' CONNOR J. US social welfare policy：The Reagan record and legacy. Journal of social policy，1998，27（1）：41

PIVEN F，CLOWARD R. Regulating the poor. vintage books，New York. //O' CONNOR J. US social welfare policy：the reagan record and legacy. Journal of social policy，1998，27（1）：52.

PLOTNICK R. Changes in poverty，income inequality，and the standard of living in the United States during the Reagan years. International journal of health services，1993（23）：347－358.

POWELL M. New Labour and the third way in the British welfare state：a new and distinctive approach? Critical social policy，2000，20（1）：42.

RANSOME P. The big society：Fact or Fiction? a sociological critique. Sociological research online，2011，16（2）：162.

REIN M，WHITY S H. Policy research：belief and doubt. Policy analysis，1977（2）：262.

ROHLF R H. Standards for public libraries. Library trends，1981（1）：65－76.

SCHRAM S F，et al. The third level of US welfare reform：governmentality under neoliberal paternalism. Citizenship studies，2010，14（6）：739－754.

SEARLE J R. Minds, brains, and programs. Behavioral and brain sciences, 1980: 3 (3).

SMITHIES A. Full employment in a free society. The American economic review, 1945, 35 (3): 355-356.

SMITY M, JONES R. From big society to small state: Conservatism and the privatisation of government. British politics, 2015, 10 (2): 235.

SPALEK B. Exploring the impact of financial crime: a study looking into the effects of the Maxwell scandal upon the Maxwell pensioners. International Review of victimology, 1999, 6 (3): 214-215.

SUMARTO M. Welfare and conflict: policy failure in the indonesian cash transfer. Journal of social policy, 2020: 1-19.

TAYDAN Z, PEKSEN D. Can states buy peace? social welfare spending and civil conflicts. Journal of peace research, 2012, 49 (2), 273-287.

TAYLOR-GOOBY P. Citizenship, Sependency, and the welfare mix: problems of inclusion and exclusion. International journal of health services, 1993, 23 (3): 455-474.

TAYLOR-GOOBY P. Public policy futures: a Left trilemma? . Critical social policy, 2012, 33 (3): 403-426.

TRAJTENBERG M. AI as the next GPT: a political-economy perspective. National bureau of economic research, 2018.

WADDAN A. President Obama, poverty, and the scope and limits of social policy change. Journal of international and comparative social policy, 2019, 35 (1): 103.

WADDAN A. President Obama, poverty, and the scope and limits of social policy change. Journal of international and comparative social policy, 2019, 35 (1): 104.

WILDING P. The welfare state and the conservatives. Political studies, 1997, 45 (4): 721.

WILSON J. Citizen Major? The rationale and impact of the citizen's charter. Public policy and administration, 1996, 11 (1): 56.

ZEHAVI A. Religious supply, welfare state restructuring and faith-based social activities. Political studies, 2013, 61 (3): 561-579.

报纸、杂志

常理．为安全生产提供法治保障．经济日报，2021-09-03 (5).

姜晓丹．广东鹤山帮扶残疾人就业 为他们铺平增收路．人民日报，2021-01-19 (13).

罗艾桦，姜晓丹．广州养老服务体系建设规划发布．人民日报，2021-08-31 (14).

罗珊珊，等．老年大学惠及更多老年人．人民日报，2021-09-22 (19).

依靠群众和全社会力量培育好下一代 中国儿童和少年基金会在京成立．人民日报．1981-08-20 (1).

张仁锋．江西丰城电厂事故之我见．中煤地质报，2016-12-05 (2).

CAMERON D. Tackling Poverty is a Social Responsibility. Scarman Lecture, 2006-11-24.

CARR E H. Editorial: The New Europe. The Times, Monday, 1 July, 1940.

JONES S. The Child Support Act 1991. The Liverpool Law Review, Vol. XVI (1), 1994: 97.

OPPENHEIM C. The post-Conservative welfare state. Paper presented at the Social Policy Association Annual Conference, University of Lincolnshire and Humberside, 1997-07-16.

OWEN D. Public services rapped. Financial Times，1993 - 08 - 26.

PATTEN C. Speech to Policy Studies Institute. Independent，1991 - 02 - 06.

The Times. Anatomy of a bureaucratic bungle. The Times，1984 - 01 - 21.

Why 80% of Singaporeans live in government-built flats. The Economist，2017 - 07 - 08 (Asia).

网络文献

奥巴马孤注一掷推行医改或实现45年来最大变革．(2010 - 03 - 22) [2021 - 11 - 15]. http：//news. cntv. cn/world/20100322/100887. shtml.

百日计划密集亮红灯！州长们公然反对口罩禁令，三个消息很严重．(2021 - 02 - 04) [2021 - 11 - 19]. https：//www. 163. com/dy/article/G20A9ABS0550HKO5. html

成都市长期照护保险实施细则（试行）．(2017 - 04 - 07) [2021 - 11 - 20]. http：//gk. chengdu. gov. cn/uploadfiles/070317020201//20170426094551. pdf.

第六次全国人口普查主要数据发布 (2011 - 04 - 28) [2021 - 12 - 15]. http：//www. stats. gov. cn/ztjc/zdtjgz/zgrkpc/dlcrkpc/dcrkpcyw/201104/t20110428_69407. htm.

第七次全国人口普查公报（第八号）-接受普查登记的港澳台居民和外籍人员情况．(2021 - 05 - 11) [2021 - 12 - 15]. http：//www. stats. gov. cn/tjsj/tjgb/rkpcgb/qgrkpcgb/202106/t20210628_1818827. html.

佛说诸德福田经．法立，法炬，译．[2021 - 10 - 10]. http：//www. dzj. fosss. org/dzz.

工资集体协商试行办法．(2000 - 11 - 08) [2021 - 09 - 10]. http：//www. mohrss. gov. cn/xxgk2020/fdzdgknr/zcfg/gfxwj/ldgx/201407/t20140717_136256. html.

关于调整北京市2021年最低工资标准的通知．(2021 - 06 - 01) [2021 - 09 - 12]. http：//rsj. beijing. gov. cn/xxgk/zcwj/202106/t20210611_2412040. html.

关于公共租赁住房和廉租住房并轨运行的通知．(2013 - 12 - 02) [2021 - 10 - 23]. http：//www. mohurd. gov. cn/wjfb/201312/t20131206_216468. html.

关于全面推进居家养老服务工作的意见．(2008 - 01 - 29) [2021 - 10 - 25]. http：//www. chinatax. gov. cn/chinatax/n810341/n810825/c101434/c2080/content. html.

关于印发《经济适用住房管理办法》的通知．(2007 - 11 - 19) [2021 - 10 - 23]. http：//www. mohurd. gov. cn/wjfb/200712/t20071201_157795. html.

规划发展与信息化司．2019年我国卫生健康事业发展统计公报．(2020 - 06 - 06) [2021 - 12 - 15]. http：//www. nhc. gov. cn/guihuaxxs/s10748/202006/ebfe31f24cc145b198dd730603ec4442. shtml.

国营企业实行劳动合同制暂行规定．(1986 - 07 - 12) [2021 - 10 - 26]. http：//www. gov. cn/zhengce/content/2012 - 09/21/content_7444. htm.

教育部．小学学龄儿童净入学率．(2012 - 01 - 17) [2021 - 12 - 15]. http：//www. moe. gov. cn/jyb_sjzl/moe_560/s6200/201201/t20120117_129608. html

今年中国将努力向全球提供20亿剂疫苗 向发展中国家再无偿捐赠1亿剂疫苗．(2021 - 10 - 26) [2021 - 12 - 10]. https：//news. cctv. com/2021/10/26/ARTIoiIqOVxLKuDLWw5S4MhM211026. shtml.

灵活就业人数大幅增长为两亿多人的权益保障"兜底"．(2021 - 07 - 31) [2021 - 12 - 15]. https：//m. gmw. cn/baijia/2021 - 07/13/34989344. html.

美国再现白人警察暴力执法外交部：令人发指．(2021 - 10 - 18) [2021 - 11 - 17]. https：//world. huanqiu. com/article/45Dnnq5b77q.

民政部老龄健康司 .2020 年度国家老龄事业发展公报 .（2021 - 10 - 15）［2021 - 12 - 15］. http：//www. nhc. gov. cn/lljks/pqt/202110/c794a6b1a2084964a7ef45f69bef5423. shtml.

南京探索建立灵活就业人员社会保障机制 .（2021 - 12 - 01）［2021 - 12 - 10］. http：//m. people. cn/n4/2021/1201/c3663 - 15324816. html.

全球战“疫”有一种温暖叫“中国援助”.（2020 - 03 - 11）［2021 - 09 - 25］. http：//cppcc. china. com. cn/2020 - 03/11/content_75800994. htm.

世界卫生组织 . 慢性病创新照护行动的基础材料 .［2021 - 11 - 01］. https：//www. who. int/chp/knowledge/publications/iccc_summary_chinese. pdf.

孙志刚案 .［2021 - 10 - 01］. http：//opinion. china. com. cn/event_27_1. html.

为新业态从业者织密养老保障网 .（2021 - 05 - 17）［2021 - 12 - 10］. http：//big5. news. cn/gate/big5/www. xinhuanet. com/fortune/2021 - 05/17/c_1127453362. htm.

习近平：我国脱贫攻坚战取得了全面胜利 .（2021 - 02 - 26）［2021 - 10 - 05］. http：//www. xinhuanet. com/mrdx/2021 - 02/26/c_139769511. htm.

郑竣凯 . 台湾“立委”指当局鼓励生育政策难有明显成效 .（2021 - 05 - 06）［2021 - 11 - 17］. http：//www. . hkcna. hk/docDetail. jsp? id=894202.

中国残疾人联合会 .2019 年残疾人事业发展统计公报 .（2020 - 03 - 31）［2021 - 12 - 15］. http：//www. yueyang. gov. cn/yycl/59162/59169/content_1676710. html.

中国专业学位案例中心 . 农民工尘肺的调查分析 .（2018 - 10 - 12）［2021 - 11 - 16］. https：//case. cdgdc. edu. cn/case/readCaseSummary. do? caseId=2c908a99655b29ea0166629555f616ad

中华人民共和国 2020 年国民经济和社会发展统计公报 .（2021 - 02 - 28）［2021 - 12 - 15］. http：//www. stats. gov. cn/tjsj/zxfb/202102/t20210227_1814154. html.

中华人民共和国国务院新闻办公室 . 平等发展共享：新中国 70 年妇女事业的发展与进步 . 白皮书 .（2019 - 09 - 19）［2021 - 12 - 15］. http：//www. gov. cn/zhengce/2019 - 09/19/content_5431327. htm.

中华人民共和国国务院新闻办公室 . 中共中央国务院关于打赢脱贫攻坚战的决定 .（2015 - 11 - 29）［2021 - 10 - 22］. http：//www. scio. gov. cn/xwfbh/xwbfbh/wqfbh/2015/33562/xgbd33570/Document/1458302/1458302. htm.

中华人民共和国教育部 .2005—2020 年教育统计数据 . 中华人民共和国教育部（2021 - 08 - 03）［2021 - 12 - 15］. http：//www. moe. gov. cn/s78/A03/moe_560/2020/.

中华人民共和国民政部 . 已基本实现老年人高龄津贴、服务补贴和护理补贴制度全国覆盖 .（2019 - 01 - 03）［2021 - 10 - 24］. http：//mzzt. mca. gov. cn/article/zt_2019gzhy/mtgz/201901/20190100014264. shtml.

中华人民共和国人力资源和社会保障部 .2020 年度人力资源和社会保障事业发展统计公报 .（2021 - 06 - 03）［2021 - 09 - 10］. http：//www. mohrss. gov. cn/SYrlzyhshbzb/zwgk/szrs/tjgb/202107/W020210728376021444478. pdf.

中华人民共和国应急管理部 . 中华人民共和国安全生产法 .（2021 - 07 - 16）［2021 - 09 - 10］. https：//www. mem. gov. cn/fw/flfgbz/fl/202107/t20210716_392186. shtml.

中华人民共和国中央人民政府 . 国家突发公共事件总体应急预案 .（2006 - 01 - 08）［2021 - 12 - 15］. http：//www. gov. cn/zwhd/2006 - 01/08/content_151018. htm.

中华人民共和国中央人民政府 . 国务院办公厅关于政府向社会力量购买服务的指导意见 .

(2013－09－30) [2021－09－03]. http://www.gov.cn/zhengce/zhengceku/2013－09/30/content_4032.htm.

中华人民共和国中央人民政府．山东审计发现：社保基金欠缴、挤占挪用现象突出．(2008－07－31) [2021－12－25]．http://www.gov.cn/zfjg/content_1061150.htm.

中华人民共和国中央人民政府．中华人民共和国国务院．基金会管理条例．(2004－03－08) [2021－10－11]. http://www.gov.cn/zhengce/2020－12/27/content_5574632.htm.

中华人民共和国中央人民政府．中华人民共和国劳动法．(2005－08－23) [2021－09－10]. http://www.gov.cn/banshi/2005－08/31/content_74649.htm.

中华文库．袁燮．絜斋集．[2021－09－16]. https://www.zhonghuashu.com/wiki/%E7%B5%9C%E9%BD%8B%E9%9B%86/%E5%8D%B713.

重磅！2019年城乡居民医保有重要变化，补助标准达520元．(2019－06－29) [2021－11－03]. https://www.360kuai.com/pc/97a229e4edbca3af8? cota=3&kuai_so=1&sign=360_57c3bbd1&refer_scene=so_1.

100th Congress. Family Support Act of 1988. Public Law 100－485. (1988－10－13) [2021－10－04]. https://www.govinfo.gov/content/pkg/STATUTE-102/pdf/STATUTE-102－Pg2343.pdf.

108th Congress. H. R. 1－Medicare Prescription Drug, Improvement, and Modernization Act of 2003. (2003－06－25) [2021－10－14]．https://www.congress.gov/bill/108th-congress/house-bill/1.

2010年第六次全国人口普查接受普查登记的港澳台居民和外籍人员主要数据．(2011－04－29) [2021－12－15]. http://www.stats.gov.cn/tjsj/tjgb/rkpcgb/qgrkpcgb/201104/t20110429_30329.html.

2021年《认知症老年人照护服务现状与发展报告》(2021－05－12) [2021－12－15]. http://m.xinhuanet.com/2021－05/12/c_1127437847.htm.

9 899万农村人口全部脱贫，832个贫困县全部摘帽 (2021－02－25) [2021－10－23]. https://finance.sina.com.cn/china/gncj/2021－02－25/doc-ikftssap8632186.shtml.

ADA National Network. What is the Americans with Disabilities Act (ADA)?．[2021－10－09]．https://adata.org/learn-about-ada.

ATTLEE C. PM Clement Attlee-new social services and the citizen (The beginning of NHS)－4 July 1948. https://www.youtube.com/watch? v=9rqyzWzDONQ.

BAMBRA C. Thatcher's policies condemned for causing "unjust premature death"．(2014－02－12) [2021－09－03]. https://www.dur.ac.uk/news/newsitem/? itemno=20097.

BBC News. Tories must change or face slaughter. (2002－10－07) [2021－09－25]. http://news.bbc.co.uk/2/hi/uk_news/politics/2304181.stm; FIELDING S. Introduction: Cameron's Conservatives. The Political Quarterly, 2009, 80 (2): 168－171.

BLAIR T. Blair's speech: full text. The Guardian. (2007－05－10) [2021－10－22]. https://www.theguardian.com/politics/2007/may/10/labourleadership.labour2.

BROWN G. Time for the third act in public sector reform. Financial Times. (2008－03－09) [2021－09－15]．https://www.ft.com/content/c96a2baa-edfc-11dc-a5c1－0000779fd2ac.

BUSH G. Address accepting the presidential nomination at the Republican National Convention in New Orleans. (1988－08－18) [2021－10－04]. https://www.presidency.ucsb.edu/documents/address-accepting-the-presidential-nomination-the-republican-national-convention-new.

BUSH G. George Bush inaugural address. (1989－01－20) [2021－10－04]. https：//www. bartleby. com/124/pres63. html.

CAMERON D. (2011b) Speech on Public Service Reform. (2011－01－27) [2021－09－25]. https：//www. theguardian. com/politics/blog/2011/feb/14/politics-live-blog

CAMERON D. Civility and civil progress. (2007－04－23) [2021－09－25] . https：//conservative-speeches. sayit. mysociety. org/speech/599860.

Centers for Medicare & Medicaid Services. CMS announces new policy guidance for states to test community engagement for able-bodied adults. CMS. (2018－01－11) [2021－10－26]. https：//www. cms. gov/newsroom/press-releases/cms-announces-new-policy-guidance-states-test-community-engagement-able-bodied-adults.

Centers for Medicare & Medicaid Services. Trump Administration Announces Opportunity for States to Participate in Wellness Program Demonstration Project. Centers for Medicare & Medicaid Services. (2019－09－30) [2021－10－31]. https：//www. cms. gov/newsroom/press-releases/trump-administration-announces-opportunity-states-participate-wellness-program-demonstration-project.

COVID-19 CORONAVIRUS PANDEMIC. (2021－09－19) [2021－12－15]. https：//www. worldometers. info/coronavirus/.

Daily Mirror. This Day. (1948－07－05) [2021－08－31]. https：//www. britishnewspaperarchive. co. uk/viewer/BL/0000560/19480705/013/0002.

DEAN S，ROSENBAUM D. SNAP benefits will be cut for nearly all participants in November 2013. (2013－08－02) [2021－10－26]. https：//www. cbpp. org/research/snap-benefits-will-be-cut-for-nearly-all-participants-in-november-2013.

DEPARLE J，GEBELOFF R. Food stamp use soars，and stigma fades. (2009－11－29) [2021－10－25]. https：//www. nytimes. com/2009/11/29/us/29foodstamps. html.

DEPARLE J. From pledge to plan：the campaign to end welfare—A special report；The Clinton Welfare Bill：a long，stormy journey. (1994－07－15) [2021－10－04]. https://www. nytimes. com/1994/07/15/us/pledge-plan-campaign-end-welfare-special-report-clinton-welfare-bill-long-stormy. html.

DILLON E，ROTHERHAM A J. States' evidence：what it means to make adequate yearly progress under NCLB. (2007－07－24) [2021－10－17] . http：//www. educationsector. org/research/research_show. htm? doc_id＝511096.

European Commission. Employment protection legislation. (2017－10－17) [2021－10－31]. https：//ec. europa. eu/info/sites/default/files/european-semester_ thematic-factsheet_ employment-protection-legislation_en. pdf.

GARFIELD R，ORGERA K，DAMICO A. The coverage gap：Uninsured poor adults in states that do not expand Medicaid. Kaiser Family Foundation. (2021－01－21) [2021－10－25]. https：//www. kff. org/uninsured/issue-brief/the-coverage-gap-uninsured-poor-adults-in-states-that-do-not-expand-medicaid/.

GIBSON A. From Stalin to Mr Bean. (2007－11－29) . https：//www. theguardian. com/politics/2007/nov/29/politicalcolumnists. gordonbrown.

GOLDSTEIN A. Medicare Bill would enrich companies. (2003 - 11 - 24) [2021 - 10 - 14]. https: //www. washingtonpost. com/archive/politics/2003/11/24/medicare-bill-would-enrich-companies/23cae1d2 - 9dde-45c3 - 8708 - 9b22de5354b7/.

GUTH M, HINTON E, MUSUMECI M, et al. The landscape of medicaid demonstration waivers ahead of the 2020 election. Issue Brief. (2020 - 10 - 30) [2021 - 10 - 25]. https: //www. kff. org/medicaid/issue-brief/the-landscape-of-medicaid-demonstration-waivers-ahead-of-the-2020 - election/.

HARRIS G. Drug Makers Move Closer to Big Victory. (2003 - 11 - 25) [2021 - 10 - 14]. https: //www. nytimes. com/2003/11/25/us/drug-makers-move-closer-to-big-victory. html.

HELM T. Tony Blair announces date of his resignation. (2007 - 05 - 10) [2021 - 09 - 11]. https: //www. telegraph. co. uk/news/uknews/1551093/Tony-Blair-announces-date-of-his-resignation. html.

Highfields Centre. About Us. [2021 - 09 - 25] https: //highfieldscentre. ac. uk/about/.

Highfields Community Association. Highfields Community Association News. [2021 - 09 - 25]. https: //highfieldscentre. ac. uk/news/

HILTZIK M. Column: Trump runs dry on healthcare ideas, promotes wellness programs known to be useless. (2019 - 10 - 04) [2021 - 10 - 31]. https: //www. latimes. com/business/story/2019 - 10 - 04/hiltzik-trump-wellness-programs.

How America should spend on child care. (2021 - 09 - 18) [2021 - 10 - 18]. https: //www. economist. com/finance-and-economics/2021/09/18/how-america-should-spend-on-child-care.

KAMBHAMPATI S. The coronavirus stimulus package versus the Recovery Act. (2020 - 03 - 26) [2021 - 10 - 27]. https: //www. latimes. com/politics/story/2020 - 03 - 26/coronavirus-stimulus-package-versus-recovery-act.

MOSS K, et al. The Families First Coronavirus Response Act: summary of key provisions. (2020 - 03 - 23) [2021 - 10 - 27]. https: //www. kff. org/coronavirus-covid-19/issue-brief/the-families-first-coronavirus-response-act-summary-of-key-provisions/.

NALL R. What is the medicare donut hole? (2020 - 03 - 04) [2021 - 10 - 14] . https: //www. medicalnewstoday. com/articles/what-is-the-medicare-donut-hole # definition.

National Health Service Act, 1946. 9 & 10 GEP. 6 CH. 81. (1946 - 11 - 06) [2021 - 09 - 03]. https: //www. legislation. gov. uk/ukpga/1946/81/pdfs/ukpga_19460081_en. pdf.

Office of the Press Secretary. Fact sheet: compassionate conservatism. (2002 - 04 - 30) [2021 -10 - 17]. https: //georgewbush-whitehouse. archives. gov/news/releases/2002/04/20020430. html.

PICCHI A. Trump administration still wants to cut food stamps. (2020 - 05 - 15) [2021 - 10 - 26]. https: //www. cbsnews. com/news/food-stamps-record-trump-fights-usda/.

REAGAN R. Remarks on signing the family support act of 1988. (1988 - 10 - 13) [2021 - 10 - 04] . http: //www. presidency. ucsb. edu/ws/index. php? pid=35013.

REMNICK D. Going the distance: On and off the road with Barack Obama. (2014 - 01 - 27) [2021 - 10 - 25]. http: //www. newyorker. com/magazine/2014/01/27/going-the-distance-david-remnick.

RICHMOND G. No Child Left Behind's test and improve model is working. (2015 - 07 - 13) [2021 - 10 - 17] . https: //www. washingtonpost. com/opinions/no-child-left-behinds-test-and-improve-model-is-working/2015/07/23/72de61c2 - 2fe7 - 11e5 - 8f36 - 18d1d501920d_story. html.

SHERMAN A. Obama's, and the safety net's, anti-poverty achievement. (2016 - 12 - 19) [2021 - 10 - 25]. https: //www. cbpp. org/blog/obamas-and-the-safety-nets-anti-poverty-achievement.

SNELL K. What's Inside the Senate's $2 Trillion Coronavirus Aid Package. (2020 - 03 - 26) [2021 - 10 - 27]. https: //www. npr. org/2020/03/26/821457551/whats-inside-the-senate-s-2 - trillion-coronavirus-aid-package.

Social Security Administration. Social Security & Medicare Tax Rates. [2021 - 10 - 09] https: //www. ssa. gov/oact/progdata/taxRates. html.

THOMPSON D. Thanks, Obama. The Atlantic. (2016 - 09 - 26) [2021 - 10 - 25]. https: //www. theatlantic. com/business/archive/2016/09/obamas-war-on-inequality/501620/.

TONER R. Political Memo; Weapon in Health Wars: Frist's Role as a Doctor. (2003 - 01 - 11) [2021 - 10 - 14]. https: //www. nytimes. com/2003/01/11/us/political-memo-weapon-in-health-wars-frist-s-role-as-a-doctor. html.

US Health Care: Affordable Care Act. (2012 - 1 - 28) [2021 - 11 - 15]. http: //www. affordablecareact. com/.

U. S. Department of Labor. Bureau of labor statistics. (n. d.). [2021 - 10 - 14]. https: //data. bls. gov/timeseries/LNU04000000? years _ option = all _ years&periods _ option = specific _ periods&periods=Annual+Data.

WAGNER J, SCHUBEL J. States' Experiences Confirm Harmful Effects of Medicaid Work Requirements. Center on Budget and Policy Priorities. (2020 - 11 - 18) [2021 - 10 - 26]. https: //www. cbpp. org/research/health/states-experiences-confirm-harmful-effects-of-medicaid-work-requirements.

White House. The Obama administration and community health centers. (2012 - 05 - 01) [2021 - 10 - 25]. https: //obamawhitehouse. archives. gov/sites/default/files/05 -01 - 12_community_health_center_report. pdf.

World Health Organization. Plan of Action For Women's, Children's, and Adolescents' Health 2018—2030. (2018 - 11 - 26) [2021 - 11 - 01]. https: //www3. paho. org/hq/index. php? option=com_docman&view=download&category_slug=paho-who-mandates-strategies-6300&alias=47379 - integrated-poa-wcah-2 - 1&Itemid=270&lang=en.

后记

学界关于社会福利的探讨浩如烟海，社会福利的相关论著及教材也极为丰富。但这些著作特别是教材大都从欧美学界角度加以理解和移植，从中国社会福利的历史及文化出发，结合当代中国社会福利的建设实践，且能汲取欧美优长编写的社会福利教材就较为少见。

早在 2009 年，高和荣教授就提出对社会福利的分析视角要从政治、经济回归到社会，从社会视角出发，立足于社会关系与结构、社会组织和群体、社会分层与流动等领域，回答社会福利的结构与功能、内容与形式以及福利与社会的嵌入性等，这是社会福利的应有之义。稍后不久，他又立足于中国社会发表了关于社会福利体系责任结构的顶层设计等论文，并被《新华文摘》等刊物全文转载。后来，在《福利社会学》一书中高和荣提出了如何理解“社会福利”这一带有前提性与根本性的学科问题。这些思考得到了他的博士后导师、中国社会科学院学部委员景天魁教授的肯定，景老师数次提醒高和荣要从“中国社会”这个点去与西方学术成就展开对话。现在看来，这实际上就是话语体系的建立问题，就是理论自信的确立问题。

更早时候，彭华民教授系统阐述了福利分析视角的“三角”，揭示出“福利三角”中的“社会排斥”问题，指出应该建立一种能够嵌入社会框架的社会福利模式，从而进一步明确了从社会角度研究福利的独特价值。这种“嵌入社会框架”不仅仅是一个学科界定，其中自然蕴含着文化自信的坚守，为形成本教材独特的研究与写作视角提供了方法论基础。

随后不久，高和荣教授、彭华民教授均参加了景天魁教授承担的国家社会科学基金重大招标项目“普遍整合的福利体系”申报以及研究工作，参与了景天魁教授主编的《当代中国社会福利思想与制度：从小福利迈向大福利》有关内容的研究、讨论和撰写工作，该重大项目的结项成果《普遍整合的福利体系》获得了国家社会科学基金成果文库资助并在中国社会科学出版社出版。通过调查研究、论文写作、报告撰写等进一步加深了对社会福利的理解，确立了社会福利并非西方的专利，中国社会古已有之且绵延至今这一基本思想，中国古代上至朝廷中至郡县下至宗族都有自己的福利主张、策略及行动。我们可以学习发达国家的社会福利，借鉴他们的理论与实践成果，但不应抛弃中国社会福利的历史传统。

2017 年 11 月，中国社会学会社会福利专业委员会第九届学术年会在厦门大学召开，彭华民理事长嘱咐高和荣教授写一部体现中国特色的社会福利教材。2019 年彭华民教授专门与高和荣教授详谈了这本教材的学术观点、写作要求及实现目标，要求这本教材的出版要给学人及其他读者耳目一新的感觉。带着这一任务，高和荣教授将其与国家社会科学基金重大项目“中国社会学的起源、演进与复兴”以及教育部重大项目“新时代提高保障和改善民生水平研究”结合起来加以思考，发表了系列研究成果。彭华民教授亦从反思西方社会福利的社会基础及得失角度提供思路与建议，为撰写一部与众不同的、具有一定特色的《社会福利》教材奠定了学理基础。直至 2021 年形成了写作框架，并对之进行了数次讨论，最终确立写作提纲。

写作提纲的确立仅仅是第一步，挑选作者比较关键。最初的想法是敦请国内学界知名专家学者加持，很快这一想法就被自己否定。这是因为国内学界大都采西方社会福利之说，很多学者只认为中国有社会福利思想、社会福利实践，但不大认同中国有自己的社会福利理论、社会福利政策，这势必面临着统一思想的问题。既然中国有自己的社会福利理论和政策，就需要我们在写作过程中体现出来，需要及时对每一章进行跟踪与把关、修改乃至重写。这样的话，作者们要集中精力并有较为充足的时间开展本教材的撰写，且能够便捷地与我们进行讨论和交流，甚至逐字逐句的沟通。知名学者本身的学术及社会事务繁杂，让他们随时讨论、随时按提纲修改显然不太现实。基于此，我们选择了与青年学者合作，共同接受这一新的挑战。

遴选作者后，主要由高和荣教授向各位作者集中讲解每一章的写作思路、写作要求及写作目标，让他们对全书思想有个整体性把握，然后让各位作者从中国社会福利所蕴含的独特文化基因、社会根据与哲学基础上去思考，从历朝历代颁布的社会福利诏令、政策上去思考，从当代中国的社会福利丰富实践上去总结和提炼，从反思西方社会福利经验与不足的基础上去思考，并在此基础上与现行的社会福利教材进行对话，形成从中国话语体系去理解社会福利的格局，为开创中国特色社会福利事业提供学养。每位作者写完各章的第一节后先交给高和荣教授审读、讨论和修改，修改完成后继续完成该章的后续几节，然后高和荣教授再次进行审读、讨论和直接修改，最终定稿后请彭华民教授把关、审阅，以确保全书的写作质量。

本教材写作分工与执笔情况如下：

第一章，高和荣（厦门大学公共事务学院）、韩艳（华侨大学政治与公共管理学院），其中高和荣撰写第一节第一部分“福利的词源考察”、第二部分“福利与民生”以及第二节社会福利的维度，韩艳撰写第一节第三部分“社会福利的特点”以及第三节“社会福利的目标”，高和荣负责前言、后记及各章的审读与直接修改；

第二章，柳小琴（厦门大学台湾研究院）；

第三章，张爱敏（福建师范大学公共管理学院）；

第四章，王宇峰（厦门大学公共事务学院）；

第五章，王青芸（厦门大学台湾研究院），并承担了全部书稿的收集、排版、参考文献整理等工作；

第六章，陈景亮（闽南师范大学法学与公共管理学院）；

第七章，陈丽霞（厦门大学台湾研究院）；

第八章，周宇（厦门大学公共事务学院）；

第九、第十章，汤珍妮（厦门大学公共事务学院）；

第十一章，王瑞新（厦门大学公共事务学院）。

本教材的写作与修改过程如下：

2020 年上半年，高和荣教授、彭华民教授提出写作构思、写作思路与写作目标。

2021 年 2 月，初步拟出写作目录框架，高和荣、彭华民及部分作者经过长达数月的讨论、调整与完善，最终确定章节。

2021 年 7 月，完成写作任务分工，明确写作责任，各位作者试写各章第一节。

2021 年 8 月 30 日，高和荣教授听取彭华民教授的意见，就率先成稿的四章的第一节写作内容召开全体作者会议，提出具体的写作指导与修改意见，再次强调本教材的写作理念及写作目标。

2021 年 9 月 28 日，高和荣教授根据彭华民教授的建议，结合第六、第七、第十一章的内容召开“写作主题明确会”，强调写作过程中要时刻注意从中国语境与角度去谈社会福利，在行文中回答“中国有怎样的福利政策、福利制度及福利事项”“中国人如何生活在福利中”“怎么看待国外的福利制度”“如何对国外福利制度加以比较借鉴并实现创造性转化”等问题。

2021 年 10 月 12 日，高和荣教授根据第八章修改稿件再次召开全体作者会议，提出写作与修改过程中要结合古今中外，写作内容要体现中国历史与文化、彰显中国社会特质、形成中国话语体系，要从历史视角去把握中国社会发展中恒久跳动的社会脉搏，并指出写作要有历史的维度，通过精准地表达确保逻辑的严谨。会后将会议情况通报彭华民教授。

2021 年 10 月下旬，将初步定稿的四章内容提交给出版社审读，出版社的审稿专家在写作的思路、角度、立意、观点、行文方面给予了充分肯定，同时希望本教材成为课程教材与课程思政相结合的典范、将思政融入专业学习的一次尝试。10 月 25 日，高和荣教授在现有稿件的基础上结合实际情况，将原第一章与绪论部分合并，呈现为现有框架。

2021 年 11 月中旬，本教材编写组与编辑商讨定稿会召开等相关事宜，本教材编辑对于现有书稿质量进一步予以肯定。

2021年11月下旬，高和荣教授又一次牵头召开会议，对“社会福利治理”这一章的框架进行调整，使之更加切合主题与主旨。

2021年12月中旬，《社会福利》教材定稿并进行统一排版，高和荣教授牵头主持各章交叉审读，每一章请两位承担其他章节的作者分别独立审读，标注发现的问题，交由高和荣教授、彭华民教授统一处理。

2022年1月，高和荣教授再次牵头组织召开定稿会，再次统一对全书进行修改和定稿。当然，文责由各章作者自负。

2022年1月20日，高和荣教授带着打印稿赴南京大学，与彭华民教授再次商讨，敲定细节，统一思想。

本教材得以完成，要感谢高和荣教授的博士后导师景天魁教授的支持，景老师担任中国社会学会社会福利研究专业委员会荣誉理事长，一直以来十分关心中国社会福利事业的发展，一直关心年轻学者的成长。感谢中国人民大学出版社盛杰老师在交稿期限上的宽容以及对全书质量的把控。

本教材写作中未尽事宜与不足之处，恳请各位同仁批评指正，我们期待不同学科领域的读者提出宝贵意见，以使其进一步完善！

高和荣　彭华民

2021年12月30日

图书在版编目（CIP）数据

社会福利/高和荣主编；彭华民副主编. --北京：中国人民大学出版社，2022.7

新编21世纪社会工作系列教材

ISBN 978-7-300-30777-0

Ⅰ.①社… Ⅱ.①高… ②彭… Ⅲ.①社会福利-中国-高等学校-教材 Ⅳ.①D632.1

中国版本图书馆CIP数据核字（2022）第104060号

新编21世纪社会工作系列教材

社会福利

高和荣 主 编

彭华民 副主编

Shehui Fuli

出版发行	中国人民大学出版社		
社　　址	北京中关村大街31号	**邮政编码**	100080
电　　话	010－62511242（总编室）		010－62511770（质管部）
	010－82501766（邮购部）		010－62514148（门市部）
	010－62515195（发行公司）		010－62515275（盗版举报）
网　　址	http://www.crup.com.cn		
经　　销	新华书店		
印　　刷	北京密兴印刷有限公司		
规　　格	185 mm×260 mm 16开本	**版　　次**	2022年7月第1版
印　　张	22 插页1	**印　　次**	2022年7月第1次印刷
字　　数	458 000	**定　　价**	59.00元

关联课程教材推荐

书号	书名	作者	定价
978-7-300-30127-3	小组工作（第二版）	万江红	48.00 元
978-7-300-30042-9	社会工作实务（第三版）	库少雄	65.00 元
978-7-300-30047-4	青少年社会工作	许彩丽	49.00 元
978-7-300-29843-6	残疾人社会工作	余艳萍 秦　琴	48.00 元
978-7-300-30448-9	社会工作实用写作	江国平 张　艳	39.90 元
978-7-300-28790-4	社会工作实务案例教程	陈树强 李璐龄	49.80 元

配套教学资源支持

尊敬的老师：

衷心感谢您选择人大版教材！相关的配套教学资源，请到中国人民大学出版社官网（www.crup.com.cn）下载。部分教学资源需要验证您的教师身份后，才可以下载，请您登录出版社官网后，点右上角“注册”，填写“会员中心”的“我的教师认证”项目，等待后台审核。我们将尽快为您开通下载权限。

如您急需教学资源或教材样书，也可以直接与我们的编辑联系：

龚洪训　　　电话：010-62515637　　　电子邮箱：6130616@qq.com

专业教师 QQ 群：

195761402（全国社会学教师 QQ 群）

欢迎您登录浏览人大社网站，了解图书信息，共享教学资源

期待您加入专业教师 QQ 群，开展学术讨论，交流教学心得